Für Katherina !

Herzlich

von Deren.

Milli _ Ipa

WILLIBALD ROTHEN

Die toten
KINDER
vom
MOORE

novum ✦ pro

www.novumverlag.com

Bibliografische Information
der Deutschen Nationalbibliothek:

Die Deutsche Nationalbibliothek
verzeichnet diese Publikation in
der Deutschen Nationalbibliografie.
Detaillierte bibliografische Daten
sind im Internet über
http://www.d-nb.de abrufbar.

Gedruckt in der Europäischen Union
auf umweltfreundlichem, chlor- und
säurefrei gebleichtem Papier.

© 2023 novum Verlag

ISBN 978-3-99131-950-4
Lektorat: Falk-Michael Elbers
Umschlagfotos:
Volodymyr Tverdokhlib,
Olha Rohulya | Dreamstime.com
Umschlaggestaltung, Layout & Satz:
novum Verlag

www.novumverlag.com

Unter einer dicken Nebeldecke verschlief der Tag sein Dasein, dämmerte lustlos vor sich hin. Kein Ereignis, das es wert gewesen wäre, erwähnt zu werden. Was man jedoch erst Jahre später erkannte, war, dass der wohl größte Sohn des Dorfes an ebenjenem düsteren Tag geboren worden war. Er, der bereits vor seiner Geburt zum Tode Verurteilte, dessen erster Schrei nicht aus seinem Geburtshaus zu dringen vermochte und dessen ersten Laut nach seinem Eintritt in sein ereignisreiches Leben die Nebelbrühe ertrinken ließ. Gewöhnliche Menschen werden unspektakulär geboren, um ebenso die Welt zu verlassen; hat ihr Leben jedoch einen gewissen Bekanntheitspegel überschritten, wird das Ende solcher Menschen, aufgrund besonderer negativer oder positiver – sagen wir einmal Taten, in der heutigen Zeit durch Rundfunk oder Fernsehen hinausposaunt in eine Welt, die gierig, allzu gierig nach solchen Ereignissen, geradezu süchtig, das Wer und Wann und Wie zu erfragen und zu hinterfragen. Die Geburt von Jeremias im Jahre des Herrn 1685, drei Tage vor dem Vollmond der dritten Dekade des Jahres, war gemessen an der Anzahl der Geburten des vom Moore umgebenen Dorfes eine von vielen. Denn viel zu viele wurden in das Dorf hineingeboren, als dass sie das Dorf ernähren konnte und die Torfstecherei mit ihren Torfziegeln, die sie weit ins Umland verkauften als Brennmaterial, denn Holz war rar in dieser Gegend. Nur ein Stück des sich nach allen Seiten ausdehnenden Moorgeländes blieb unberührt, und das seit Generationen, denn hier begrub man die Toten, die Kleinen und die Großen, die Alten und die Jungen. Aber am meisten Neugeborene, so die Wahl auf sie fiel, und das beschloss der Ältestenrat, wer von den Kindern überleben durfte und wer dem Moore anvertraut wurde. So war Jeremias schon vor seiner Geburt dazu ausersehen, im Moore erstickt und versenkt zu werden. Denn war die Kinderschar, welche man den Familien zuschrieb, überschritten, wurde jedes Nachfolgende, wie man sagt, dem Moorgott geopfert, und das schon seit archaischen Zeiten, so das Dorf, welches sich seit undenklichen Zeiten vor Feinden auf dieses Stück Land von erhobenem Boden, umgeben von einer riesigen Moorlandschaft, geflüchtet und überlebt hatte. Kaum war der Namenlose aus dem Schoß seiner Mutter geschlüpft, mit einem kräftigen Geschrei seine Ankunft in eine für ihn tödliche Welt kundtuend, um nun im Stillen zu verharren, als wüsste er, dass die Schlächter bereits die Klinke zu seinem Leben in der Hand, um ihn in der Tiefe des Moores zu versenken, wo schon hunderte – wenn nicht gar tausende – solch Neugeborener hinabgesunken und Schicht um Schicht der kleinen Leiber sich zusammengefunden hatten. Denn diese kleinen Menschlein wurden immer an der gleichen Stelle dem Moore übergeben und außer ein paar Luftblasen nach ihrem Wegsinken lag das Moor ebenso ruhig da und nichts zeugte von der frevelhaften Tat. Die Mutter, die gerade das Kindlein aus ihrem Schoß gepresst hatte, flüsterte: „Jeremias sollst du heißen und du wirst überleben", und sie wickelte ihn in ein Stück grobes Linnen und säugte ihn, denn morgen würden sie wieder kommen in aller Früh, die alten Frauen, und schauen, ob ihr Bauch noch voll. Und sie band sich den Bauch voll mit altem Gewande und alle Tage wieder und wieder, bis sie sich kräftig genug fühlte, mit ihrem Kind die Flucht durch das nächtliche Moor anzutreten. Sie kam an der Stelle vorbei, wo ihr Mann in der Tiefe versunken und ihn seine Begleiter nicht retten konnten, trotz der langen Stangen, die sie immer bei sich führten. Es war, als sie eine neue Stelle für den Torfabbau erkunden sollten und ihnen sich die Hölle öffnete. Da sie nun alleine, ihres Ernährers beraubt, beschloss der Rat der Alten, das Kind, das sie in ihrem Schoße trug, dem Moorgott zu opfern, denn sie waren noch von den Ideen ihrer Vorgänger beseelt, die sie bis jetzt überleben ließen. Und sie wartete, bis der Vollmond ins Moor fiel, denn zu dieser Zeit wandelte laut Überlieferung der Moorgott über das Moor und die Bäume, die vereinzelt dort wuchsen, warfen keine Schatten auf das durchschimmernde Gewässer, wurden aufgesogen von der Schwärze des Moorwassers.

So eilte sie, das in Tuch gehüllte Kind an ihre Brust gedrückt, durch die Pfade. Kein Mensch würde sich heute aus den Häusern wagen außer ein paar vom Ältestenrat, um die zur Tötung vorgesehenen Kinder von den Häusern zu holen und sie der Vernichtung preiszugeben. Um Mitternacht klopften sie ihre Rituale an die Türen der Verfemten, ungeachtet der Wehklagen der Mutter, um ihr das Kind zu entreißen. Und der Moorgott tanzte mit seinen Moorleichen in den irrlichternden Flammen, die da und dort aus der Tiefe stiegen. So manches spielende Kind, das umgeben von einer Schar ebenso vieler Kinder, versank vor den Augen der hilflosen Meute, wenn sie sich allzu weit in das Moor hinausgewagt hatten. Und so wurde das versunkene Kind zum Lebensrecht eines neuen, noch nicht geborenen. Sie kämpfte sich den schlängelnden Weg entlang, klammerte sich an manchen Baum, der ihren Weg querte. Als der Mond noch nicht das Firmament verlassen, jedoch die Sonne bereits mit ihren Strahlen um einen weit entfernten Horizont anfing, des Mondes Geleuchte zu überstrahlen, die Erde unter den Füßen sich erhob und sie trockenen Fußes festen Boden unter sich verspürte, wusste sie, dass sie angekommen war. Entflohen einer archaischen Gesellschaft, die mit Kindesmord ihre Bevölkerung konstant zu erhalten versuchte.

Bei einer ihres Weges liegenden Keusche einer Kräuterhexe hatte sie ihn vor die Türe gelegt, ihm vorher noch die Brust gereicht und in die Keusche geschrien: „Das ist Jeremias, zieh ihn auf, bis ich wiederkomme", und war daraufhin im Morgengrauen wieder verschwunden. Denn von den Moormännern hatte sie erfahren, dass kurz vor der Stadt eine Keusche stand, deren Bewohnerin die karrenfahrenden Moorziegelverkäufer mit Tee labte, als ob sie ein guter Mensch sein müsste, und sie überließen der Frau um ein paar Kreuzer ein paar der Ziegeln. Jolanda, so hieß seine Ziehmutter, als sie noch ihrem Gewerbe nachgegangen war, um von ihrer Gönnerin in Barbara umgetauft zu werden. Barbara, die Heilige, die eine ihrer vierzehn Nothelfer war, zu denen sich wohl auch ihre Wohltäterin selbst zählte. Denn es war der

4. Dezember, als sie die durchfrorene Dirne Jolanda nach Hause nahm, mit einem Zweig, den sie vom auf dem Weg stehenden Kirschbaum geschnitten hatte, um ihn zu Hause in der Hütte in einen mit Wasser gefüllten Topf zu stellen, in Erwartung eines blühenden Zweiges zu Weihnachten. Sie wollte sich wahrscheinlich als fünfzehnte Nothelferin in die Kirchengeschichte einbringen, wie sie mit dem erschnittenen Zweig Jolanda Wärme in ihrem Leben in der Hütte gab. Diese Hütte war aus massivem Holz gebaut, sodass der Wind, der über die Ebene zog, die dichten Holzpfosten nicht zu durchdringen vermochte. Sie wies ihr dann auch ihr eigenes Bett zu, nachdem sie ihr vorher eine heiße Suppe gekocht hatte. Und Jolanda, nachdem sie diese im Heißhunger gelöffelt hatte, verschlief daraufhin die ganze Nacht, während sie selbst auf der harten Ofenbank dem Morgen entgegenschlief. Es hatte bereits am Abend angefangen zu schneien und dichte und dicke Flocken hatten das Land in der Nacht vereinnahmt, sodass die Heide wie ein riesiger zugefrorener See dalag, aus dem hie und da ein Strauch sich dem Auge erbot. Die Dirne Jolanda schwor damals, sollte auch einmal jemand an ihre Türe klopfen, sie würde ihn nicht wegschicken und ihm eine Herberge geben. Das Kräuterweib, fortan als Barbara benannt, damals schon eine Frau mittleren Alters, rollte das in grobes Linnentuch gehüllte Kind, um es samt dem Linnen in eine mit Heu gefüllte Futterkrippe ihres Geißleins zu legen. Denn dieses kleine Etwas hatte sie aus dem Ziegenstall genommen, da die Mutter ihr Euter verweigerte, und sie versuchte mit der Milchflasche die Milch, die sie von der Mutter gemolken, ihm einzuflößen und es an das Heu zu gewöhnen. Sie legte ihn dazu in das Heu, wo er den Daumen in den Mund gesteckt sogleich verschlief. Das Zicklein jedoch, das scheinbar noch hungrig, knabberte an dem Heu, sodass es über das Gesicht strich und dem Knaben ein Lächeln entlockte. Und auch die Alte lächelte glücklich vor sich hin, die auch als Wahrsagerin bekannt war und die edle Größe dieses Knaben aus ihren Karten zu lesen verstand, um mit gütiger, leiser Stimme das unverhoffte Kind zu besingen. Das Kräuterweib, das am Ende der großen Heide

ihr Dasein fristete, mit ein paar Ziegen, einem großen Garten, wo sie Kräuter züchtete, und mit Kräutern, welche sie von der Heide einbrachte, die sie in der nahen Stadt verkaufte, um Zukunft heischenden Gläubigen ihr Schicksal vorauszusagen, um von ihr nicht selbst zu Produzierendes dafür einzukaufen. Sie sah den Knaben als ein Geschenk des Himmels an, war sie doch ehelos und kinderlos geblieben. Und der Knabe wuchs heran, geführt von einer weisen Frau, die weise genug und wohlwissend, dass ohne alle Schulbildung die Fähigkeiten dieses aufgeweckten, intelligenten, aber wilden Kindes verloren gehen könnten. Und so wurde sie ihm die Magierin, die Rechen- und Schreibkünste so nebenbei zu lehren, ohne seinen Widerstand dagegen zu wecken, im Gegenteil: Immer wissbegieriger wurde er, aber sie, eine Verstoßene aus gutem Hause, hatte eine vorzügliche Schulbildung genossen, bevor sie sich in ihres Vaters Stallburschen verliebt hatte und mit ihm des Hauses beziehungsweise des Schlosses verwiesen wurde, ihn jedoch eines anderen Dienstgebers Pferd erschlug. Sie, aller Mittel beraubt, verdingte sich zuerst als Prostituierte, bei zunehmendem Alter und Verfall ihrer Schönheit wurde sie von einer alten Frau, ebendieser hatte vormals diese Hütte gehört, mit viel Liebe aufgenommen. Diese hatte eines Abends, als sie mit ihrer Butte auf einem krummen Rücken heimwärts ging, zu ihr, der Prostituierten, die nun keiner mehr haben wollte, die in einer Mauernische kauerte, einfach gesagt: „Komm mit!" Und sie ging mit in diese Keusche, die nicht allzu fern von der großen Stadt lag, und sie blieb viele lange Jahre, das heißt bis heute. Und sie hatte ihr die Wahrsagerei und das Wissen über all die Kräuter beigebracht, bevor sie sich dem Tode ergab. Die Hinterlassene trauerte lange Zeit um die Verblichene und sie gedachte ihrer alle Tage, indem sie deren Grab, das sie selbst gegraben und die Frau darin bestattet hatte, ein in der Stadt von einem Tischler hergestelltes hölzernes Kreuz am oberen Ende des Grabes in die Erde geschlagen, alle Tage mit frischen Blumen der anstehenden Heide schmückte. So wurde sie die Ziehmutter des ihr anvertrauten Kindes und erzog Jeremias trotz ihrer Armut zu einem edlen Menschen.

Ra, die Mutter Jeremias, lief jedoch nun kinderlos der bereits von der Sonne eingefangenen Turmspitze mit einem ebenfalls riesigen Turm entgegen, so wurde alsbald eine riesige Steinmauer von den Strahlen der Morgensonne erfasst, mit einem riesigen, bereits offenen Tor, durch das viele beladene Wagen fuhren, gezogen von Pferden, die sie durch das ihrem Moorgott zur Seite gestellte Tier erkannte, aber manche waren von weißem Fell und weißer Mähne, Wagen, die von beidseits der Mauern scheinbar auf den Straßen heranfuhren, um durch das große Tor zu verschwinden.

Nach Öffnung des Stadttores, unter der Plane eines Bauernwagens versteckt, fand sie einen noch schlafenden Zirkus vor, wobei sie erstmals einen Löwen hinter Gittern sah, der, wahrscheinlich von dem Lärm geweckt, verschlafen und den Bauernwagen entgegenblinzelnd, während er seine gewaltige Mähne schüttelte, um gähnend sein Maul aufzureißen. Sie war entsetzt gewesen beim Anblick dieser riesigen Tiere, von denen nie jemand etwas erzählt hatte. Aber es war auch das erste Mal, dass ein Zirkus der Stadt seine Aufwartung machte, was einer Sensation glich. Sie kroch geschockt unter der Plane hervor, nicht ohne noch ein paar transportierte Äpfel und Birnen einzustecken. Sie fiel in dem nun erwachenden Getümmel auf dem Marktplatz nicht sonderlich auf, denn jeder war so mit sich beschäftigt, dass kaum ein Blick auf sie fiel. So trieb sie sich unbeachtet von den Bauern herum, die Kühe und Pferde ausspannten, die Planen von ihren Wagen nahmen, die ersten Kunden begrüßten und das Mitgebrachte zu verkaufen sich anschickten. Ein Zelt, was sie noch nie gesehen hatte, spannte sich über einen Teil des Marktplatzes, von Schnüren gefestigt, die allseits im Boden verankert waren. Der erste Anblick der Stadt, von den hohen Mauern umspannt, hinterließ einen bleibenden Eindruck in ihr. Einen Eindruck der Geborgenheit trotz der schrillen Hektik, die sie umgab. Der Pegel des Feilschens stieg, wuchs mit der Menge der kaufenden Leute. Manches fast getätigte Geschäft wurde unterlassen, da sich Käufer und Verkäufer um den Preis nicht einigen konnten, und der Käufer enteilte dem nun stehen gelassenen Verkäufer, jener jedoch rannte ihm nach, um endlich mit dem Herrn einig zu werden. Mit neugierigen Augen beobachtete sie das Geschehen um sich, die vielen Frauen und Mädchen, die mit Körben in den Händen das und jenes von den Bauern erwarben. Viele mit irgendeiner Milchkanne, mit großen, obigen Öffnungen, um Milch von dem Bauern zu kaufen. Sie war fasziniert von dem Schwall der Laute, die sie zu erdrücken schienen. Aber viele der Wörter vermochte sie zu verstehen, waren sie doch durch ihre weiblichen Ahnen in den Wortschatz ihres nun zu einem gemischten Volkes eingeflossen.

Sie stand an einer Mauer, an einem der aus Stein errichteten Häuser am Rande des Marktplatzes, als ein kleiner Mann mit ganz kurzen Füßen in ihr Blickfeld trat, um seinen Hut vor ihr ziehend und sich verbeugend ihr die Ehre zu erweisen, wie sie zu erkennen glaubte. Sie hatte so etwas von einem hässlichen Menschen noch nie gesehen, obwohl ihr viele der Bauern als solche erschienen, mit runden Köpfen, aus ihren Froschaugen schauend, mit großen, nach unten gebogenen Nasen, mit wenig Haaren unter den Hüten, so sie diese erst entfernten, um die enthaarte Fläche darunter zu bekratzen. Der Gnom setzte seinen Hut wiederum auf seinen riesengroßen Schädel, lächelnd, wie sie vermeinte. Er hatte buschige Augenbrauen und dunkelschwarze Augen, die sie wichtig betrachteten. „Du bist nicht von hier", was sie versuchte zu übersetzen. Doch die Worte von ihren Urvätern überwogen wohl die ihrer Urmütter und sie machte eine hilflose Geste, dass sie es nicht verstehe. Er machte eine wegwerfende Handbewegung, was wohl hieß: „Macht auch nichts. Wir verstehen uns auch anders." Er nahm sie an der Hand, um sie mit sich fortzuziehen, Richtung Zirkus, wo er als Clown arbeitete. In einem breit unterschlagenen Wagen verschwand der kleine Mann. Man hörte sie, nachdem der Kleine mit seiner dünnen Stimme strudelnd zu einer dunklen, tiefen Stimme etwas sagte, die daraufhin für sie Unverständliches wohl dem kurzbeinigen Gnomen entgegnete. Unterdessen erschien die dunkelbärtige Stimme, ein Gesicht von ungläubiger Länge, mit einer riesigen Nase bestückt, in der Türe, durch die vorher der Gnom verschwunden war. Das Gesicht wurde immer länger, bis an seinem unteren Ende ein Pferdegebiss erschien, das vor Freude ihr laut entgegenzuwiehern schien. Ob das wohl ein Ausdruck freudiger Überraschung war? Er trat aus dem Wagen, verschlafen und die Treppe heruntersteigend und beide Hände vor ihr ausbreitend, um sie in seinem Zirkus willkommen zu heißen. Der Gnom hatte wohl schon die Streunerin, wie er sie aufgrund seiner angestammten Menschenkenntnis einordnete, an seinen Direktor vermittelt. Doch er hatte diese Frau, die aufgrund ihrer Schönheit sofort seine Aufmerksamkeit erregte, schon lange beobachtet, bis er sie anzusprechen wagte. Der Direktor lud sie ein, mit ihm die Treppe hinaufzusteigen und in das Allerheiligste eines direktorischen Zirkuswagens einzutreten. In einer Ecke des durch kleine Glasfenster erhellten Innenraumes, stand ein zerwühltes Bett, in welchem wohl eine halbnackte Frau schlief, die ihr Gesicht jedoch noch in einem Polster vergraben hatte, sodass man davon nichts sah, außer dass sie lange, schwarze Haare hatte. Der Direktor bot ihr einen Sessel an mit seiner Gestik, die sie verstehen musste und die auch keinen Widerspruch duldete. Also setzte sie sich auf einen Sessel, wie sie ihn noch nie gesehen hatte. Der Gnom scharwenzelte um sie herum, was jedoch den Pferdekopf zu stören schien, denn er verwies ihn in rauen Worten des Direktorenwagens. Er griff in ihre Haare, welche von wahrer Fülle, und leckte sein Gesicht, was diesem wohl einen Ausdruck von Wohlwollen verleihen sollte. Die Frau im Bett erhob ihren Kopf mit noch schlaftrunkenem Gesicht, um, als sie die Situation erfasst hatte, ihre Nacktheit zu bedecken und ihr Gesicht wieder in dem Polster zu vergraben. Die große Nase des Großkopfes beatmete ihre Haare, was das Riechorgan im Gegensatz zum vorgefundenen Augenschmaus nicht zu delektieren schien, denn sie rümpfte sich, einigermaßen von dem Geruch angewidert, um sich wieder in voller Größe darzustellen. Es war ein ungewöhnlicher Geruch, den diese Nase nicht gustierte, denn dieses Haar verströmte wohl nichts von dem, was in der ganzen Zirkuswelt nach Schweiß und Tieren roch: Es war der Geruch des

Moores, den sie in sich trug, und nicht nur die Haare, sondern auch ihr Gewand und ihre Haut hatten den Geruch des Moores angenommen. Er öffnete die Tür, um nach dem Gnomen zu rufen, welcher jedoch sowieso am unteren Treppenende verharrte. So wollte er sie nicht in seinem Bett haben, der Gnom, der nicht nur als Clown im Zirkus mit seiner narrenhaften Gestalt Zuschauer erfreute, sondern auch der Butler des rossköpfigen Direktors war. Der Direktor machte eine unmissverständliche Geste und der Gnom verstand, nachdem ihm der Pferdekopf noch ein Kleid nachwarf, das der in seinem Bett Liegenden gehörte. Aber was solls, diese im Bett liegende und nackte Frau brauchte derzeit sowieso nichts zum Anziehen, da war er willens, sie noch einmal zu beglücken, bis die andere gewaschen sein und mit dem Kleid der im Bett Liegenden zurückkommen würde, um Bett und Kleider auszutauschen. Nachher würde der Gnom ein Stück Garderobe aus dem Garderobenwagen holen, um ihre Schönheit noch zu unterstreichen, da sie ab jetzt dem Direktor zur Verfügung stehen sollte. Das also war ihre Zirkusgeschichte. Sie wurde dann lange Zeit die Geliebte des obersten Zirkusmannes, zog mit ihm und den vielen Pferdewagen von Stadt zu Stadt, ja, bis er sich an ihr genug Güte getan hatte und sie eines Tages in einer großen Stadt an einem großen Fluss an einen Besitzer eines Badehauses, wie man damals die Häuser genannt hatte, um viel Geld verkaufte. Man merkte ihm an, dass er es nicht leichten Herzens tat, aber die Neue, die noch dazu die etwaigen Nummern im Zirkus ansagte, war auch eigentlich eine sehr hübsche Person und dazu noch ungebraucht und daher unverbraucht. So beschloss er, das mit viel Geld verbundene Angebot anzunehmen und sie dem Bordellbesitzer zu übergeben. Und es war ihre bisher übelste Erfahrung, die Behandlung, die ihr von diesem Ganoven zuteilwurde. Doch zwischendurch, da sie noch dazu eine äußerst intelligente Person war, erlernte sie schnell die gängige Umgangssprache, mitsamt der fäkalischen Wortspielereien, welche ihr die Freier ins Ohr flüsterten und ins Ohr geflüstert haben wollten. Dem Badestubenbesitzer zahlten seine Benutzer die Benutzungsgebühr, das andere kassierte sie.

Es war die Zeit, wo sie zur Nobelnutte aufstieg, wenn sie den reichen, alten Männern ihnen ungeahnte Wörter in fäkalischer Präferenz ins Ohr flüsterte, sie gleichzeitig mit ihren Lenden zu besteigen und doch manchmal der gewünschte Erfolg sich einzustellen vermochte. So wurde sie zum Geheimtipp der vor sich hin alternden ehemaligen Lebemänner, die sie dafür auch ordentlich bezahlten, die bereits ihr Pulver verschossen, denen sie aber zu manchem sexuellen Höhenflug verholfen hatte. Durch die Mundpropaganda beflügelt hatte sie sich durch sämtliche Betten des alten Hots volle sich gevögelt. Als jedoch einer der alten Herrschaften – noch dazu, wie sie wusste, ein Honoratior öffentlichen Amtes und dazu verheiratet, denn er war bei ihr als Stammkunde bereits registriert – auf dem Höhepunkt seiner Lust auf ihr sein Leben vergab, um von dem derzeitigen, ein paar Sekunden dauernden Nirwana hoffentlich ins ewige Nirwana zu wechseln, und als er tot auf ihr zu liegen kam, warf sie ihn von sich, um mit dem bereits Angesparten, das sie in ihrem Köfferchen als Menge von Golddukaten hatte, bei Nacht und Nebel aus der Stadt zu verschwinden.

Sie flüchtete Hals über Kopf, um in einem Schiff als blinder Passagier, das gerade stromabwärts dahintrieb, von einem Matrosen entdeckt zu werden, der sie erst auf dem Schiff versteckte, wofür sie jede Nacht mit ihm schlafen musste. Dafür versorgte er sie auch mit Essen und Trinken, wenn er heimlich nächtens in den Laderaum sich schlich. Der Laderaum war vollgefüllt mit transportierten Kleidern und Schuhen, sodass sie sich neu einkleiden konnte.

Dazu nahm sie noch einen Koffer mit ausgesuchtem Kleidungsmaterial und Schuhen mit, als sie bei der nächsten Anlegestelle, eben einer neuen Großstadt, das Schiff, nachdem der Matrose im Morgengrauen wieder in seine Kajüte sich geschlichen hatte, die er mit mehreren teilte, zu verlassen.

Und bei ihrer Schönheit war es nicht schwer, wiederum ein betuchtes Stammklientel aufzubauen, nur eben in einer anderen Stadt. Wenn sie erneut eine Stadt verließ oder verlassen musste, war der Geldkoffer wieder praller geworden oder musste bereits gegen einen größeren ausgetauscht werden. Aber jedes Mal zog der Hass mit ihr. Von vielen Golddukaten könnte sie jede Menge Landsknechte anheuern und, wie sie errechnete, eine ganze Kompanie, um das Dorf des Moorgottes mitsamt seinen Diener zu befreien.

Aber nichtsdestoweniger vergaß sie nie ihr Kind und ging regelmäßig zu den verschiedensten Wahrsagerinnen und Wahrsagern, die ihr alle, und das immer, die Nachricht überbrachten, dass ihr Sohn wohlbehütet sei und es ihm großartig gehen würde. So verließ sie immer freudig tänzelnd den Überbringer oder die Überbringerin der guten Nachricht, nicht ohne ihm oder ihr ein fürstliches Trinkgeld zu hinterlassen. So zog sie vögelnd durch die am Fluss liegenden Städte und häufte Gold und Silber in einer eisernen Truhe, die dreifach versperrt und deren Schlüssel sie um ihren Hals gebunden hatte. Und jedes Mal, wenn sie der eisernen Kiste wieder ein größeres Silber- oder Goldstück anvertrauen konnte, sagte sie: „Wieder ein Dragoner bezahlt." Sie trieb sich auch in anrüchigen Spelunken der Städte herum, so sah sie eines Tages einen Bischof inkognito, der sich in sie verliebte.

Und Barbara nahm, wenn sie mit ihren Kräutern in die Stadt ging, den Buben eingewickelt und vor sich hängend, auf den Rücken die Butte mit den Kräutern, die Flasche mit Ziegenmilch in den noch mitgetragenen Ranzen. Nachher kaufte sie einen hochrädrigen Kinderwagen, wo sie mit ihm des Weges fuhr, einen Sonnenschirm darüber gespannt, dass weder Regen noch Sonne dem Kind etwas anhaben konnte, bis er schon als etwas größer wurde – und er war von Geburt an schon ein großes Kind – und an der Hand gehalten neben ihr herging. Er erlernte auch schnell das Sprechen, da er von Neugier geplagt wissen wollte, wie das und dieses heißen möge. Und sie war nicht nur eine geduldige Frau, sie liebte das Kind als wäre es ihr eigenes. Abends, bevor sie schlafen gingen, erzählte sie ihm ein Märchen, ein solches, das ihr als Kind und ihren Geschwistern das Kindermädchen als Schlafgeschichte erzählt hatte. So bekam er schon von klein auf viel Wissenswertes von ihr übermittelt.

Im Hof war ein Hügel mit Blumen bewachsen angelegt, und als er wissen wollte, was das Holzkreuz wohl sei, erzählte sie ihm von der wundervollen Frau, die sie aufgenommen hätte, wie sie ihn, und die unter dem Blumenhügel ihre letzte Ruhestätte gefunden hatte.

„Wer ist da drinnen?", fragte der Bub immer wieder, als er noch klein war und kaum sprechen konnte. Aber wenn sie mit ihm über die Heide ging, sagte er Blümchen pflückend: „Für die Frau", später sagte er „Für die gute Frau, der du und ich unser Leben verdanken", nachdem sie ihm von der Güte dieser weisen Frau erzählt hatte. Wenn er auf das, was sie ihm gesagt hatte, einen Strauß von Heidekraut, Alpenrosen und Azaleen in seinen Händen und ihn am Grab der Gewürdigten eingrub, wusste sie, was für einen edlen Charakter der Knabe besaß, von dem sie nichts anderes wusste als seinen Namen. Ob seine Mutter ebenfalls eine Verstoßene aus gutem Hause, sie hatte sie nicht gesehen, nur ihre Stimme gehört: „Jeremias ist sein Name." Aber das grobe Leinen, in das der Knabe gewickelt, sprach dagegen oder auch nicht. Vielleicht war es ein Kind der Liebe, ungewollt und hastig weggelegt. „Zieh ihn auf, bis ich wiederkomme!" Aber wenn sie ihre Karten befrug, und sie befrug sie oftmals nächtens beim Schein einer Kerze, wenn der Junge schlief, und immer wieder vermeinten es die Karten, dass sie wiederkehren würde. Sie drückte dem schlafenden Knaben noch einen Kuss auf die Stirne, bevor sie selbst unter die Decke kroch, um einem traumlosen Schlaf sich zu ergeben.

Wie alle Jahre zogen die Torfhändler, es waren viele an der Zahl, mit ihren zweirädrigen Karren auf dem Weg zur Stadt mit ihren Torfziegeln nahe ihrer Hütte vorbei, wenn es herbstelte, und sie bekam für ein paar Kreuzer eine hübsche Anzahl von der torfigen Erde, die im Winter besonders die Nacht durchwärmte. Es waren schaurige Gesellen, fand sie, finster dreinblickende Gestalten. Und sie hatte bei keinem auch nur einen Schimmer des Lächelns auf ihren Gesichtern erkennen können, nicht einmal einen Funken von Dankbarkeit in ihren Augen zu lesen vermocht, als sie gierig und ausgefroren den heißen Tee schlürften, jedoch bekundeten sie jedes Mal, wenn jene ein paar Ziegel von ihren Karren auf ihren Karren legten, damit ihre Dankbarkeit. Man sagte, sie seien direkt dem Moor entstiegen, denn eine Straße führe nicht dahin in das Moor und in der Heide wären keine Spuren Übergehender zu finden. Außerdem ging das Gerücht, dass sie keine Christen wären, sondern noch Heiden und kein Christenmensch je ihr Dorf betreten hätte und sie doch einen heidnischen Gott verehren, sogar anbeten würden und mitten im Moor mit dem Moor und von dem Moor leben würden. Ausgemergelte Gestalten, die wer-weiß-wie-lang von einem weit entfernten und berüchtigten Moor herbeigezogen kamen, um ihr Heizgut zu verkaufen, um in der Stadt für sich wichtige Dinge einzukaufen. Ihre Gesichter waren braun wie die Moorziegeln, die sie verkauften, und sie trugen Hüte, die aus Baumrinde gefertigt und die auf hohe Handwerkskunst schließen ließen. Ansonsten grauschwarze Hemden mit Röcken und mit Schnüren umschlungen und dazu aus Leder gefertigte Sandalen, wenngleich schon morgens ein Hauch von Reif über der Heide lag. Als sie eines Tages die zweirädrige Kolonne wieder die Straße entlangziehen sah, nahm sie ihren Schubkarren und trieb Jeremias, der die Kolonne ebenso wie sie gesehen hatte, da beide gerade dabei waren, mit dem Heidekraut die Ziege zu füttern. Sie wusste, dass sie jedes Mal am Abend des Tages des Vollmondes im dritten und neunten Monat mit ihren Karren erschienen, mit hoch aufgeschichteten Torfziegeln beladen. Und sie hatte schon immer einen Kessel von Tee gekocht, um sie damit zu laben. Sie fuhren den Torfhändlern entgegen, jene jedoch zogen, nachdem sie einen Schöpfer aus dem Kessel entnommen, je einen Torfziegel auf den Karren gelegt hatten, unbeirrt weiter gegen die Stadt, die sie bereits mit ihren Augen vereinnahmt hatten. Einer jedoch blieb stehen, während die anderen mit ihren Karren jenem ausweichend weiterzogen. Der Knabe jedoch lief davon nach Hause, wo er sich verkroch, und erst nachdem sie ihm glaubhaft versichert hatte, alle wären bereits weitergezogen, und sie auf das Brennmaterial auf ihrem Schubkarren verwies, war jener bereit sein Versteck aufzugeben und aus dem Haufen aus Reisig, in dem er sich verkrochen hatte, hervorzukommen. Noch zitternd am ganzen Körper, obwohl eine warme Herbstsonne sich über die Heide breitete. „Was ist mit dir?", fragte eine verunsicherte Ziehmutter mit Sorge unterlagerter Stimme. Doch dieses Kind, das verstört vor ihr stand und zitternd sich nicht rühren konnte, konnte nur Unverständliches stammeln und immer wieder der sich immer weiter entfernenden Kolonne nachdeuten. „Ich weiß", sagte daraufhin seine Ziehmutter, „sie sind etwas sonderbar, aber man hat noch nie gehört, dass sie jemandem etwas zu Leide getan oder etwas gestohlen oder sonst etwas Unanständiges getan hätten. Wirklich nicht!", setzte sie nach. Aber er, der die Liebe bei seiner Zeugung erfuhr, war er doch das erste Kind der jungen Liebe seiner Eltern und daher als Überlebensmensch in der Dorfgemeinschaft willkommen. Die Freude und das Glücksgefühl, im Schoße seiner Mutter geborgen zu sein, und dann der plötzliche Tod seines Vaters, die Trauer, die seine Mutter auf ihn übertrug, und die Erkenntnis, dass er, sobald er das Licht der Welt erblicken würde, kurz darauf sterben würde. Im Moor seine Mutter, die vor Verzweiflung nächtens schreiend im albenen Traume erwachend, wo man ihn bereits dem Moor übergeben hatte und die Fasern des moorigen Wassers ihn erstickten, bevor er zu jenen herabsank, die vorher dasselbe Schicksal erlitten hatten wie er, und er die anderen toten Kinder umarmte, die bereits mumifiziert von dem säurehaltigen Moor konserviert, und er sah den Moorgott, wie er die Kleinen in Empfang nahm mit seinen dürren Fingern, die sich in ihr weißes Fleisch gruben, um sie auf die anderen zu legen. All die fürchterlichen Träume hatte er während seines Wachsens im Bauche seiner Mutter miterlebt, in seinem Gehirn all das Furchtbare gespeichert, er wusste um den Ältestenrat, die Kindestötung und den Moorgott, der sie nur beschützen konnte, wenn sie ihm die Kinder gaben, um so die ganze Sippe überleben zu lassen. Aber er wusste nichts mehr, seit ihn seine Mutter geboren, das heißt, seit er von ihr abgenabelt und in diese für ihn tödliche Welt entlassen wurde, seit er nicht mehr verbunden mit ihr. Aber sie hatte – das wusste er –

ihn vor der Vernichtung und vor dem Tode errettet. Seine Mutter, wo war sie hingegangen? Vielleicht zurück ins Moor? Seine jetzige Mutter, sie bestand darauf, dass er sie mit „Mutter" anredete. War auch erklärlich, wenige Tage sei er alt gewesen, meinte sie, als sie ihn wimmernd vor ihrer Tür fand und die Unbekannte seinen Namen kundtat, bevor sie verschwand. Angeblich hätte sie auch gesagt, sie käme wieder. Nur heute, als er die verlumpten, starren Gestalten sah, erkannte er sich wieder als einer der ihren, wäre es geworden, aber man hatte ihn eben schon für den Tod im Moore vorgesehen, den die Mutter in albenen Träumen hundertmal erlebte, und er erzählte seiner Ziehmutter all sein Wissen über seine Vergangenheit und seine Träume und dass er einen vom Ältestenrat erkannt habe. Als Mutter vor den Ältestenrat geladen wurde, um über ihn Gericht zu halten. Sein oder Nichtsein in Frage gestellt und über ihn wurde das Todesurteil gesprochen. Er sah durch die Augen seiner Mutter die elende runde Holzhütte, die als Versammlungsraum diente, und die im Kreise sitzenden Räte mit ihren langen Bärten, dem Rindenhut auf dem Kopf, unter denen die grauen schulterlangen Haare hervorbrachen, und deren oft gemurmelte Rechtfertigung für seinen Tod erhörend. Es gab keinen Vater mehr; und wer sollte für das Kind sorgen? Die Mutter, eine bisherige Ziegenhüterin und Melkerin, könne das Kind nicht alleine großziehen. Da gibt es Männer, die mit ihrer Schaffenskraft viele der Kinder aufzuziehen vermochten, aber auch ihnen wurden nur zwei zugeteilt, die sich dem Gesetz nicht widersetzten, und er hörte das Urteil durch die Ohren seiner Mutter vermittelt: „Tod, Tod, Tod", bis auch der letzte seinen Schuldspruch gesprochen, um nacheinander das runde Haus zu verlassen und seine Mutter, die vorher in dem von den Männern gebildeten Kreis stand, so ihrem und ihres Kindes Schicksal zu überlassen. Fassungslos stand sie mit dem ungeborenen Kind, unfähig sich zu bewegen. Nachher strich sie über den Bauch, der bereits anfing sich zu bewegen, und sagte zu ihm: „Ich werde dich nicht sterben lassen, das schwöre ich dir!" Und sie fasste den Entschluss, zu fliehen durch das Moor mit seinen alles verschlingenden

Tümpeln und verräterischen, Sicherheit vorgaukelnden Pfaden und Inseln. Das ganze Land war Moor. Es gebe auch feste Böden, die Erde drauf trugen und dadurch, obwohl von karger Vegetation, als Böden für die Landwirtschaft und Viehzucht sich darboten, aber der Weg zu ihnen war von trügerischer Natur, wo mancher Mann kurz vor dem Ziel verschlungen zu werden drohte, ob er nun mit viel Mühe von den anderen, die mit langen Stangen bewaffnet, aus dem Sumpf gezogen werden konnte, wenn nicht die ganze Gruppe von dem nachgebenden Boden verschlungen wurde. Bei solchen Unglücksfällen wurde die Zahl der zum Überleben ausgewählten Kinder um die Anzahl ebendieser getöteten Männer erhöht. Manchmal mussten von dem wenigen Holz, das im Moore wuchs, Brücken geschlagen werden, um den einsinkenden Boden zu queren und wieder festeren Boden unter den Füßen zu verspüren. Manchmal musste man schwimmende Brücken errichten, wenn das Moorwasser an die Oberfläche drängte, um Insel um Insel zu erreichen. Jedes Stück Land, das im Moorwasser versank, verminderte die Überlebenschancen dieses Überbleibsels eines längst ausgestorbenen Volkes. Jahrhunderte-, wenn nicht jahrtausendlang ermöglichten die Gesetze ihnen ressourcenbedingt das Überleben, so gab es ein dichtes Netz von mehr oder minder sicheren Wegen, das sich über das gesamte Moor erstreckte, für Uneingeweihte ein tödlicher Mix trügerischer Präferenz. Aber die Ziegenhirtin wusste die Pfade, die sich durch all das verschlingende Moor zogen, um unversehens im Nichts zu enden, aber an anderer Stelle weiterzulaufen. Wenn im Winter der kalte Nordwind über das Moor blies, sich in Sträuchern oder Bäumen verheddernd, ließ er das schwarze Moorwasser kaum gefrieren, denn die Wärme des Sommers, in seinen Tiefen gespeichert, ließ die Eisdecke alsbald schmelzen und machte das Moor ebenso unbegehbar wie in den Sommertagen.

Während seine Mutter am Marktplatz Kräuter und Kräutertee verkaufte und man daraus Tee brauen konnte, Wehwehchen auszukurieren, zog es Jeremias vor, die Stadt zu erkunden, um Fremdes in sich aufzusaugen. Die Stadt, die von breiteren und auch engen Straßen und Gassen durchzogen, mit großen Granitblöcken belegt, auf denen die Räder der Karren oder der Pferdekutschen mehr oder weniger stolpernd dahinfuhren. Manche Gässchen so eng, dass sie nicht befahrbar waren, weder mit dem zweirädrigen Karren, geschweige denn mit einer Kutsche, und es gab viele Wege in der Stadt, die auch mit kleinen vierrädrigen Wagen zu durchfahren waren. Und da gab es die Kirche, deren Inneres mit Stuck überzogen und die mit Bildern bemalt war, die einen großen gelben Schein um ihre Köpfe trugen, von Statuen, die vergoldet auf Sockeln standen, einen großen, zusammenhängenden, aus Marmor geschlagenen Altar und ein Musikinstrument, das viele Pfeifen in sich trug. Und im Sommer, solang das Licht vom Himmel fiel, konnte er einer Messe beiwohnen, bei der die Pfeifen vor sich hin orgelten, dass es eine Freude war, hineinhören zu können. All das Gesehene erzählte er ihr beim Heimgang immer in seiner Kindheitssprache und sie erklärte ihm, dass das Musikinstrument Orgel hieß oder dass der zusammenhängende, bis an die Decke reichende Block, in dessen Nischen Figuren standen, Altar hieße und der gelbe Kreis, der Jesus und die heiligen Köpfe umgrenzte, Mitra hieße. Er fühlte sich zu den Kirchen hingezogen, zu diesen düsteren Gesängen, gregorianischen Gesängen, die nur von Männern gesungen werden durften. Er hörte zwar die Glocken läuten, hat nur noch nie eine gesehen, wie der Klöppel aus Eisen an die bronzene und vor sich hin schwingende Glocke schlug, wie es ihm seine Mutter erklärte. Und die großen, aus Stein gemauerten Häuser, deren Fenster mit weißer Farbe gestrichen und deren Läden mit den verschiedensten bunten Farben das Auge erfreuten. Und wenn die Turmuhr im Kirchturm ihre Stunde schlug, um die Zeit zu verkünden, die bisher in ihrem Leben nicht die geringste Rolle gespielt hatte. Zeit – was war das überhaupt? Es gab den Morgen zum Aufstehen und dann und wann war die Zeit zum Mittagessen, und wenn die Sonne hinter einem weiten Horizont hinübersank, es also Abend war, wurde wieder gegessen, bevor man sich unter die Decke auf einen Strohsack liegend verkroch. Es ging alles ganz ohne Eile ab und er hätte schon des Lesens kundig sein sollen, wäre es eigentlich auch schon, aber seine Ziehmutter hatte ihm den Spruch, obwohl sie ihn wusste, vorenthalten.

So war das Leben, wie er es von Klein auf erlebt hatte und wie es ihm Barbara vorgelebt hatte, wenn sie Kräuter suchend die Heide durchstreiften.

Gott gab den Menschen die Zeit, aber von Eile hat er nichts gesagt. Aber in der Stadt liefen die Menschen durcheinander, einer dahin, der andere dorthin und manche, wenn sie sich trafen und kannten, fanden außer ein paar Worten keine Zeit füreinander, weiter forschen Schrittes, ein nur für sie erkennbares Ziel anzusteuernd. Seine Mutter hatte ihm, wenn sie im Winter beim Ofen saßen und die Moorziegel verbrannten, viel von ihrer Kindheit erzählt, von ihres Vaters Schloss, das doch ganz weit weg von hier lag, von ihren Geschwistern, von dem Kindermädchen, das ihnen vor dem Schlafengehen immer so schaurige Märchen erzählt hatte, und wenn sie sie manchmal zum Besten gab, dass sie sich vor Angst unter ihre Tuchenten verkrochen, von den schönen Gewändern, die sie bei besonderen Anlässen trugen, die wohl viel, viel schöner waren als die Alltagskleider, wie die Städter sie trugen, von Möbeln, die so glänzten, dass man sich spiegelnd darin wiederfand, von den vielen Scheunen und Speichern auf dem nahen Gutshof, der ihrem Vater gehörte, und von den vielen Zimmern, wo die Mägde und Knechte hausten, von unüberschaubaren Getreidefeldern, den eingezäunten Koppeln, wo die Kühe grasten, die, nachdem man sie abends in die Ställe getrieben hatte, gemolken wurden. Das waren die Tiere, die die Karren des Bauern in die Stadt zogen, wenngleich es nicht ein Pferd war, das stolz und viel kräftiger den Wagen zu ziehen wusste, wenn sie beladen in die Stadt kamen. Und sie wusste von hohen Räumen zu erzählen, die mit Stuck geschönt waren, worauf sogar manchmal Gold erglänzte. „Wow!", das war das Einzige, was er dazu zu sagen wusste. Sie hatte es also gelebt und er sah sich in ihrer Hütte um, wie elend arm sie jetzt hauste und in ihm erwachte immer mehr sein vorlebendes Leben und die ganze aus Torfziegeln gemauerte Hütte seiner Mutter fand sich ein, mit dem nackten Fußboden aus gestampfter Erde und den aus Tierblasen gefertigten Fenstern, sodass es auch im Sommer halbdunkel im Raume war, aber all die Menschen gingen gemächlich ihrer Arbeit nach; was nicht heute besorgt werden konnte, morgen war doch auch ein Tag. Dagegen in der Stadt: die hastig rennenden Menschen, wenn er durch die engen Gassen schlenderte, um so von manchem Passanten schief angesehen zu werden oder ihm gar Prügel angedroht wurden und er erschreckt zur Seite wich. Im Allgemeinen glaubte er, dass die Menschen unfreundlich zueinander wären, und in den engen Gassen fand er raubende Kinder vor, die sich um irgendein Stück eines undefinierbaren Gegenstands balgten, oder zeternde Frauen, die sich gegenseitig beschimpften, für ihn unverständlich, um was es ging. Sogar raufende Hunde, die sich um ein Stück weggeworfenes Futter stritten. Solche Sachen gab es in seinem Dorfe nicht. Jeremias wusste zwar um die Zeichen der Stadt und wie es von der größten Kirche sieben Mal schlug, das hieß, das Stadttor würde alsbald geschlossen werden und daher war die Zahl Sieben in seinem Gedächtnis verblieben. Als Warnende des endgültigen Versperrens, und sei es früher nur das Stadttor gewesen, wo seine Ziehmutter und er oft noch knapp es schafften, vor dem endgültigen Schließen jenes Aus- und Einlasstores hinauszukommen. Das war, wenn lästige Kunden nie genug Information über dieses und jenes Kraut der Mutter bekamen, zumindest empfanden sie es so und verwickelten sie in endlose Gespräche, meist waren es Frauen der besseren Gesellschaft. Jeremias verstand sie aufgrund ihrer besonderen, schönen Kleider auch richtig einzustufen und er erblickte aus manch ebenerdigem Fenster, so es geschlossen, eine schmächtige Gestalt, die Grimassen schneidend alles so wiedergab, was er von sich gab. Zuhause gab es keinen Spiegel, wozu auch? Er wusste, wie seine Erzieherin ausschaute, und sie wiederum wusste, wie er ausschaute, und den Ziegen einen Spiegel vorzuhalten bei ihrem Gemecker, das fand er unnötig. Und vielleicht hätten sie sich nicht mal darin erkannt, denn seine Lehrmeisterin hatte ihm das Märchen erzählt, dass Ziegen genauso schön falsch sein können wie

Menschen, und sie meinte, die Ziegen wären die Erfinder der Intrigen, und sie sagte ihm vor, wie die Ziege sagte: „Ich bin so satt, ich mag kein Blatt." Sie sagte das zu dem Halterbuben, aber das Gegenteil, was sie dem Halterbuben ihrem Besitzer zu sagen wusste, während sie verschmitzt vor sich hin lächelnd und strickend Masche um Masche legte. Er fand plötzlich, als er sich wieder in so einem Glasfenster betrachtete, dass er eigentlich nicht anders aussah als die hier herumlaufenden oder an der Hand von Erwachsenen geführten Jungen. Er betrachtete seine Hände, die nur dunkler als die der anderen Menschen waren, sie hatten eine hellere Haut und fast weiße oder gar rote Haare. Im Gegensatz zu ihm, der schwarze Haare zumindest vermutete, denn in dem Glas war das nicht erkennbar, aber als seine Ziehmutter ihm die Haare mit einer Schere schnitt, lag schwarzes Haar auf dem Boden. Bei dem Stand auf dem großen Marktplatz wurden Spiegel verkauft und sie lagen aufgereiht, um feilgeboten zu werden. Er schlich um den Stand, um einen Blick in so ein Wunderwerk der Wiedergabe zu seinem Schein zu werfen, was ihm jedoch nicht gelang, denn die Spiegel, die auf ebener Fläche lagen, ließen sich nicht von einem Kind missbrauchen, das größenmäßig noch nicht einmal die Höhe des Ladentisches erreichte, und zumal der Standlbesitzer den Buben, der immer wieder an besagtem Stand vorbeischlenderte, pfeifend mit den Händen in den Hosentaschen, misstrauisch musterte, wähnte er jenen doch als Langfinger, welche es in dieser Stadt zur Genüge gab. Aber dem Jungen ließ es keine Ruhe, sollte er einmal so aussehen wie die Torfverkäufer mit brauner Haut und schwarzen Haaren, schwarzen Augen, die sich nur durch einen Schlitz zu erkennen gaben. Schweigsam gingen sie diesmal nach Hause, obwohl er sonst immer voll des neuen Erstaunens, welches ihm die Stadt abrang, plappernd und erzählend neben ihr herlief, sie überholend, sich zurückfallen lassend, um sie wieder zu überholen, auf sie wartend. Aber heute schwieg er nur vor sich hin, stieß einen von ihm unbemerkten Stein von der Straße, wo er aufjaulte mit seiner blutigen Zehe, die ihm scheinbar nichts ausmachte, denn zuhause würde sie ihn sofort versorgen, die Kräuterhexe. Das war der Ausdruck, den er einmal aufgefangen hatte, als er sich am Marktplatz herumtrieb und ein Weib zu dem anderen sagte, dass sie noch bei der Kräuterhexe vorbeischauen müsste, denn der Tee, den sie von ihr gekauft hätte, hätte wahre Wunder gewirkt, und er den beiden Frauen gefolgt war, wem sie wohl den hässlichen Namen zugedacht hatten, denn Hexen – das wusste er von den Märchen – waren böse Menschen und eine hätte sogar einmal Hänsel und Gretel verbraten wollen, wenn sie nicht von ihrem Vater gerettet worden wären, und tatsächlich erstanden die zwei Frauen gleich mehrere der Säckchen des Teekrautes, was die Mutter sehr glücklich zu machen schien. War die gute Fee, als die er sie eingestuft hatte, tatsächlich eine Hexe, die nur darauf wartete, bis er pummelig angefressen war, und ihn dann zu verspeisen gedachte? Er prüfte seine Fingerlein, die klein und dürr und sicher kein Lukullus-Mahl für eine Hexe abgeben würden, und außerdem hatte sie ihn ja nicht eingesperrt, und wenn sie es täte, würde sicher – wie in den Märchen – nicht der Vater, sondern seine Mutter ihn aus den Fängen der Hexe erretten. Denn war das nicht als Drohung zu verstehen, wenn sie sagte: „Ich komme wieder!"? Aber diesmal ging es nicht ums Gebratenwerden, sondern um einen Spiegel, einen Spiegel, bei dessen Rückspiegelung er sich erkennen konnte, dass er es war, er, Jeremias, der so aussah wie die Torfstecher, die zweimal im Jahr in die Stadt kamen, um ihre Torfziegel zu verkaufen, aber immer zuerst bei der Kräuterhexe vorbeikamen, ein paar Kreuzer kassierten, um weiter in die Stadt zu ziehen. Aber dass sie schlau waren, das erlauschte er bei einem Gespräch zwischen zwei Geschäftsleuten, dass diese Torfverkäufer ganz durchtriebene Gesellen seien, die zuerst um ein paar Kreuzer dieses oder jenes kauften, aber noch bevor sie einen einzigen Ziegel ihres Brennmaterials verkauften, und so das Gekaufte gegenüber dem letzten Einkauf verglichen und – sollte es teurer geworden sein – um diesen Prozentsatz auch ihre Ziegel teurer verkauften. Denn sie hatten jedes Mal eine Einkaufsliste und die musste sich bei gleicher Anzahl der Ziegel und dem gleichen Einkaufsvolumen ausgehen. Ganz verstand Jeremias jedoch nicht, dass aber die beiden Geschäftsleute sie ganz durchtriebene Gesellen nannten, das hatte was für sich. Das wusste er wiederum von anderen, von diesen Hereingelegten, und das hat er nur so nebenbei gehört, ohne wirklich neugierig darauf zu sein. Aber jetzt ging es um einen Spiegel, möge er auch noch so winzig sein, er war ja auch noch so klein. Dem Kräuterweiberl, wie sie jedoch von den meisten ihrer Kunden genannt wurde, war das sonderbare Gehabe des Knaben natürlich sofort aufgefallen. Sie wartete jedoch darauf, dass er sich erklären würde, aber nichts, als dass er aufgrund seiner auf- und angeschlagenen Zehe neben ihr her hoppelte und stöhnend sein Ungemach von sich gab. Daheim angekommen wusch sie ihm zuerst die Füße, dann gab sie ihm eine Tinktur auf die fleischlichen Wunden, wobei er vor Schmerz laut aufschrie und sie eine Hexe nannte. Sie hielt inne, um ihn zu fragen: „Was hast du gesagt?" Als er ihr in die Augen sah, wusste er, dass sie weder eine Hexe, geschweige denn eine Kräuterhexe war, höchstens eine Fee, die den Menschen – so wie ihm jetzt – nur Gutes tat mit ihren Salben und Kräutern und manchmal auch mit ihren Voraussagen, die sie geschönt, um den Menschen Kummer in die Zukunft zu ersparen. Einmal kam eine arme, verhärmte Frau mit einem offensichtlich kranken Kind zu ihr, um zu erfahren, ob das Kind überleben werde. Seine Ziehmutter fragte, ob sie schon einen Bader – also Arzt – aufgesucht habe, jene vermeinte, dass sie kein Geld hätte, und das Kräuterweiberl gab ihr ein Bündel von Kräutern, die sie kochen und dem Kind zum Trinken geben solle. Als sie nach Erhalt der Medizin sie fragend ansah mit bittendem Blick, gab sie ihr noch ein paar Kreuzer, die gerade ein paar betuchte Frauen bei ihr gelassen hatten. Das konnte wohl keine Hexerin sein und er sah noch dazu die mitleidigen Blicke, die sie denen zwei nachwarf, bis sie in der Meute der Masse verschwunden waren. Er nahm sie um den Hals, was er vorher noch nie getan hatte, um sich an sie zu schmiegen und seinen Kopf auf ihre Schulter zu legen. Es war eine Geste, die Unterwerfung und Liebe zugleich bezeugte. „Wer hat diesen Namen gesagt?" Und da er ein ehrlicher Bub war und sie ihn erzogen hatte, nie zu lügen, sagte er es von den zwei Frauen, was sie sehr betroffen machte. Nachdenklich versorgte sie weiter seine angeschlagenen Zehen, gab wieder auf eine diese alles verbrennende Tinktur darauf, um sie noch mit einem kleinen Leinenfetzen zu verbinden. Jeremias verbiss sich jedes Mal den Schmerz und wusste, dass dieser Schmerz, den sie ihm in bester Absicht zufügte, nichts gegen den Schmerz in ihrer Seele war, den er ihr zugefügt hatte. Und er bekam seinen Spiegel bereits in ihrer und seiner Hütte zugestanden, wenn auch klein, um in seiner Hosentasche verstaut zu werden und, jederzeit griffbereit, sein Konterfei widerzuspiegeln. Wieder ging ein Winter seinem Ende entgegen und die Torfverkäufer zogen wieder in Kolonne, ihre zweirädrigen Wagen vor sich herschiebend, gegen die Stadt und wiederum fuhr seine Ziehmutter mit dem einrädrigen Schubkarren ihnen entgegen, aber diesmal wollte er dabei sein, vielleicht erkannte er durch das Auge der Mutter und er rief sich das Leben seiner Mutter in Erinnerung zurück. Da gingen einige, die er nicht kannte, wahrscheinlich alles Torfstecher, die in entfernten Hütten vom Dorf lebten, das Torf, das sie eben fuhren und zu verkaufen gedachten, in diesem Torf-Außenlager gerade arbeitenden. Aber da war Jok, der Dritte, den er über die Augen seiner Mutter übermittelt bekam, der mit zäher Geduld den beladenen Karren vor sich herschob und den Hut tief im Nacken, sodass sich dessen Gesicht in voller Ausdehnung zu erkennen gab. Noch dazu, wenn er bei offenem Munde einatmete, um mehr Sauerstoff in die Lunge zu bringen, jedes Mal seine Zähne freilegend, die ihm aber halbseits bereits abhandengekommen waren und so eine halbdunkle Leere hinterließen. Und gerade diesen Gedankengang hatte ihm seine Mutter übermittelt, hatte sie doch zu diesem Jok, dem dritten, gesagt, was sie seinen Ohren übertrug: „Jok, was ist mit deinen Zähnen passiert?" Und das hatte sich in sein mütterliches Gedächtnis eingeprägt und brach nun in diesem Fall in ihm wieder hervor. Er lief ein Stück mit der Kolonne, um jedem Karrenschieber ins Gesicht zu sehen, um eine mögliche Assoziation mit seiner mütterlichen Vergangenheit herzustellen, doch kein Gesicht bot sich seiner Wahrnehmung dar, war doch Mutter, als ihr vom Ältestenrat die Tötung ihres noch zu Gebärenden verheißen wurde, mit gesenktem Kopf ihrer Arbeit nachgegangen, ohne die Menschen wahrzunehmen, welchen sie begegnete. Also sieht sie mit sicherem Auge die sicheren Pfade, die sie gewandelt zu ihrem Arbeitsplatz, wo sie die Ziegen molk, und er sah die schlängelnden Pfade zu der Schweinsinsel mit ihren Unterständen und Umzäunung, damit sie nicht im Moor verkamen, und er sah den großen Platz, vom Moore verschonte Insel mit vom Moore umgebener Rundhütte, die inmitten des Platzes stand, in der die Ältesten ihre Versammlungen abhielten und die Todesurteile für die Ungeborenen fällten, und er sah spielende Kinder, schwarzhaarig oder mit manch blonden oder roten Haaren, Mongolenlidern um die Augen, barfuß umherhüpfend, um einen Kreis zu umgehen, der aus einem zu einem Kreis geflochtenen Ast bestand, und plötzlich, wenn einer etwas schrie, alle gleichzeitig versuchten in den Kreis zu hüpfen, sich gegenseitig aus dem Inneren des Kreises zu stoßen. Sie drängten sich eng aneinander, wenn sich die Formation innerhalb des Kreises beruhigt hatte. Manch einer fand am äußersten Ende innerhalb des Geflechtes Platz, einigen wenigen wurde das verwehrt. Die aus dem Kreis Ausgesperrten standen traurig außerhalb der dicht gedrängten Kinder. Nach und nach löste sich die Menge der im Kreise sich Befindenden wieder auf, um hüpfend vor Freude ihr Überleben zu feiern, um wieder einen großen Kreis zu bilden und wieder bei einem gutturalen Schrei alle zu versuchen, in den Kreis zu kommen. Und wieder befanden sich einige außerhalb des Kreises, da kein Platz mehr für sie in diesem war. Traurig umstanden diese den Kreis, während die im Kreis Befindlichen johlend ihr Leben feierten. Dass er das Spiel durchschaute, hatte er seiner Mutter zu verdanken, die ihm das mittels innerer Kommunikation übermittelte und dass es ein Spiel über Leben und Tod sei: Die sich innerhalb des Kreises befanden, durften überleben, die anderen, die Hinausgesperrten, wurden dem Moor übergeben. So wusste er bereits im Mutterleib, dass er einer der Hinausgesperrten und dem Moor zu Übergebenden war. Da es bis dato jedoch eine einseitige Kommunikation war, konnte er durch ihre Augen sehen und durch ihre Ohren hören, war aber noch nicht in der Lage, seine Empfindungen ihr mitzuteilen und es sollte nie dazu kommen. Er träumte in der Nacht von seinem bereits im Moor versunkenen Vater, welcher liebevoll über den Bauch seiner Mutter gestreichelt hatte und ihm ein wohliges Gefühl hervorrief, und wie er wohlgebettet als Fötus im Uterus seiner Mutter schwamm. Das waren übrigens seine ersten Erinnerungen, derer er gewahr wurde. Seine Mutter, die singend die Ziegen melkte, in einer wunderbaren Sprache, melodiös, aber traurig in ihren Tönen. Und wäre er schon damals seiner nachhaltigen Erkenntnis mächtig gewesen, hätte er es zu deuten gewusst, dass diese jahrhundertealten vererbten Lieder, die seine Sippe von weit her mitgebracht hatte und welche die Ur- und Ururahnen schon in der Steppe gesungen hatten, um vererbt von Generation zu Generation eben in der Stimme seiner Mutter wiedergegeben zu werden. Damals fing er sich schon vor Wollust an zu räkeln, um sich bemerkbar zu machen, um seinen Träger aufmerksam zu machen, dass sie bereits einen Zuhörer hatte, der ihr Eigen war und der lauschend in ihr durch ihr eigenes Ohr Zeuge ihrer übertragenen Lieder war. Und er erinnerte sich an immer mehr, an Begebenheiten in diesem Dorfe mitten im Moore. Nur er wusste nichts davon, dass diese Gemeinschaft von Flüchtlingen einige hundert Jahre zuvor von der Pest bedroht wurde, aber viele überlebten. Die Pest, die sie von der Stadt mitbrachten, als sie schon damals ihre Torfziegel zu der in der Heide liegenden Stadt brachten und verkaufen, um wie heute das Notwendigste, das sie hier zum Überleben brauchten, einzutauschen oder mit dem Erlös einzukaufen, und dass diese Horden, die das Land überfielen, mit ihren als Geiseln genommenen Frauen vor den sie verfolgenden Reitern ins Moor flüchteten, wo der Großteil der Verfolgten und auch deren Verfolger mit ihren Pferden versunken waren und wenige überlebt und mit ihren weißen Frauen in den Inseln im Moore eine neue Heimat gefunden hatten. Dass man beim Ziegelstechen auch manches Pferd ausgegraben hatte, davon wusste er nichts, denn darüber wurde nie gesprochen, denn das war vor undenklichen Zeiten passiert. Aber als die Männer die Pest, genannt der

Schwarze Tod, aus der Stadt mitbrachten, als sie bereits mit Beulen auf ihren Körpern zurückkamen, um bald darauf zu sterben, wurden Junge und Alte, die mit den Sterbenden oder Toten in Berührung gekommen waren, ebenso dahingerafft. Da versenkten sie die Toten in einer mit Stangen nicht mehr erreichbaren Tiefe im Moore, konservierten damit aber nicht nur die Leichen, sondern auch die Erreger. In der Stadt, in der Fuhrleute die Pest von weither mitgebracht hatten, die dabei war, die ganze Stadt auszulöschen, endete sie jedoch alsbald, als eine Kräuterhexe, die ein Gebräu den Kranken zu trinken gab, mit dem Absud desselben die Beulen von ihren kranken Körpern wusch. Im Gegensatz zu dem im Moor liegenden Dorf, das keinerlei Mittel dagegen fand, aber kraft der alten Kräuterhexe; das jedoch war schon Jahrhunderte her. Jeremias – wo hat ihn die Mutter vernommen, diesen schönen altjüdischen Namen, eines Propheten würdig, der hunderte Jahre vor Christus gelebt hatte? In dem Dorf gab es einfache Namen wie Jok, Nat, Karl oder andere einsilbige Namen, denen man eine Zahl angehängt hatte. Als sie mit ihren Karren wieder aus der Stadt zurückzogen ins Moor, wo sie allerlei geladen hatten, um wieder im Moor spurlos zu verschwinden. Denn kein Weg zollte den Pfad der Karren in das Moor, das sich so plötzlich auftat, wie die Spuren der Karren endeten. Jeremias hatte seinen Spiegel bekommen: Ein kleines Stück widerspiegelndes Glas, rechteckig, ohne Rahmen, und als er sich besah, vermeinte er zwar schwarzes Haar, aber ansonsten den Kindern in der Stadt recht ebenmäßig auszusehen. Aber auch in der Stadt hatten manche Kinder schwarze Haare, wie er sie auf seinem Kopfe trug, und er vermeinte auch bei manchen eine Hautfalte um die Augen, das sogenannte Mongolenlid, erkennen zu können. Seit seinem Zornausbruch, wo er sie Hexe benannte, wollte keine richtige Intimität mit seiner Ziehmutter mehr aufkommen, sodass er dieses Gespräch um seine Herkunft immer wieder hinausschob. Sollte er weitere Details aus seinem Vorleben in seiner Mutter Schoß, das nach und nach in seinem Kopf Erinnerungen erwachen ließ, erzählen? Dass er tatsächlich ein Moorkind war, dass er bereits im Schoße seiner Mutter unter ihnen gelebt, und zwar so real, dass er vieles über das Dorf wusste, das er sonst nie wissen könnte? Und er wollte sich vergewissern, dass nicht alles eine Träumerei war, sondern Realität war, was er in seinem vorlebenden Leben gesehen, gehört und gefühlt hatte. Nur allmählich bei fortschreitendem Alter, und das fing bereits in seinen ersten Lebensjahren an, als die Vergangenheit ihn einzuholen begann. Er wähnte sich in einem Dorf, umgeben von Moor und von Bäumen, von sonderbaren Hütten, von Ziegen wie die ihren, die sie in einem Verschlag hielten, von schwarz schimmerndem Wasser und hölzernen Brücken, die über das Wasser führten, und alte Männer mit langen grauen Haaren, mit langen grauen Bärten, mit schwarzen Hüten auf dem Kopf, von Kindern, die um einen Kreis hüpften und versuchten, in diesem einen Platz zu ergattern, dann verspürte er die Angst um sein Leben. Er vermeinte, die dort Geborenen in einer dunklen Höhle um sich beschützt zu fühlen, und er glaubte, dass spinnendürre, knöcherne Finger, die alte Frauen vor sich hertrugen, über seine Nacktheit strichen, kalt und unheilvoll, und er sich noch tiefer in diese warme dunkle Höhle zu verkriechen versuchte. Er träumte von mondhellen Nächten, die über dem Moore lagen, von einem Mond, der strahlend mit seinen Sternen am Himmel stand, und von alten Männern, die an ein Haus klopften, um ein Kind zu holen, um es in dem Moore zu versenken. Und er träumte und träumte. Wieder zogen die Torfverkäufer Richtung Stadt, um am nächsten Tage wieder die gleiche Spur in der Heide zu hinterlassen, nur in Richtung ihres Moores, um von Jeremias in einiger Entfernung verfolgt zu werden, der einen kleinen Ranzen mit Brot und einen irdenen Krug mit Wasser mit sich führte, wusste er doch nicht, wie lange die Reise dauern würde. Sie dauerte genau einen ganzen Tag und eine ganze Nacht, unterbrochen nur von kurzen Rastpausen, um monotonen Schrittes die ebene Heide zu durchschreiten. Denn er war heute nicht mit ihr in die Stadt gegangen mit der Erklärung, dass heute der Ziegenstall auszumisten wäre und sie wahrscheinlich erst spät in der Nacht zurückkommen würde, denn sie wollte noch Kräuter auf der Heide sammeln. Und der Vollmond wies ihnen den Weg und manchen der karrenschiebenden Männer wurde ihr Kind in dem Moor versenkt. Als die Ersten an dem Rande des Moores angekommen waren, hatte man die ersten Anzeichen schon lange in der mondhellen und wolkenlosen Nacht am Horizont erkennen können, mit Bäumen, Sträuchern und einem abflauenden Mondgelichter: trotz ihrer Schwärze spiegelnde Gewässer. Sie machten Halt, ihre Karren stehen lassend und den Ersten sich zugesellend. Plötzlich waren all die Männer wie vom Erdboden verschluckt, die Karren standen aufgereiht, einer hinter dem anderen. Plötzlich tauchten sie wieder auf mit langen Gehölzen, die sie ins Wasser klatschen ließen. Sie schlugen eine Brücke, wie er vermutete, an die er auf den verschiedensten begehbaren Pfaden Erinnerung hatte, und sie fuhren einer nach dem anderen über die Brücke, die ebenso schnell abgebaut wurde, wie sie aufgebaut worden war. Alles ging ohne ein Wort der Brückenbauer vor sich, man hörte noch eine Weile das weiche Geräusch von einsinkenden Rädern, dann wurde auch dieses verschluckt von einem ankommenden Morgen, welcher in ein erwachendes Vogelgezwitscher hineingeboren wurde. Aber der Mond sah sich außer Stande, die trüben Fluten eines Kindesmordes auszuleuchten, und Jeremias, jetzt gerade einmal zehn gelebte Lebensjahre alt, ausschließlich des einen Jahres, das er in seiner Mutter und das er als Vorleben zu bezeichnen wusste, war müde und er schlief den restlichen Tag am Rande des Moores, bis er, als der Mond wieder das Land erhellte, mit leerem Ranzen und leerem Krug sich auf den Heimweg machte, den Spuren der Männer mit ihren zweirädrigen Karren folgend. Abends darauf erreichte er ausgehungert und ausgedörrt die Keusche, die ihm zehn Jahre lang Heimat war, um von ihr erwartet zu werden. Sie wusste, sie hatte ihre Karten befragt, dass er wiederkommen würde, und sie wusste auch, dass er davongegangen war, die dunkle Seite seiner Herkunft zu erkunden. Er aß und er trank gierig in sich hinein, den Hirsebrei, dem er ansonsten nicht zugetan, verschlang er schnell und löffelte ihn in sich hinein, allzeit bereitstehendes Wasser nachschüttend, um sich nachher, nachdem er ausgiebig gerülpst hatte, um seiner Quartiergeberin damit kundzutun, wie es ihm geschmecket hatte, welches er in der Stadt erfahren hatte, gesättigt auf das Bett zu legen und morgens vom Hahn, der den neuen Tag krähend in der Heide ankündigte, erwecken zu lassen. Und sie fragte ihn, als er noch so frühmorgens im Bette lag: „Kommst du mit in die Stadt?" Nachdem er sich den Schlaf aus den Augen gerieben und genug gegähnt hatte, sagte er Ja, wusch sich die Hände und das Gesicht im Kübel, der am Brunnen stand, während sich seine Ziehmutter bereit machte, nachdem sie Ziegen und Hühner gefüttert, mit ihrer Butte am Rücken in die Stadt zu wandern. Und er wanderte wortlos neben ihr, einen knorrigen Stab in der Hand, den er in der Heide geschnitten hatte, den er jedes Mal kräftig in den Boden stach, so als würde er irgendeinem Tier weh tun oder bloß in den Boden stechen wollen. Außerdem schlug er manchem Gewächs, das er am Rande der Straße verkümmert vor sich hin wachsen sah, mit seinem knorrigen Stock den Kopf der Blüte ab, oder er brach, so die Pflanzen größer waren, die Blätter von dem Stängel, so er es nicht schaffen konnte, mit einem Schlag die Pflanze zu zerstören. Die Frau, welcher das auffiel, legte ihm mit einer Rüge nahe, es zu unterlassen. Es wären disharmonische Geräusche an so einem herrlichen, sonnendurchschienenen Morgen, wo sich die ersten Sonnenstrahlen am Stadtturm und dem Kirchturm brachen und die auf dem Stadtturm angebrachte Uhr die fünfte Stunde des neuen Tages zu verkünden wusste. Bis sie das Stadttor erreichen würden, würde jenes von den zwei Stadtwächtern bereits geöffnet worden sein und sie konnte bereits beginnen, ihre Kräuter auf dem mitgebrachten Linnentuch auszulegen, um sie zu verkaufen. Als sie den Marktplatz erreicht hatten, wo bereits geschäftiges Treiben ihren Augen sich erbot und Dienstmägde mit ausstellenden Bauern, die sogleich ihre Waren vom Wagen herunter verkauften, denn auf der anderen Seite der Stadt lag fruchtbares Bauernland, das die Stadt ernährte, um die Preise feilschten und, so ihnen das gelungen war, hofften, sie würden zumindest von der Gnädigsten ein Lob dafür einheimsen. Doch Jeremias interessierte das alles nicht, er zog sich in die umliegenden engen Gassen mit den hohen Häusern zurück, wo auch tagsüber wenig Sonne durchschien, denn eng standen sie beisammen, dicht gedrängt jeden Raum nutzend, und er fand, dass der Marktplatz auch nicht so groß war, als dass er die Enge der übrigen Stadt auszugleichen vermochte. Und hie und da sah er eine Ratte die Gasse entlanghuschen, bis sie in irgendeinem Kellerloch verschwunden war. Heute in der Nacht hatte er viel geträumt von seiner einstigen Heimat, dem Moor und den trockenen Inseln, auf denen die Menschen und Tiere wohnten. Er träumte auch von Fröschen und Schlangen, wobei die Schlangen die Frösche verschlangen und beide der Mensch in seinem Hunger. Er sah Eulen, die nachts im Moor flogen, um das Kleingetier zu jagen, auch Molche oder Ratten in ihren Fängen, zu ihrem Schlag zurückzukehren und die Jungen damit zu füttern. Und in seinen Träumen eröffnete sich eine neue Welt, die er unter dem Herzen der Mutter getragen bereits erlebt hatte, und er weigerte sich geboren zu werden, um, wie er wusste, getötet zu werden. Als seine Mutter ihn nicht gebären wollte und sie schon lange über der Zeit war, schickte der Ältestenrat ein paar uralte Frauen zu ihr, um sie zu betasten, ob hier alles rechtens zugehe. Die Frauen kamen alle Wochen wieder, um jedes Mal dem Rat die gleiche Aussage zu verkünden: Die Zeit würde erst kommen. Damals, als die Alte mit ihren knöchernen Fingern über den Bauch der Mutter strich, wuchs und wuchs dieser, aber wie besorgt sie feststellen musste, dass kein Leben sich in ihm regte, als er sich zusammenzog, um sich so klein wie möglich zu halten, um sich aus lauter Angst im Bauch seiner Mutter zu verkriechen, wenn er es nicht schon getan hatte. Monat um Monat verging, er wuchs in ihrem Leib heran und hatte allwöchentlich die knöchernen und kalten Finger der uralten Frauen zu spüren, aber eines Tages sagte seine Mutter zu ihm: „Ich muss dich in die Welt entlassen, sonst werden wir beide sterben, du und ich. Aber du musst nicht sterben, das verspreche ich dir, Jeremias, nicht du." Und so entließ sie ihn unter großen Schmerzen in diese Welt, in der der Tod auf ihn wartete. Nur von diesem Augenblick an, als sie die Nabelschnur durchschnitt, war er ein ganz gewöhnlicher kleiner Säugling geworden, der hilflos und schreiend nach Luft heischend in diese für ihn feindliche Welt gestoßen wurde. Aber immer mehr der Einzelheiten, wenn die Mutter durch das Moor schritt, die vielen Brücken, die nur von Stricken zusammengehalten wurden, von dem Moorgott, der als mumifizierte Leiche eines einzigartigen Kriegers in der Hütte auf einer kleinen Moorinsel, die allein ihm vorbehalten war, mit monotonen Gebeten angebetet oder mit tiefstimmigen Liedern besungen wurde, bei denen kniend und mit erhobenen Händen ihm gehuldigt wurde, in welcher die Ziegel aus den umgebenden Mooren vor sich hin glosten, um ein diffuses, gespenstisches Licht zu verbreiten. Schaudernd gedachte er dieser Versammlungen, als noch Vater lebte und Mutter ihm soeben Gebeten lauschend zuflüsterte: „Das ist der allmächtige Gott, vor dem das Dorf vor Ehrfurcht erzittert, wenn auch nur sein Name ausgesprochen wird." Der Töter der Kinder, der damals also noch unter den Lebenden weilte und das Gesetz seinen Nachkommen verschrieb, um ihr Überleben zu sichern. Das Pferd, auf dem er saß, war ebenso verledert wie sein Zaumzeug, mit dessen Riemen er das Pferd beherrschte, aber es stand breitbeinig mit seinem fürchterlichen Gebiss, doch die Unheimlichkeit des Reiters zu erhöhen mit seitwärts gebogenem Kopf auf einem erhöhten Podest der lichtdichten Hütte, wo kein Licht in das Innere durchdringen konnte, war doch die Eingangstür, die mit einem Fell verschlossen, äußerst klein gehalten, sodass die Besucher nur beuglings in die Hütte kamen. Ein Priester der Gottheit, der Tag und Nacht zur Verfügung stand und von der übrigen Moorbevölkerung versorgt werden musste, der das Feuer am Glosen hielt und der Vorbeter und Vorsänger in einem war, der vorbetete und die anderen zum Nachbeten anhielt, indem er die Stimmer erhob, um die Gläubigen in das Gebet einklingen zu lassen. Mit großer Inbrunst die heidnischen Lieder, die ursprünglich ihren heidnischen Göttern zugedacht wurden, allem ursprünglichen Götterkult abgeschworen und auf diesen Moorgott, der einstens einer der ihren war, zu übertragen, so sie seit undenklichen Generationen von diesem geprägt wurden. Schön, schaurig schön fand er das damals, als er durch die Augen und

Ohren seiner Mutter erfahren durfte, und die Moorlichter, die diese kleine Insel mit ihrer Hütte umtanzenden Irrlichter auf den dunklen offenen Moorflächen. Was er hier in diesen vielen verwinkelten Gassen suchte, wusste er nicht. Er begriff eine Baukunst, die ihm im Moore wie der Himmel erscheinen musste. Steinquader, übereinandergeschichtet, die sich hoch erhoben mit Fenstern und Türmchen an den Außenwänden und großen Türen, die aus Edelholz getischlert die Eintrittspforte zu diesen Häusern darstellten, aber auch von Mauerwerk durchzogene Holzhäuser, sogenannte Fachwerkhäuser, wie es ihm seine Ziehmutter beim Nachhausegehen erklärte, wären das, wenn er ihr, wie meist, sprudelnd das Unfassbare, das er gesehen hatte, erzählte. Und sie war eine erfahrene und gescheite Frau, war sie doch in einem Schloss aufgewachsen, lange in dieser Stadt und er ein wissbegieriges Kind mit immer neuen Fragen, kam er doch aus dem Moore, einem Dorf, das er dank seiner Mutter kennengelernt hatte, die ihn noch dazu ein Vierteljahr länger in sich beherbergt hatte. Es war ihm, als suche er seine Mutter in dieser für ihn riesigen Stadt mit ihren Kirchen, deren Türme weit in den Himmel ragten, deren Glockenschläge weithin oft, wenn der Wind richtig lag, bis zu ihrer Keusche zu hören waren, die lärmende Stadt, die ruhelos pulsierte und, wie er meinte, nie ganz schlief. Denn wie seine Ziehmutter ihm versicherte, waren auch nachts Männer mit den Laternen unterwegs, um Diebe fernzuhalten, und so sie auch Feuer entdecken sollten, sollte es irgendwo entstanden sein, bevor es zu großem Feuer wurde. So wuchs Jeremias heran, erzogen von seiner Ziehmutter, erzogen in der Kräuterkunde und deren vielfachen Auswirkungen und deren Heilwirkungen der verschiedensten Krankheiten und er war nicht nur ein wissbegieriger, sondern auch ein Schüler, dessen Verstand geschärft durch sein vorheriges Leben in seiner Mutter Bauch. Wissbegierig sog er alles in sich auf, was die Heilkundige ihn lehrte, wie sie es von ihrer Vorgängerin gelehrt bekam. So kam die Rede von der größten Pest, der Schwarze Tod genannt, die längst vergangen war, und da hatten die Menschen schon um dieses Kraut gewusst und sie riss ein Kräutlein aus der Heide, um es ihm zu zeigen: das Pestkraut. Aber niemand wusste die Heilkraft dieses unscheinbaren Krautes, nur als die Pest bereits die halbe Stadt hinweggerafft hatte, ging ein Kräuterweiblein, das man damals tatsächlich Kräuterhexe genannt hatte, die sich aus diesem Kraut ein Gebräu hergestellt hatte, das sie tagtäglich trank, weil es zwar nicht gut schmeckte, ihr jedoch trotz ihres hohen Alters geistige und körperliche Kraft verlieh, in der Stadt unter den vielen Pestkranken, um ihre anderen Tinkturen zu verkaufen. Denn sie vermeinte wohl in dem allgemeinen Schrecken über die Krankheit hinweg jetzt wieder die Todkranken bereit, für jedes noch so fälschlich angepriesene Kraut ihr letztes Geld zu opfern. Doch plötzlich fiel es ihr wie Schuppen von den Augen, plötzlich wusste sie des Pesttods Ende herbeizuführen. Sie lief hinaus in die Heide, sammelte das Pestkraut in riesigen Mengen, verkochte es und gab es den Kranken und Sterbenden. Und welch Wunder: Alle genasen! Und auch denen, die noch gesund waren, brachte sie den Tee, welche daraufhin von der Krankheit verschont blieben, kostenlos. Dafür hatte man ihr nach Abklingen der Seuche ein riesiges Denkmal vor dem Platz vor dem Rathaus aufgestellt. „Diese berühmte alte Frau mit einem Büttel auf dem Rücken, mit einem Kopftuch auf ihrem alten Gesicht, einen Stock in der Hand?" „Ja", sagte seine Ziehmutter darauf, „das war sie."

Barbara, sie war für den Buben eine aufopfernde Mutter, die all ihre Liebe, der sie fähig war, ihrem angenommenen Sohn zuteilwerden ließ. Und sie erzog ihn in christlichem Glauben, an das Gute im Menschen glaubend und dass Gott alles, was der Mensch seinem Nächsten tat, und wäre er der Geringste im Himmel, belohnen würde. Doch in seinem Kopfe war noch das Moor mit seinen grausamen Gesetzen gespeichert, sie erzählte ihm jedoch die Bibel, das Alte wie das Neue Testament.

Von Adam und Eva, den ersten zwei Menschen, wobei Gott Adam aus Erde geformt, der allein trübselig vor sich hin zu leben gezwungen war, trotz des wunderschönen Paradieses, das er von vielen Landtieren und Vögeln bevölkern ließ. Ihm entnahm er, als er schlief, eine Rippe, um eine Frau daraus entstehen und sie ihre Kinder Abel und Kain gebären zu lassen. Sie wird ihm von deren Vertreibung aus diesem Paradies nur zu berichten wissen, denn sie war der Verheißung einer Schlange gefolgt, und er würde viele Gegenfragen stellen, zum Beispiel so eine Schlange, die sich hin und wieder in der Heide vor ihm verkroch. Sie würde das verneinen, denn Schlangen der Heide, das wären Äskulapnattern oder irgendwelche harmlosen, und die würden kaum jemanden zu verführen suchen. Und er würde weiterfragen und sich erinnern, dass Kain seinen Bruder Abel erschlug, von den Juden, dem auserwählten Volk Gottes, das Moses aus ägyptischer Gefangenschaft befreit hatte, von den Steintafeln, die Moses vom Berge brachte und in denen die zehn Gebote eingemeißelt waren, die ihrer gesamten Welt als Leitbild dienen sollten. Und sie würde ihrem wissbegierigen Sohn von dem goldenen Kalb erzählen, das die Juden inzwischen angebetet hatten, als er vierzehn Tage sich in den Bergen befand. Und als er zurückkam, zertrümmerte er es und dreitausend das goldene Kalb anbetende Juden sollten des Todes sein von dem Stamm der Levi und hingemeuchelt werden, da jene dem wahren Gott abgeschworen hatten. Und sie würde von den Grausamkeiten des Alten Testaments erzählen, wo Jahwe, der Gott der Juden, Abrahams Sohn als Opfer gefordert hatte, und da jener zur Tat bereit, sich dieser Gott nur der Bereitschaft von Abrahams Prophetentum vergewissern wollte. Sie kannte die Bibel, war sie doch als Lesestoff in ihrer adeligen Familie ausersehen, um Bilder und Gottesfurcht zu vertiefen. Dagegen das Neue Testament, ein Buch der Liebe, das von Jesus, Gottes eingeborenem Sohn, sprach, von den zwölf Aposteln, welche die Liebe hinaus in die Welt trugen. Durch die Allmacht Gottes, obwohl sie als Fischer oder Hirten einfache Menschen waren, wurde ihnen die Kunde von fremden Sprachen übertragen, sodass sie die Lehre von Jesus Christus hinaustragen konnten in andere Länder und zu anderen Völkern, um sie zum wahren Glauben heimzuführen, zu Gott dem Allmächtigen, der den Himmel und die Erde erschuf und seinen Sohn für diese Welt geopfert hatte, indem dieser die Menschen von der Erbsünde befreit, jedoch alle Menschen dieser Welt verflucht hatte. Von den vielen jüdischen Propheten, die die Ankunft des Messias voraussagten, der jedoch, als er tatsächlich gekommen war, als armes Kind in eine Krippe hineingeboren war, von einem Stern von Bethlehem, der den Heiligen Drei Königen den Weg wies. Und sie würde ihm von den ersten Christen erzählen, von ihren Märtyrertoden, da sie in Anbetracht ihrer Standhaftigkeit im Glauben ihr Leben gaben, von Steinen erschlagen wie der Stephanus oder wie in den Arenen Roms von wilden Tieren zerrissen, von den Schlachten der Philister mit den Israeliten, von David und Goliath. Und er würde viele Fragen stellen, das wusste sie im Vorhinein. Und sie wusste, er würde Fragen stellen, die sie nicht beantworten wird können, Fragen, die sie an die Hauslehrerin gestellt hatte, die gleichzeitig ihr Kindermädchen war und ebenso nicht in der Lage gewesen, diese zu beantworten. Sie meinte, man müsste eben glauben und nicht alles hinterfragen. Der Glaube verlange es eben, dass man alles, was in der Bibel steht, so nimmt, wie es geschrieben steht, und damit basta. Jeremias hatte eine im Inneren wohnende Mystik befallen, während seine Mutter am Marktplatz stand und Kräuter verkaufend und als Wahrsagerin ihr zum Leben notwendiges Geld verdiente, in den verschiedensten Kirchen, die es in der Stadt gab, und es gab mehrere, lauschte er dem Orgelspiel und den Sängern, die ein Halleluja aus ihren Lungen pressten, den monoton vor sich hin betenden Gläubigen, dem Priester, der die Menschwerdung Christi in Form der Hostie vollzog, um sie den Gläubigen zu reichen, einem Chor von Knaben, wie es schien, die alte mystische Lieder mit glockenheller Stimme vor sich sangen, um einen Gott zu ehren, der nun in all seiner Pracht im Himmel schien, verweilte, um wohlgefällig das ihn Ehrende zu betrachten. Was war doch der Moorgott, dessen grässlicher Anblick tief in seinem Gehirn verankert und unauslöschbar in ihm verbunden, welch grausamer Gott es war, der Kinder nicht nur forderte, wie der alte Gott der Juden es tat, sondern sie tatsächlich in Form des Moortodes sich opfern ließ. Barbara erzählte ihm die ganze biblische Geschichte, soweit sie noch in ihrer Erinnerung verblieben war. Sie wusste noch eine ganze Reihe von Propheten der Juden aufzuzählen, von jüdischen Königen wie David, aus dessen Nachkommenschaft Maria, die Mutter Gottes, hervorgegangen war, die Gott als die Mutter Jesu auserkoren hatte. Er lauschte und lauschte fasziniert ihren Geschichten, stellte sich diese in der Bibel niedergeschriebenen Vorkommnisse mit seiner regen Fantasie vor. Wie der kleine David, mit einer Steinschleuder bewaffnet, den riesigen, mit einen Harnisch geschützten Krieger der Philister tötete und der zu Tode getroffen zu Boden sank. Von Helden war im Moore jedoch auch die Rede gewesen, von dem mit Pfeil und Bogen ausgerüsteten Reiterheer, die auf Pferden saßen. Obwohl er im Moore nie eines zu Gesicht bekommen hatte, sondern erst hier, wie eben neben seiner Mutter aufwachsend, die Pferde der Bauern, die Wagen ziehend durch das Stadttor kamen.

Aber all des Moores Einzelheiten wurden in seinen Erinnerungen immer wieder aufs Neue erweckt, die durch die Augen seiner Mutter gesehen, alles, was er durch die Ohren seiner Mutter gehört, und alles, was er durch die Nase seiner Mutter gerochen, und alles, was er mit der Zunge seiner Mutter geschmeckt hatte, und jeder Schmerz, sei er psychischer oder physischer Natur gewesen, den er durchlitten hatte, hatte tief sich in sein Gedächtnis geprägt. Er der Moorjunge, der durch der Mutter Flucht seinen Tod überlebt hatte, sah die Welt mit ganz anderen Augen als diese Menschen, von denen er umgeben. Von den sich spielenden, zankenden Kindern, den mürrischen Alten, die durch einen Stock gestützt des Weges gekrochen kamen, die Unflätiges aus ihrem Munde entließen, schreienden Kutschern, wenn die Straßenbenützer ihnen entgegenstanden, mit Einkaufskörben fast laufenden Weibern dem Marktplatz zustrebend, um noch rechtzeitig Preiswertes für ihre Küche zu erstehen. Da standen die vor sich hin dösenden Pferde im Schatten der Stadtmauern, während die Bauern marktschreierisch ihr Obst und Gemüse an den Mann beziehungsweise an die Frau bringen wollten. Er sah und sah und fing das Leben an nach dem Moore zu begreifen. So zog es ihn immer öfter in die Kirchen, um einer Welt der Mystik sich zu unterwerfen und ein Teil dieser zu werden, des von Gold strotzenden Altars, in dem sich brennende Kerzen brachen, der Statuen, die goldummantelt und mit goldenem Heiligenschein bedeckt, mit mildem Lächeln, wie es ihm schien, durch die Kirche schauten, ohne das Gewimmel der vielen unter ihnen betenden Menschen wahrzunehmen. Ihn faszinierte die Decke der Kirchenkuppel, die mit ihrem auferstandenen Jesus geschmückt, der sich soeben anschickte, in den Himmel aufzufahren, und die Weite des Himmels fast wolkenlos bekundete, gerade von seinen Aposteln verabschiedet wurde, die Hände erhoben, um ihm noch nachzuwinken. Das alles empfand er als ungeheuerlich aufregend und für seinen kleinen Verstand unfassbar. Und er wollte diesem Gott nahe sein, der dies – und sei es durch die Hände der Menschen, alle seine Geschöpfe – erschaffen hatte, diese riesige, bemalte Kuppel mit Farben, mit denen nicht einmal die Heideblumen konkurrieren konnten, geschweige denn die Farben des Moores, die Grau und Braun und Grün vor sich hertrugen und unter denen lediglich ein paar bunte Blumen sich zu behaupten wussten. Viel hatte ihn Barbara gelehrt, viel hatte er gesehen, viel hatte er bereits erlebt, um zusammenfassend sagen zu können, die Welt ist eine Welt voller Wunder, wenn er einen flatternden Schmetterling in der Heide fing, seine unzähligen Muster, die flügelleicht dem Betrachter sich darboten, um ihn aus seiner Hand zu entlassen, sodass er sich wieder flügelschwingend in die Luft erhob, er ihm nachschauend, bis er seinem Blick entschwunden war. Es war die Zeit, wo er anfing alles zu hinterfragen und Barbara sich außer Stande sah, alle Fragen, die zwar aus kindlichem Mund kamen, aber nichtsdestoweniger von essentieller Natur waren, zu beantworten.

Und er, der ein schlauer Junge war, verlangte von ihr persönlich bei jeder Frage, die sie nicht zu beantworten wusste, einen Kreuzer, den sie ihm auch lachend gab, denn wer es gerade hatte, das war egal. Wenn sie wieder etwas einkaufen mussten und er ihr voller Stolz erklärte, das würde er übernehmen, diese lächerliche Summe, er hatte ja so viel an Geld. Eines Tages aber, als er wieder durch die Stadt streunte, mit Staunen die Häuser und Blumen betrachtend, die vollblütig über den Rand der Tröge hingen, welche die Häuser schmückten, und die es auf der Heide nicht gab, manch Taube auf dem Giebel eines Hauses sitzend, die gurrend ihr Dasein kundtat, kam er einigen daher- und davoneilenden Passanten fast in die Quere, die Hände in seinen Hosentaschen, wo er all das Geld tief versenkt hatte, um das Nächste, dass sie benötigen würden, zu bezahlen. Schwer lagen die Münzen in seiner Hosentasche, waren sie zwar klein, aber in Summe gewichtig. Und vor sich hin pfeifend, es schien doch dazu noch eine herrliche Sonne, welche zurzeit in ihrem Einlaufwinkel die enge Straße ausleuchtete. Aber die wird, wie er nicht zu Unrecht vermutete, bald vorbeigezogen sein und eine Häuserwand bereits dem Schatten überlassen. Er dachte, wie naheliegend doch zusammen Licht und Schatten, Leben und Tod, kaum geboren, gleich gestorben. Das wäre auch sein Schicksal gewesen. Aber wer und wo mochte sie wohl sein, seine leibliche Mutter? Sie hatte ihn hinterlassen und war weg. Ob sie wohl noch leben würde? Während er so vor sich hin sinnierend die engen Straßen in eine breitere einmündete, kam ihm ein Leichenzug entgegen, mit einem von einem Ministranten vorangetragenen Kreuz angeführt, dahinter ein paar alte Männer, die stockgestützt und manche hinkend dem Kreuz folgten. Dahinter ging ein Priester, vor sich her betend, von zwei weiteren Ministranten begleitet, hinter ihnen ein zweirädriger Karren, auf welchem ein Sarg lag, von zwei Männern geschoben. Ihm schloss sich eine Frau, ziemlich ärmlich, jedoch schwarz gekleidet, mit einer Schar von Kindern unterschiedlicher Größe an, wobei die Größeren die Kleineren an der Hand führten oder sie auf ihrem Arm trugen. Die Frau, die sich ihrer Tränen nicht erwehren konnte und so ihr Gesicht mit einem großen schwarzen Schleier bedeckt hatte und auch die größeren Kinder boten einen Blick des Jammers an, mit ihren verweinten Gesichtern und dem Versuch, sich mit dem Handrücken immer wieder ihre Tränen abzuwischen. Wahrscheinlich gab es keine Taschentücher für sie und alle waren barfuß, bis auf die Frau. Sie waren gefolgt von ein paar ebenso ärmlich gekleideten Frauen, die Rosenkranz betend hinter ihnen hergingen. Jeremias, der so etwas wie eine edle Seele in sich trug, war verwirrt über die Armut, die so manche Menschen begleitete, wahrscheinlich die meisten ihr ganzes Leben lang. Reich waren sie auch nicht, er und seine Ziehmutter, aber sie hatten immer genug zu essen, sie hatten Schuhe im Sommer und andere für den Winter.

So beschloss er, sich den alten Frauen anzuschließen, um als Letzter des Zuges einherzugehen. Warum eigentlich, das wusste er nicht. Vielleicht wollte er sich solidarisch mit den Armen erklären, dass er auch einer der ihren war, zumindest als er noch im Moordorf, besser in dem Bauch seiner Mutter gelebt und die Not und das Elend, fast möchte man sagen, hautnah miterlebt hatte. Lange Zeit zog sich der Zug dahin, manch alter Mann, der auf der Straße stehend wahrscheinlich ebenso seiner Armut bewusst, die der Verstorbene gelebt hatte, lüftete seinen Hut, um dem bereits Verstorbenen seine Ehrerbietung zu bezeugen. Es gab also noch ein Stadttor, besser eine Stadttüre, denn diese mickrige Öffnung konnte nicht den Anspruch eines Tores erheben, der Karren, der zentimetergenau durch die Öffnung geschoben wurde, damit sich draußen nach deren Überwindung der Zug wieder neu formierte, um einen Gottesacker anzusteuern, auf welchem sich Grabhügel an Grabhügel reihten, die meisten mit Gras überwachsen, und kaum ein verwittertes Holzkreuz aus dem Boden stach. Hierher brachte man also die Armen der Stadt, damit sie so abgesondert unter sich blieben, wie die Marmorkreuze und Grabsteine unter sich liegende Reiche in dem anderen Friedhof vor dem Tore der Stadt darboten. Ein bereits ausgehobenes Grab, links und rechts von Erdhaufen umsäumt, darüber zwei Hölzer liegend mit zwei Seilen. Der Karren blieb vor dem Grabe stehen, während der Ministrant auf der Kopfseite des Grabes mit seinem hölzernen Kreuz sich stehend einfand. Ein paar der alten Männer hoben den Sarg von dem Karren, um ihn auf die Breite des das Grabe umspannenden Pfostens zu stellen. Während die Alten standen, warf die Frau aufheulend den Kopf zurück, um mit lauter Stimme zu schreien: „Verlass uns nicht! Wer wird für uns sorgen?"

43

Die größeren der Kinder fingen ebenso laut zu weinen an, sich bereits der Tragödie bewusst, dass ihr Vater sie verlassen hatte. Dahinter die zum Stehen gekommenen alten Weiber, wobei sich manche schnäuzten und ebenfalls ihren Tränen ergaben. Jeremias, der in einiger Entfernung stehen geblieben war, betrachtete die Szene schockiert. Erinnerte er sich doch, wie im Nachbarhaus seiner Mutter einer anderen Mutter von dem Ältestenrat ihr Kind genommen wurde, und er hörte sie noch in Erinnerung, das Geheule der Kindesmutter, mit dem von den Ohren der Mutter ihm übertragenen Geschreie: „Warum nehmt ihr mein Kind?" Der Priester begann zu beten und das Grab zu segnen und mit Weihwasser zu besprengen, während vier der Alten die Seile langsam durch die Finger gleiten ließen, um, nachdem zwei weitere der Alten die Hölzer weggenommen hatten, den Sarg in die Tiefe des Grabes hinunterzulassen.

Nun wurde die Frau ganz ruhig, sie sah in das Grab hinab, wo ihr Mann und Vater der Kinder unwiderruflich seinen letzten Weg angetreten hatte, eine Kinderschar und sie zurückgelassen. Die Frau wimmerte vor sich hin, während sich noch zwei ihrer Kinder an ihren Kittel geklammert hatten, um bettelnd von ihr angenommen zu werden, was sie auch tat. Nun stand sie, die Witwe, mit einem halben Dutzend Kindern am Grab ihres Ernährers. Der Priester verließ mit den Ministranten den Friedhof, wobei der Kreuztragende das Kreuz in die aufgeworfenen Erde rammte, sodass es zumindest stand, um durch die Stadtmauertür wieder zurück in seine Kirche mit würdevollem Gehabe zu schreiten, die Ministranten jedoch diese vermissen ließen, um vor den Blicken und vor der Seniorenstimme des Pfarrherrn, wie man sie in der Stadt auch nannte, zur Räson gezwungen zu werden und jetzt sittsam neben ihrem Pfarrherrn einherzuschreiten. Jeremias ging den Weg zurück zur Stadttüre, hielt sich hinter jener jedoch versteckt, um die trauernde Familie zu erwarten und ihnen zu folgen. Die Stadttüre, wie sie von Jeremias benannt wurde, war aus dicken Pfosten gezimmert und mit einigen Kegelscharnieren an der Mauer befestigt. Außerdem konnte man sie, wenn Gefahr drohte, wegen ihrer Kleinheit rasch wieder zumauern. Sie kamen an einer kleinen, alten, heruntergekommenen Kirche vorbei. Er vermeinte, es wäre eine Kirche der Armen, wie das ganze Stadtviertel sich ihm darbot, und warf einen Blick hinein. Es war eine kahle, von keinerlei Malerei verzierte Kirche, mit hölzernem Altar bar jeden Goldes, aber das ewige Licht brannte in einer hängenden Lampe, Gottes Anwesenheit kundzutun, und er vermeinte, Gottes Spruch zu hören: „Was ihr dem Geringsten meiner Brüder getan habt, das habt ihr mir getan." Und er spürte das Geld in seiner Hosentasche, das sich an seinem Beine rieb, als würde es ihn daran zu erinnern versuchen, wie reich er doch war gegenüber dieser Familie, die soeben ihren Vater verlorenen hatte. Die Familie verschwand mit Frau und Kindern in einem schäbigen Haus. Was sollte er tun? Das Geld brannte in seinem Hosensack, wurde immer schwerer. Sollte er sich getrauen? Aber wie konnte er nur einfach in das Haus gehen, seine Hosentasche von den Münzen entleeren? Müssten sie das nicht gar als Demütigung empfinden, wenn ein kleiner Junge ihnen Geld geben würde? Und das war für den Ankauf seiner neuen Schuhe gedacht. Aber konnte er nicht die alten noch tragen, obwohl sie bereits löchrig wurden? Die Kinder dagegen hatten überhaupt keine zu tragen, nicht einmal beim Begräbnis ihres Vaters. So entschloss er sich: Hatte nicht auch der heilige Martin, der römische Offizier, seinen Mantel mit einem Bettler geteilt, der in der Kälte fürchterlich fror, wie es ihm Barbara erzählt hatte, als er mit ihr über die Werte der Barmherzigkeit gesprochen? Und sie hatte auch nichts dagegen, als er voriges Jahr am Allerseelentag, als er durch den Friedhof, ehe er wusste, dass dort die begüterten Bürger der Stadt begraben wurden, von der Blumenpracht der Gräber überwältigt, manche der Grabhügel nur von Gras bewachsen, keine Blume darauf lag und keine Kerze darauf angezündet war, sondern in diesem Grab ein vergessener Mensch ruhte, das Jüngste Gericht erwartend, und den Gott wieder auferstehen lassen würde, was Barbara als größtes Geschenk Gottes an die Menschheit wähnte.

Die Auferstehung der Toten und die Guten davon würden daraufhin in ein ewiges Leben eingehen. Da hatte er von den mit vielen kurzen Kerzen bedeckten Gräbern Stummel der abgebrannten Kerzen genommen, sie unter Mithilfe seiner Schnürsenkel – die er seinen Schuhen entzog, und so mit angespannten Zehen in ihr Inneres gelangte, sodass sie ihm nicht von den Füßen fielen – zu neuen Kerzen geformt, um diesen vergessenen Toten mitzuteilen, dass einer, wenn auch ein Fremder, ihrer gedenkt. Er hielt erst inne, als die Schnürsenkel verbraucht. Aber hatte er nicht den Toten ein wenig Freude damit bereiten können? So gedachte er es auch heute zu tun und vielleicht sogar einem Toten, den man soeben begraben hatte und der vielleicht zusehen würde, dass seine Familie nicht verhungern wird. Und in seinem kindlichen Herzen fühlte er, dass Gott ihn dafür am Tag des Jüngsten Gerichts persönlich belobigen würde, hatte er doch auf seine neuen Schuhe verzichtet. Er holte sein Taschentuch hervor, um die Hosentasche in dieses Tuche zu entleeren. Neben hauptsächlich Nickel- und Kupfermünzen fanden sich aber auch einige gewichtige Silbermünzen dabei und mit denen konnte man schon allerhand kaufen. Er band die Spitzen des Taschentuches über dem Haufen Münzen zusammen, sodass er einen schönen Beutel von Geld vor sich hertrug. Forschen Trittes er in das Haus trat, wo er gleich eine Wohnstube betretend all die Kinder mit der Frau vorfand, die auf Betten und auf Sessel sitzend ein Bild der Trostlosigkeit ihm darboten. Zuerst versagte seine Stimme, er musste sich räuspern, um der Frau den Beutel hinzuhalten und zu sagen: „Das Geld ist für die Familie. Es ist von einem Freund, der Ihnen helfen möchte." Übergab es und rannte davon, die Straße entlang und ohne sich umzusehen. Weiter und immer weiter, befand er sich doch am anderen Ende der Stadt, und die Sonne warf bereits lange Schatten über die Dächer der Stadt, und Jeremias hatte Angst, dass das Stadttor vor ihm geschlossen wurde und er und Barbara, die auf ihn warten würde, die Nacht in der Stadt zu verbringen gezwungen sein würden. Atemlos kam er angerannt, um von Barbara mit einem strafenden Blick empfangen zu werden. Wortlos ging er neben ihr her, sie, die bereits den leeren Korb auf dem Rücken, ihren Wanderstab in der Rechten, ihn erwartet hatte. Denn knapp war die Zeit, die ihnen noch verblieb, um die Stadt zu verlassen, bevor das Stadttor geschlossen würde. Jeremias fing auf dem Weg nach Hause ein Gespräch an, nachdem Barbara, wahrscheinlich wegen des langen Ausbleibens, wortlos neben ihm einherschritt, sodass sie fast die Torschließung verpasst hätten. Irgendwie drückte ihn das schlechte Gewissen, hatte er doch alles Geld verschenkt, das er Barbara abgeknöpft hatte und das sicher mehr war, als seine Schuhe gekostet hätten. Er besah sie beschämten Blickes, mit zu Boden gesenkten Augen, ihren Kittel, den sie jahraus, jahrein zu tragen pflegte, außer wenn sie ihn wusch und dann nur mit einem Unterkittel einherging. Aber das war dann, wenn sie zu Hause waren und nicht in der Stadt gingen.

„Also", fing er an, „du hast mir von einem gewissen heiligen Martinus doch erzählt. Du weißt schon, wie wir die Werke der Barmherzigkeit besprochen haben und der seinen halben Mantel mit einem Bettler geteilt hatte." Hier legte er eine Kunstpause ein, sie beobachtend, welche Miene sie machte. Sie jedoch ging forschen Schrittes weiter, er aber blieb stehen, bis sie sich äußern mochte. So musste er mulmigen Gefühls wieder ein paar Schritte nachlaufen. Böse war sie heute, fand er, wie eben Weiber sein können. Diesen Ausspruch hatte er von einem Marktverkäufer gehört, als der sich mit einer an seiner Ware interessierten Frau nicht handelseinig wurde und zu seinem Nachbarn das sagte, nachdem die Frau außer Hörweite war. Als ausgezeichneter Beobachter seines Umfeldes wusste er, dass dieser Ausspruch – zumal er ihn erst, nachdem die Beglückte aus seinem Blickfeld entschwunden und somit außer Hörweite war, zu seinem Nachbarn gesagt hatte – nicht positiv sein konnte. Barbara ging nun, ohne auf ihn herabzublicken, zügig voran. Plötzlich sagte sie in das Gehen hinein: „Was hast du mit dem vielen Geld gemacht?" Jeremias musste erst einmal schlucken, so überrascht wurde er von ihrer Frage. Er fühlte sich überfahren und ertappt, als hätte er eine Sünde begangen, dabei hatte er ein Werk der Barmherzigkeit vollbracht. Denn waren es nicht seine Schuhe, auf die er verzichtet hatte? Natürlich würde der Kauf neuer Schuhe wohl noch anstehen, aber er würde wieder das Unkraut aus den Kräutern jäten, würde wieder stundenlang die Heide durchkämmen und besonders angesagte Pflanzen sammeln, die sich laut Barbaras Angabe für dieses und jenes besonders gut eignen und bei denen es nicht gelang, sie im Garten zu züchten, und er würde den Ziegenstall wiederum von dem Mist befreien und über ihnen, soweit sie es selbst nicht besorgen konnten, wenn es jetzt zum Beispiel tagelang regnete, er, der ihr Futter schon vorher eingebracht hatte, und er würde, und er würde. Nun ging er beleidigt neben ihr und fing an, wie er bisher jedes Mal, von einer neuen Erkundung zu erzählen, die heute wieder ein Stück weiter ausgedehnt, um sie zu fragen, ob sie wüsste, dass es neben dem großen Stadttor auch noch ein kleineres gab, das man jedoch nicht als Stadttor bezeichnen konnte, sondern als Stadttür, und dass an diesem Ende der Stadt lauter Häuser standen, dem ihren sehr ähnlich, und er sprach freimütig in allen Einzelheiten von der von der Sonne ausgerollten Straße und dass er wusste, dass die eine Seite bald von Schatten begraben werden würde. Von den herrlichen Blumen, die aus Trögen unter den Fenstern wuchsen, und von dem Leichenzug in all seinen Einzelheiten erzählte er, und als er die weinende Frau mit ihrem Geheule auf dem Grabesrand stehen sah, habe ihn das an seine Mutter erinnert und sich seinem Kopf eingeprägt, dass er es nie mehr vergessen werde können.

Dazu die vielen Kinder, die allesamt barfuß neben ihr so her hüpfend, und er der Frau in ihr Haus gefolgt sei, dass sie noch viel, viel ärmer war als die Einrichtung ihrer Hütte, und er erzählte, wie er das Geld, in sein Taschentuch verpackt, der armen Frau übergeben und davongelaufen war. Auch die armselige Kirche, wo doch Gott auch wohnt, erwähnte er beiläufig, denn es brannte das ewige Licht in derselben, also war Gott und dazu noch von hässlicher Statur anwesend. „Wieso wohnt Gott in so vielen Kirchen?", fragte er daraufhin. Hier wäre seiner Meinung schon ein Sühnegeld fällig gewesen. Denn diese Frage würde sie nicht beantworten können, dessen war er sich sicher. Plötzlich blieb sie stehen, ließ den Stock fallen, um ihn zu sich hinaufzuziehen, um ihn fest an sich zu drücken und zu sagen: „Du bist ein wahrhaft guter Junge mit einem riesengroßen Herz." Um ihn wieder auf die Erde zurückzustellen, ihren Stab aufzuklauben, um wiederum forschen Schrittes weiterzugehen. Nach einiger Zeit, wo er sich wieder getraute von Barbara Sühnegeld zu fordern für ihre nicht beantwortete Frage, bestand sie darauf, dass er das Geld nicht mehr in seinem Hosensack umhertragen dürfte, sondern höchstens ein oder zwei Nickelmünzen bei sich zu tragen hätte. Und darein fügte er sich auch.

Eines Tages jedoch sah er ein Kind, viel größer und älter als er, am Marktplatz Brot kaufen. Der Verkäufer jedoch machte eine verneinende Geste. Der Kleine hatte in seiner offenen Hand nur eine einzige Münze. Jeremias, der die Gepflogenheiten der Marktstandler bereits durchschaut, wusste, wer was von seinen Produkten auch manchmal den Armen nachließ oder gar verschenkte und welcher nicht. Und dieser war einer von der harten Sorte. So der Bub ihm die Münze hinhielt, legte Jeremias eine seiner zwei von Barbara genehmigten, mit sich getragenen Nickelmünzen in dessen Hand. Der Bub, der hohlwangig, sah erstaunt und erschreckt Jeremias an, während der Verkäufer noch bei seiner verneinenden Absage verblieb, um mit seinen Fingern eine Drei zu formen. So holte Jeremias noch seinen letzten Kreuzer aus seiner Hosentasche, um ihn auf des Buben Hand zu legen. Nun befriedigt, grunzte der Standler in sich hinein, nahm die drei Kreuzer und übergab dem Buben einen Laib Brot. Nun standen sich zwei Kinder gegenüber mit offenem Mund. Der eine, während Jeremias ein verlegenes Lächeln hervorwürgte, als hätte er etwas Kränkendes für sein Gegenüber getan. Er lächelte noch einmal, doch befreiter, drehte sich um, um sich in der Menge zu verkriechen. Nach Hause weg versuchte er Barbara wieder so ein paar Fangfragen zu stellen, gedachte er doch die zwei verschenkten Kreuzer wieder ausgleichen zu können. Doch Barbara wusste diesmal alle an sie gerichteten Fragen zu beantworten, wie knifflig er sie auch formuliert hatte. Sie war eben eine, für seine Begriffe, übergescheite Frau. So gab er es auf und müde war er außerdem. Allerdings vermutete er nicht zu Unrecht, dass sie, Barbara, doch wusste, denn sie gab ihm einen Kreuzer für die nicht beantwortete Frage, aber da wusste sie sie doch, und ohne den Kreuzer von ihm zurückzufordern. Aber obwohl er sein angesammeltes Schuhgeld verschenkt hatte, bekam er, nun von Barbara bezahlt, seine neuen Schuhe. Aber er wurde nicht froh in ihnen, wenn er nur an die Beerdigung mit den schuhlosen Kindern dachte. So trieb er sich wiederum auf dem Marktplatz herum, sah eines Tages wiederum den Knaben, und er schien auf irgendjemanden zu warten vor dem Brotverkauf an dem Stand mit dem mürrischen Verkäufer dahinter. Jeremias betrachtete lange dessen Gesicht, das ausdrückte, was Jeremias zwischen Verzweiflung, Angst und Niedergeschlagenheit zu deuten wusste. Es schien irgendjemand nicht zu kommen, den er scheinbar so sehr erwartete. Denn er sah einmal in diese Richtung, dann wieder in die andere und instinktiv spürte er in seinem kindlichen Herzen, dass dieses Kind in großer Not war.

Er hatte wiederum zwei Kreuzer in seinem Hosensack, nachdem er Barbara gestanden hatte, wofür er seine zwei ausgegeben hatte. Sie lobte ihn zwar nicht dafür, aber sie tadelte ihn auch nicht, was er für ein gutes Omen ansah. Er wusste, wie schwer Barbara das Geld verdienen musste, wie die Leute feilschten um einen Kreuzer, wie mühselig das Züchten der Kräuter war, wie viel an Wasser sie morgens brauchten und wie viel noch des Abends, wenn sie beim Untergehen der Sonne nochmals gegossen werden mussten, in den sandigen Boden, der gierig das Wasser verschluckte. Noch dazu die Kräuter, für die sie weit in die Heide hineingehen mussten. Trotzdem trug er zwei Kreuzer mit sich, im untersten Zipfel seiner Hosentasche verborgen. Er ging auf den Jungen zu, sich versteckend hinter den eilig eilenden Passanten, bis er plötzlich vor ihm stand. Dessen Gesichtsausdruck, der heftig, wusste Jeremias nicht zu deuten, aber plötzlich rannen ihm die Tränen in das Gesicht. Wie groß musste die Not in diesem Knaben stecken? Und Jeremias begriff, dass er es war, auf welchen jener gehofft hatte, dass er wiederkommen würde, um ihm beizustehen, dass er einen Laib Brot nach Hause tragen konnte. Er konnte. Er kramte aus seiner Hosentasche die zwei Kreuzer hervor, nickte ihm zu, das hieß: „Nimm sie." Währenddessen öffnete sich die verkrampfte Hand des Buben und er legte die zwei Kreuzer hinzu. Der Brotverkäufer, der den Buben schon die ganze Zeit beobachtet hatte, nahm wortlos aus der hingehaltenen Hand die drei Kreuzer, gab ihm einen Laib Brot, der war um ein etliches größer als das letzte Mal. Was heißt größer, es war ein riesiger Laib Brot. Und Jeremias fand, dass auch in hartherzigen Menschen ein weiches Herz steckt, das sie nach außen hin nur durch grimmige Mimik zu kaschieren versuchten. Nun hatte also der Junge einen riesengroßen Laib in seinen Händen, er konnte es scheinbar selbst nicht fassen. Er sagte nur: „Wer bist du?" „Ich heiße Jeremias." „Und ich heiße Friedrich", der andere darauf. „Bist du Friedrich Barbarossa oder Friedrich der Schöne oder Friedrich der Eiserne?" Er wusste, es gab noch eine ganze Reihe von Friedrichs, aber nicht einmal Barbara wusste alle, wie sie ihm gestand. Aber Friedrich, das war eben ein Name, den viele der großen Herrscher trugen. „Und über was herrscht du?" Es sollte liebenswürdig klingen, zumindest aufbauend. Aber man merkte, das ging in die Hose. „Ich? Über was soll ich herrschen?" Jeremias bemerkte, dass er diesen ärmlich gekleideten Jungen, obwohl auch er selbst nicht wie die Jungen aus besserem Hause gekleidet war, mit seinem Redeschwall in Verlegenheit gebracht hatte, denn jener sagte nichts dazu. Er konnte nichts dazu sagen. Er wusste nichts von all den Friedrichs, hatte noch nie eine Schule besucht. Seine Eltern gaben ihm den Namen bei der Taufe. So sagte Jeremias: „Komm, schau, ich zeige dir meine Mutter." „Aber ich", wehrte sich der andere, „das Brot für meine Geschwister." „Aber komm schon", darauf Jeremias. „Sie steht bei diesem Stand nicht weit von hier." Doch der Marktplatz war riesig, so auch Zirkusse, die hierherkamen, kaum die Funktionsfähigkeit des Handels vermindern konnten. So standen die zwei dann doch vor Barbara, die gerade dabei war, ganz feinen Damen einen Strauß von Heidekräutern zu verkaufen.

Heute hatte sie den Preis noch nicht gesagt, aber da sie den Laib Brot sah, wusste sie, dass dieser Kräuterstrauß eben um zwei Kreuzer teurer sein würde. Und es auch wurde. Die feine Dame, die nicht nur aussah wie viele feine Damen, sondern auch eine war, zahlte, bedankte sich noch und ging weiter ihres Weges. „Das ist mein Freund Friedrich", stellte ihn Jeremias ihr vor. Barbara um den Verlust von zwei Kreuzern, den sie wiederum ausgeglichen hatte, lächelte mit ihrem verwelkten Gesicht dem Buben bewusst entgegen. Der Knabe möchte vielleicht ein bisschen älter erscheinen, als er wirklich war, aber er war ärmster Herkunft, worauf nicht nur seine Kleidung schließen ließ, sondern auch sein unterwürfiges Geschau und allein schon die Art zu stehen. Oder hatte er Angst, dass man ihm wieder sein Brot nehmen würde? Wie er so arm dastand und ihn Barbara fragte, ob er Geschwister hätte, wer seine Eltern wohl seien, sagte er, er hätte nur mehr seine Mutter, Vater wäre vorigen Monats gestorben und er habe fünf Geschwister, drei jünger als er, und er selbst sei bei einem Schuster beschäftigt, wo er am Abend die Werkstatt zusammenräume und ansonsten auch dafür nur kleine Handlangerdienste zu machen hätte. „Von was lebt ihr?" Nun, Mutter geht zu den Leuten Wäsche waschen mit den zwei größeren Mädchen, aber die seien kaum älter als er. „Täglich?", fragte die Mutter. Nein, alle Woche einmal und heute habe es wieder Löhnung gegeben. Aber das reiche nicht einmal für einen Laib Brot. Und er habe es sich in den Kopf gesetzt, auch seinen Teil zum Überleben der Familie beizutragen. Und so hätte er erst in zwei Wochen wiederum einen Laib Brot kaufen gekonnt. „Und wenn nicht er", und er deutete auf Jeremias, und hier versagte ihm die Stimme, ohne es aussprechen zu können. Barbara hatte die Not und das Elend kennengelernt und hinter sich lassen können, nicht dass sie in besonders guten Verhältnissen mit Jeremias leben würde, aber sie kamen ganz gut über die Runden.

Sie holte unter ihrem Stand einen Tiegel Marmelade und einen weiteren, der mit Schmalz gefüllt, hervor, den sie heute bereits bei einem Bauern erstanden hatte, im Gegengeschäft für ihre Kräuter, um diese dem Buben zu geben, der jedoch schon praktisch überfordert mit einem Laib Brot, sodass sich Jeremias erbötig machte, ihm tragen zu helfen. Er durfte nach Barbaras Erkenntnis, dass jener unmöglich den riesigen Laib und noch dazu zwei prall gefüllte Tiegel zu tragen imstande wäre. „Aber komme rechtzeitig zurück!", drohte sie ihm, dass sie noch rechtzeitig beim Tor herauskämen. Schüchtern sagte der Junge: „Danke gnädige Frau." Barbara, die man einstens als gnädiges Fräulein betitelt hatte, und sie es doch war, die um der Geschäfte willen manch eine Unwürdige mit diesem Titel bedacht. Die beiden Jungen machten sich auf den Weg, um all diese Schätze zu Friedrich nach Hause zu bringen. Sie gingen und gingen, um manchmal sich auszurasten, aber sie erreichten das Armenviertel der Stadt, wo die Taglöhner hausten, das Geld, das sie verdienten, in den Kneipen vertranken, während zu Hause eine reiche Kinderschar bittere Not litt und leeren Magens zu Bett geschickt werden musste. Alt wurden diese Leute in diesem Viertel nicht, dessen war sich Jeremias bewusst. Er sah den Kirchturm, der die niederen Häuser überragte, es war die Armenkirche, in die Jeremias einen Blick geworfen hatte nach dem Begräbnis, und er ahnte, dass sein neuer Freund einer der vielen Kinder von der armen Familie wäre. Er konnte sich an ihn nicht mehr erinnern, zu viel des kollektiven Elends hatte er gesehen, um sich auch eines im Einzelnen einzuprägen. Sie kamen zu dem besagten Haus, das Jeremias auch von innen her kannte, durch die Tür hörte man ein Kind weinen, ein anderes schrie, wahrscheinlich ein Mädchen, ihre Verzweiflung hinaus, um wiederum das weinende Kind zu trösten, das innehielt in seinem Weinen. Friedrich öffnete die Türe, wobei sie sofort in der Stube waren, und das hatte er das letzte Mal in seiner Aufregung gar nicht bemerkt, dass es recht düster war. Denn es gab im ganzen Raum nur ein Fenster mit der hölzernen Türe. Zwei Kinder schliefen in einem Bett, das größere das noch schluchzende Kind zu beruhigen versuchte. Man merkte Friedrich seinen Stolz an, als er den großen Laib auf den Tisch legte, Jeremias den schweren Tiegel mit Schmalz und dann den Tiegel

Marmelade auf den Tisch stellend, um seinen zwei Geschwistern zu verkünden: „Das ist mein neuer Freund und er heißt Jeremias." Die Kleine, die noch immer schluchzend mit dem Finger im Mund alsbald verschlief, die Größere im Alter von Jeremias, falls Friedrich tatsächlich älter war, gab ihm die Hand und sagte: „Ich bin die Genoveva." Da er bereits vorgestellt war, erübrigte sich seine eigene Vorstellung. Er klopfte Friedrich auf die Schulter, um zu sagen: „Wir sehen uns wiederum", sagte zu dem Mädchen „auf Wiedersehen", um die Stube und somit das Haus zu verlassen.

Es zog ihn zu der Kirche hin, um dort einzutreten. Das ewige Licht brannte still vor sich hin, auf dem Altar stand die so oft besungene Maria, die Mutter Jesu, deren Leben ihm Barbara erzählt hatte, wie auch die von Jesu ganzer Familie, von Josef, dem Nährvater, ihrer Mutter Anna, aber es sollte auch Geschwister von Jesus gegeben haben, wie Barbara meinte. Aber dieses Gerücht hätten Ketzer in die Welt gesetzt, die die Kirche zu schaden gedachten. Nun, diese Maria war ganz in Weiß gekleidet, mit einem himmlischen Lächeln auf ihrem Gesicht, dessen feine, edle Züge überirdisch schön auf ihren Betrachter blickten, als würden sie sagen: „Kommt alle zu mir, die ihr mühsam beladen seid, ich werde euch trösten." Und sie hielt einen Rosenkranz in ihren betenden Händen. Sie war die schönste Maria, die Jeremias bisher gesehen hatte, so er, wenn er durch die engen Gassen schlich, durch ein geöffnetes Fenster kleine aus Gips geformte Marien zu sehen bekam. Sie, die hier auf einem Altar stand, die im Gegensatz zu den anderen Kirchen ein wunderschönes Ebenbild jener darstellte, und die kahlen, weißen Wände, die fleckig und mit abblätternder Farbe überzogen, die abgewetzten, durchgescheuerten Bänke, der mit losen Steinen ausgelegte Fußboden, nur sie, die unbefleckte Mutter Gottes. Als Jeremias Barbara danach fragte, was unbefleckt wohl hieße, zahlte sie lieber einen Kreuzer, als die Antwort herauszurücken. So hatte er zumindest das Gefühl, er verliebte sich in dieses Gesicht Marias, und er konnte den Blick nicht von ihr wenden. Er prägte sich ihr Gesicht ein in sein Gedächtnis, das allzu abrufbar war, und wenn er in Not geriete, würde sie ihm sicher helfen. Sangen doch die Leute der Kirche: „O Maria, hilf uns all aus diesem Jammertal!" Mit dem Jammertal war die Erde gemeint, wie ihm Barbara auf seine Frage geantwortet hatte.

Über ihr hing jedoch ein aus dunklem Holz geschnitzter Herrgott auf einem fast schwarzen oder angestrichenen Holz mit einer riesigen Dornenkrone auf seinem Haupte, einer breiten Nase, wulstigen Lippen, hinter denen große Zähne hervorschauten, die man aber erst bei näherer Betrachtung zu erkennen glaubte. So einen hässlichen Herrgott hatte er noch in keiner Kirche gesehen, die herausgequollenen Augen, hing er mit einer Hand, die nur aus drei Fingern bestand ans Kreuz genagelt, die andere besaß nur vier. Oh Gott, dachte Jeremias, wer hat dir das angetan? Welch Pfuscher hat sich an dir vergriffen? Die Haare hingen klebrig herunter, kaum Strähnen erkennbar, und erst die Füße: Die Waden waren dick und endeten in Klumpfüßen. „Oh Gott", sagte er und betrachtete mitleidig die aufgewölbte Brust, wo er noch den Einstich des römischen Soldaten zu erkennen glaubte.

Auf dem Weg zum Marktplatz zurück sah er eine Frau – ein plärrendes Kind am Arm, während zwei andere noch kleine Kinder am Rockzipfel hingen –, die einen betrunkenen Mann schalt, den sie gerade aus einer Brandweinstube geholt hatte. So wie sich ihm die Welt jetzt darbot, hatte sie sich diesen Namen wohlverdient, dachte sich Jeremias. Heute war noch viel Zeit bis zur Schließung des Stadttores. So besuchte er noch die Kirche, die er als seine empfand. Vielleicht übte gerade jemand auf der Orgel oder ein zusammengewürfelter Haufen Männlein und Weiblein probten ihre Lieder, die sie dann am Sonntag zur Heiligen Messe zum Besten gaben. Meistens saßen auch ein paar meist alte Leute in den Bänken, ins Gebet vertieft, auf dem Fußstaffel kniend, um zu ihrem Gott zu beten. Jeremias, der nicht getauft und sich daher der Kirche nicht zugehörend empfand, jedoch tiefe Sehnsucht nach diesem Gott hatte, schlich wieder in eine Kirche, um in der letzten Bankreihe sich zu verdrücken und die Stille zu genießen. Plötzlich erklang Orgelspiel, virtuos. Das musste ein Künstler sein, dessen Hände Oktaven auf und ab liefen, anschwellend mit vielen Akkorden, um wieder zurückzufallen, obwohl er nichts wusste über die Orgelmusik. Er wusste nichts von piano, von forte, von fortissimo, mezzoforte, fortepiano oder adagio. Über Musik hatte ihn Barbara nicht aufgeklärt, scheinbar lag das auch nicht in ihrer Natur, obwohl, wenn er Kräuter jätend oder besonders auf der Heide irgendwas vor sich hin sang, erfand er eigene Kompositionen, sie mit den Kirchenliedern, die ihm jetzt in den Ohren lagen, zu komplettieren, wieder von vorne zu beginnen.

Manchmal jedoch sagte Barbara, wenn er mit seiner glockenhellen Stimme auf und ab trällernd und hüpfend die Heide durchquerte: „Jeremias, du hast eine herrliche Stimme", und er stolz darauf antwortete: „Sing mit mir." Denn er fand sie vollkommen unmusikalisch, hatte sie nämlich noch nicht einmal ein Lied vor sich hin summen gehört, geschweige denn ein Lied von ihren Lippen kommen gehört. Und es gab keinerlei Disharmonie, er hatte ein Gehör dafür, wenn der Organist danebengriff. Er hatte schon öfter dem Orgelspiel gelauscht, aber so etwas in der Vielfalt der Orgelpfeifen, welche Töne dieser ihnen entlockte – und Jeremias fand, dass nicht die ganze Erde ein Jammertal, sondern dass sie etwas Erhabenes und Großes war, wenn sie solche Menschen wie den Orgelspieler gebären konnte. Und so Gottes Schöpfung zu verherrlichen in dieser Musik, um sie herauszutragen in eine Welt, die taub war, vor sich hin vegetierte, um sich nicht zu erheben, sich nicht in diese musikalische und virtuelle Erhabenheit zu begeben. Er war so ergriffen von dem Spiel, dass er auf die Empore schlich, vor sich den Orgeltreter, der schwitzend die nötige Luft zeugte, die der Organist durch die Orgelpfeifen strömen ließ, um diese überirdische Musik erklingen zu lassen. Er blieb am Ende der Stiege stehen, wo er den tretenden Mann sah, den Organisten, der ihm den Rücken zugekehrt hatte, in wilden und flatternden Handschlägen sich austobenden, zwischendurch an den Knöpfen ziehend, um eine andere Pfeifenreihe zu aktivieren, um scheinbar in eine Laudatio zu verfallen und das Spiel ausklingen zu lassen. Jeremias nahm mit geschlossenen Augen diese herrliche Musik mit seinen Ohren auf wie im Bauch seiner Mutter mit seinen überempfindlichen Ohren all das Gesagte, das seine Mutter erhört oder mitgeteilt hatte, an ihn weitergegeben hatte und somit sein Gehör geschärft hatte. Noch stand er benommen von der Musik auf der letzten Stufe der Stiege, und diese Musik für ihn noch Unverständliches klang hörbar, die er jedoch eine dem Himmel Zugeordneten befand, und diese Musik in seinen Ohren noch nachklingen zu lassen. Er wurde sich dessen erst bewusst, als der Organist mit einer Mappe unter dem Arm, wo er wohl die Notenblätter verstaut haben mochte, ihn mit angenehmer Stimme in die Wirklichkeit zurückrief. Der Organist betrachtete das Gesicht des Jungen mit Wohlgefallen, wusste er doch um die Ergriffenheit, die seine Musik auf dieses Knaben Antlitz gezaubert hatte, und deren Ursache war seine Musik. Er hatte das schon des Öfteren bezeugt bekommen in seinem früheren Leben, wo er noch jung und dynamisch die Orgel zu bespielen wusste. Jetzt war er hinter dem Orgelsitz alt geworden, aber es tat ihm gut zu bemerken, wie viel an Freude und Ergriffenheit er mit seinem Gespiele noch vermitteln konnte. „Hallo, junger Mann", sprach er ihn an. Der Junge riss erschreckt die Augen auf, war er doch in dem Nirwana der himmlischen Musik befangen. Und der Alte, der lächelnd vor ihm stand, grauhaarig, mit langen Haaren, mit einem ebenfalls grauen Bart, der sein Gesicht umrahmte. Hätte ihn Jeremias nicht von der Seite als den Orgel spielenden Mann gesehen, mit seinen schulterlangen Haaren, die in den Bart übergingen, hätte er ihn wohl als Gottvater einzustufen gewusst. Denn so genau sah der alte Gott aus, neben ihm Christus, über dessen Haupt eine Taube flatterte, die nach der Auskunft von Barbara der Heilige Geist sei. Jeremias dreht sich um, um die Stiege hinunterzusteigen und zugleich die Kirche zu verlassen. Barbara erwartete ihn bereits mit den umgeschnallten und leeren Putten und hatte ihren Gehstock bereits in der Hand, obwohl heute noch viel Zeit war, bis das Stadttor versperrt würde. Aber heute war ein guter Tag, sie hatte alles bis auf das letzte Kräutlein verkauft. Von nun an ging Jeremias, so oft sie auch in die Stadt gingen, um ihre Kräuter zu verkaufen, nicht mehr streunend durch die Stadt, sondern vorerst in die Kirche, um vielleicht wieder ein virtuoses Orgelspiel zu erlauschen. Aber der langmähnige Alte spielte nicht mehr, sondern einer, der sich öfters in den Tasten vergriff, sodass Jeremias fluchtartig die Kirche verließ, denn diese Musik, auf diesem Gott geweihten Instrument, empfand er als grauenvolle Qual, die, wie Barbara behauptete, die bösen Menschen im Fegefeuer brennend zu erdulden hätten, um ihre Sünden gemäß ihrer Stärke abzubüßen. Jeremias jedoch fand, was man seinen Ohren mit dieser von einem Stümper bespielten Orgel antat, würden sich die Flammen erübrigen. Diese Qual, die seine Ohren durch die Misstöne geschockt erlitten hatten.

Einmal jedoch, als er wieder einmal an einer der noblen Kirchen vorbeiging, lauschend, ob er Orgelmusik erhören würde, doch helle Kinderstimmen aus dem Kirchentor klangen, ging er, neugierig geworden, in die Kirche hinein. Es bot sich das vertraute Bild von den wenigen Gläubigen, die betend auf ihren angestammten Plätzen saßen, doch vorne in der Abis stand eine Gruppe von gleich angezogenen Kindern vor einem Mann, der mit beiden wie zu einer Umarmung ausgebreiteten Händen auf und ab winkte, während die Kinder ein erbauliches Lied sangen. Doch es war ein Kind – oder waren es zwei? –, das sang, wie seine Ohren registrierten, so falsch, dass es seinen Ohren wehtat. Er sang im Geiste das Lied mit, das voll von einfachen und wiederkehrenden und wiederholenden Worten war. Der mit den Händen Wachelnde unterbrach sein Wacheln, um die zwei oder gar drei aus der Gruppe austreten zu lassen, hatte er doch ein gutes Gehör, war er doch als Musiklehrer in der Schule der Stadt angestellt, um den Benützern der den höheren Schichten zugeteilten Schulplätze Musik zu vermitteln. Und er ließ jedes von ihnen alleine singen. War das zum Gotterbarmen, dachte sich Jeremias. Und Jeremias sang das Lied vor sich hin, sodass der Musiklehrer, nachdem er hinter sich eine glockenhelle Stimme erhörte, den Gesang eines der drei sofort abbrach, um sich umzudrehen und dem mit geschlossenen Augen dasitzenden Jungen erstaunt zuzuhören. Jetzt sah er, dass dieser Mann noch jüngeren Jahrganges, er so einen Stab in der Hand hielt, mit dem er seine Geißlein in Barbaras Stall zu treiben pflegte. Der Mann kam auf ihn zu, um zu fragen: „Wer bist du? Wie heißt du?" Und Jeremias antwortete wahrheitsgetreu: „Jeremias." Und wie er noch heiße. „Nur Jeremias." „Und sonst nichts?", sagte darauf der stabhaltende Mann. „Sonst nichts." „Komm mit", forderte ihn der Dirigent auf, um ihn wieder während des Vorgehens zu fragen: „Kannst du das Lied?" „Ich habe es soeben gehört." „Kannst du es singen?" „Natürlich." Vorne bei der Gruppe angekommen sagte er: „Nun sing." Jeremias sang dieses einfache erbauliche Lied mit einer klaren Stimme, die einem die Gänsehaut über den Rücken jagen ließ, probten sie doch wegen der Akustik diesmal in der Kirche, sollten sie doch an dem kommenden hohen Feiertag ihr erlerntes Können in einer der Oberschicht zugeordneten Kirche Gott zur Ehre darbieten. Der Chor schaute ihn ausnahmslos entgeistert an. Der Lehrer musterte nun Jeremias von oben nach unten, fand, dass er nicht gerade den Ärmsten zugehören musste, aber von der besseren Schicht konnte keine Rede sein. „Und wo wohnt ihr?", fragte er ihn. „Draußen vor der Stadt." „Bist du ein Bauernbub?" „Nein, ich wohne in der Heide." „In der Heide?", wiederholte der. „Von was lebst du oder deine Eltern?" „Ich habe nur eine Ziehmutter und die verkauft die Heidekräuter in der Stadt." Daraufhin lachten einige der Buben, der Lehrer jedoch ließ seinen Stock über deren Schädel sausen und sofort war wieder Ruhe. Einer weinte nun leise vor sich hin. Es vergingen einige Tage, bis der Lehrer auf dem Stand des Kräuterweibleins aufkreuzte, sich vorstellte und meinte, ob sie ihren Sohn nicht in die Schule schicken möchte. Das andere würde er schon regeln. Daraufhin beugte sie sich wegen ihres Alters, dass sie doch noch so ein kleines Kind annehmen konnte. Aber er erinnerte sich, dass dies bloß seine Ziehmutter wäre.

So kam es, dass Jeremias in die nur für die Kinder der besseren Schicht vorbehaltene Schule gehen konnte, denen er gleich am Wissen dank seiner Ziehmutter weit überlegen war. Und nicht nur den Kindern, sondern auch den Lehrern gegenüber trumpfte er immer wieder mit seinem großen und umfangreichen Wissen auf, was den Lehrern so gar nicht gefallen wollte. Und so meinte er, er könne wohl die Musikstunden besuchen, aber das andere wäre für ihn nicht mehr nötig. Damit wurde er als sogenannter Gastschüler, der mit seiner herrlichen Stimme bei Kirchenauftritten, Messen und anderen Feierlichkeiten sang, und das meistens solo, zu einer stadtbekannten Persönlichkeit. Und wenn lerchenhaft seine Stimme sich erhob, fand Barbara sich in seiner Gegenwart mit tränenden Augen wieder, da er ihr die erlernten Lieder zu Hause zum Besten gab. Nachdem er sich ein gewisses Repertoire von Liedern angelernt hatte, wurde er von gut betuchten Familien, die zumindest ein Spinett zu Hause hatten oder einen Geigenspieler zur Seite stellen konnten, angemietet, um die Größe und Tiefe der Feiern noch hervorzuheben, um den Jubilar, meistens Alte, und die Leute mit seinem Gesang zu Tränen zu rühren. Und das alles bis zu seinem Stimmbruch, wo er in der Schule verbleiben konnte. Denn mit dem Bruch seiner Stimme war nicht nur seine Stimme weggebrochen, sondern auch sein soziales Netz. So fand er sich bei Barbaras Stand wieder, um nun all sein bisheriges Wissen um die Kräuter, die Flora, was er bereits von ihr erlernt hatte, beratend den Käufern weiterzugeben. So zogen sie wöchentlich mit zwei Putten von Kräutern in die Stadt und wurden so von manchen Städtern erkannt, die ihm, der dazu noch von liebenswürdiger Natur, umso lieber seine angebotenen Waren abkauften. So ging es beiden nicht schlecht. Mit Friedrich blieb er trotzdem immer in Kontakt, zahlte ihm aus seinem selbstverdienten Geld nicht nur die zwei Kreuzer zu seinem Laib Brot dazu, sondern auch Barbara kaufte ihm eine Hose und ein Hemd. Schuhe bekam er aufgrund seines Fleißes, denn mittlerweile hatte er auch eine Schusterlehre angenommen, denn er war bereits zehn Jahre alt geworden. So war es in dieser Zeit, als armer Leute Kinder anfingen, ihr Brot zu verdienen, und beim Bauern bereits auf dem Feld mitarbeiteten und als Viehhüter gebraucht wurden.

Als eines Tages Barbara und Jeremias tagelang auf der Heide besondere Blumen suchten, die zu dieser Zeit blühten und deren verkochte Blüten einen herrlichen Teegeschmack ergaben, den die Städter überaus liebten, fielen zwei unangenehme Dinge zusammen. Der Lehrherr war in eine andere Stadt gefahren, wo er eine Tochter zu verheiraten hatte, mit Frau und den jüngeren Kindern in einer Kutsche, die er sich gemietet hatte. Da sie einen äußerst begüterten Kaufmann zu heiraten hatte und von ihr dementsprechend eine Mitgift, wie in solches Kreisen üblich, erwartet wurde, ließ der Brautvater sich nicht lumpen um seine Tochter, die er standesgemäß zu verheiraten gedachte. Die Eltern des Bräutigams waren ohnehin nicht angetan von der Wahl ihres Sohnes, so kratzte er sozusagen das letzte Gerschtl zusammen, um es als Mitgift seiner Tochter dem Bräutigamvater zu übergeben. So konnte der Zahltag für den Gesellen und den Lehrling nicht erfolgen, da er fern seiner Werkstatt und noch dazu geldlos mit seiner gemieteten Kutsche unterwegs war. So sich die Familie von Friedrich das wöchentliche Brot erwartete, der war jedoch lohnlos und auch Jeremias nicht hier, sodass er zu einer Verzweiflungstat sich hinreißen ließ. Und zwar indem er vor einem Bäckerladen einen Laib des ausgestellten Brotes blitzschnell an sich riss und Fersengeld gebend vom Ladenbesitzer verfolgt, ihm nach einem Tritt an das Schienbein im Gewühl des Marktplatzes zu verschwinden. Nicht ohne vorher den Laib Brot, als der hinter ihm laufende Bäcker nach dem Tritt immer näher kam, in eine Seitengasse rollen zu lassen, sodass der Bäcker dessen Spuren folgte und ihn rennen ließ.

Er rannte und rannte, bis er sich am Marktplatz unter einem Bauernwagen verkroch, bis sich der Bauer spätabends, aber noch vor Schließung des Stadttores, aufmachte mit seiner Kuh wieder nach Hause zu fahren. Es war ein armes Bäuerlein, so hatte er wenig zu verkaufen und so konnte er auch nur wenig einkaufen für den täglichen Gebrauch. Eine ganze Stunde lang wartete Friedrich unter dem Stroh, in dem der Bauer seine Kürbisse gebettet hatte, sodass sie nicht zu viel an Schaden durch die von Schlaglöchern übersäten Straßen erleiden mochten. So lag Friedrich auf und zugedeckt mit dem Stroh, bis sie durch das offene Tor in den kleinen Hof einfuhren. Ein Hund wedelte herbei, während der Bauer die Kuh in den Stall trieb, und er stieg vom Wagen und der Hund beschnupperte ihn. Er knurrte nicht einmal, trotz des Fremdlings. Hier kamen keine Räuber vorbei. Das wusste sogar dieser Köter, der ebenso unterernährt wie Friedrich selbst. Sie standen sich nun gegenüber. Der Knabe strich ihm über den Kopf und der Hund ließ das nicht nur willenlos über sich ergehen, sondern wedelte mit dem Schwanz, das hieß, du bist herzlich willkommen und du bist von nun an mein Freund. Während der Kleine sich vor dem Hunde niederkniete, um ihm den Hals zu streicheln, stand plötzlich der Bauer hinter ihm. Eigentlich kein richtiger Bauer, sondern ein Bäuerlein, ob seiner Kleinheit und Schmächtigkeit man ihm den Status eines Bauern nicht zubilligen konnte. Dieser schüttelte ungläubig den Kopf. Ob er wohl selbst träumen könnte? So standen die drei, das alte Bäuerlein, der Bub und der Hund beieinander und wussten sich nichts zu sagen. Das Bäuerlein schnupfte zuerst einmal ausgiebig, bis er ihn fragte: „Wo kommst du her?" Und der Kleine erzählte ihm von dem heutigen Vorfall, betonte aber, dass er es nur aufgrund seiner Geschwister gemacht hätte, denn ihm könnte der Hunger nichts ausmachen. Irgendwo rumorte ein Schwein im Stall, wahrscheinlich auch vor Hunger. „Ich muss noch die Schweine füttern. Geh daweil in die Stube, die unversperrt ist." Und als Friedrich in die Stube eintrat – es fing an zu dämmern, obwohl es noch Hochsommer –, vermeinte er wohl, dass auch hier die Armut zu Hause war. Der Hund war ihm in die Stube gefolgt, das Schwein hörte auf zu rumoren, wahrscheinlich bekam es gerade sein Futter. Ein Bett stand in dem Zimmer, ein Herd mit einem langen Ofenrohr und ein Regal, auf dem ein paar Heferl standen und ein paar Pfannen hingen. In der Ecke standen ein Tisch und ein Sessel, das wars dann. Wie bei uns zu Hause, nur viel mehr. Bei uns gab es mehr Betten und Sesseln. Und die Dämmerung schaute durch die vor Schmutz blinden Scheiben der kleinen Fenster herein. Was sollte er machen? So setzte er sich einmal auf den Sessel beim Tisch und der Hunger quälte ihn. Er hatte gerade großspurig davon gesprochen, dass ihm der Hunger nichts anhaben könne. Da kam der alte Bauer mit einer Hand voll von Eiern herein, legte sie auf den Tisch. Es waren vier Stück an Eiern. Und Friedrich wusste nicht, wann oder wenn überhaupt schon er solche in seinen Magen bekommen hatte. Während der Alte im Ofen ein Feuer entfachte, eine Pfanne vom Regal nahm und aus einem angrenzenden Vorraum Schmalz holte, um dieses in die Pfanne zu geben, um die Pfanne auf den Herd zu stellen, um alle vier Eier hineinzuschlagen, um sie umrührend zu verteilen und – nachdem es scheinbar die richtige Konsistenz hatte – auf den Tisch zu stellen, eine Tischlade zu öffnen, um dieser einen Löffel, ein Messer und einen halb angeschnittenen Laib Brot zu entnehmen, um ein paar Schnitte Brot davon abzuschneiden, ihm den Löffel zuzuschiebend und ihm anzudeuten, er möge zu essen beginnen. Mit Heißhunger verschlang der Junge das Brot und auch die Eier, während der Alte mit einem Eimer hinausging, um die Kühe zu füttern und zu melken. Als er zurückkam, hatte er einen Eimer voll Milch dabei und stellte ein großes Heferl davon auf den Tisch, in welchen er Brot schnitt, nachdem er dem Hund einen Napf voller Milch hingestellt hatte, und jener in ebenso kürzester Zeit wie der Junge den Napf leerfraß. Nun waren die zwei satt, doch der Dritte hatte noch nichts zwischen die Zähne bekommen. Eier würden die Hühner wohl erst am nächsten Morgen legen. Aber Schmalz und Brot waren immer vorhanden. Das Brot kaufte er in der Stadt und das Schmalz erhielt er über Eigenerzeugung. Der Alte holte einen Ballen Stroh aus der Scheune, breitete ihn in einer Ecke der Stube aus, legte eine Decke darüber und zog eine weitere Decke über sich, wobei er vor dem Knaben andeutete, er könne sich des Bettes bedienen. Obwohl die Sonne noch nicht ganz den Horizont erreicht hatte, schliefen die drei, von den Ereignissen des Tages ermüdet, bis der Hahn frühmorgens sie weckte. Der Kleinbauer, welchen man auch als Keuschler bezeichnen konnte, war bereits in diese Keusche hineingeboren, konnte weder lesen noch schreiben, hatte doch nie eine Schule besucht, war nie verheiratet gewesen, sodass mit seinem Tod seine Familie aussterben würde.

Friedrich vermeinte in seiner kindlichen Annahme, dass es besser wäre, er würde sich in der nächsten Zeit nicht in der Stadt blicken lassen, bis sich die Aufregung gelegt hätte.

Der Alte jedoch vermeinte, dass er sich überhaupt nicht mehr in der Stadt blicken lassen dürfe, denn durch die vielen Botengänge, die er für viele Personen gemacht habe, habe er gehört, dass der Bäcker ihn suchen lasse. Und das Bäuerlein versicherte ihm, dass er ab jetzt für Friedrichs Familie sorgen werden, was er auch tat. So er einen kleineren Buben auf dem Markt antraf, der irgendjemand suchte und der eine große Ähnlichkeit mit Friedrich aufwies, fragte er ihn, ob er vielleicht einen Bruder namens Friedrich hätte. Und das wars dann. So brachte der Alte gütige Bauer alle Tage etwas mit, was zum Überleben der Familie beitrug, und der kleinere Bruder holte es alle Tage von dem gütigen Bäuerlein ab. Und währenddessen hatte der Bauer auch mehr zu verkaufen, denn Friedrich pflegte den Garten mit dem angebauten Gemüse, mähte Gras, verfrachtete es getrocknet in den Heuboden, auf dass die Kühe mit vielen Rüben gefüttert auch im Winter viel Milch gaben, sodass man viel Butter und Käse daraus herstellen konnte.

Die zweite Kuh blieb immer zu Hause in einem Obstgarten, wo man sie nicht zu füttern brauchte, sondern sie sich selbst ihr Futter suchte, mit einem Strick an den jeweiligen Baumstamm gebunden, um am nächsten Tag wieder ihren Standort zu wechseln. Friedrich erblühte unter dem vielen Essen, wurde pausbäckig so wie auch der Hund, der von dem Alten scheinbar vorher vernachlässigt worden war. Dem Alten machte es scheinbar Spaß, dass er jemanden zu reden hatte und für den er auch zu sorgen hatte, denn er selbst war von uneigennütziger Natur, folgte anspruchslos durch sein freudloses Leben, mehr strauchendenden Schrittes. Er sah, wie arbeitswillig und treu ergeben der Bub war, der überall Hand anlegte, wo etwas in seinem kleinen Hof zu tun war. Eines Abends hob er ein Fußbodenbrett in die Höhe, nachdem er das darüber stehende Bett weggeschoben hatte, und unter ihm befand sich eine Truhe mit Münzen. Es waren viele kleine Münzen, wie er sie eben beim Verkauf seiner Produkte erhielt, aber unter ihnen befanden sich auch manche Silberlinge. So erbot sich der Alte, ihm ein Bett zu kaufen. Und sie klaubten zuerst die Silberlinge aus dem Haufen Kleingeld, kauften ein Bett und einen Sessel, sodass beide etwas zum Schlafen und zum Sitzen hatten. So kam es, dass Friedrich die nächsten Jahre zur Überlebensgarantie für seine Familie wurde, sie mit all dem für das Leben Notwendigste versorgte und manchmal mit Geld, was jedoch sein sonst freigiebiger Spender nicht so sehr gustierte, obwohl er ihm neue Kleider und Schuhe kaufte, und das oft in dreifacher Ausfertigung. Er schien ein wenig eifersüchtig auf die Familie zu sein. Die Jahre gingen ins Land und eines Tages, als sich der Alte weigerte, sich aus dem Bett zu erheben, obwohl er ansonsten immer früher als Friedrich aufstand, um die Tiere zu versorgen, lag er steif in demselben. Nun wusste Friedrich, noch ein halbwüchsiger Junge, zwar vom Tode, denn allzu viel wurde in dem armen Viertel geboren und gestorben. Meistens Kinder, die, kaum dass sie aus dem Mutterschoß gepresst, auch bald darauf wieder die Erde verließen. Und manchmal dachte Friedrich auch daran, dass es zweien seiner Geschwister ebenso erging. Das eine wurde schon tot in die Welt geboren, das andere wurde keine zwei Wochen alt, bevor man noch eine Nottaufe gemacht hatte und der Priester ins Haus kam, damit das arme Würmlein in das Himmelreich eingehen konnte, denn Ungetauften bliebe das verwehrt, wie der Priester predigte. So war er damals froh, dass seine Geschwisterlein nun Gott schauen durften. Und er war sich sicher, dass es diesem verstorbenen Kindlein jetzt viel besser ging als jedem Einzelnen der Familie. Der Vater, der viel Geld versoff, was er verdiente, und Mutter schlug, wenn sie weinend mit ihren hungrigen Kindern ihn in der Kneipe suchen ging, meistens noch ein Kind auf dem Arm, die anderen hinter ihr herlaufend, sich in ihren Kittel hängend. Er betrachtete eine Fliege, die auf der Decke hin und her lief, bevor sie aus seinem Gesichtskreis verschwand, um sich irgendwo zu verkrümeln. Er verpackte den Toten in ein Gewand und rief den Priester des Ortes, um ihn zu begraben. Er kannte den Priester, war er doch an allen Sonntagen, mochte es regnen oder schneien, in die in einiger Entfernung liegende Kirche gegangen. Konnte der Onkel Jörg auch nicht lesen oder schreiben, ein Testament hätte er verfasst, meinte der Kleriker, zumindest hätte er es unterschrieben, wenn auch nur mit drei Kreuzen. Er meinte in diesem Brief einen verschlagenen Mann zu sehen, wenn er sah, wie er den reichen Bauern hofierte und sich ihnen andiente. Nachher bemerkte er auch, wenn er von der Kanzel predigte, die in einer Kirche, die viel schöner als seine daheim war, wie er Jörg von der Kanzel aus beobachtete, während er Gottes Wort verkündete. Wenn er dabei an seinen Freund, den alten Priester, dachte, der war die Lauterkeit in Person, gab den Armen, was er selbst bekam. Dabei eröffnete der Priester ihm, dass der Verstorbene im Fall seines Todes, und der eben eingetreten, alles der Mutter Kirche vermacht hätte und die Kirche auch gedachte, alles zu verkaufen. „Auch die Kühe und Hühner?" Der Pastor bejahte die Frage. „Ich meine, es muss ja noch einen Haufen Geld von dem Verblichenen geben, denn dieser war als sparsamer Mensch in seiner ganzen Umgebung bekannt." Friedrich, von dem Verstorbenen in Gottesfurcht erzogen, holte die Kiste mit dem schnell anwachsenden Geld aus dem Fußboden, um sie ihm samt Inhalt zu übergeben. Sie war so schwer, dass der Priester ihm dabei behilflich sein musste, um sie überhaupt aus dem Versteck zu heben. „Danke", sagte der Priester, „du bist ein guter Junge." Er öffnete die Truhe, wo ihnen viele Silbermünzen und auch manche Goldmünze entgegenblickten. Das alles gehörte nun der Mutter Kirche. Er nahm einige Silberstücke aus der Truhe, um sie Knut zu geben. „Gib sie deiner Familie. Denn du wirst sie nicht mehr versorgen können." „Und wieso nicht? Wieso nicht?" Den Priester schien die Frage zu reizen. „Weil morgen der Fleischer kommen wird, die Kühe wegtreiben, das Schwein verladen." „Und die Hühner?", wollte Knut wissen, um eine Antwort mit: „Ach die, die kannst du deiner Familie schenken, und dann kommst du zu mir" zu erhalten. Friedrich verstand nicht oder wollte nicht verstehen: „Was soll ich bei Ihnen?" „Nun, was du hier gemacht hast." Also hatte der Priester auch eine Landwirtschaft, wahrscheinlich auch eine kleine, und brauchte einen Knecht. Aber er würde ihn schon überreden mit dem Versorgen seiner Familie, war er doch ein Priester, der immerzu von der Nächstenliebe predigte. Andererseits war er froh, hatte die Mutter doch einen Esser weniger dazu bekommen und die zwei größeren Schwestern machten schon Botengänge für die Reichen der Stadt. Und dazu hatte der Priester in seiner Güte ihm viele Silberlinge überlassen und dazu noch die Hühner.

Am nächsten Morgen geriet die Mutter, zwei größere Kinder hinter sich herlaufend, in Sorge, dass etwas passiert sein müsste, da ihr Versorger nicht zum Markt kam. Aber es kam auch schon der Fleischer, verlud die Schweine auf seinem Pferdewagen und hing die zwei Kühe hinten mit den Strippen daran, um alsbald sie ins Geschirr gestellt, um mit dem Toten darauf abzufahren, um Jörg in einen grobbehauenen Sarg zu legen, den der Fleischer mitgebracht hatte, um den Leichnam sogleich mit ein paar mitgebrachten Nägeln und einem Hammer zu vernageln, war er doch gleichzeitig der Leichenbestatter des Dorfes. „Wann ist das Begräbnis?", erlaubte sich Friedrich den Kutscher zu fragen. „Was für ein Begräbnis?", antwortete der Fleischer. „Wer wird für ein Begräbnis bezahlen?" Friedrich schluckte. „Er hatte doch so viel an Geld gespart", sagte er, ohne zu sagen, dass alles das der Priester mitgenommen hatte. Der Fleischer verließ nun, neben den zwei mit Ketten verbundenen, den Pferden und den zwei Kuhwagen nebenher gehend, den Hof. Noch gackerten die Hühner im Hühnerstall und Friedrich fing sie von den Stangen, es waren zehn Stück Hennen und ein Hahn, band ihnen die Füße und Flügel zusammen, sodass sie weder davonlaufen noch davonfliegen konnten, stellte sie in den Hühnerkäfig, um die kostbare Fracht mit einem Sack Futter zu versehen. Die zwei größeren Kinder schoben den Karren, mit dem ansonsten sein Gönner immer Futter für die Kühe von den angrenzenden Wiesen gekarrt hatte. So schoben Mutter und sie den Karren vor sich her, die anderen zwei versuchten mitzuhelfen, den Karren über die holprige Straße zu ziehen. So half er den Karren bis kurz vor das Stadttor zu schieben und unerkannt sich zu vertschüssen. Wie leicht wäre es gewesen, gäbe es noch eine Kuh mit dem anderen Wagen. Aber was geschieht mit dem Getreide, das noch auf dem Dachboden zur Trocknung ausgelegt war? Er fand, wenn sein neuer Gönner ihm, besser seiner Familie all die Hühner schenkte, so würde er wohl auch das Futter dazugeben. So fuhren er und seine zwei größeren Schwestern mit dem Karren wieder retour und den Karren mit Säcken vollbeladen, um wieder in die Stadt zu fahren. Dort hinterließen sie Säcke von dem Karren, um wieder zurückzufahren und Neues zu laden, konnten sie jedoch mit dem Karren noch einige Male Getreide bis zum Stadttor fahren. Er half ihnen, denn in die Stadt getraute er sich nicht. So machte er sich wiederum auf den Weg nach Hause, das jedoch nicht mehr sein Zuhause war, sondern der Kirche gehörte, um sich müde ins Bett zu legen, um sogleich zu schlafen. Er schlief lange in den Tag hinein. Kein Hahn weckte ihn, bis es an der Tür pochte. Noch schlaftrunken öffnete er die Tür. Eine Kutsche stand im Hof und ein feiner Herr saß darauf. Der Anklopfer war der Kutscher mit einem bäuerlich-derben Gesicht und sagte nur: „Na endlich", um sich umzudrehen und zu dem auf der Kutsche sitzenden feinen Herren zu sagen: „Er ist noch hier." Daraufhin stieg der Herr, der einen Zylinder auf dem Kopfe trug, von der Kutsche herab, mit Stiefeln an den Füßen und einem schwarzen Gehrock, um den Knaben zu mustern und zu sagen, er wäre der Testamentsvollstrecker und geschickt von dem Pfarrer, und er möge ihn durch das Haus führen, um alle beweglichen und unbeweglichen Güter aufzuschreiben und der Versteigerung zuzuführen.

Friedrich führte ihn durch die ärmlich eingerichtete Stube, was des Notars Mundwinkel verächtlich nach unten fallen ließ, durch die Scheune, die nun leeren Ställe, den Keller, wo noch halbwegs ein Fass von Most vom vorigen Jahr stand. Der Notar schrieb etwas in sein mitgebrachtes Buch, begutachtete das Haus von draußen und winkte dem Kutscher zu, der auf der Kutsche vor sich hin lümmelte, denn er möge sich richten, denn er möge wieder abfahren. Doch bevor er in die Kutsche stieg, musterte er den Knaben, um zu sagen: „Du wirst von dem Pfarrherrn noch heute erwartet." „Jaja, ich komme", konnte der Knabe noch stotternd sagen, bevor das Pferd, durch einen lauten Peitschenknall geweckt, den Wagen abrupt anzog und durch des Kutschers „Huihui!" begleitet die Kutsche mit sich fortzog. Friedrich überlegte, der Testamentsvollstrecker hatte nicht viel aufgeschrieben. Wahrscheinlich fand er das alles wertlos. Die Kühe und die Schweine hatte der Fleischer geholt, das Geld bereits gestern sein neuer Brötchengeber mitgenommen. Sollte er nicht doch noch einmal in die Stadt laufen, mit seinen zwei älteren Schwestern zurückkommen, um ihnen noch das Getreide, das am Dachboden lagerte, und einige geselchte Fleischstücke aus der Vorratskammer mitzugeben? Denn es würde hier sowieso alles verrotten. Und er lief, so schnell ihn seine Füße zu tragen vermochten, in die Stadt, jedoch war nur eine Schwester da, die andere war auf einem Botengang. Und sie beide schoben den Karren vor sich her, denn es war eigentlich noch nicht einmal Mittag und er hinterließ die Botschaft, die zweite Schwester würde nachkommen. Denn er könne nicht mehr zurück in die Stadt kommen, sein neuer Brotgeber erwarte ihn bereits. So kam es auch. Er lud mit der einen Schwester den Karren voll und gerade kam die andere nach, um diesen vollgeladenen Karren in die Stadt zu bringen, um zumindest die nächste Zeit und mit dem Geld, das er seiner Mutter bereits gegeben hatte, überleben zu können. Nachdem er sein Gewand, das sich als viel herausgestellt hatte, verschnürt, begab er sich mit dem Ranzen, den er sich über die Schulter gehangen hatte, in das Dorf des Pfarrherren. Der Pfarrhof, der neben der Kirche lag und eine Stuckfassade besaß, kündete vom Wohlstand seines Besitzes. Eine ältere Frau öffnete ihm, als er die Tür schlug, mit sonderbarem Blick ihn musternd. „Du bist Friedrich." Und er hörte sich darauf sagen: „Ja, ich bin Friedrich." Und sie ließ ihn darauf hineintreten. Der Tag fing bereits an lange Schatten zu werfen und die Häuser, die ringsum die Kirche säumten, zogen sich bereits in dessen Schatten zurück, nur der Kirchturm, dessen Kuppel die Sonne noch erleuchtete, erstrahlte noch im Abendglanz des

Lichtes. Sie führte ihn in ein kleines Zimmer und sagte, dass er noch baden solle. „Heute ist aber nicht Samstag", protestierte er. Denn das war der Badetag, zu Hause genauso wie beim vorigen Dienstmann Onkel Jörg, den er immer nur mit Herr angesprochen hatte, aber er hieß Jörg, sodass er ihn mit Onkel Jörg ansprach und jener so es wollte. Dort durfte er immer zuerst in den Trog, den Trog mit heißem Wasser gefüllt, indem das heiße Wasser wiederum mit kaltem Wasser auf die richtige Badetemperatur gebracht wurde. Onkel Jörg hatte ihm den Rücken geschrubbt und ihn dann ganz gewaschen und, wie er glaubte, wohlgefälligen Blickes betrachtend, wenn er aus dem Holztrog stieg und er ihn mit dem Handtuch abtrocknete. Sie aber brachte einen kleinen Trog in die Badestube mit heißem Wasser, brachte Seife und Handtuch und sagte nur: „Du badest heute." Und er badete ziemlich lustlos und ohne den Rücken geschrubbt zu bekommen oder überhaupt ganz gebadet zu werden. Er bemerkte jedenfalls das erste Mal, dass sich flaumige Haare an seinem Kleinen angesammelt hatten und er vor sich her wuchs, was ihm Onkel Jörg auch bestätigte, als er ihn das letzte Mal gebadet hatte, um ihn vorsichtig zu betasten, was er als ungemein schön empfand. Er zog sich seine mitgebrachte, noch von Jörg gewaschene Wäsche an, denn er hatte zwei Garnituren beziehungsweise sogar drei Garnituren, denn Onkel Jörg sorgte für sein angenommenes Kind. Daher hatte er einen so großen Ranzen geschleppt, noch dazu an Hosen, Jacken und Schuhen zu tragen gehabt. Als er sich frisch angezogen hatte, suchte er die Frau, die übrigens Helene hieß, um sie zu fragen, ob sie ihm helfen könne, den Trog zu entleeren, besser gesagt, wohin er denn das Wasser verschütten könne. Er fand sich hinter einer der in den Gang führenden Türen, es war eine Küche, um sein Anliegen vorzubringen. Sie ging sofort mit ihm, nahm einen Kübel mit, um vorerst diesen aus dem Holztrog zu füllen, schließlich war sie nicht nur eine resolute, sondern auch eine äußerst kräftige Person, um dann den ganzen Trog zu nehmen und ihn, nachdem er ihr die Tür geöffnet hatte und eine nächste Tür, die auf den Hof führte, dort zu entleeren. Friedrich schleppte den Kübel hinter ihr her, um ihn ebenso zu verschütten. Sie war erstaunt, wie kräftig der Bub war, sagte nur: „Komm!", und Friedrich ging mit dem leeren Kübel ihr hinterher. Sie verstaute Trog und Kübel in einer Kammer, sagte dabei beiläufig: „Du wirst Hunger haben." „Ja", sagte er darauf wahrheitsgemäß und sie wiederum darauf: „Komm!" Und sie gingen in die Küche, die vollgefüllt mit Möbeln aller Art und Pfannen und Töpfen, die an der Wand hingen oder auf Stellagen standen. Eine große Sitzecke, so etwas war Friedrich in seinem ganzen bisherigen Leben noch nicht untergekommen, kannte er doch nur sein ehemaliges Zuhause und das von Onkel Jörg. Das, was er hier sah, war reinster Überschuss, wenn nicht gar Verschwendung, fand er. Wer brauchte so viele Töpfe und Teller, Reindl und Gläser, Pfannen mit darauf liegenden Deckeln und dazu Besteck, das in einem Korb auf einer Kredenz stand. Man brauchte doch nur einen Löffel und ein Messer, einen Teller und eine Pfanne, wie es Onkel Jörg auch hatte. Helene, aus der bald Tante Helene wurde, bemerkte sein erstauntes Gehabe und vermochte es auch richtig zu deuten, sie folgte seinen Blicken, wohin er auch sah, um dann lächelnd zu sagen: „Nun komm und setz dich hin." Er setzte sich schüchtern an den riesengroßen Tisch, der von einer Bank umsäumt und an dessen Vorderseite noch einige Stühle standen, über dem Tisch hing ein Lüster mit ein paar Kerzen darauf. Und er aß so viel und so schnell von dem vorgesetzten Grießbrei, dass sie meinte, niemanden würde ihm mehr das wegnehmen, und das dazu in einem wohlwollenden Ton, wie er bemerkte, um sie daraufhin dankbar anzulächeln. Als sich Friedrich nach drei Tellern Grießbrei erhob, mit beiden Händen ein Gewölbe über seinen Bauch anzudeuten, zum Zeichen, wie vollgefressen er nun sei, und sie dankbar anzulächeln, wusste sie, dass sie für ihn sorgen würde. Er fragte sie noch, was für Aufgaben ihm in diesem Haus zugedacht seien und ob er nicht gleich beginnen könne. Denn Kuh melken könne er schon und auch mähen, zwar nicht viel zu lange, aber das Futter für ein paar Kühe, das würde er schon schaffen. „Nein, nein", sagte sie daraufhin. Dafür gäbe es einen Knecht und eine Magd, denn der Pfarrherr zählte auch zu den größten Bauern in dem Dorf. „Ach so?", sagte der Kleine darauf und dachte an seinen armen, alten Stadtpfarrer, der auf die Almosen seiner Gläubigen angewiesen war und trotzdem noch etwas verschenken konnte.

Er fand, dass die Welt ungerecht, in die er hineingeboren war. Der eine Diener Gottes ein Feudaler, der andere ein Armer, Diener ihres Herren, und der Jesus mittellos seinen Schäflein den wahren Glauben an Gott zu verkünden. Wie konnte so ein Reicher, wie es scheinbar sein neuer Dienstgeber war, überhaupt die Lehre Jesu vertreten, die er doch immer von der Kanzel verkündete? Es wurde Abend und der Knecht und die Magd kamen, um zu essen. Der Knecht, ein vierschrötiger Kerl mit einem grobschlächtigen Gesicht, den Friedrich bereits als Kutschenfahrer seines hochwürdigen Herren kennengelernt hatte, die Magd jung, mit rosafarbenen Wangen und einer gelben Haarmähne auf dem Kopf, hinter ihm her trippelnd. Helene deutete auf Friedrich, um zu sagen: „Das ist Friedrich, der neue Jungknecht." Während die Magd Friedrich die Hand reichte, nickte der Knecht Friedrich zu, um zu sagen: „Willkommen im Hause des Herren." Friedrich wusste nicht, ob damit der neue Dienstgeber gemeint war, denn Gott gehörte doch sowieso alles. Die an diesem Tisch saßen, waren das Gesinde, wie Friedrich bald darauf herausbekam. Beide löffelten den Grießbrei, wie auch Friedrich zuvor, wobei der Knecht sage und schreibe fünf Teller verschlang, die Magd jedoch nur zwei. Nach der Mahlzeit verschwanden beide wahrscheinlich in den Gesindetrakt, wie Friedrich vermutete. Denn man hörte die polternden Schritte des Knechtes, als er den langen Gang entlangging. Nun, Hochwürden würde heute spät nach Hause gefahren werden, denn er war wiederum mit einem Priester von einer Nachbarsgemeinde in die Stadt gefahren, und jener hätte ihn mitgenommen.

Wer ihn heute wieder nach Hause bringen würde? Friedrich war froh darüber, hatte er doch sein barsches Auftreten bei der Besichtigung von Onkel Jörgs Vermächtnis nicht vergessen, jedoch er nach einigem Herumgedruckse sich zu fragen traute, ob Onkel Jörg nicht ein Begräbnis bekommen sollte. Und er sagte, was auch der Fleischer gesagt hatte, als er sich ihn zu fragen getraute. „Ja", sagte sie darauf, „die Armen werden bei uns ohne Zeremonie eingegraben, mein Bruder ist kein Priester, das ist ein ganz und gar verkommener Diener Gottes. Das meiste Geld verspielt er in den Spelunken der Stadt, wo er oft ganze Nächte verbringt." Doch plötzlich hörte man laute Stimmen vor dem Haus und gleich darauf trat der Priester, gekleidet in seine schwarze Soutane, durch die Küchentüre, um „Ah!" zu sagen, was als Begrüßung wohl für Friedrich gedacht war. Zu Helene gewandt, um ihr zu sagen, dass er noch ein Bad zu genehmen gedenke. Und nachher er sich mit seinem Knecht oder Schützling, so genau formulierte er die Aussage nicht, noch ein Gespräch zu führen wünsche, und das im Herrenzimmer, und er wolle neue Kerzen auf dem Tisch sehen. Die Haushälterin, wie Friedrich richtig vermutete, sagte kein Wort dazu. „Ich weiß." „Was weißt du?", fuhr er sie an. „„Dass du noch heute zu baden gedenkst. Also ich habe genug Wasser dabei gestellt." Friedrich war von Helene begeistert, sie sprach eine ganze andere Sprache, als die einfachen Leute in der Stadt und sie in dieser Gegend sprachen. Während der Pfarrer verschwand, füllte Helene den aus der Abstellkammer geholten Eimer, schöpfte kaltes Wasser vom Brunnen im Hof, aus einem Kessel der Badestube das heiße Wasser in den Holztrog, das sie wahrscheinlich schon lange vorher beheizt hatte, so auch er Nutznießer dieses warmen Wassers wurde, stellte den Eimer kalten Wassers hinzu, legte dazu Handtuch und Seife daneben auf einen Sessel, immer verfolgt von Friedrich. „Warum rennst du mir immer hinterher?", ihn zu fragen. Und er darauf: „Ich wollte nur sehen, ob ich ihnen was helfen kann." Sofort verfreundlichte sich ihr Gesicht. „Ach so." Und sie lachte offen, sodass ihre Zähne aus ihrem Munde blitzten und Friedrich es entfuhr: „Sie haben aber schöne Zähne." Helene, wie alle Frauen der Welt einem Kompliment nicht abgeneigt, zeigte nun zum zweiten Mal ihre gleichmäßigen und dazu noch weißen Zähne durch ihr weiter offenes Lachen, was Friedrich veranlasste, noch ein „wirklich" dem Vorigen nachzuschicken. „Na genug damit, ein Wunder, dass du nicht zu mir sagst, ich wäre auch eine hübsche Frau." „Aber", stotterte Friedrich, „das sind sie wirklich." Nur jetzt verzog Helene ihre Miene undefinierbaren Ausdrucks, und Friedrich zu sagen: „Wieso hast du denn einmal kaltes Wasser und nicht gleich in das heiße gegeben? Das machte Jörg immer." „Weißt du, ich weiß nicht, wie Hochwürden zu Baden gedenkt, und da kann die heiße Wassertemperatur bereits auf Badetemperatur gesunken sein und kein kaltes Wasser mehr notwendig sein." „Ach so", war alles, was Friedrich zur Antwort wusste. „Du könntest schon schlafen gehen, aber mein Bruder wünscht jedoch dich heute zu sehen, um zu sprechen." Und sie sagte das gar nicht freundlich. So also wusste Friedrich, dass die beiden, der Pfarrherr und seine Köchin, Geschwister waren, wahrscheinlich von unterschiedlichen Naturellen. Nur wusste er damals noch nicht, wie Recht er mit seinen Annahmen behalten sollte. So saßen die beiden in der Küche beim großen Tisch in der Ecke und Friedrich, der zur Helene bereits großes Vertrauen gefasst hatte, erzählte ihr von der Armut seiner Familie, von seinem immerfort betrunkenen Vater, von seinen Geschwistern, von dem Diebstahl eines Laibes Brotes, den er seinen hungernden Geschwistern bringen wollte, wie man ihn überführt und er in einem Bauernwagen, auf dem er sich versteckt hatte, aus der Stadt geflohen und bei Onkel Jörg Aufnahme gefunden hatte. Und damals wäre er acht Jahre alt gewesen, um von der Köchin gefragt zu werden, wie alt er nun sei.

„So zwischen zwölf und dreizehn Jahren, wahrscheinlich dreizehn", meinte er. „Denn Onkel Jörg, der nicht lesen und schreiben konnte, aber dafür rechnen." Wie das ginge, verstehe er nicht, denn er könne auch lesen und schreiben und natürlich auch rechnen. Wie denn das gekommen wäre. „Nun, da gab es einen Schreiber in der Stadt, der natürlich des Lesens und des Schreibens kundig und so auch des Rechnens, kassierte jedoch von all den Bauern und Standlern Stadtgebühren, die sie an der Stadt auszuüben hatten. Als der ärmlich bekleidete Beamtete eines Tages wiederum kassieren kam, nahm sich

Onkel Jörg ein Herz, um ihn daraufhin anzusprechen, ob er seinem Enkelsohn, so hatte er es gehandhabt, nicht das Lesen und das Schreiben und vielleicht auch das Rechnen beibringen könnte. Rechnen wäre nicht so wichtig, denn dessen wäre er selbst kundig. Und er gab im Vorhinein dem Beamten ein ordentliches Stück Butter in die Hand. Jener, wohl in Geiselhaft seiner Familie, sagte sofort zu. Für jede Stunde, welche ihm der Beamte das Lesen und Schreiben beibrachte, bekam er von Onkel Jörg auch manchmal ein Stück Speck oder Geräuchertes oder ein paar Eier oder bei den Schlachtungen ein Stück frisches Fleisch, einen Sack Kartoffeln oder ein Huhn. Die Bezahlung war von vielfältigster Natur, fand Friedrich jetzt nachher, der wunderbarerweise so schnell des Lesens und Schreibens kundig wurde. Die Pfarrerschwester hörte aufmerksam zu, ohne nur ein einziges Mal zu unterbrechen. Es klopfte an der Tür, es war ihr Bruder. Sie fragte ihn sofort, ob er noch etwas zu essen wünsche. Er entgegnete schroff: „Nein." Er hätte heute gegessen, was sie nicht einmal in ferner Zukunft würde kochen können, um zu ihm zu sagen: „Komm." Friedrich warf einen verzweifelten Blick auf Helene, um dem vorangehenden Pfarrer nachzugehen. Sie kamen in ein großes Zimmer, wo der Priester eine Öllampe anzündete, sich auf einen der vielen Sessel setzte, die um einen großen Tisch standen, und eine Bewegung machte, die andeutete, dass er von Friedrich dasselbe wünsche. So saß Friedrich verschüchtert dem Pfarrherrn gegenüber. Jener jedoch schien sein bisheriges von Friedrich wahrgenommenes Gehabe abgelegt zu haben, denn er lächelte plötzlich vor sich hin, um zu sagen: „Weißt du, wie das Leben so ist, man wird in eine Rolle gedrängt, die man gar nicht gewillt ist, sie zu spielen." Er kniff daraufhin die Lippen zusammen, um Luft blasend, als wäre diese Rolle ungewollt, um sie abzulegen und als anderer Mensch auf diesem Sessel zu sitzen. „Siehst du, ich wollte nie ein Priester werden. Aber mein Vater meinte wohl, ich sollte mein lasterhaftes Leben ablegen und mich der Kirche widmen. Als Beistand gab er mir meine Schwester mit, diesen alten Drachen. Wir zwei sind doch Männer", fügte er Beifall heischend hinzu. Friedrich fand diese Aussage über seine Schwester nicht in Ordnung. Sie verstärkte sogar die Antipathie gegen diesen Mann. „Aber sie hat auch ihre guten Seiten, muss ich gestehen", um sich dafür bei Friedrich einen Gutpunkt einzuheimsen. Dem Priester, der Friedrich genau beobachtete, waren beide Reaktionen auf seine Aussage nicht verborgen geblieben. Beim Drachen erstarrte das Gesicht des Buben, als er sie wiederum lobte, entspannte sich jener, um auf ihm sogar ein Lächeln wieder hervorzuzaubern. Er hatte sich also schon mit seiner Schwester angefreundet und er schien sehr sensibel zu sein. Er kannte ihn besser, als Friedrich es vermutete. War doch der Jörg, genannt der Jörgel, ein treues Pfarrkind von ihm und hatte beichtend seine Anziehungskraft, die der Bub auf ihn ausübte, im Beichtgeheimnis ihm anvertraut. Und so nur als Gegenleistung sollte er im Falle seines Todes seinen Hof der Mutterkirche überschreiben, damit er ihm die Absolution erteilen konnte, was auch geschah. Der Pfarrer, der naturgemäß um die homophilen und pädophilen Anlagen seines Pfarrkindes wusste und sie auch auszunützen verstand, fand den Buben in einer frühen Pubertätsphase, wie es der Verstorbene ihm in seiner Beichte gestand. So fing er in höchsten Tönen an, Onkel Jörg zu loben. Was war er doch für ein guter, uneigennütziger Mensch gewesen, der den Armen half, nicht erst seit jetzt, wo er Friedrichs Familie am Leben erhalten hätte, sondern schon viel früher, wie vielen Menschen er geholfen hat und so auch ihm, wie er wusste, das Lesen und Schreiben beibringen ließ. Denn all sein Leben bot er dem Beichtvater dar. Auch das gemeinsame Baden, nicht, dass er dem Kind etwas Besonderes antun konnte aufgrund seines Alters. Aber wie es ihn nach diesem schönen Kind verzehrt hatte, wenn er immer aus dem Badetrog stieg, nackt, und er ihm beim Abtrocknen zufälligerweise über dessen Penis strich. Und wie er nachher ebenso nackt aus der Holzbadewanne stieg, bestaunt von dem Kind, was da so zwischen den Beinen hänge. Nur einmal, als ihm das Handtuch entglitten war und er mit zitternder Hand über dessen Penis strich und bemerkte, wie der noch kleine Penis erwuchs und ein ungläubiges Staunen auf dem Gesicht seines Trägers erschien, was er wohl als Lust zu erkennen glaubte, um nachher zitternd das Bad zu besteigen, um Friedrichs Kleinen noch stehend vorzufinden, um von ihm selbst beäugt zu werden.

So weit kannte er die Geschichte von Friedrich und Jörg, und der Priester wusste, was für ein ungeöffnetes Pflänzchen vor ihm saß. Und kumpelhaft sprach er über dieses und jenes, sodass der Junge auftaute und Jörg als seinen wahren Vater lobte, wie sie dies und jenes miteinander gemacht hätten, und der Priester unterbrach die Lobeshymne von Friedrichs Munde, um zu sagen: „Siehst du, wir zwei müssen uns selbst den Rücken schrubben, uns allein abtrocken." „Ja", fiel ihm darauf der Junge ins Wort, „das hätten sie auch gemacht, dass einer dem anderen den Rücken geschrubbt, und wenn sie aus der Holzwanne stiegen, sie sich gegenseitig mit dem Handtuch abrieben." Aber, meinte der Priester darauf, dass er auch einen Freund gehabt hätte und sie das Gleiche damals gemacht hätten; mit dem nackt Baden, dem gegenseitigen Abtrocknen mit dem Handtuch. Aber er machte eine komische Grimasse, was dem Jungen ein Lachen entlockte. „Aber dann passierte etwas", fuhr der Pfarrer fort, um auf sein Hosentürl zu schauen, um mit der Grimasse eines leidenden Clowns fortzufahren: „Es tat gut." Der Knabe lachte daraufhin, sich seiner gar nicht so lange vergangenen Erfahrung erinnernd, um zu sagen: „Ich kenne das, es war bei mir genauso. Als Onkel Jörg mich abtrocknete und ihm ein Ende des Handtuches entglitt, streifte er über meinen ..." Dabei wollte er es dem Großen nachmachen und schaute auf seine Hose hinunter. „Und wie Sie sagten: Es tat gut." Ja, der Pfarrer setzte sich wieder die Grimasse eines unsicheren Clowns auf, um sein Verständnis dafür zu bekunden. „Aber wie war es? Meiner wuchs so groß, so prall." Damit könne er nicht dienen, meinte der Kleine darauf. „Meiner ist noch klein, nicht so wie Onkel Jörg seiner, der war riesengroß und er hing immer hinunter." Und er könne sich nicht erinnern, dass er einmal aufstand wie seiner, fand der Kleine. „Und war es nicht schön, als er darübergestrichen hat?" „Doch, doch", versetzte der Kleine. „Als ich ihn daraufhin abtrocknete und ich auch rein zufällig über den seinen strich, zuckte er fast zusammen. Wenn ich den seinen, den ich immer in die Hände nahm, um ihn besonders abzutrocknen, machte ihm das nichts aus." „Wir sind eben zwei besondere Menschen", meinte darauf der Priester. „Und immer, wenn ich daran denke, passiert mir das Gleiche." „Was das Gleiche?" „Nun, es tut mir so gut und ich sehne mich wieder danach, dass ich abgerubbelt werde. Und du nicht?" „Doch", gestand der Junge, „wenn ich daran denke." „Und wann denkst du daran?" „Na oft." „Und dann stellt sich das Wohlgefühl bei dir ein? Bei mir schon." „Auch bei mir", gab der Junge zu. „Und denkst du gerade daran?" „Ja schon." Und er schaute wieder hinunter, wo er in Anbetracht der Erinnerung gerade wieder erstand. Der Alte beobachtete den Jungen durch halbgeschlossene Lider. „Und machst du dir das jetzt selbst?" „Was?", fragte der Junge. „Nun, ihn zu streicheln?" „Nein, was soll ich denn sein?" „Ich mache es mir seither alle Tage, alle Tage." Der Alte merkte, dass der Junge nervös wurde und einen roten Kopf bekam. „Soll ich es dir zeigen?" Der Junge zuckte nur mit den Schultern. Der Alte begab sich auf die andere Seite des Tisches, nahm einen Sessel, stellte ihn nahe dem Jungen, öffnete ihm die Hose. Der Junge saß mit geschlossenen Augen vor ihm, wo sich ein harter Penis ihm entgegenreckte und er anfing, ihn ganz sanft zu streichen, machte seinen Hosenbund auf und der Junge ließ das alles willenlos geschehen, sodass er in seiner vollen kleinen Länge sich seinen Augen darbot. Langsam strich er mit weichen Fingern die Unterseite entlang, kraulte seine Eier, um über einen erregten Anus zu streichen. Jetzt, wusste er, hatte er gewonnen. Und er nahm den Schaft zwischen seine Hände und er wusste bald seinen ersten Orgasmus seines Lebens zu bekommen. Alsbald war es so weit und der Junge zuckte auf seinem Sessel, noch immer die Augen geschlossen, bis er sich in die Hand des Älteren ergoss. Und er wusste, dieser Junge würde Zeit seines Lebens an seine erste sexuelle Begegnung denken. Nachdem er mit einem Taschentuch des Jungen Penis und seine Hand abgewischt hatte, den Hosenbund und das Hosentürl wieder verschlossen hatte und der Bub ihn um sich ansah, sagte er: „Wir zwei haben nun ein Geheimnis, ein sehr schönes." Und der Bub nur nickte, denn es war wundervoll, was er soeben erlebt hatte. So begab es sich, dass der allmächtige Pfarrer in das Bubenkammerl schlich, um ihm zuerst immer selbst gut zu tun. „Weißt du, die Liebe zwischen zwei Menschen ist etwas Wunderbares, nur muss man sie mit anderen teilen und nicht selbst es machen", um ihm das immer wieder vorzusagen. Von dem Knaben mit stehendem Penis erwartet, denn hatte er nicht gesagt, man müsse diese Liebe mit anderen teilen und dürfe es nicht selbst machen. Allnächtlich kroch der Pfarrer nackt in das Bett des Jungen, der ebenso nackt ihn erwartete, nein, darauf gierte. Nur mit einem Tuch bewaffnet, um die Samen des Knaben und den seinen abzufangen. So der Junge ihn auch mit der Hand befriedigte und über die Größe dieses Penis staunte, der viel Flüssigkeit ausstieß. Einmal jedoch entzog der Alte seine Hand, um es ihm mit dem Mund zu machen, worauf der Kleine seiner Wollust sich ergab, um beckenreibend vor sich vor lauter Lust zu wimmern. Nach einiger Zeit machten sie es gleichzeitig, sich es ineinander. Nach dieser lang andauernden Phase lag der Bub in des Priesters Schoß, den vor ihm liegenden Penis zu streicheln, um gleichzeitig vorsichtig in dessen Anus einzudringen. Der Bub stöhnte vor lauter Schmerz, sodass er von diesem abließ, um in umgekehrter Folge es zu versuchen, was auch mühelos gelang, denn dünn war noch des Knaben Penis, und während er den des Alten masturbierte, er seinen mühelos in die Enge des Anus einzuführen vermochte, was für ihn ein himmlisches Glücksgefühl darstellte, und er ejakulierend und erschöpft neben ihm liegen blieb. Und er wuchs heran. Drei Jahre war er nun Jungknecht bei ihnen, umsorgt von Helene, hatte er sich dem Pfarrer ergeben. Und es war die Wollust pur, welche er dadurch erfuhr.

So entledigte sich der Priester der schwulen Art, indem er ihn mit Geld ausstattete, seine Schwester aus dem Hause ihm seine Sachen packen ließ und seinen Knecht beauftragte, Friedrich in eine weit entfernte Stadt zu fahren, um ihn dort auszusetzen. Was auch geschah.

Aber von der kurzen schwulen Zeit erlöste ihn alsbald eine Nymphomanin, die den gutgekleideten und gutaussehenden Jungen alsbald verführte, um ihn zum wahren Mann zu machen, der aufgrund des weiblichen Körpers seinen männlichen Verführer schnell vergessen hatte, um ein Verführer seinerseits zu werden, jedoch des weiblichen Geschlechts, als er das Geld verbraucht, das ihm der Priester als Wegzehrung mitgegeben hatte.

So sich Friedrich der schwulen Zeit mit den schönen Frauen entledigt hatte, so er auf Kosten der Frauen, die meist verheiratet oder mit reichen Männern liiert, wenn sie nicht verheiratet waren, auf Kosten dieser Frauen zu leben gezwungen sah. Bis eines Tages ein Mann seine Frau bei einem Tête-à-Tête mit ihm erwischte und ihn windelweich prügelte. So er blauäugig im Sinne des Augenumfeldes sich nirgends mehr blicken lassen konnte und anfing in der Nacht die Wohnungen seiner Geliebten auszurauben. Einmal jedoch ein weiterer Ungustl von einem Ehemann frühzeitig erwachte, um ihn im Nachthemd über weite Strecken zu verfolgen, bis dieser Verfolger zusammenbrach und er Fersengeld gab, um beutelos das Weite zu suchen. Er kam in eine kleine Stadt mit hochgetürmten Häusern, war bei einem alten Wirt als Schankbube, Karrenfahrer, um zu allen Diensten herbeigezogen zu werden. So konnte er viele Jahre als Mädchen für alles ein recht angenehmes Leben führen.

Alex, der später Knut genannt wurde und später nur noch der Alte.

Lange Zeit, es mochte wohl ein Jahrzehnt gewesen sein, vor der Kindesweglegung von dem Kind aus dem Moore und es begab sich wieder, dass die Torfverkäufer in der Zeit der dritten Dekade des Mondes, als der Nebel bereits über dem Moore hing, mit hochgetürmtem erdenen Brennzeug auf ihren Karren gegen die Stadt zogen. Früh kündigte sich heuer der Winter an. Der Herbstwind strich kalt über die Heide, als einzelne Sträucher, welche die Heide bewuchsen, sich dürr dem Wind entgegenstellten. Allzu früh lag der Reif am Morgen auf den Bäumen und Dächern der Stadt. Die Bauern bedeckten ihre Ware so sie kälteempfindlich hinter Planen, wie sie auch die Rücken ihrer Zugtiere mit Decken bedeckten, sich selbst in warme Röcke gehüllt und Stiefel an ihren Füßen trugen und die sommers getragenen Strohhüte mit Filzhüten zu wechseln. Die Tiere stellte man nahe den hohen Stadtmauern ab, um sie nicht den einfallenden Winden, die durch das Stadttor fielen, auszusetzen. Diesmal wurden die Torfverkäufer schon erwartet von ein paar der ärmlich Gekleideten. Die Oberschicht heizte das von den Bauern herangebrachte Holz, das eine ruchlose und stattliche Flamme ergab, die Armen mit Torf aber, das in Kraft der Hitze dem Holz um nichts nachstand.

Erwartet, sie glaubten schon vom Winter überfallen worden zu sein und sie lagen richtig in ihrer Prophezeiung. Die armen Leute umstanden die vielen Wagen, um je zu dem Winter mit dem erdigen Heizmaterial über die Runden zu kommen, um wenigstens einen Raum geheizt mit einem warmzuhalten. So waren sie in drei Reihen mit ihren Karren aufgestellt und von jeder Reihe einer, der die Torfzügel von den Karren nahm, um gleich zu kassieren. Und der jetzt in dieser Geschichte mit dem Namen Alex als der Alte bedacht, war ein Karrenfahrer, der mit seiner Fracht von dem langen Weg vom Moore bis zur Stadt erschöpft an seinem Karren lehnte.

Barbara das Kräuterweib erwartete die Torfverkäufer wie alljährlich um die gleiche Zeit mit ihrem großen Kessel, angefüllt mit heißem Tee. Wie man sie schon weitem erkennen konnte. Auch sie hatten dem ankommenden Winter, der scheinbar schon so frühzeitig ins Land gezogen war, Rechnung getragen und die alljährlich getragene Bekleidung ausgetauscht. Manche der Älteren kamen in langen, geschlossenen Schaffellmänteln mit einer darüber anhängenden Kapuze, mit aus Schweinehaut gefertigten Schuhen, die Sohlen aus beweglichen geschnitzten Holzstäben, mit Birkenleim und Ziegenleder verbunden. Die Kapuzen jedoch hinter ihnen abhängend, die Mäntel geöffnet. Trotz der Kälte schwitzten sie vor Anstrengung, nahmen aber den heißen Tee gerne an, bevor sie ihren Wagen weiterschiebend ihren Obolus hinterließen, weiter nach der nahen Stadt, die schon die ersten Sonnenstrahlen erfasst hatten, zu ziehen.

Der Wind hatte die noch warmfeuchte Luft des Moores über das Land gestreut und so erschien auch Barbaras Haus mit den umliegenden Gewächsen als ein Knusperhaus, mit all den Anbauten, dem Stall der Ziegen und der Hühner, dem sie umkränzenden Zaune, manches auch bedeckt von ein paar herangewehten Schneeflocken.

Er war noch jung an Jahren, so trug er einen aus Schafwolle gestrickten Mantel undefinierbarer Farbe mit einer schlapp herunterhängenden Kapuze. Eine schwarz gekleidete Frau nicht ärmlichen Aussehens näherte sich seinem noch vollgefüllten Karren, um zu fragen, was der ganze Wagen wohl kosten möge. Er verstand, als sie noch mit ihren Händen das Gefährt umrundete. Er vermittelte ihr, dass er noch fragen müsste, um der Spitze seiner Reihe Verkaufender, der die Sprache der Städter beherrschte, diese Kunde zu überbringen. Die ganz Armen vermochten nur wenige der Torfziegeln zu kaufen und vielleicht am nächsten Tag wieder mit ein paar Kreuzern, die sie zwischendurch verdient hatten. Der Verkäufer kam, so sie sogleich handelseinig wurden und sie den Unterhändler fragte, ob er sie nicht auch nach Hause bringen könnte. Und er konnte. So ging die Käuferin voraus und er schickte den noch vollen Karren nach, was ihn auf dem Katzenpflaster der Straße so große Kraft kostete, dass er mehrmals rasten musste. Und auch sie blieb jedes Mal stehen, damit er sich erholen konnte. Gott sei gedankt, dass das zu beliefernde Haus noch im Reichenviertel der Stadt lag, wo sie das Haustor öffnete und ihm anzeigte, dass er einfahren möchte. Es war nicht eines der allerfeinsten Häuser, die einseitig den Marktplatz säumten und die er auf dem Weg hierher durchfahren hatte, sondern nur einstöckig, doch die Fassade mit Stuck verziert, um dennoch protzig sich darzustellen. Es befand sich in einer Reihe noch gutbürgerlicher Häuser, die Feuermauer an Feuermauer standen und zumindest auf einen gewissen Reichtum und Wohlstand schließen ließen. Sie schloss hinter ihm das Haustor und er zog schwitzend seinen Mantel aus, um ihn über die Moorziegeln zu werfen, um sich schwer atmend von der Anstrengung zu erholen. Sie blieb neben ihm stehen, während er keuchte und nach Atem rang. „Kommen Sie", öffnete eine Türe, wo dahinter eine breite Stiege aus Holz aus fernen Ländern mit beidseitigen Handläufen in die Höhe strebte. Oben angekommen gingen sie nach einer weiteren Tür, die jedoch verschlossen, und nach deren Öffnung gelangten sie nach einem kleinen Flur in ein großes Zimmer, das warm beheizt sie empfing. Ein großer, weißer, runder, aus Kacheln gefertigter Ofen schien für die Wärme verantwortlich zu sein. Eine Reihe von vorhangbestückten Fenstern lief die lange Front des Zimmers entlang. Eine mit hellem Leder gepolsterte Sitzgruppe stand unter einem kerzenbestückten Kristallluster, den der Torffahrer jedoch nicht zu deuten wusste. Außerdem stand noch eine Essgruppe aus hochlehnigen Sesseln um einen runden Tisch aus dunklem Holz. In der Mitte der Platte stand jedoch eine aus Messing gefertigte Standlampe. Ein Stuckband lief um das Ende der Wand und der Decke, die Wände mit großen Blumenmustern schabloniert. Als er mit seinem grünen Leinenkittel und Latzhose das Zimmer betrat, blieb sein Mund vor Erstaunen offen. Sein Blick wanderte über die von seinen Augen nie gesehenen Attribute, mit denen wohlhabende Menschen sich umgaben. Die Frau war noch jung an Jahren, jedoch verabschiedete sich schon langsam die Glätte ihrer Haut. War sie doch zumindest doppelt so alt wie die kaum seinen kindlichen Zügen entwachsene Jugendliebe. Plötzlich fiel ihr, ihr im Kindbett verstorbenes Kind ein, das mochte jetzt so alt sein wie der Jugendliche aus dem Moorendorf, zumal der kaum noch asiatische Gene zu haben schien, so ähnelte er den Stadtkindern. Mütterliche Gefühle weckte das Mitleid mit diesen in der Moorwelt geknechteten Jungen, war sie auch nicht in dieses vollausgestattete Stadthaus hineingeboren, sondern weit entfernt in ein Bauernhaus vor der Stadt, war nicht der ärmsten Kategorie aber auch nicht der reichsten, und gut Einteilen und Haushalten ihr in die Wiege gelegt wurden. Ihr für sie etwas zu alter, aber gutaussehender und gepflegter Mann, der mit seinem großen pferdebestückten Viehtransporter von Hof zu Hof zog, um Schlachttiere einzukaufen und sie wieder den Fleischern in den größeren Städten zu verkaufen, lernte sie bei einem Viehkauf auf ihres Vaters Hof kennen und sie verliebte sich in seine charmante Art, was ihm bei seinen Verkäufern und seiner Überredungskunst, so er manchmal auch der Bauersfrau ein kleines Geschenk bei seiner Ankunft überreichte, viel zu einem guten Abschluss des Viehverkaufs beitrug. Der Viehhändler hatte nie ans heiraten gedacht, bei diesem schönen und jungen Mädchen jedoch fragte er sich, warum er so ein wunderschönes Haus gebaut, mit so einer teuren Einrichtung ausgestattet, und so gedachte er wie die reichen Bauern auf einen Erben für all das Hinterlassene zu setzen. So sie verliebte Blicke tauschten mit von der Umwelt nicht bemerktem Kuss und Die-Hand-Madam-Küsschen. So der Brautwerber eines Tages mit einer Kutsche vorfuhr, natürlich gemietet, da er doch sonst keine brauchte, mit Schimmeln im Geschirr, mit einem Frack und einem Zylinder auf dem Kopf beim Bauern vorstellig zu werden, der jedoch diese schöne junge Tochter mit eines größeren Bauern Sohne zu verheiraten gedachte, was bereits mit dessen Vater ausgemacht. So er nicht wusste, wie ihm geschah, so ihm auch der Brautwerber durch sein Auftreten mit seinem charmantesten Lächeln, das auf seinem Antlitz nicht seine erste Auferstehung erfuhr, mit dem er zuerst die Bäuerin und dann den Bauern betörte, um dann erst die wunderschöne Tochter in die Arme zu nehmen und auf die Stirn zu küssen. Der Bauer, der nicht wusste, wie ihm geschah, lud den Brautwerber zuerst zu einem der vielen Selbstgebrannten ein, um nach jedem Stamperl einen anderen vorzuschlagen und auch einzuschenken, um Prost zu sagen und hinter die Binde zu grüßen.

Ansonsten war er nicht so großäugig und hatte bei jedem Verkauf eines seiner Stücke Vieh nur ein Stamperl angeboten bekommen, das vielleicht sogar von einer gewissen Größe. Erst als der Alkohol mächtig in seine Synapsen eingegriffen hatte und ihm seine Gedanken in alkoholische Höhen emporgestiegen waren, er zuerst zaghaft sich zu fragen getraute, da er jetzt in ihm nicht mehr den Viehhändler, sondern einen reichbestellten Herrn vor sich sah, der es zu etwas gebracht hatte.

Viehhändler war ja ein ehrenvoller Beruf und dazu noch ein ehrlicher, der ihn noch nie bei seinen Käufen übervorteilt hatte. So getraute er nun sich zu fragen und zu sagen, dass seine Tochter schon einem reichen Bauernsohn versprochen und sie es gut bei ihm haben würde. Als er das aussprach, die schöne Tochter ihr Schneuztuch aus ihrem Ärmel holte und bitterlich zu weinen anfing. Da der Bauer jedoch eine weiche Seele in sich trug, verstärkt durch die Droge Alkohol, beschwichtigte er sie jedoch, das letzte Wort wäre darüber noch nicht gesprochen. So fanden die vielen Tränen, die gut sichtbar über ihre Wangen liefen, ein jähes Ende und der Rest wurde bereits von dem Taschentuch aufgesogen und sie begann glückselig wiederum ihren Angebeteten anzuhimmeln. Die Bäuerin, die vordem mit der Jungfrau mitgeweint hatte, umarmte die nun glücklich dreinschauende Tochter, hatte ihr doch der Brautwerber noch vor dem Empfang einen Strauß der schönsten Blumen überreicht und ihr die Hand geküsst. Als Mitwisserin der heutigen Brautwerbung.

Er betörte zuerst die Bäuerin und dann den Bauern, um dann erst die wunderschöne Tochter in die Arme zu nehmen und auf die Stirn zu küssen. Der Bauer, der nicht wusste, wie ihm geschah, lud den Brautwerber zuerst zu einem der vielen Selbstgebrannten ein, um nach jedem Stamperl einen anderen vorzuschlagen und auch einzuschenken, um Prost zu sagen und hinter die Binde zu grüßen.

Wie er der Tochter, so der Alte als geizig bei den anderen Bauern verschrien, nie so eine Seidenbluse gekauft hätte. Der Bauer wischte sich einmal über die Augen, als könne er ihnen nicht trauen. Nun hatte er es begriffen. „Und was hast du sonst noch zu bieten meiner Tochter?" „Ein wunderschönes Zuhause in der Stadt und sie wird wie eine Prinzessin wohnen, ohne allzu viel der Arbeit." „So, und kann ich das auch vorher, ich meine vor der Hochzeit noch sehen?" „Natürlich, als mein Schwiegervater in spe sozusagen, ich bin bereit, auch die Hochzeit zu bezahlen." Hier jedoch wehrte der Bauer das Angebot ab. „Nein, geheiratet wird hier, hier auf meinem Hof und ich lasse mich nicht lumpen, das schönste Kalb, das Beste aus dem Schwein, alles, auch die Junghühner, alles, was auf meinen Hof kreucht und fleucht, soll diese Hochzeit feiern." Hier schoss er übers Ziel, denn diese Opfer für das Wohlergehen der Gäste hatten durch ihren Tod doch nichts zu feiern. Das übersah der noch nüchterne Brautwerber geflissentlich, um zu sagen: „Wann wollen wir heiraten?" „Wann?", entgegnete der Bauer darauf. „Wenn sie das 18. Lebensjahr vollendet hat." „Das geht in Ordnung." „Das ist in ca. einem halben Jahr", sagte der Viehhändler. „Und warum willst du so ein junges Ding heiraten?" „Weil sie noch eine Jungfrau ist, und ich möchte keine Frau, die schon durchgevögelt und man nie weiß, ob das Kind, das sie gebärt, auch meines ist." „Wie bei den Bauern", darauf der Bauer, „wo so manches Kuckuckskind den Bauernhof bekommt und die eigenen sich als Knechte verdingen müssen." Dabei fiel dem Händler ein wie viele der Kuckuckskinder er schon auf den Bauernhöfen hinterlassen hatte mit den sexgierigen Bäuerinnen, die gerne ihren Mann von dieser Arbeit zu entlasten versuchten. Und deren einziges Vergnügen in diesen kurzen Augenblicken sie suchten, wenn der Bauer noch auf dem Felde und er auf den Bauern warten musste.

Die Hochzeit wurde wie vom Brautvater versprochen abgehalten, er hatte die künftige Wohnung seiner Tochter noch vorher besichtigt, samt der Brautmutter und der künftigen Ehefrau des Viehhändlers, die noch zu ihrem Glück geradezu euphorisch zustimmten.

Auch ein Kind sollte sich alsbald einstellen, nach wenigen Wochen der Ehe wurde sie schwanger und sie war mit ihrem Mann das glücklichste Paar auf dem ganzen Erdenball. Er strich über ihren Bauch und meinte: „Nun, mein Kind, was ich dir alles hinterlassen werde. Und hoffentlich wirst du als ein Sohn von der schönsten Frau der Welt geboren. Das ist das zweite Glück, das dir zuteilwird." Er vernachlässigte sein Geschäft, so warteten die Bauern tagelang auf ihn, die ihr Vieh aus Geldmangel verkaufen wollten oder aus Platz- oder Futtermangel verkaufen mussten. Die Fleischhauer wiederum mussten auf die frische Ware warten, so sie ihre Kundschaft nicht bedienen konnten. Wenn er wieder zum Einkauf fuhr, saß er singend auf seinem Kutschbock, um besonders gute Preise für das eingekaufte Vieh zu zahlen. So glücklich wie er sollte auch die ganze Welt sein. Als das Kind anfing sich zu bewegen und es Winter wurde und wenig Arbeit auf einem Bauernhof, lud er die Schwiegermutter ein, um sie sogleich abzuholen, damit sie ihrer Tochter helfen und bei der Geburt dabei sein möge. So er wieder einmal, da er sie in guter Aufsicht wusste, mit seinem Viehwagen unterwegs, um seine beiderseitige Kundschaft zu befrieden, kreuzte er wieder unverhofft bei einem Bauernhaus auf, wo er von einer jungen, unbefriedigten Bäuerin mit einem kleinen Kind auf dem Arm empfangen wurde, und die sagte, das ist unser Kind, und ihn zu sich zog, und er, in derzeitiger Abstinenz zu leben er sich gezwungen sah, es wild mit ihr machte. So er von einer Hacke getroffen tot auf die Frau fiel und sie mit der gleichen Hacke den Schädel gespalten bekam. Der Täter ihr Mann, der früher von der Mühle kam, mit Säcken von Mehl den Wagen beladen.

Die Kunde verbreitete sich bald in der ganzen Gegend und vermochte so auch bis ins Gemach seiner Frau zu dringen, die die Geburt ihres Kinders erwartete. So lag sie lethargisch da und kein Muskel leitete eine Wehe ein, um das Kind zu gebären. Nach Tagen des Dahinsiechens, als die sie bewachende Mutter eine Hebamme holte, konnte diese nurmehr ein totes Kind aus ihrem Leib holen. Und es war ein Sohn, ein Sohn, welchen sich der Vater so sehr gewünscht hatte. Nun waren beide tot und sie konnte von ihrer Mutter nur mit viel an Liebe und Geduld, wo sie tage- und nächtelang an ihrem Bett saß, sie fütterte, da sie das Essen verweigerte, am Leben erhalten werden.

Das alles tobte jetzt in ihrem Kopfe, da sie den armen Buben sah, als er so verschüchtert dastand, mit staunenden Augen eine nie geschaute Pracht besah, seine Augen von einem Schaustück zum anderen wanderten, bis sie sich in ihrem Gesicht verfingen, und sie sich ihrer noch immer vorhandenen Schönheit bewusst wurde. Aus einem Nebenraum hörte man Geklapper und die Frau, von der er nicht wusste, wie sie, und die auch nicht wusste, wie er heißen mochte, sagte zu ihm, setz dich und wie heißt du eigentlich. Im Moore nannte man ihn Alex und er den Namen nun preisgab, sie jedoch erstarrte bei der Namensnennung, hatten doch ihr ermordeter Mann und sie sich diesen Namen für seinen Sohn gewünscht. „Ich bin Maria." Und sie rief nach der halboffenen Küchentür: „Emilie, richte unserem Gast ein Badewasser und ein Gewand." Eine alte, etwas füllige Frau mit gutmütigem Gesicht betrachtete den Moorjungen mit sichtlichem Beileid. Sofort, aber das heiße Wasser wäre für sie gerichtet. „Emilie", sagte Maria in gütigem Tonfall, „tun Sie nur, was ich Ihnen aufgetragen habe." Die Haushaltshilfe lächelte sie an, um zu sagen, sie sind eine wirklich gute Frau, um durch eine andere Tür zu verschwinden, wahrscheinlich dem Bad, um den gerichteten Zuber, der mit einem Leinentuch ausgelegt, mit heißem Wasser zu befüllen und einen Kübel kaltes Wasser dazuzustellen und eine Pfanne darin zu belassen, für ihren noch nicht geborenen Sohn den Namen gewählt, um das eventuell zu heiße Wasser auf die gewünschte Temperatur zu kühlen. Maria vergewisserte sich der von der alten Frau verrichteten Arbeit, die zu ihrer vollsten Zufriedenheit ausgefallen war, derweil die Haushälterin noch lagernde Wäsche aussuchte, für den jugendlichen Armen passend. Sie legte einen ganzen Stapel der noch vorhandenen Wäsche auf einen Sessel, um wieder in der Küche zu verschwinden, um ein Mittagsmahl zu richten, um dem wahrscheinlich Ausgehungerten gerecht zu werden. Maria öffnete die Badtür, um ihm anzudeuten, dass er sich darin baden könnte, so sie ihm anzeigt, wie er sich ins Bad zu setzen hätte, mit dem Badeschwamm und der Bürste mittels der eingeriebenen Seife sich abzuschrubben, mit dem bereitliegenden Badetuch abzutrocknen und sich ein passendes Gewand auszusuchen, um es anzuziehen.

Die Fülle von Gewand ihres Mannes hatte sie vielleicht aus Rache geboren aufbewahrt, inzwischen einmal gewaschen und gebügelt, um es wieder an derselben Stelle zu verwahren. Sollte ein neuer Mann in ihr Leben treten, könnte sie ihn mit den schönsten Gewändern anziehen. Und jetzt war er gekommen, ihr Sohn Alexander, ein schöner junger Mann war in ihr Leben getreten. So hätte er ausgesehen, war sie sich sicher, mit diesen edlen Gesichtszügen, schwarzhaarig, groß und lockigem Haar. Sie deckte den Tisch für drei Personen, zündete die Kerzen der Lampe an.

Ein Himmel, der trüb über der Stadt hing, schaute düster durch die großen Fenster. Sie ging öfter zur Badtür, um an ihr zu horchen, ob das Wasser plätscherte, ob er sich bereits anzog oder sich anzuziehen versuchte. Doch nach einer gewissen Weile, als sie kein Geräusch hörte, öffnete sie vorsichtig die Türe, um durch einen Spalt zu schauen. Doch er war in dem warmen Wasser im Zuber eingeschlafen. Und er schnarchte vor sich hin mit offenem Munde. Sie ging leise hinein, um ihn nicht zu wecken, und prüfte, ohne zu schauen, ob das Wasser nicht schon ausgekühlt wäre, und es war, so gab sie mit dem Schöpflöffel aus der Pfanne, die auf dem noch beheizten Ofen stand, etwas von dem noch heißen Wasser sachte zu dem Schlafenden in die Wanne. Sie schaute, dass sie den nackten Körper nicht direkt begoss. Und sie erstarrte, als sie sein großes, was heißt großes, übergroßes Anhängsel sah, das in dem Wasser schwamm mit rotleuchtendem Kopfe. Sie hatte überhaupt noch nie gesehen, wie so ein männliches Glied aussehen mochte. So ihr Mann noch immer den Seinen versenkte, ohne ihr auch die geringste Lust zu bereiten. Nur jetzt zog sich bei ihr was Unerklärliches zusammen und so sie nur beim Anblick einen Orgasmus erlitt und zitternden Schopflöffels erstarrte. Sie vergaß den bereits geleerten Wasserschöpfer aus der Hand zu geben und verließ mit ihm fluchtartig den Raum und schloss die Türe hinter sich.

Aber nicht leise genug, sodass der dem Schlaf sich Ergebende mit erschreckten Augen aufsehend, sich unversehens von einem weißen Tuch umhüllt wiederfindend. So stieg er rasch aus dem Zuber, trocknete sich mit dem bereitgestellten Tuch ab und suchte sein abgelegtes Gewand, doch das hatte die Hausfrau bereits verbrannt zusammen mit den Schuhen. Er, der das erste Mal in die Crew der Torffahrer aufgenommen wurde, hatte auch aufgrund des Wetters keine mit bunter Bekleidung angezogenen Menschen zu sehen bekommen, weder am Marktplatz noch auf dem Weg hierher. Die Farben der Gewänder, die er noch nie auf den Kleidern der Moorbewohner gesehen hatte, berauschten ihn gleichzeitig mit ihrer Webkunst und vielfältigen Knöpfen, glänzende Schuhe und Stiefeln mit dicker Ledersohle standen für ihn bereit. Er probierte die Hemden, die jedoch fast alle zu groß, Hosen, die zu lang und zu breit, um einer Reduzierung zu erwarten. So zog er lachend aus der Badestube, um sich wie ein Kasperl mit dem Gesicht zu mimen für die zwei Frauen. Maria saß mit zusammengepressten Schenkeln auf einem Sessel des Esszimmertisches, ihr Gesicht von einer Schamröte gezeichnet, jedoch der Kerzenschein ihr Gesicht warm zeichnete. Die Mamsell jedoch, die, wie wir bereits wissen, Emilie hieß, legte die Hand vor den Mund, um ihr jedoch nicht böses Lachen zu verstecken. „Wenn wir gegessen haben, werde ich aus dir einen gutangezogenen Menschen schneidern", lachte sie, die Hand von dem Munde nehmend. Sie war einmal in jungen Jahren eine Schneiderin gewesen, bei einem Unfall hatte sie jedoch – im Winter, wo das Katzenkopfpflaster mit Eis überzogen, sie ausrutschend – die Hand gebrochen, und bei den damaligen ärztlichen Kenntnissen blieb eine Hand steif, sodass sie nurmehr recht und schlecht ihrem erlernten Gewerbe nachgehen konnte. So arbeitete sie zuerst als Kindermädchen bei einem wohldotierten Stadtbeamten mit ihrer verkrüppelten Hand, wurde aber beim Erwachsenwerden des zu betreuenden Mädchens nicht mehr gebraucht und sie wurde von der Mutter Marias am Marktplatz angesprochen, als diese einkaufen war und sie verzweifelt nach Arbeit gesucht hatte. Sie nahm sie sogleich mit, da sie wieder auf den Hof zurückmüsse und eine noch kranke Tochter gepflegt werden müsse. Seitdem war Emilie bei ihr, sie pflegte sie und mit ihrem freundlichen Wesen, wenn Maria besonders depressiv, erzählte sie ihr fröhliche Geschichten, um sie von ihrem Leid abzubringen. Und als Maria wieder über den

Berg war, sagte sie zu ihr: „Emilie, du bist der beste Mensch auf Erden. Willst du nicht bei mir bleiben?" Und sie wollte. So lebten sie Jahrzehnte in bester Eintracht zusammen. Nach dem guten Essen, das Emilie bereitet hatte und das von allen dreien mit Lust verspeist wurde, holte Emilie Nadel und Zwirn, um die Arbeit zu beginnen. Vorerst vermaß sie ihn mit einem Zentimeter der Höhe, der Breite, den Umfang aller seiner Gliedmaßen, er musste Hemd und Hose ausziehen, er hatte auch eine Unterhose angezogen. So er nur unterhosenbedingt bekleidet sich vor den Kachelofen setzte, mit weit auseinandergestreckten Beinen seine Wärme aufzunehmen. Emilie nähte und nähte trotz ihrer deformierten Hand und Maria räumte das Geschirr weg, um es abzuwaschen. Maria näherte sich Alexander von hinten mit gespreizten Fingern, um ihm durch sein Haar zu kämmen. Die Haare, die bereits getrocknet und durch die statische Aufladung der Hand Funken sprühten. So er kurz aufsehend Maria zu Gesicht bekam, doch sich gleichzeitig ein Zelt auf seiner Unterhose erhob und ein riesiger roter Kopf sich des Hosenschlitzes entband um die Zeltspitze.

Beim zweiten Mal Durch-die-Haare-Streicheln er die offene Zeltspitze durchbrach, um ihre Hand erstarren zu lassen und ein zweites Mal in ihrem Leben einen Orgasmus zu durchleben. Sie starr stehend, die Hand zitternd in seinen Haaren belassend, um mit ihren Augen keuchend das völlige Erwachen des riesengroßen Penis zu erfassen. Ihre Hand verfing sich krampfhaft in seinen Haaren, um ihn zu einem kurzen Schmerzensschrei zu veranlassen. Sie öffnete ihre Hand, um ihm nun sanft über seinen Kopf zu streicheln, währenddessen ihr Orgasmus immer wieder neu zu zucken begann. Er jedoch saß beschämt mit seinem Riesengroßen, der die zwei sich überlappenden Gewebeteile der Hose geöffnet, um sich der Umwelt darzustellen. Er wollte das entstandene Hosentürl wieder verschließen, was ihm jedoch nicht gelang, sodass er dem knopflosen Schnitt wieder entfleuchte. Derweilen jedoch sie sich nicht erfangen konnte, zwischen seine Beine trat, um ihn mit der Hand zu erfassen und unwillkürlich nach unten zu streicheln. Das war der Anfang ihrer sexuellen Beziehung. So vergaß er das Abfahren mit seinem Karren. „Seiner" jedoch durch seine Größe in ihr Heiligtum nicht eingelassen werden konnte, sondern sie mit seiner Spitze nur streicheln konnte. Aber ihr das zu unzähligen Orgasmen verhalf und auch ihm. So waren zwei Unerfahrene zusammengetroffen, um den Sex zu ergründen und ihn auszuleben, was ihnen auch schließlich gelang, als er in ihr Innerstes vorgestoßen war. Mittlerweile hatte der Winter mit voller Wucht das Land erfasst. Es gab weder ein Heimkommen noch ein Verlassen der Stadt. Der viele Schnee, der die Dächer der Häuser zu erdrücken schien. Die Pferdefuhrwerker, die es auch in der Stadt gab, fuhren mit ihrem großen Transporter, welcher gefüllt mit dem Schnee, der auf den Straßen lag oder polternd von den Dächern rutschte, durch den fast freigeschaufelten Marktplatz, der aber noch ohne die Marktschreier der Bauern mit ihren Käufern zu Diensten stand. Denn ebenso mit der gleichen Schneemenge waren die Zufahrtswege zur Stadt verlegt, sodass der von vier Pferden gezogene Schneepflug gegen den hohen Schnee stecken blieb und die Pferde bis auf die Brusthöhe versanken. So bestand für Alex auch keine Möglichkeit, in sein Dorf zurückzukehren, so war er auch nicht willens, durfte er doch ein menschliches Paradies erleben. So kuschelten sie glücklich in ihrem Bette und frönten zwischendurch der Liebe. Emilie war alles im Hause überlassen, das Beheizen nicht ausgenommen, sodass der Karren im Untergeschoß langsam sich leerte, indem das vorher gehortete Holz nach und nach, damit die Wohnung warm verbliebe, verheizt wurde. Eines Tages jedoch erste Strahlen den Frühling ankündigten, Strahlen, mit ihrem glucksenden Beiton, dem schmelzenden Wasser, das von den Dächern rann, in der Kanalisation verschwindend. Und in diesen Strahlen allseits die Fenster geöffnet wurden, um die Luft in die Räume zur Lüftung hereinzulassen. Es nahte sich der Tag, da die Straßen und Wege vom Schnee befreit und die Heide nur mehr Reste von ihm trug.

Barbara machte sich auf den Weg in die Stadt auf, um ihre vom Vorjahr getrockneten Kräuter wieder an den Mann beziehungsweise die Frau zu verkaufen. So wurde Alexander sich gewahr, seinem Versprechen zu genügen und in sein Dorf zurückzukehren, wie er es versprochen. Er würde schon eine Ausrede finden, zuerst eine vorgetäuschte Krankheit, als er das Torf zugestellt, und die Käuferin ihn aufgrund seiner Krankheit nicht mehr gehen ließ und ihn von seiner Krankheit kurierte, aber dann dieser Winter, dieser Jahrhundertwinter über das Land hereinbrach, so ihm seine Pflegerin nach seiner Genesung erzählte, was er im Delirium alles gesagt, gemurmelt, sogar geschrien hätte und sogar seinen Moorgott angerufen hätte, er solle ihn nicht sterben lassen. Jeden der Torfkarrenfahrer bei seinem Namen gerufen hätte, um das Gleiche von ihnen zu erbitten. Auch Vater und Mutter und seinen jüngeren Bruder hätte er gerufen, dass sie ihn in dieser fremden Stadt nicht sterben lassen sollten. Und so er eines Tages – und das war nach langer, langer Zeit, bis in seinem Zimmer die Strahlen der Frühlingssonne ihn erwachen ließen – sich im Laufe des Frühlingskampfes gegen den Winter wieder erkennen konnte. Das alles würde er seinen Kollegen erzählen. Und dass sie ihn noch mit dem Gewand ausgestattet habe, und sie war eine Witwe, und hier würde er nicht lügen, das nun nicht mehr gebrauchte ihres Verstorbenen. Denn sie war eine ehrbare Witwe, was sie bei seiner Pflege wohl bewies.

So sie ihn nicht gerade mit der schönsten Garderobe ausstattete, aber zumindest mit den aristokratischen Stiefeln ihres ermordeten Mannes. So sie beim leergeheizten Karren standen, ihre Münder vergraben, sie dann das Tor öffnete und er das Haus mit dem Karren Richtung Marktplatz verlassen konnte. So verließ er das Haus, das ihm so viel an Liebe und Wohlergehen geschenkt, und dass er es nie mehr betreten würde, wusste er zu diesem Zeitpunkt noch nicht. Am Marktplatz stellten die einfahrenden Torfverkäufer sich wiederum in Dreierschlangen auf – für eine Schlange wäre der Marktplatz in seiner Länge nicht ausreichend gewesen –, bereits von einer Menge von Leuten umstanden, die schon in der Kälte ausharren mussten, war ihnen doch das Heizmaterial ausgegangen. So hatte Emilie das vormals Gehortet zum Heizen, um die Wohnung immer auf einem erträglichen Maß zu halten, eigentlich viel verbraucht. So schob er nun den leeren Karren vor sich die Gasse entlang, mit Maria war ausgemacht, einen vollen Wagen wieder zurückzuführen, um dann mit dem leeren Wagen mit den anderen in sein Dorf zurückzufahren. Um bei seiner Familie alles vorzubereiten für eine Flucht aus dem verfluchten Dorf. So er seine Gedanken weiter spann, wie herrlich würden sich seine Eltern in diesem wundervollen Haus und erst sein kleiner Bruder fühlen. So traf er träumend seine Mitfahrer und schob sogleich seine Karre an den Vormann heran, der ihn mit seiner Fuhre zu Maria geschickt hatte. Jener, der gerade beim Kassieren war, ihm scheinbar das Geld aus den Händen zu fallen schien, so perplex stand er Alex gegenüber. Er machte den Mund auf, ohne ihn zu schließen, gab das Retourgeld, so er begriffen, dem Kunden in die Hand, um zu sagen: „Du getraust dich noch zurück zu uns? Obwohl man deine Familie bereits dem Moor übergeben hat? Hast du das Gesetz vergessen? Wenn einer unserer Fahrer nicht mehr zurückkommt, und das ist schon seit Generationen Gesetz, wird der Rest der zurückbleibenden Familie dem Moor übergeben!" Alexander ließ den Karren los, um zu fragen: Wen, wen hat man dem Moor übergeben. „Deine Familie. Vater, Mutter und deinen Bruder. Es war die großartigste, das heißt traurigste Verabschiedung, die ich je mitgemacht habe. Alle Bewohner mussten der Tötung beiwohnen." Alex fing an zu zittern, ging an den Schlange stehenden Karrenfahrer vorbei, von den meisten wie ein Phantom betrachtet. Er, der zum Tore starren Schrittes traumatisiert hinausging und nie mehr in der Stadt gesehen wurde.

Er schritt unbewusst mitten auf einer der beiden Straßen entlang, die links und rechts dem Stadttor zustrebten, so ein in die Stadt fahrender Bauer, der neben seinem Fuhrwerk einherging, sein Gefährt zum Anhalten gezwungen sah, denn er kam mitten zwischen seinen zwei Kühen zu stehen und der Bauer suchte ihn mit knallender Peitsche zu vertreiben. So war Alex seines Bewusstseins nicht mehr mächtig und er erkannte tränenden Auges nichts mehr als verschwommene, sich bewegende Gestalten, mochten sie menschlicher oder tierischer Art gewesen sein, sodass er stehen blieb, vor sich hin weinend, sodass der Bauer die Tiere herumzureißen und ihm auszuweichen hatte. Vor ihm erhob sich die Heide mit den zurückfahrenden Torftransportierern, die mit seinen geistig irregeführten Augen er sah, so der vermeintlichen Spur folgend. Tatsächlich folgte er einer Straße zu einer anderen Stadt, die vereinzelten Bauernhäuser auf seinem Weg zur Stadt mitnehmend. Er fand sich wieder in seinen Moordorf, wo ihm alsbald Bekannte begegneten, die er fragte, ob es wahr sei mit der Tötung seiner Familie, doch alle versteinerten sich, wurden starr mit nichtssagenden Augen und stummen Mündern und unbeweglichen Gliedern. So er die Moorwege entlangeilte und nicht das nachgebende Moor beachtete, sodass er in einen Rest von Schneewasser fiel, das sich in einer Pfütze gesammelt hatte, und er vermeinte in seinem gestörten Verhältnis zur Umwelt, das er gefesselt ins Moor gefallen wäre und laut schreiend und wild um sich schlagend seines Todes sich zu erwehren versuchte. Nun vermeinte er in das Moor hinabzusinken und er hörte auf zu atmen, nun in der Tiefe des Moorwassers seinen Vater, Mutter und seinen Bruder, die mit starren Blicken auf dem Grund des Moorsees lagen, mit wehenden Haaren, die Münder geöffnet, die er durch das trübe Wasser aber genau zu sehen vermochte. Sein kleinerer Bruder ihn anlächelnd fragte: „Alex, wo warst du so lange? Du bist an unserem Tod schuld. Das sagen auch Papa und Mama", sich von ihm wegdrehte und aus seinen Augen verschwand. Vater und Mutter jedoch noch Luftblasen aus ihren Mündern entließen. Gleichmäßig, als würden sie, ohne zu atmen, nur die letzte gehortete Luft aus ihren Körpern ausströmen. Als er durch die Kälte des Pfützenwassers wieder erwachte und sich nicht tot vorfand, sondern sein Gewand durchnässt, sich in einer Lache an einer vertieften Stelle einer Wiese wiederfand, er zitternd vor Kälte aus dem Wasser sich erhob und seinen Zustand erkannte, aber sich seines psychologischen Ausfalls bewusst wurde, um sich umzusehen, wo er sich eigentlich befand. Er entdeckte, dass er

wahrscheinlich auf der Straße, die er nicht erkannte, weiterge-
wandert war, so die Hauptstraße, die einen Bogen machte, der
gerade Weg jedoch an einer Schenke vorbeizog, wo schon ein
paar Fuhrwagen standen, eigentlich einige große Kästen, aber
er nicht mehr erfassen konnte, jedoch keine Tiere mehr einge-
spannt wie in der Stadt, und die wahrscheinlich in irgendwelchen
Ställen eingestellt waren. So er die Schenke schlotternd betrat,
unbeachtet von den Gästen, bis einer von den Fuhrwerkern ihn
erkannte, um zu sagen: „Dich habe ich doch überholt, musste
dich noch von der Straße verjagen, sonst hätten meine Pferde
dich totgetreten. Du gingst in der Mitte der Straße und meine
Pferde liefen ganz ruhig, aber scheinbar gingst du träumend dahin." „Entschuldige", sagte Alex, der sehr viel Sprachunterricht
von seiner Maria erhalten hatte. „Ich habe heute erfahren, dass
man meine ganze Familie umgebracht hat." Der Angesprochene
machte ein erstauntes Gesicht. „Die ganze Familie?", fragte er.
„Meinen Vater, meine Mutter und meinen Bruder", darauf Alex.
Der Fuhrwerker, ein gestandener Mann in den besten Jahren,
sagte nur: „Wer war oder waren die Täter?" „Unsere Gesetze,
ausgeführt von den alten Männern mit ihrem Moorgott." „Du
bist eigentlich einer vom Moordorf, aber wieso jagt ihr diese
Verbrecher nicht in das Moor, damit sie dort ersaufen?", sagte
der Mann. „Und welches Gesetz gibt ihnen das Recht dazu?",
wollte der Mann weiter wissen.

„Wenn ein Dorfverkäufer nicht zurückkommt, so ist die ganze Familie des Todes." Der Mann haute mit der Faust auf die
Tischplatte, sodass die Gläser hüpften und umzufallen drohten.
„Und das in unserer Zeit! Söhne, habt ihr das gehört? Leben wir
noch im Mittelalter, wo man die Frauen als Hexen verbrannt
hat? Wirt, noch ein Bier!" Er konnte sich scheinbar nicht beruhigen, denn das Glas hatte er in einem Zug entleert.

„Und du bist einer der Torfziegelverkäufer, der nicht zurückkam." „Ja", darauf Alex, „aber ich werde sie rächen." Der Mann
schaute Alex mitleidig an. „Aber jetzt zieh dich aus, sonst holst
dir noch den Tod. Wirt, bring einstweilen ein Gewand, nur zum
Ausborgen." Der Fuhrwerker, der eigentlich durch viele Gespan-

ne und Fuhrwagen schon zur besseren Gesellschaft gehörte, erkannte nur durch das Gewand und die feingearbeiteten Stiefeln, dass dieser Junge, der aber fast keine asiatischen Züge mehr an sich trug, irgendeinem guten Menschen in die Hände gefallen sei, der ihn so derart mittelständig angezogen hatte, und er sagte ihm noch während des Ausziehens, so er Seinen kurz sah: „Eine Frau", in bestimmendem Ton. Alex nickte nur kurz. Es war alles klargestellt. „Hast du wenigstens Geld?", fragte der Mann. „Ach ja bald hätte ich es vergessen. Maria gab mir Geld für meine Torfziegeln." Also Maria hieß sie. „War sie auch noch unbefleckt?", und lachte amüsiert vor sich hin. „Oder war sie bereits eine alte Schachtel, die dich in die Liebe eingeführt hat?". Und er lächelte dazu süffisant und sagte: „Alle mussten wir das lernen", und weiter lachend: „Schick ihn dann zu Bett, das Büberl." Und setzte sich wieder an seinen Tisch, an dem noch drei andere saßen, die müde vor sich ein Bier stehen hatten, es waren seine Fuhrwerker, sie hatten gegessen und getrunken, hatten ihre Tiere abgefüttert und sagten „Gute Nacht", um sich zu Bett zu begeben.

Mit diesem Wort konnte Alex wirklich nichts anfangen. „Wirt, für diesen Jungen noch ein Zimmer und gib ihm was zu essen."

Es waren seine drei Söhne. „Setz dich zu mir", sagte er zu dem neu Eingekleideten. Das geborgte Gewand hing schlotternd an seinem Körper, der noch Attribute eines Jugendlichen an sich hatte, und er aß stillschweigend in sich hinein. Während der Alte eine langstielige Pfeife sich anzündete, um vor sich hin zu qualmen. Als der Junge den letzten Bissen verschlungen, fragte er den Alten, wo er den hier wäre, ob noch nächstens des Moores. „Von dem Moore bist du derzeit noch 30 Meilen entfernt", sagte er, als er einen ordentlichen Zug getan, nachdem er die Glut seines Tabaks mittels seines Pfeifenstierers wieder zu Glut gebracht hatte. „Ich denke zumindest, nur weiß ich nicht so ganz genau, wie viele Meilen aus der Stadt, wo du untergetaucht bist, zu dem ‚Großen Moore' sind. Von dem Bauernland hier sind es jedenfalls 20 Meilen." Nun wollte er aber von dem Moordorf wissen, wie die eigentlich lebten. Zu viele der Schauermärchen hatte er schon gehört, glaubwürdige und Sagen, die sich um die Moorbewohner rankten. Und Alex erzählte und erzählte, so der Alte manchmal die Luft in die falsche Röhre bekam, wenn er was nachfragen wollte, und einen Hustenanfall bekam. Also erzählte Alex ihm die Geschichten von den Stadtfrauen, die ein Reitervolk aus den Steppen Asiens geraubt haben sollte. Ein Heer eines Kaisers sie jedoch verfolgte und sie ins Moor trieb, wo jedoch viele der Verfolger in dem trügerischen Moor versanken. So hätten sie die Verfolgung aufgegeben und die Asiaten mit ihren weißen Frauen hätten im Moor, das damals noch von vielen Bäumen bedeckt, Zuflucht gefunden und es wäre ein neues Mischvolk entstanden, so wie er ein Nachkomme von ihnen wäre. Der Alte, der wiederum die Pfeife absetzte: „Ich habe von den Stadtbewohnern gehört, dass viele eher unserem Schlag ähnelten als den Räubern."

Und der Alte erzählte ihm dass dieses Haus kein Wirtshaus, sondern sein eigenes sei und der Wirt nur ein bezahlter Laie von ihm wäre, sodass sie jedes Mal hier einkehren könnten, wenn sie 15 Meilen entfernt Holz kauften, um es in der Stadt zu verkaufen, da die Bauern ihre Wälder großteils geschlagen, um Ackerland daraus zu machen, um die großen Städte in ihrem Umfeld zu ernähren. „Und das Holz?", fragte der Junge. „Das liefern wir ganzjährig mit den Kartoffeln und dem Getreide für die Mühle am anderen Ende des Bauernlandes wieder in die Stadt."

„So bin ich also 15 Meilen durch das Bauernland bar jeder Orientierung gegangen, so ich glaubte, unbewusst durch die Heide zu wandern und mich im Moor zu befinden, wo man mich gefesselt meiner Familie ins Moor nachgeworfen hatte. Und erst im kalten Wasser eines gestandenen Wassers hat die Kälte mich in mein Bewusstsein zurückgeführt, so wäre ich wohl erfroren, hätte ich nicht das Licht gesehen." „Und was willst du jetzt, ich meine ab dem Morgen, wohl machen?" „Ich weiß nicht", um plötzlich anzufangen zu weinen. „Du bleibst bei mir, besser bei mir mit meinen drei Söhnen, besser hier in diesem Haus. Ist eine kleine Landwirtschaft doch angeschlossen und Arbeit, Arbeit gibt es hier genug." Und Alex verblieb die nächsten Jahre auf dem kleinen Hof, umsorgt von dem Diener, der auch einmal eine Karriere als kleiner Gauner hinter sich gebracht hatte. Jetzt aber schon alt und fern jeder Gaunerei, aber wenn sie allein abends bei einer brennenden Kerze saßen, er eine Menge von skurrilen Begebenheiten aus seinem Leben zum Besten gab, die allerdings nur um des Überlebens er gemacht hatte. So sei er ein Hundeflüsterer gewesen, dem die Hunde, die ein Haus zu bewachen sollten, sich sofort stillschweigend ergaben und ihn beim Verlassen des ausgeraubten Hauses noch ein Stück des Weges weiterbegleiteten. „Und was hast du gestohlen?" „Nur zum Essen. Ich melkte eine Kuh, wobei ein Hund neben mir gähnend lag. Er bekam natürlich auch seinen Teil davon, wo er mir noch nachher die Hand abschleckte."

Es stellte sich allmählich heraus, dass er nur aus Hunger stahl, ansonsten war er überall, wo ein Arbeiter gebraucht wurde, sofort bereit – und war die Arbeit noch so schwer – sie auszuführen. So hatte er sich alt und bucklig gearbeitet, bis der alte Fuhrwerker – als er eine riesige Fuhre Holz in einer Stadt abzuladen hatte und die Pferde unruhig vor sich hin trampelten – ihm die schweren Holzscheite von Wagen gab, sie in einer schönen Reihe aufzuschlichten, hatte er doch schon bei einem Bauern als Holzarbeiter fleißig gearbeitet, nur als den Bauern ein Baum erschlug. Ihm selbst wurde dabei nur die Hand gebrochen, die er sich selbst schiente, sie in einer Schlinge trug. „Und mit einer Hand hast du das Holz geschlichtet." „Warum denn nicht? Der Chef, zugegeben er war noch jünger – wesentlich, seine drei Söhne waren zu der Arbeit noch nicht zu gebrauchen –, so er sich zu Tode schuftete. Er warf nämlich Scheit um Scheit vom Wagen, stieg dann herunter und schlichtete sie wieder auf. So konnte er das ganze Holz herunterwerfen und ich schlichtete es auf. Es war nicht ganz leicht, waren doch auch schwere Scheite dabei."

„Und?", sagte Alex darauf. „Als wir das ganze Holz aufgeschlichtet hatten, sagte er: ‚Steig auf, nun bist du mein.'„ „Und?" „Seitdem bin ich sein Diener, er ist der beste Mensch der Welt. Aber, was ich dir anvertraue, seine drei Söhne nicht." „Das habe ich auch schon bemerkt", entgegnete Alex. So verlief ein Jahr um das andere. Der Alte wurde älter, die Söhne nahmen das Geschäft in ihre Hände und beherrschten es. Statt des Chefs kam ein neuer Pferdefuhrwerker, ein rüder ungehobelter Bursche, ungeschlacht und perfid. So Albert, so hieß der alte Diener, Angst vor ihm hatte, um ihn als Ersten zu bedienen beim Essen und beim Trinken, und wünschte er zu baden, er den Ofen beheizte, um den größten Zuber zu gebrauchen aufgrund der Ausmaße des Mannes. So die drei Söhne, die nun doch die Firma nach dem Tod ihres Vaters zugesprochen bekamen, scheinbar nichts mehr zu reden hatten. So schaffte der Neue Albert noch an, des Abends nachzuschauen, ob die Pferde genug Wasser bekommen hätten, und Albert hatte dafür zuständig zu sein, und als er lange nicht zurückkam, ging Alex ihn suchen.

Unter einem Pferd, dem wildesten und dem größten Hengst, das nur der neue Fuhrknecht beherrschte, lag mit zerschmettertem Schädel Albert. Alex versuchte ihn unter dem wild ausschlagenden Pferde hervorzuziehen. Er war nämlich brünstig, da eine Stute am anderen Ende ihrer Unterkunft brünstig auf und ab trat. Er lief in die Stube, um stotternd den Unfall zu melden. Der Grobian schrie ihn an: „Du asiatischer Bastard", um sogleich in den Stall zu laufen. Alex jedoch rannte in sein Zimmer, um sein Gewand einzupacken, auch sein Erspartes, um noch bei Mondschein sich feldein und feldab abzusetzen, in eine kleine Stadt, wohin er schon ein paarmal von seinem alten Chef mitgenommen worden war und deren Richtung er wusste. Er rannte und rannte, als ob er verfolgt würde, bis zum nahen Morgen und er erschöpft sich einen hohen Baum, der hochgewachsen inmitten vielen Gebüsches stand, als Zufluchtsort erkor, um sich darunter niederzulegen, seinen Kopf auf den Ranzen zu legen und vor Müdigkeit sogleich einzuschlafen.

Als die Sonne auf der kleinen Bauminsel ostwärts erschien, öffnete er erschreckt die Augen, sprang jedoch sofort auf, die Angst, die ihm noch im Nacken saß, hinter sich lassend, jedoch bald ein mit Stroh gedecktes Haus erkennend, dessen Haustüre schon geöffnet, und eine grauhaarige Frau trat vor die Türe und ein krähender Hahn kündigte schon den Morgen an. Die Frau, die eine Waschschüssel vor sich in den Händen und gerade dabei, das Wasser auszuschütten, erstarrte mitten in der Schüttung, als sie Alex erblickte. „Nein, nein", lachte Alex mit einem hervorgewürgten Lachen, den Kopf schüttelnd, um seine guten Absichten mit einem „Guten Morgen, gnädige Frau" noch zu untermauern. Er stand mit seinem Ranzen in der Hand und zeigte lachend seine schönen Zähne und dabei seinen Kopf wiegend. Die Frau war vor Schreck erstarrt, sodass sie nur hervorzuwürgen vermochte: „Was wollen Sie?" „Nichts, nichts", versuchte Alex sie zu beruhigen. „Ich habe mich verlaufen", suchte er sein Dasein zu erklären. „Mitten in der Nacht." Er hatte ihr Misstrauen erweckt. „Nein, wirklich", versuchte er sie zu beruhigen. „Oder schau ich wie ein Landstreicher oder Räuber aus?" Gott sei Dank hatte er seine Stiefel, die er jahrelang gehütet und kaum angezogen hatte, wozu sollt er auch, bei der Flucht noch angezogen. „Sie scheinen mir ein ganz feiner Pinkel zu sein", ließ sie sich vernehmen. „Aber nein, ich bin ein ganz gewöhnlicher Knecht", diesen Ausdruck hatte er von Albert. „Wollen sie was zu essen?", frug sie auf einmal. „Eigentlich nicht. Aber eigentlich wollte ich nach Ebershausen."

„Nach Ebershausen, da sind sie sich ganz schön verlaufen." „Dachte ich es mir doch. Ich fand die Straße nicht." „Na ja, dorthin führt ja auch nur ein Feldweg von hier." Die Sonne, die nun schon über den Giebel des niederen Strohdachs fiel und den Hof ausleuchtete, fand einen sauberen Hof vor, wie immer. Er schaute sich in dem Hof um. „Sie sind aber eine reinliche Frau", stieß es ihm hervor. Die Grauhaarige ob des Kompliments erstaunt und unfähig eines Wortes. Ihre Gegenworte: „Finden Sie?" „Ja, das finde ich, war ich doch selbst ein Knecht in einem Bauern-, besser Fuhrwerkerhaus." Der Alten dämmerte was: Sagte man nicht, dass der alte Fuhrwerker, der jedoch schon verstorben, seinen Söhnen, mit denen nicht gut Kirschen zu essen wäre, sein Fuhrwerkerhaus mit seinen Pferdegespannen und den Fuhrwagen vererbt hätte? Und hatte sie nicht einmal gehört, eben in Ebershausen, zu dem der Alte Geschäftsbeziehungen unterhielt, dass dieser einen aus dem Moordorf aufgenommen, den sie obwohl Halbasiate als sehr fleißigen Knecht geschildert bekommen hatte? Und dieser Mann konnte dieser gelobte Knecht sein. „Sie waren also beim Fuhrwerker", und sie nannte seinen Namen, „als Knecht angestellt?" „Ja, das war ich, aber bei den neuen Besitzern, wo ein Fremder das Geschäft führt, habe ich es nicht mehr ausgehalten." Sie lehnte das Waschbecken an die Wand. „Kommen Sie, kommen Sie, Sie müssen was essen: Kommen Sie, Kommen Sie."

So blieb er ein paar Tage, nein Jahre, half ihr bei all ihrer notwendigen Arbeit, beim Ausbessern des Daches, er das alte Geflecht erforschend, wie es gemacht wurde, und sie das für das Dach bereits gerichtete Stroh in der Scheune verwahrt hatte. Er musste jedoch zugeben, dass sie diese Art der Deckung besser beherrschte als er, aber sie ihm nie einen Zweifel darüber ließ, dass er der bessere Dachdecker wäre. Er fand sie nicht nur intelligent, sondern mit Wissen vollgestopft. Und so wurden es Jahre der Geborgenheit bei diesem alten Waldschrat. Denn sie lehrte ihn lesen und schreiben, rechnen, von Bruchrechnen bis Algebra und all die Berechnungen der Flächen, und die Spezialitäten der Geschichte von den Sumerern bis Napoleon. Entschuldigung, das war diese noch in seines Großvaters Sack, zumindest seine Gene. Aber so zumindest, was damals ein gebildeter Mensch wissen musste. Und sie lehrte ihn auch alle Abend, den Hof von den verschiedensten nichts dort zu suchen habenden Mistblättern von dem kleinen Wald mittels eines aus Birkensträuchern gebundenen Besens reinzukehren, sodass der Hof am Morgen die Sonne wieder mistlos begrüßen konnte.

Sie war eben eine schrullige Alte, die ihm in einem Waschtopf alle Samstage den Rücken schrubbte, ohne sein Anhängsel auch nur eines Blickes zu würdigen. Eines Tages sagte sie zu ihm: „Ich kann dir nichts mehr lehren, es ist schade für dich mit all dem Wissen, das ich dir beigebracht, deine Zeit bei mir zu vergeuden, und so ersuche ich dich: Werde ein ehrlicher Mann in deinem Leben, das noch vor Dir liegt. Und ziehe weiter." Sie richtete ihm noch ein Bündel von Käse, der von der Ziege stammte, vom Geselchten des Schweines, das sie miteinander geschlachtet hatten, und Eiern, die die Hühner alle Tage legten. Als er fertig angezogen mit seinen unverbrauchten Stiefeln, einer neuen Hose und Jacke, die sie für ihn bei einem wandernden Juden gekauft hatte, vor ihr stand, gab sie ihm noch einen Kuss auf die Stirn und war dabei gezwungen, seinen Kopf herunterzuziehen, da sie zu klein war, um ihn auf die Stirn zu küssen, drehte sich um und verschwand im Haus. Er dachte an den Namen Waldschrat, mit dem er sie in Gedanken belegt hatte. Das war ungerecht von ihm. Nur von wo hatte er das Wort gehört? Plötzlich wusste er es: von Albert, der ihm immer so schaurige Geschichten erzählte. Na gut, er hatte ihr das Wort nicht an den Kopf geworfen, sondern sie nur in Gedanken damit bedacht.

So zog er von dannen, von der Keusche, die zwei Jahre seine Heimat gewesen war, in Richtung der kleinen Stadt Ebershausen. Jetzt hatte er den kleinen Weiler, der sich Untergraben nannte, verlassen. Ein paar Häuser, sonst nichts. So zog er den einzigen Feldweg entlang, immer dem Bach nach, wie ihm seine Quartiergeberin und Lehrerin den Weg beschrieben hatte. Die Vögel sangen im Bachgestrüpp, zwitscherten Unverständliches vor sich hin. Aber einmal dieser, dann wieder ein anderer, dazwischen wiederum ein anderer. Die hatten sich wahrscheinlich viel zu erzählen. Er dachte über die Alte nach. Er hatte nie gefragt, woher sie ihr Wissen, wieso sie in dieser Armut lebte, mit der viel Arbeit verbunden. Und der Weg zog sich endlos dahin und die Sonne, obwohl sich bereits der Herbst ankündigte, hatte noch eine mächtige Kraft in sich. So packte er unter einem Baum, der am Ufer des Baches wuchs – viele Bäume und Sträucher an seinem Ufer wuchsen –, seinen Ranzen aus, um Siesta zu machen, gekochte Eier, ein Stück vom Käse und aus der noch eingepackten Flasche einen Schluck Wasser, um aufzustehen und seinen Weg fortzusetzen.

Da hatte er sich bei seiner Flucht aus dem Fuhrwerkhaus in der Richtung schön geirrt, fand er. Endlich, endlich sah er in der Ferne die Mauern, die zwar hoch, aber die Häuser in ihrem Innern noch höher gebaut und sich eng und eng aneinander drängten. Nur ein Kirchturm überragte spitz Häuser und

Stadtmauern noch um ein etliches Stück. Sein Geld, Marias, das er veruntreut hatte, und das Geld seines ehemaligen Chefs, das er ihm zwar nicht allzu viel, aber regelmäßig bezahlt hatte. Er hätte doch auch seiner Gönnerin etwas davon abgeben können, aber die hatte scheinbar selbst genug davon. Denn als sie dem Juden sein Gewand abkaufte, hätte sie doch handeln müssen, das hatte ihm Albert beigebracht, aber sie zahlte anstandslos die geforderte Summe. Und sie gab ihm dazu noch zu essen, so er sich tausendmal bedankend mit seinem zweirädrigen Karren, wo er ihr noch viel mehr an Hausrat verkaufen konnte, seines Weges fuhr und, wie er nun wusste, zu einer der nächsten Bauerngemeinden, um seine Ware dort anzubieten. Als sie seinen fragenden Blick richtig deutete, bemerkte sie: „Weißt du, der kommt alle Jahre und alle Jahre wird er ein Stück älter, so wie wir beide", und sie lächelte ihn dabei an, „und jedes Jahr wird der Karren für ihn schwerer" und sie lächelte in sich hinein, das, was sie dachte, ungesagt zu lassen.

Er hörte zwischendurch die Vögel singen, hörte manchmal das Wasser glucksen, wenn es ans Ufer schlug, und schritt zufrieden mit sich und der Welt der Stadt zu. Viel von seiner Erinnerung an die Stadt war ihm nicht verblieben, außer einem Wirtshaus, wo sein Chef und er anständig gegessen hatten. Und die Enge der Stadt, so sein Moordorf dagegen riesige Ausmaße hatte, wo Wasserflächen und Inseln sich abwechselten und freie Sicht zuließen, um sich irgendwo zwischen ein paar Bäumen zu verfangen. Er schritt mit seinem Ranzen, den er mit zwei Stricken an seinen Rücken gebunden, vor sich hin pfeifend durch das Tor. Ein kleiner Platz, wo ein paar Kinder um einen aufgemalten Kreis hüpften. Erschreckt blieb er stehen, es war das gleiche Spiel, wie es die Kinder in seinem Dorf spielten, und zugleich fiel ihm seine Familie ein, die außerhalb des Kreises, und er war schuld, schuld an ihrem Tod. Und plötzlich sah er ein Kind, das seinem getöteten Bruder dem Aussehen nach gleich und den Platz im Innern des aufgezeichneten Kreises verloren hatte und nun traurig davorstand. Die Kinder im Kreis schrien „Gewonnen, gewonnen!" und der Bub außerhalb des Kreises wearte nun leise vor sich hin. Mein Bruder, murmelte Alex vor sich hin und die Tränen nahmen ihren Lauf. So wird er geweint haben, als man ihn fesselte und ihn für den Tod bereit machte. In diesem Augenblick überfiel ihn der Hass auf die alten Männer, den Moorgott mit seinen gelben Augen, mit seinem bleckenden Gebiss und seinem Diener, der das Moorfeuer am Leben hielt. Nun wusste er, er, der das Mannsein erreicht hatte, was Hass für einen Menschen bedeuten konnte. Er beschloss einmal viel Geld zu verdienen, ob vielleicht die Vorsehung im Spiel mit Michaela, so hieß seine Gönnerin, dass er gebildet und mit einem Heer von Soldaten das Dorf von den Verbrechen befreien wird können.

Als er so dastand und die Tränen ihm unentwegt über seine Wangen rannen, in seinem Bart versanken, kam eine Kutsche angefahren, um vor Alex zu halten, um „Hallo" zu sagen. Alex sah einen Jungen, so an die 17 oder 18 Jahre, auf dem Kutschbock, der von einem Esel gezogen wurde, mit sommersprossigem Gesicht sitzen, der Flaum in seinem Gesicht begann bereits zu sprießen. „Woher kommen Sie?", fragte der ihn. Alex machte eine unbestimmte Handbewegung. „Aber ich habe Sie nicht gesehen", stellte der Junge Alex' Antwort in Frage. „Nun, vom Hintergraben", setzte er nach. Köstlich, wie der Junge Lachen konnte, und Alex' Gemüt hob sich gleich ein Stück. Er lachte mit den Jungen mit. „Warum lachst du?", den Jungen fragend. „Und warum lachst du?", sagte er frech darauf. „Weil du lachst", der Ältere darauf. „Nun, wo kommen Sie her?" „Ist das so wichtig?", wiederum Alex. „Ich hätte sie gerne eingeladen, ein Stück mit mir zu fahren, aber sie sehen keine wirkliche Straße, nur Häuser, Häuser und wiederum Häuser, allerdings haben wir auch eine Kirche." „Die habe ich schon gesehen", war Alex' Antwort. „Wo sehen Sie eine Kirche?" Und Alex schaute auf die hohen Häuser, deren Höhe jeden Blick auf die Kirche verwehrte, und von einem der hohen Häuser zum anderen schauend und bei jeder der Stadtmauern, die die Häuser einschlossen, seinen Blick senkend. „Nun, von der Ferne. Und die ist ganz schön hoch", meinte Alex mit verschrobener Miene. „Da hast du recht. Aber weißt du, dass die Türken einmal dieses Städtlein angegriffen haben? Aber weil die Dächer der Stadt mit gebrannten Ziegeln gedeckt und wie ein Schirm einer Schildkröte, sind die hunderttausend Pfeile abgeprallt. So mussten diese armen Teufel hungrig wieder abziehen", um unvermittelt zu sagen: „Wo wirst du wohnen?" „In einer Herberge."

Der Esel schrie sein I-A, I-A. „Es gibt nur eine Herberge. Und der Besitzer der Herberge ist so ein Esel wie meiner, also ein Esel gehört dem anderen. Ich bin nur der Diener eines alten Mannes und sein Kutscher und Schankwirt und sein Knecht und sein Geldverwalter, aber er ist ein wunderbarer Alter, sage ich Ihnen. Jetzt habe ich wieder sechs Fass Bier, nein, Fässchen für ihn geholt, dass seine Gäste wieder genug zu saufen haben."

Es gab nur eine Straße, wo die von dem Esel gezogene Kutsche durchfahren konnte. Alex kletterte auf die Eselkutsche. Sie fuhren so knapp an beiden Seiten der Häuser vorbei, dass die Räder fast an die Mauern schrammten. Aber der Esel wusste die Spur, so er in der linksseitigen Spurrinne ging und so der Wagen hinterherlief.

Nach einigen hundert Metern stand er vor einem, man kann sagen sehr, sehr kleinen Platz, auf dem sich das Wirtshaus samt angeschlossener Herberge befand. Wie Alex sich noch erinnern konnte. Links und rechts vor der Eingangstüre ging eine Treppe hoch, zwischendurch führte eine karrenbreite Abfuhr in den Keller des Hauses, mit einem offenen Tor und links und rechts davon zwei kleine Fenster, so der Junge gleich hinabfuhr. Der Esel fuhr durch einen riesigen Keller, das ganze Haus wie all die übrigen in der Stadt schien unterkellert zu sein. Der Junge, während er von der Kutsche sprang, sagte: „Ich heiße Friedrich und bin auch kürzlich in die Stadt gekommen, aber ich werde bald weiterziehen", entband den Esel von seinem ledernen Geschirr und der Esel machte einen Bocksprung und verschwand in seiner Koje, wo er sogleich das Gras zu fressen begann, das ihm Friedrich nachwarf. So ließ er Esel und Karren stehen, um sich Alex zu widmen, der bedächtig von der Kutschenkarre stieg, seinen Ranzen noch immer auf seinem Buckel tragend. Sie standen sich nun gegenüber, um sich die Hand zu reichen. „Nun komm", sagte der Jüngere und außerdem Kleinere und ging voraus, und er ging eine der zwei Treppen hoch, gefolgt von dem Älteren. Er stieß die Tür auf und schrie: „Wirt, Eure Eminenz, ich bringe Ihnen einen Gast zur Übernachtung." Der Wirt hielt jedoch gerade seine Siesta, wie wohl die ganze Stadt, denn außer den spielenden Kindern hatte er noch keinen gesehen.

„Es ist eine Stadt der Langeweile", ließ sich Friedrich vernehmen. „Hast du nicht die vielen Hütten um dieses Städtlein gesehen?" „Ja, aber keine Menschen" „Na klar, die schlafen doch alle in den Hütten und halten Siesta." Der Bub ist ganz schön gelehrt. Zuerst die Schildkröte, dann der Ausspruch der Siesta. Woher hatte der seine Bildung? „Und sie haben die Hütten dick mit Stroh gedeckt", sagte jener weiter, wegen der Sonne, schob er erklärend nach. Die Uhr vom Kirchturm schlug die zweite Mittagsstunde zu Siestas Ende. Plötzlich wurden Fenster geöffnet, in den Hütten die Türen und die Männer und Frauen kamen heraus, nahmen ihr Werkzeug, die Hauen und Sensen, je nach ihrer Arbeit, die sie vorher begonnen hatten, fortzusetzen. Plötzlich war ein Gewimmel von arbeitenden Menschen auf den Feldern, die emsig ihre Arbeit weitermachten. „Weißt du", sagte Friedrich zu Alex, „das ist Gesetz in dieser Stadt." „Gesetz, was heißt das?" „Nun, die sind so organisiert, dass sie ein gutes Leben führen können. Sie bearbeiten gemeinsam ihre allen gehörenden Felder. Natürlich nur die Arbeitsfähigen, die anderen werden zu leichteren Arbeiten eingeteilt." „Wow", sagte Alex, „und alle wollen arbeiten?" „Nicht alle, das ist das Problem, aber alle müssen gefüttert werden, um das müssen die Arbeitsamen mehr arbeiten." Alex dachte an sein Dorf, wo es nur Arbeitswillige gab, die aufgrund ihres Fleißes die Aufrechterhaltung ihrer Kommune garantierten. Wohl aus Angst.

„Alex", meinte Friedrich, „hast du ein bisschen Geld?" Alex misstrauisch darauf: „Wozu brauchst du das Geld?" „Nun, wir könnten doch abhauen, aber ich dachte, mit dem Esel und dem Karren, wenn wir den kaufen, so wäre unsere Reise leichter zu bewerkstelligen." „Und was würde das gesamte Gefährt kosten?"

„Ich weiß nicht, man müsste nur verhandeln mit dem Alten. Ich meine den Wirt." Alex überlegte, mit dem Geld, das er hatte, konnte er seinen Plan, die Erlösung von den alten Männern mit ihrem Moorgott, nicht in Gedanken verwirklichen. „Nun sag, wieviel, wir werden mit ihm verhandeln." Der alte Wirt, ein kleines gebrechliches Männchen, der das Wirtshaus seit seines Vaters Tod innehatte, war reif und die Arbeitsunfähigkeit ihm abzulesen. Er schlurfte aus seinem Schlafgemach mit wackeligen Beinen und Schlapfen auf den nachgebenden Füßen, stockgestützt über der Türstaffel. Er hob eine Hand zum Gruß, um sich bei der nächst erreichbaren Bank hinzusetzen und neugierig den zweiten zu betrachten. „Dein Freund?" Aus seinem Munde kam „ja", Friedrich mit Nachdruck: „Schon lange." „So, so, und hast du ihm schon zu essen gegeben?" „Nein." „Und warum nicht?", bohrte der Alte weiter. „Alex, willst du was essen?", in ansehend und ihn fragend. „Nein, danke", verneinte der. „Er will nichts", darauf Friedrich zu dem Alten. Der Alte brummelte was in seinen Bart, sollte sich wohl als eine Rüge anhören. „Hören Sie, Eure Eminenz", fing Friedrich das Gespräch an, nachdem er sich zu dem Alten gesetzt und Alex angedeutet, sich zu ihm zu setzen. „Sie gehen ja ins Altersheim, da sie niemanden mehr haben, der sie pflegen könnte." „Ja", sagte der Wirt darauf.

„Und sag nicht immer Eminenz zu mir." „Jawohl, Herr Gastwirt", stand dabei auf, um zu salutieren. Nahm ihn der dann aber freundschaftlich am Arm, um ihm darüberzustreichen. „Ach, wenn du mein Enkel wärst", sagte der Alte und ein paar Tränen flossen ihm bartwärts, nahm Friedrichs Hand, um sie zu drücken. „Du bist so ein guter Bub", mit der anderen Hand seine Tränen verscheuchend. „Und woher kennt ihr Euch?" Beide schauten sich lachend an. „Aus unserer Kinderzeit", log Friedrich. „Ach so, das ist schön, so eine lange Freundschaft zu pflegen", und wischte sich daraufhin wieder einige Tränen aus seinem Gesicht. „Ich sehe nicht mehr ganz so gut, aber ist dein Freund nicht ein wenig älter als Du? Er hat bereits einen Bart."

„Aber Großväterchen, was zählen die Jahre, die man gelebt, sondern nur die, welche man auch anständig und gottesfürchtig gelebt hat." Der Alte nahm wiederum seine Hand, um sie zu streicheln. „Wie ich sagte, du bist ein guter Bub. Und weißt du auch schon, dass ich morgen zu den anderen Alten verlegt werde?" „Nein", tat Friedrich erstaunt, „dann muss ich auch die Stadt verlassen", tat ein bisschen wehleidig. Obwohl ihm der Bürgermeister schon gesagt hatte, es wäre ihm recht, wenn er bleiben würde, denn er wäre ein willkommenes Mitglied in der Stadt. Nur so schnell hatte er nicht gerechnet, dass sie den Großvater, wie er ihn nannte, wenn er ihn nicht mit Eminenz ansprach, was dem Großvater jedoch immer ein verschmitztes Lächeln entlockte, wobei sein langer grauer Bart ihm sein zur Schau gestelltes Lächeln für die Umwelt verhinderte. „Und weißt du, ich habe nur gedacht, da ich das Haus der Gemeinde vermache, muss ich dir den Esel und die Karrenkutsche noch vorher verschenken und auch das Geld." Friedrich konnte es nicht glauben. Er hatte ja etwas Geld, das ihm der Alte immerfort zusteckte, gespart. Nun trotzdem des Alten Großzügigkeit ihn schon immer an Onkel Jörg erinnerte. Der ihm das Lesen, das Schreiben, das Rechnen und dazu noch weiteres Wissen durch den von ihm bezahlten Stadtschreiber angedeihen ließ. Er fiel ihm um Hals und hielt ihn festdrückend, um sich mit feuchten Augen von ihm abzuwenden und sich die Augen zu reiben.

Der Alte stand mit Hilfe von Friedrich auf und ging zum Ausschank, um sich vorerst ein Glaserl Wein zu genehmigen, und Friedrich führte ihn unterstützend dorthin, las ihm aber währenddessen die Leviten. „Ich bring dir doch dein Glaserl Wein an den Tisch." Der Alte machte eine abwehrende Geste. „Lass mich doch noch mein letztes Glaserl als Wirt selbst einschenken." Friedrich brummte etwas vor sich hin. Unverständliches.

Der Alte nahm aus dem Kasten eine Flasche, dazu ein Glas und schenkte mit zitternder Hand sein Glas halbvoll, um es noch stehend auszutrinken. Er stellte sein Glas auf die Schank zurück, um sich umzudrehen und noch die Gaststube, die Zeit seines Lebens seine Heimat war, abzuschreiten. Alleine, mit schlürfenden Schritten, sich wieder auf den gleichen Tisch setzend und von Friedrich ein Stück Papier und ein Schreibzeug verlangend. Er legte den Zettel und einen Bleistift vor ihm hin auf den Tisch. Und der Alte fing an zu schreiben. Sein Testament. Die Turmuhr schlug sechs. Erste Gäste, verschwitzt, kamen von der Feldarbeit zurück und verlangten ein Bier, das der Junge schnell aus dem kalten Keller bereits geholt hatte, der noch ein Stück unter dem Eselstall lag. Ein ganzes Fass aus dickem Eichenholz mit Eisenbändern umschlungen trug er keuchend in die Gaststube. Von den gierigen Mündern und alsbald von ihrem Schlund verschluckt zu werden. Sie zahlten, Friedrich nahm das Geld, warf es in einen Blechtopf.

Ein Gast nach dem anderen verschwand aus der Gaststube, müden Schrittes gingen sie die Stiege hinab, um im Inneren der hohen Häuser sich wieder ebensolchen Schrittes hinaufzuquälen. Wenn Not auf dem Felde, mussten auch die Handwerker, die Schneider, die Tischler und alle übrigen nicht Feldarbeiter aufs Feld und das hieß Schwerarbeit für die im Schatten der Stadt Werkenden. Aber die hatten mehr an Geld, sodass sie sich auch einen zweiten Humpen zu leeren leisten konnten. So war alsbald das erste Fass geleert und Friedrich machte sich auf den Weg, ein neues Fass zu holen, während der alte Wirt schrieb und schrieb, allerdings langsam und so die Worte suchend. Aber er wusste, wie man ein Testament verfasste, um das Geschriebene mit seiner Unterschrift und den Daten zu versehen.

Die wenigsten konnten sich ein Bier leisten, so krochen die meisten Feldarbeiter müde und ausgedörrt in ihre hohen Stockwerke. Die unteren Geschoße waren den Handwerkern vorbehalten, die dort zugleich ihre Werkstätten hatten.

Er verlangte eine Kerze, die Alex von einem Kerzenständer nahm, das Feuer von dem Feuer, das im Ofen vor sich hin gloste, um jederzeit Feuer, sollte es gebraucht werden, zu haben. Der Alte rollte das geschriebene Papier zusammen, um es mit dem Wachs zu versiegeln, nachdem er eine Schnur darumgewickelt, die er in seinem Hosensack schon vorsorglich verstaut hatte. Nach getaner Arbeit sagte er zu Alex: „Bring mir auch, aber nur ein kleines Glas von Bier." Alex gehorchte und brachte ihm ein von Friedrich eingeschenktes Bier und stellte es dem Alten auf den Tisch. Der schien erschöpft zu sein, um Alex das Röllchen zu übergeben. „Das gibst du morgen, wenn der Bürgermeister kommt mit den anderen, und sagst, das war sein Vermächtnis." Alex war irritiert: „Wieso geben sie das Testament nicht selbst dem Bürgermeister?" „Ich meine, wenn ich mich bereits in der Altenkolonie befinde." „Ach so", darauf Alex. Trotzdem blieb ein Hauch von Zweifel in ihm. Der Alte versuchte aufzustehen, was ihm jedoch nur mit Alex' Hilfe gelang. Als er stand, sagte er: „Es geht schon wieder", lächelte ihn dankbar an und schlurfte durch die Türe, die ihm Alex noch öffnete, in sein Gemach.

Die durstigen Menschen verloren sich nach und nach aus dem Gastzimmer, sodass Friedrich zwar zwei Fässchen von Bier weniger, aber eine zumindest halbvolle Blechkasse hatte. Und zwar mit Gewinn.

Die zwei waren zweifellos aus dem gleichen Holz geschnitzt und verwandte Seelen, als Friedrich die Tür zum Gastzimmer schloss, sagte er: „Für heute Feierabend. Ich muss noch auf meinen Erblasser schauen. Nimm dir einstweilen ein Bier." Das tat Alex auch. Alsbald kam Friedrich zurück, um zu sagen. Er schläft schon den Schlaf eines Gerechten. Er nahm sich auch einen Humpen, dann war das Fass leer. Sie setzten sich. „Jetzt essen wir zwei noch was." Und er holte aus einem Schrank aus einem Nebenraum, der mit Luftlöchern versehen, einen Ranken Speck und noch Brot dazu und beide aßen und erzählten zwischendurch einer dem anderen seine Geschichte.

Die Turmuhr schlug viermal die volle Stunde über der Stadt, bis der Stundenanzeiger zwölfmal seine dumpfen Schläge über die Dächer der Stadt streute und die letzte Stunde des Tages ankündigte.

Noch immer saßen die zwei am Wirtshaustisch, um sich gegenseitig auszutauschen. Die einst volle Flasche Wein hatte ihren Inhalt bis zum Grund verloren. Tränen wurden mitgetrunken, als schlechte Erinnerungen durch den Wein gefördert hervorbrachen und Alex ihm gestand, dass er die alten Männer persönlich mit seinem Messer erdolchen würde und dem Moorgott, diesem Verbrecher – so er ihn immer benannt, wenn die Sprache auf ihn kam – mit einem Schwert seinem Pferd den Schädel spalten und seinem Diener gleich den Kopf abschlagen werde und die anderen befreien würde, aber das würde seine Familie auch nicht mehr lebendig machen. So erzählte er ihm noch von seinem Nervenzusammenbruch, wo er in der Tiefe des Moores gelandet sei und sein Bruder zu ihm sagte, dass er schuld an ihrem Tode sei, und er in einer tiefen Pfütze sich wiederfand. Und er weinte und weinte über den Tod seiner Familie. Der missbrauchte Friedrich gestand ihm den Missbrauch eines Priesters, der ihn dazu noch verstoßen hatte, und er sich auf der Straße wiederfand. Und auch er weinte durch die Schmach, die der Priester ihm angetan hatte. So weinten beide das Mannesalter erreicht habende Männer. Friedrich holte eine neue Flasche Wein, der sollte ihren Weltschmerz zu lindern helfen. So erwachten beide, als die Türglocke, besser das Glöcklein anschlug und der Bürgermeister vor der Türe stand, mit einer mit einer Bahre bewaffneten Gefolgschaft. Friedrich, noch vom Alkohol gezeichnet, fand die zwei Riegel, mit denen die Tür verschlossen, nicht sogleich, so der Bürgermeister sich veranlasst sah, auf die Tür kräftig mit der Faust einzuschlagen.

Als Friedrich es dann geschafft hatte, die Tür zu öffnen, und der Bürgermeister unwirscher Mimik vor ihm stand, sagte Friedrich zu ihm: „Ich gehe sowieso von ihrer Stadt!" Leicht schwankend und dazu lallend. „Ich kenne dich nicht so. Ich habe dich noch nie betrunken gesehen", erzürnte sich dieser. „Und meinen Bruder nehme ich auch mit." Sein angetrunkener Bruder – seit der dritten Flasche Wein hatte er seinen Kopf auf die Hände gelegt, die wiederum auf der Tischplatte gekreuzt lagen – hob seinen Kopf, um zu seinem in Bruderschaft vereinten Kompagnon zu sagen: „Bruder, was wollen die von dir?" Der entgegnete ihm: „Lasse das, Bruder, uns bringt keiner mehr auseinander." „Ist das der Bürgermeister?", zu fragen.

„Ja", sagte der Bürgermeister darauf. „Ich habe Ihnen was zu übergeben, aber erst dann, wenn Sie seine Eminenz abtransportiert haben." „Geben Sie's her", forderte dieser, als er die Papierrolle in Alex' Hand gesehen hatte. Er riss sie ihm förmlich aus der Hand, schob das Band samt dem Wachssiegel von der

Rolle, öffnete das Papier, um zu lesen. Was er zu lesen bekam, schien nicht nach seinem Geschmack zu sein. Denn er sagte: „Den Esel mit der Kutsche schon, aber nicht das Geld, nicht das Geld", sich wiederholend. Die zwei, welche die Trage noch in ihren Händen, dahinter zwei Frauen, die mit großen Taschen ausgerüstet, sollten wohl seine Habseligkeiten aus seinen Gemächern in die Altenherberge bringen.

Der Bürgermeister knöpfte sich Friedrich vor, indem er ihn am Kragen seiner Jacke packte und zu ihm sagte: „Du hast ihm das alles eingeredet. Wo ist das ganze Geld?" Friedrich machte auf Himmelblau. „Wie soll ich das wissen?", entgegnete er trotz seines Alkoholpegels, der ihn fest im Griff hatte. „Wir werden sehen", der Bürgermeister und ging durch die Tür zu des Alten Gemächern, hatte er ihn doch dort schon öfters besucht. Gefolgt von den zwei Tragbahrenträgern und den zwei Frauen. Alex setzte sich wieder zu seinem Bruder, mit dem er sich ewige Freundschaft geschworen hatte. „Er ist tot, tot der alte Gauner", stürmte der Bürgermeister aus der Tür, „und er schreibt, mein Büblein, du allein weißt, wo er das viele Geld, das er hatte, versteckt. Und dir hat er es auch vermacht." Friedrich war trotz des Alkohols, den er noch in sich trug, stocknüchtern, nun, noch nicht ganz, aber er hatte ihn aus seinem Gehirn verdrängt. So war er zwar nicht reich, aber immerhin für ein paar Jährchen in glückseliger Vollkommenheit würde es schon reichen. „Und du wirst diese Stadt nicht verlassen, bevor du das Versteck nicht preisgibst." „Ich weiß es wirklich nicht", verteidigte sich das vom Bürgermeister angesprochene Büblein, „wirklich nicht. Er erzählte mir auch viel von Leben. Aber er verstaute sein Geld immer, wenn ich schon schlief, wahrscheinlich im Keller, denn wenn ich inzwischen erwachte, hörte ich, wie er vom Unterkeller heraufpolterte. So, so er polterte." „Na gut", sagte er, „ihr könnt jedenfalls zur Feier des Tages eine Kiste Bier zu den Feldarbeiten fahren." „Eine Kiste ist zu wenig", sagte der ihm nachfolgende Mann, „es sind doch fast 100 Männer, die Leute eingeteilt." „Na gut", meinte der Ortsgemeindevorsteher nachgebend, „meinetwegen, von mir aus."

Er hatte den Alten auch einmal im Unterkeller angetroffen, wo er in einer Ecke des Kellers herumhantierte und einen Ziegel in der Hand hielt. So schien er bereits zu wissen, wo der Alte sein Vermögen versteckt hatte, und er wollte den Buben loshaben. „So nehmt zwei Fässer von dem Bier und schenkt jedem einen Humpen ein und sagt ihnen, dass der Alte gestorben" Und heute am Abend, so er meinte, hätte er das Versteck bereits gefunden, schon allein auf die Tatsache hin lud er heute die gesamte Gemeinde zum Umtrunk ein. So luden die zwei in des Esels Unterkunft zwei überschwere Bierfässer auf die Ladefläche der Kutsche, schlugen noch die Pipe daran und warfen eine Plane darüber, damit das Bier bis zum Ausschank auf den Feldern von der Sonne geschützt und seine Kühle bewahren würde. Oben, als sie aus dem Keller gefahren kamen, kam der Meister aller Bürger die Treppe herabgestürzt, um sie zu kontrollieren, indem er die Plane herunterriss, und nur die zwei von ihm genehmigten Bierfässer standen da angeschlagen. Er sagte nichts, denn er sah die Pipen zum Einschenken bereits drauf, warf die Plane wieder darauf, um sogleich in den Unterkeller zu gehen, um den dort vermeinten Schatz zu suchen und zu finden. Derweilen jedoch lief der Esel, angetrieben von Friedrich, in Höchstgeschwindigkeit die Straße entlang, immer weiter fort von der Stadt, weg von den Feldarbeitern.

„Du bist ein ganz Schlauer", sagte während des Rüttelns Alex. Die Straße, die sich den Bach entlang zog, überquerte bei einer Kurve den Bach. Alex hielt den Esel an, der ihn gerade kutschierte, und sprang mit dem am Sitz angegurteten Holzeimer zum Bachufer hinunter, ihn mit Wasser füllend. Und als der Esel ihn in gierigen Schlucken ausgetrunken hatte, hängte er ihn wieder an und schwang sich auf den Kutschbock, währenddessen der Esel von der Peitsche angetrieben wieder Fahrt aufnahm. Plötzlich fing Friedrich an zu lachen, lauthals, sodass ihn Alex befremdet ansah. „Weißt du, warum ich lache?" „Nein, warum?" „Weil ich den Bürgermeister sehe, wie er mit Hammer und Meißel in der Mauerecke den Schatz sucht, der in den zwei Bierfässern versteckt ist." Jetzt lachte auch Alex, aber verhalten. „Und wer kam auf die Idee, das Geld in den Bierfässern zu verstecken?" „Der Alte, habe ich sie doch auf Anordnung des Alten gemacht. Scheinbar wollte er nicht in das Altenheim und so mit mir das Weite suchen, um mit seinem Ersparten vielleicht noch ein paar gute Jahre außerhalb des trostlosen Beisammenseins mit all den kranken und senilen Alten seinen Lebensabend zu verbringen. Nur als er merkte, dass er dem Tode nahe, er noch schnell sein Testament schrieb und es dir übergab." „So habe ich es mir auch gedacht." Alex hielt den Esel an, indem er ihn an einem Stück auf der Wiese abseits der Straße grasen ließ. „Bis der Bürgermeister den ganzen Keller von seinen Ziegeln befreit, sind wir schon über alle Berge", sagte Friedrich, als ihn Alex aufmerksam machen wollte, wenn jener den Betrug erkennen sollte, er sie wohl verfolgen könnte. Nachdem sich der Esel den Bauch vollgefressen und sich nach Wasser umsah, fuhren sie wieder den Bach und die Straße entlang, bis sie einen zur Tränkung des Esels geeigneten Platz fanden, um ihn mit zwei Kübeln erfrischenden Wassers zu tränken. So zog der Esel fortan frischer mit Eifer die Kutsche hinter sich her, aber sie wichen alsbald von der befahrenen Straße, um in ein freies Leben abzubiegen und all ihr bisheriges Leben zurückzulassen. Und sie fuhren dem großen Fluss entgegen, der noch weit vor ihnen lag mit seinen großen Städten, die sich an seinem Ufer angesiedelt hatten.

Und sie kamen in eine fremde Stadt, um in einem übelbeleumdeten Stadtviertel mit ihrem Schatz auf dem Karren in einem für sie passablen Wirtshaus eine Schlafstelle zu finden. „Können wir auch unsere Kutsche einstellen?" Der Wirt sagte darauf, diesen Eselkarren könnten sie auch bezahlen, und nannte eine erschreckliche Summe. So überschlug Alex sein Erspartes und sagte ja, der Wirt meinte, auch der Esel bekäme mit der Summe sein Fressen und einen Stall. „Ich habe nämlich auch einen Knecht", großspurig hinzusetzend. Und er schrie nach einem Namen. Er kam aus dem Stall mit einer Mistgabel in der Hand, ein nicht vertrauenserweckendes Individuum. Und der Wirt zeigte auf den Esel, jener jedoch: „Ich muss noch die Pferde entmisten." „Ja", sagte der Wirt, drehte sich um und ging, nicht ohne vorher zu sagen, die Zimmerschlüssel bekämen sie vom Kellner. „Glaubst du, können wir unseren Esel dem anvertrauen?", damit zwinkerte er noch mit dem Auge, auf dass ihn der andere verstehen mochte. Als der Knecht ohne Mistgabel aus der Stalltür kam, gab ihm Alex, so viel hatte er errechnet, noch von dem Rest seines übriggebliebenen Geldes. „Pass auf", sagte er, als er dem Knecht das Geld in die Hand drückte, „pass auf unseren Esel auf und auf die zwei Fässer von Bier, die wir erst heute von der Stadtbrauerei geholt haben." Denn als sie durch das Stadttor gefahren kamen, wurden sie von einer Tafel begrüßt, wo der Name des Bieres als bestes Bier der Welt gepriesen wurde.

Der Knecht hob die Hand zum Schwure, nachdem er das Geld in seiner Hand gezählt hatte, um zu sagen: „Ich schwöre es bei Gottvater, Gottessohn, Gottheiligengeist und allen dem Himmel zugeordneten Geschöpfen." „Der ist gläubig", sagte Alex. „Ja, das glaube ich auch", während der Knecht das Eselgespann durch das Schuppentor lotste.

Sie begaben sich in die Gaststube, hatten sie doch heute noch nichts gegessen und getrunken. Alex zählte den Rest seines Geldes, mit dem er zumindest einem Kavalleristen nicht Genüge getan hätte. Sie hatten gegessen und getrunken, man konnte meinen wie zwei Landstreicher, die heute erst einmal abgefüttert werden wollten und sich jeder noch einen Humpen köstlichen Bieres zu leisten imstande.

So gingen sie noch vorher in den Stall, wo ihr Esel voll frischen Klees angebunden und sie keines Blickes würdigte, um sich nachher mit dem vom Kellner mitgenommenen Schlüssel in ihre Bleibe zu begeben, und die war auf der den Ställen abgewandten Seite. Und sie schliefen gut, man konnte sagen bestens, mit ihrem vererbten Schatz, der ihnen rechtens auch zustand. Und Alex träumte, wie er mit einer Kohorte Kavallerie in das Moordorf einreiten würde, um den Moorbewohnern zu verkünden, dass alle frei seien, während die Berittenen mit ihren Säbeln diese alten fossilen Männer köpfen und den Moorgott in Stücke schlagen würden. Um jedoch nach dem Traume weiterzuschlafen, in der Erkenntnis, seine Rache vollzogen zu haben. Derweilen dem Knecht, der auch im Stall bei den Tieren schlief, ein Durst sich erhob, der noch größer als seine Gottgläubigkeit. Er ging in den Schuppen, um die Pipe zu öffnen und das von den Kutschenfahrern mitgebrachte Häferl in Gebrauch zu nehmen. Doch nicht ein Tropfen entwand sich dem Fasse. Da er ein religiöser Mensch und nur durch andere Verbrechen auf diese unterste Stufe gehievt wurde, rief er nach den Gottobersten samt Maria alle Heiligen an, seine Hilferufe jedoch leise vor sich hin murmelnd, und riss die Pipe aus der eingelassenen Pipenöffnung, wo nun kleine Gold- und Silbermünzen herausrannen. Er erstarrte zuerst, doch der Mond, der durch das mit einem Gitter behaftete Tor strahlte, ließ ihn sein Glück nun erkennen. Es war der Esel streck dich, Esel reck dich, der unter seinen Schweif schiss, aber diesmal nicht wie im Märchen. Und er holte den Esel aus dem Stall, während der Mond ihm leuchtete, schirrte ihn an und verließ leise die Räder rollen lassend den Hof, um zum Stadttor zu fahren, aber wissend, dass dieses die Nacht bewacht und verschlossen war. Aber er bediente sich der unmenschlichen Manie, die in späteren Zeiten Bestechung genannt und schon in der Antike erfolgreich erprobt worden war. So machte er es mit einem Häufchen dieser Gold- und Silbermünzen, die während der Fahrt herausgekollert waren: Eine Handvoll drückte er dem einen in die Hand, während der Zweite schlief, er leise das Tor geöffnet bekam, um in der Nacht zu verschwinden. Denn mittlerweile hatten auf Anordnung des Mondes, indem er auf einen Anruf Gottes Wolken in sein Umfeld berief, sich ein Schatten über das Land gelegt, sodass der gottgläubige Dieb die Weite der Straße entlang, die etwas weißer als seine Umgebung, und der Esel sie leicht zu finden mochte. So fuhr er in des Mondes Schatten die ganze Nacht hindurch, bis die Sonne in der Weite des Alls sich erhob und der Morgen graute, zwar leise, das Firmament an seinem Ende erleuchtet erklärte: Ein Tag des Lebens beginnt wiederum an diesem Tage. So der Esel müde, nurmehr dahinschlich und sein Kutscher vor sich hin dösend auf dem Kutschbock erst, als ihn die ersten Sonnenstrahlen trafen, wieder zu sich findend.

Ein hoher Wald hieß ihn willkommen unter seinen Ästen, über einen kleinen Waldweg fuhr er nun der Sonne entgegen. Es war ein gewaltiger Wald, der fast bis an den großen Fluss reichte, durchfurcht und durchflossen von kleinen Bächlein, und manches Tier, das noch nie in seinem Leben einem Esel begegnet war, mochte wohl erstaunt gewesen sein über dessen Aussehen. Sie hielten an einem klaren Bächlein, so sie beide ihren Durst zu stillen vermochten. Und natürlich auch Kräuter und niederes Geblüme seine Front umsprossen, um dem Esel genug Nahrung für die Weiterfahrt anzubieten. Auch er, der bekannt mit für Menschen essbare Kräuter, fand einige, die mit frischem Wasser in seinem Munde zerkaut wieder frischen Lebensmut ihm gaben. Er ließ den Esel sich noch hinlegen, um sich auszuruhen. Er legte sich mit seinem Kopf auf den Esel, um samt den Tier zu verschlafen.

Sie schliefen in den Vormittag hinein. Dann nach dem Waschen gemächlich wieder ging's weiter. Der seit Wochen Ungewaschene wusch seinen Kopf mit Gesicht, auch den verklebten Bart, der schon strähnig in sich verflochten. Er zog sich auch die Schuhe aus, um den Grind in dem klaren Wasser aufzuweichen und zu entfernen. Er zog sich dafür sogar seine Hose aus, Unterhose hatte er sowieso keine, und wie er sich auch seinen Unterteil gewaschen hatte, kam er darauf, dass er eigentlich auch das Hemd ausziehen könnte. Als das Gewand so speckig vor ihm lag, wusch er auch dieses und hängte es auf die Kutsche zum Trocknen und legte sich ins hohe Gras. Der Esel schlummerte vor sich hin in dem hohen Gras. Gott sei Dank war es eigentlich kein richtiger Weg, sondern nur zum Zweck, geschlagenes Holz aus dem Wald zu bringen, sodass keine Gefahr bestand, zumal sie noch in einiger Entfernung der Furt ihre Aufwartung gemacht hatten, durch das Gewässer zu fahren. So fuhren sie gemächlich der Stadt entgegen, die bereits am Ufer eines großen Flusses lag. Sie fuhren unbehelligt durch das Stadttor, wo schon eselbespannte Karren ihnen entgegenkamen, so diese Eselbauern schon ihre Waren den Städtern verkauft hatten, um nach ihren Höfen zurückzufahren. Dieses Individuum, ein von einem in der Stadt ansässigen Orden entlassener Ordensbruder, der für eine gute Sache betteln ging, aber all das Geld versoffen hatte, so sich der Orden gezwungen sah, ihn aus der Bruderschaft auszustoßen.

Dieser hatte aber noch andere Fehltritte auf dem Kerbholz, sodass er schnurstracks mit seiner Eselkutsche in die erzbischöfliche Residenz gefahren kam und den Erzbischof zu sprechen wünschte beziehungsweise um eine Audienz bat. Der Portier lehnte jedoch beim Anblick dieser jämmerlichen Gestalt, so dieser mit seinem Esel zur Schau gestellt, die Einfahrt ab. Eine Goldmünze wechselte den Besitzer, der Wächter schon lange keinen Sold mehr von seinem Herrn bekommen hatte, da dieser wie allgemein bekannt ein Besucher übel beleumdeter Etablissements und Spielhöhlen war, wo dieser Ordensbruder mit diesem in Bruderschaft verbunden blieb. Jedenfalls verhalf das viele Geld, wohin es auch geflossen sein mochte, dass dem Ordensbruder die Cordier als Würde angelobt wurde. Und dem nun der vollkommenen Trunksucht Verfallenen wurde diese Würde kirchlicherseits abgenommen.

Auf der anderen Seite jedoch erwachten Alex und Friedrich in der Früh in ihren Betten und rieben beim ersten Hahnenschrei sich die Augen, um aber alsbald aufzustehen und nach ihrem Schatz zu sehen. Als sie guten Glaubens zum Stall gingen, begrüßte sie ein herrlicher Morgen, der bereits strahlend seine Flügel über das Land gegossen hatte. Die Stalltür jedoch hing noch angelehnt in den Angeln und sie öffneten die Tür, wo bereits die Tiere ihrer Abfütterung harrten und die Pferde stampfenden Fußes die Eintretenden begrüßten. Nur, wo war der Esel geblieben? Sie liefen von einem Ende des Stalls zum anderen. War dieses Miststück vielleicht gar nach Hause gerannt, was man auch den Hunden zusprach? Beiden fiel jedoch gleichzeitig die Scheune ein, wo der Knecht den Wagen untergebracht hatte. Sie rissen das Tor auf, die Sonne leuchtete den

Standplatz erfolglos aus, wusste sie doch schon, dass sie heute noch vor ihrer Ausleuchtung des Diebstahls den Täter in einer Lichtung des großen Waldes aufgespürt und verfolgt hatte. Doch all das konnte sie nicht sagen, sie war von ihrem Schöpfer zu Höherem bestimmt.

„Ich laufe zum Stadttor, ob einer mit unserem Esel das Stadttor passiert hätte." Es war noch so früh am Morgen, dass die zwei Wächter die zwei Flügel sperrangelweit öffneten um einige Bauern, die vor dem Tore schon warteten, einzulassen. Alex, der Läufer und Befrager der zwei Torwächter, lief noch zum offenen Tor hinaus, ob er vielleicht die Kutschenkarre bei ihrer Flucht sehen könnte und vielleicht verfolgen mochte. Als er wieder zurückkam, befragte er die zwei, ob sie vielleicht heute Nacht einen Esel mit einem Karren durchgelassen hätten. Der, welcher geschlafen hatte, berief sich auf einen Paragraphen von der Stadtverwaltung, dass kein Mensch nach der Torschließung am Abend bis zur Toröffnung am nächsten Morgen die Stadt weder zu verlassen noch zu betreten hätte. Und der zweite schwor beim Leben seiner Kinder, dass kein Mensch oder Tier weder hereingekommen noch hinausgelassen wurde. So glaubte Alex, dass das gestohlene Gut sich noch in der Stadt befinden müsste. Als er zurückkam, war der Wirt und Herbergenvermieter von dem Geschrei Friedrichs aus dem Bett gelockt, hinter ihm sein Eheweib, die ihn zeternd beschimpfte, dass sie ihn ohnehin abhalten wollte, dieses Individuum von einem Ordensbruder, den sie als solchen seiner noch nicht verwachsen Tonsur wegen erkennen konnte, aufzunehmen. So war der Verdacht bereits auf Bonifatius gefallen, denn auch dieser blieb unauffindbar.

Es gab schon einen Wachtmeister in dieser Stadt, der für Ruhe und Ordnung bestellt und auch bezahlt wurde. Er wurde von einer Magd geholt, die – den Melkeimer bereits in der Hand – diesen abzustellen vergaß und mit dem Wachtmeister zurückkam, der einen hochgezwirbelten Schnurbart unter buschigen Augenbrauen und einen Helm, der oben spitz endend, und einer rotblauen Uniform mit schwarzen Stiefeln, die bis an die Kniehöhe reichten, die Autorität dieser Stadt darstellen konnte, einen Säbel angehängt an der rechten Seite seines Hosenriemens. So frug er forsch, was gestohlen worden sei. Während alle drei, Wirt, Alex und Friedrich, das Objekt des Diebstahles zu beschreiben suchten, wurden sie von einem Machtwort der Amtsperson unterbrochen, der sie mit einer waagrechten Handbewegung auf der Stelle mundtot machte. „Es spricht nur einer", so der Wirt als Ältester des Triumvirats das Wort nochmals ergriff, um das Diebesgut mitsamt seines vermuteten Täters genau zu beschreiben. Nach dessen Beschreibung in abwertenden Worten handelte es sich beim Diebesgut um einen alten Karren, auf dem zwei Bierfässer gelagert, er glaube nicht, dass sie gefüllt gewesen wären, und einen Esel, der so dürr, dass ihn kein Fleischer als Schlachtvieh bezeichnen würde. Und erst bei seinem neuen Knecht, der erst vor wenigen Tagen bei ihm angeheuert hatte, fiel ihm seine Frau ins Wort und machte ihren Mann für diese Tat nieder. Der Wachmann hörte die Beschimpfung ihres Mannes, ihre spitze Zunge bewusst; als der Wachmann sie zu unterbrechen versuchte, fuhr sie ihm über sein Wort, um mit der Beschimpfung ihres Mannes fortzufahren, und als sie geendet, sich umdrehte, um im Haus zu verschwinden. Der Polizist, wie man die Wachmänner in späterer Zeit zu nennen pflegte, zwirbelte erstmals seinen Schnurbart in die vorgedachte Höhe, um zu sagen: „Und um diesen schäbigen Esel und zwei leere Bierfässer und einen Karren, der höchstens für den Ofen gut, haben Sie mich hierherbeordert, auf dass ich mir noch die Brandrede gegen Sie anhören musste." Er drehte sich um und ging, wohin auch immer – des Autors Meinung nach in das nächste Wirtshaus, um einen Klaren sich einzuverleiben, um seinen Ärger zu besänftigen. Der Wirt verhieß sie, den Hof zu verlassen, er gestand ihnen noch zu, ihre Habseligkeiten mitzunehmen, wo sie geschlafen hatten.

Friedrich ballte seine Faust in seinem Hosensack, sollte er diesen Wirte, der aussah wie eine aufgeschwemmte Tonne, blad, glatzköpfig mit Schweinsäuglein, die fettverkleidet nur hervorlugen konnten, und vor Fett triefenden Wangen erschlagen.

Nun waren aus zwei reichen jungen Männern armselige Schlucker geworden, denen man ihr Ererbtes gestohlen hatte und die schon in Gedanken, die sie miteinander austauschten, dabei waren, das Moordorf von den Verbrechern zu befreien. Denn sie hatten in der Saufnacht ihres Kennenlernens beschlossen, in Zukunft Freud und Leid miteinander zu teilen und auf Gedeih und Verderb das Leben miteinander zu meistern. So sie nun ihrer Armut bewusst die Stadt verließen, ohne einen Groschen in der Tasche. So zogen sie die Landstraße entlang, stahlen von Bauernwagen, die ihnen entgegenkommend zur Stadt fuhren, ein paar Früchte, welche die Bauern in der Stadt zu verkaufen gedachten. Waren es Kartoffeln, brieten sie sie irgendwo in einer verdeckten Stelle, Paradeiser Äpfel oder Möhren aßen sie beim Weiterwandern.

Manchmal zogen sie auch unter der Plane ein schönes Stück Geselchtes hervor, ein Stück Speck oder Fleisch oder einen Laib Brot, so war ihr Essen für viele Tage gesichert. Sie schliefen im Sommer auf freiem Feld, im Winter in den Scheunen oder Ställen, so Friedrich von seinem alten Knechtfreund, der auch ein Hundeflüsterer war, viele Tricks gelernt hatte. Stahlen sich neues Gewand in den Stadtläden, wurden manchmal erwischt und eingesperrt, der Stadt verwiesen. So gingen die Jahre dahin. Einmal, als sie gerade von einem Gemeindekotter entwichen, um hungrig auf der Landstraße dahinzockelten, sagte Friedrich: „Schau, dort kommt eine feudale Kutsche herangefahren mit vier Pferden, knien wir uns nieder und erheben wir bittend die Hände, vielleicht erbarmt sich der Insasse der Kutsche." Als die Kutsche näherkam, verminderte sich ihre Geschwindigkeit, um vor ihnen langsam vorbeizufahren. Ein Erzbischof mit violettem Ornat und gleichfarbiger Kippa auf dem Kopf lächelte heraus, warf ihnen, während er sie segnete und sie das Kreuzzeichen machten, zwei Silbermünzen zu, um grüßend zu verschwinden. Sie haschten nach Münzen den, die sich am Straßenrand zu verkrümeln drohten. Aber jeder hatte eine davon erhascht. So sie sich lächelnd in die Arme fielen, sie waren dem Hungertod nahe und Essen in Sicht.

Doch plötzlich gab es ein Erwachen der Erkenntnis, dass sie dieses Gesicht schon einmal gesehen hatten: in der Herberge, wo dieser Kardinal den Knecht vorgegeben hatte. So war dieser Elendsbruder auf dem Weg nach Rom, wo der alte Papst gestorben war und ein neuer gewählt werden musste. So wird dieser Kardinal noch mit einer Kiste von Goldmünzen mit Korruption zum Papst gewählt werden. Und am Weihnachtstag am Petersplatz als Bonifaz der Erste die Segnung mit Urbi et Orbi für 100 000 Gläubige zu vollziehen. Aber der Teufel ihm eingab, was ein Schnulzensänger dreihundert Jahre später als „Tango korrupti" seinen Zuhörern wird vorsingen können. „Tango korrupti", das hatte ihm der Teufel eingegeben, und „Urbi et Orbi" er immer wieder vor sich hin sagend, dabei die Masse der Gläubigen zu segnen. So gab er zugleich das Osterlied als Weihnachtssegnung von sich.

Die Brüderschaft zwischen Alex und Friedrich, welche die zwei gelobt, zerbrach nach weiteren Jahren, denn Friedrich hatte man schon öfter, aber nur für kurze Zeit eingesperrt und Alex irgendwo auf ihn gewartet. So wurde diesmal, als sie beide einen schweren Raub begangen, Friedrich einfangen, aber es gelang nicht des Zweiten, also Alex, habhaft zu werden. Und Friedrich schwieg wie ein Grab. So trennte sich einige Jahre ihr Leben und Alex hatte viel, viel, während der andere im Kotter saß.

Doch der Zufall führte sie beide wieder zusammen in einer fremden Stadt, wo Friedrich schon vorher bei einem Zirkus gearbeitet hatte, der gerade dieser Stadt seine Aufwartung machte und eben ein Zelt für die erste Vorstellung errichtete. Und Alex hatte schon eine Menge in dieser getrennten Zeit erlebt.

So ging er von seinem letzten Abenteuer noch gezeichnet durch die Stadt.

Die Stadt nahm ihn auf mit rumpelnden Fuhrwägen, welche von eisenbeschlagenen Pferden über das Katzenkopfpflaster gezogen, um sich hänselnde Kinder, die raufend die Straße entlangliefen, einer der Passanten von hornig dreinblickenden, zylindertragenden, frackbestückten Herren, denen lange, graue Harre unter dem Hut hervorquollen, mochte auch der übrige Schädel von Kahlheit befallen, von resoluten Weibern, die auf dem Weg zum Markt für ihre Herrschaften einzukaufen gedachten, man konnte ihr weißes Köchinnengesicht von weitem ausmachen, zumal sie alle der Schüssel am nächsten, allesamt trugen sie einen großen Busen vor sich und ein einladendes Hinterteil hinter sich her, außerdem einen geflochtenen Korb, noch leer oder bereits gefüllt, von kräftigen Händen gestemmt. Eine Windhose, welche den Staub der Straße vor sich hertrieb, um sich dafür manche Worte eines Passanten darüber anhören zu müssen, als er so mit erstem Blick das Unbill auf der Straße erkannte, kurz überlegend, ob er nicht gleich wieder hinter diesen dicken Mauern verschwinden sollte, welche die Geräusche der Straße davon abhielten, in diese vornehme Stille einzudringen, hinter die aus dickem Holz gezimmerten Haustüren, wiederum deren Glocke in Betrieb zu nehmen und erneut Einlass zu begehren. Doch nein, er versagte es sich, um sich in das geschäftige Treiben der Straße einzuordnen, um sich von der Masse mittreiben zu lassen, Richtung Hauptplatz, wo er schon von weitem ein Zirkuszelt erkannte, das mittendrin gerade aufgestellt wurde. Ein Zirkus, der Erinnerungen in ihm weckte, um sich den Träumen vergangener Zeiten zu ergeben. Er näherte sich den arbeitenden Menschen, die gerade dabei waren, das bereits aufgestellte Rohgerüst mit Planen einzudecken und die Wände damit zu verkleiden. Interessiert schaute er den Menschen zu, die emsig wirkend die Ballen der Planen aufrollten, um sie geschickt mit ihren Ösen auf die hölzernen Pfosten zu hängen. Plötzlich sah er einen, der gerade auf dem kegelförmigen Dach und trotz seiner ins Gesicht hängenden Haare, des nackten Oberkörpers und zerrissener Hosenbeine mit affenartiger Geschwindigkeit von Pfosten zu Pfosten turnte, das konnte ja doch nur Friedrich sein. Sein ehemaliger Gespons, ein Zirkusmann par excellence, der damals, als er dicht auftretend, aber diesen Beruf schon längst aufgegeben hatte, so sie jedoch beide leichter Geld zu verdienen wussten, als durch die Zirkuskuppel zu fliegen und ohne Netz durch einen Fehlgriff seines Partners in der Arena mit gebrochenen Knochen oder noch gar mehr zerschmettert zu werden. Lange stand er vor den fleißig werkenden Zirkusleuten, bis eben Besagter von dessen Dach sprang, um federnden Schrittes im Inneren des Zeltes zu verschwinden. Der Alte schritt durch die Menge der Menschen, die Planen entrollend oder bereits Bänke tragend, um sie in das Innere zu vertragen, hinter jenen in das Zelt zu gehen und den gerade die Bänke aufstellenden Jüngeren zu überraschen. Friedrich, der sprachlos sein Gegenüber anzuschauen vermochte, trug jener jedoch ein Gewand, wie es nicht die Allerreichsten, so doch die Oberschicht zu tragen pflegte. Unwillkürlich sah er auf seine eigenen Kleider herunter, die fetzig seine Beine bedeckten und so manches Stück nackten Fleisches ihren Beschauern darboten. Alex, wie der Alte hieß, hatte seinen Namen, den er aus dem Moore mitgebracht hatte, ihm einmal verraten, obwohl er immer nur Alter zu ihm gesagt hatte, und jetzt zu ihm sagte: „Alter, ist der Reichtum über dich hereingebrochen?" Sie umarmten sich, trotz des schweißtriefenden Oberkörpers des derzeitigen Zirkusmannes. Nachdem sie sich genug gedrückt und damit ihre Wiedersehensfreude in dieser Form ausgesprochen hatten, sie sich loslassend, um sich noch einmal in die Arme zu schließen, so echt war ihre Wiedersehensfreude, um sich endlich gegenüberzustehen und sich gegenseitig zu mustern. Und der Alte fing an zu fragen: „Wie gingst du wieder zum Zirkus zurück? Und wann hat man dich aus dem Gefängnis entlassen?" Und der Jüngere darauf: „Und dich hat es auf die Butterseite des Lebens verschlagen", ihn dabei mit staunendem Blick musternd. „Ja", sagte der Alte. „Fliegst du noch?", auf die Höhe des Zeltes deutend. „Nein", darauf der Jüngere, um ihm seine linke Hand zu zeigen, die jedoch ein wenig nach links gekrümmt war. „Das passierte bei dem letzten Absturz. Mein Fänger war wohl noch etwas betrunken, so ließ er mich fallen." „Und hast du jetzt eine andere Funktion hier?", meinte er in die Arena deutend und meinte wohl den Zirkus damit. „Nein", sagte Friedrich, „ich betreue die Pferde als Pferdeknecht, zu was anderem tauge ich wohl nicht mehr." Der Alte kratzte sich am Kinn, sagte nur darauf: „Ich nehme dich während der Vorstellung mit." Und er ging, um eine Herberge für ihn zu suchen, wo er ab heute Unterschlupf finden konnte, mit etlichen Silberlingen, die er ihm gab, dazu noch etwas Gewand kaufen könnte. Und der Alte bei ihm in der Herberge verblieb, um ihren bisherigen Lebensweg zu beichten, wo der eine im Kotter, der andere jedoch auf freier Wildbahn jagen konnte.

„Und wann hat man dich aus dem Gefängnis entlassen?" „Ein Jahr nach meiner Verurteilung", sagte Friedrich. „Ich war auf den Tag genau am 21. Oktober, nach Ablauf deiner zweijährigen Strafe, vor dem Gefängnistor und habe dort gewartet, schon früh am Morgen stand ich da bei Sonnenaufgang, um dich in meine Arme zu schließen, aber das Tor blieb verschlossen bis Mittag. Dann nahm ich mir ein Herz und klopfte an das Tor, besser an die Tür. Der Kerkermeister musterte mich von oben nach unten, von links nach rechts und fragte mich barsch, was ich wolle, ich sagte ihm, dass ich dich abholen wolle. ‚Den Friedrich, diesen Grünsporn, den hat unser Direktor schon vor einem Jahr entlassen, war aber ein wirklich lieber Gefangener, muss ich schon sagen.' ‚Aber hat er Post hinterlassen, wo ich ihn finden kann?' ‚Nein, das hat er nicht.' Er schlug die schwere Eichentür vor mir zu. Nun stand ich da, ich möchte fast sagen, wie bestellt und nicht abgeholt. Zwei Jahre ohne dich, es war eine schlimme Zeit, wir waren doch zusammengeschweißt, ein Team und wir werden es wieder werden." „Aber wieso wusstest du von meiner Entlassung?" „Die Urteilsverkündung wird zur Vollstreckung doch öffentlich ausgehängt."

Und so begann Friedrich seine Geschichte als Erster zu erzählen, denn sie war kurz, hauptsächlich die Zirkusgeschichte, die ihm den Bruch der Hand bescherte, so er nurmehr als Rossknecht behalten wurde, bei kargem Lohn, und er schon daran, dachte wieder seine vorherige Tätigkeit aufzunehmen. Und der Alte sagte nur: „Du bist schon wieder engagiert." Die Geschichte des Alten hob sich davon ab, dass er eine Unmenge von Geschichten dieser Art erzählen hätte können, dass er aber jetzt in eine ganz große verstrickt sei und die nun erzählen würde.

„Eines Tages, als ich in der nahen Stadt, wo auch die dicke Berta mit ihrem Vater lebte, dem berüchtigtsten Geldverleiher, in der ganzen Stadt beziehungsweise deren Umgebung bekannt, der schon so manchen Geldleiher nicht nur an den Rande des Ruins getrieben hatte, sondern tatsächlich es auch so war. Ich, der Alte, nun so benannter Alex, versuchte mich als Gelegenheitsarbeiter in der Stadt mehr schlecht als recht durchzuschlagen, zwischendurch einen kleinen Diebstahl da, einen kleinen Einbruch da, konnte aber dank meiner Geschicklichkeit fast nie erwischt werden, war ich doch vorerst aus dem Karzer einer anderen Stadt entlassen und der Stadt verwiesen worden."

Und so erzählte Knut seine Geschichte, die ihn zu einem reichen Mann machen sollte, um seinen soeben in dem Zirkus entdeckten Freund sofort mitzunehmen, um das gleiche Leben – nicht das gleiche, sondern höheren Standes und Kultur als Millionäre und Hausbesitzer –, ihr vergangenes Leben weiterzubetreiben. Und Friedrich war dazu ausersehen, sein Scherflein dazu beizutragen.

„Aber wie ich in diese Stadt kam, gab es noch keine Erklärung meinerseits. Als ich in der besagten Stadt aus dem Karzer entlassen und in Richtung Stadttor mich bewegend, kam eine feudale Kutsche mir entgegen. Noch dazu schnell fahrend, um die auf der Straße gehenden Menschen links und rechts der Fahrbahn zu verscheuchen. Ein angetrunkener Mann verblieb jedoch mitten auf der Straße, sodass der Kutscher nur mit viel Mühe das Gefährt noch vor dem Mann zum Stillstand zu bringen vermochte. Der Kutscher, erbost über den nun in der Mitte der engen Straße stehenden Mann, fluchte, wie es eben nur Fuhrwerker können, ordinären Wortes über diesen Mann und eine Schimpfkanonade prasselte über den scheinbar angetrunkenen, vor den Pferden stehenden Mann nieder, welcher jedoch darauf keine Anstalten machte, das Feld zu räumen, das hieß, die Straße zu verlassen. Der Kutscher musste sich bequemen, von der Kutsche steigen und ihn eigenhändig von der Fahrbahn entfernen.

Doch plötzlich zückte der nur scheinbar Betrunkene ein Messer, um es dem Kutscher in die Brust zu rammen, und die Pferde aufwiehernd und hoch aufstellend in ihrem Geschirr sich wandten. Der Mann versuchte daraufhin mit blutigem Messer die

Türe der Kutsche aufzureißen, während der Kutscher verblutend unter den Pferden zum Liegen kam." Hier legte der Alte wiederum eine Kunstpause ein, um bedächtig fortzufahren: „Ich weiß nicht, welcher Teufel mich gerade beritt, denn plötzlich riss ich den Mann von der Türe, entwendete ihm das Messer und schlug ihn zu Boden, setzte mich auf die Kutsche, um mit galoppierenden Pferden davonzufahren, um lange und bereits vor der Stadt die schäumenden, schnaubenden Pferde anzuhalten, um mich vom Kutschbock zu schwingen, um in die Kutsche zu schauen, wem ich eigentlich das Leben gerettet hatte. Denn es war klar, der Anschlag galt nicht dem Kutscher, sondern dem Insassen dieser Kutsche. Als ich die Kutschentür öffnete, saß dort ein allessprengender Mann an Fettleibigkeit, wo die Wangen übergangslos in einem zylinderförmigen Hals endeten, glatzköpfig, mit einer ansonst als Raubtiervisage oder besser Vogelvisage eines Galgenvogels zu bezeichnen wäre. Soweit man dieses Ungetüm von einem Menschen als solchen bezeichnen konnte, nahm er doch fast die ganze Bank mit seinem Volumen ein. Er starrte mich vor Furcht ergriffen an. Ich jedoch genauso erstarrt, würgte irgendwo ein Lächeln hervor, was ihm signalisieren sollte, dass er von meiner Seite nichts Böses zu erwarten hatte. „Sind wir ihn los?" „Wen sollten wir los sein?" „Nun, den Mann mit dem Messer", was er scheinbar mitbekommen hatte. „Fahren wir, fahren wir", sagte er hektisch. „Fahren Sie!" „Und wohin?" „Fahren Sie nur die Straße weiter, immer weiter", um wieder zu sagen: „Fahren Sie, fahren Sie!" Und wir fuhren eine endlose Straße entlang, mit galoppierenden Pferden und flatternden Zügeln und mit knallender Peitsche trieb ich die Pferde vor mir her, jagte sie über die Straße, so als würde auch mir der Verfolger im Nacken sitzen. Was ich selbst eigentlich nicht als unangemessen empfand, hatte er doch den Kutscher erstochen. Erst als sie von weitem schon eine Stadtmauer erkennen konnten und die Pferde in einen Trab verfielen und sie das offene Stadttor erblickten, wurde ich ruhiger. Ich fand ich mich als Kutscher auf einem Kutschbock einer feudalen Kutsche wieder, wo sogar der Kutschbock gepolstert war, sodass mein Arsch, von keinem blauen Flecken verunziert, diese Höllenfahrt spurlos überstanden hatte. Erleichtert fuhr ich durch das Stadttor, besser: Die Pferde schienen den Weg zu kennen. Denn sie fuhren die Kutsche samt einem Kutscher auf dem Kutschbock. Vor einem Haus auf einem großen Platz blieben sie stehen. Es war das beste Viertel der Stadt, es war sein Zuhause. Nun kroch ein zittriger, alter Mann aus der Kutsche, verängstigt nach allen Seiten blickend, sich zum Haustor zu begeben, um an einem Strang zu ziehen, sodass man das Läuten einer Glocke bis zur Straße heraushörte. Ich blieb auf dem Kutschbock sitzen, was sollte ich auch anderes tun? Die Pferde vermochten vor lauter Müdigkeit nicht einmal mehr zu schnauben. Ein Mann erschien am Haustor, ein Diener, wie sich alsbald herausstellen sollte, nahm die Pferde an den Zügeln, um samt meiner Wenigkeit durch ein größeres Haustor hindurchzufahren und alsbald an einem Hof anzuhalten. Der nicht allzu große Hof war von hohen Mauern umgeben, aber die Kutsche samt Pferden konnte bequem sich darin umdrehen. Zuerst spannte er die Pferde von der Kutsche, nahm ihnen das Geschirr ab und trieb sie in den Stall, wo sie müde hinter ihm hertrotteten. Ich saß noch immer auf dem Kutschbock, der Diener pfiff sich einen zweiten Diener oder Stallknecht herbei und beide schoben nun die Kutsche, auf der ich weiter saß, in einen großen Raum, wo eine noch viel prächtigere Kutsche stand als jene, welche ich gefahren hatte. Scheinbar existierte ich für die beiden nicht, denn sie manövrierten die Kutsche derart, dass sie an dem für sie vorgesehenen Platz zum Stehen kam. Ich noch immer darauf sitzend und der kommenden Dinge harrend.

Stell dir vor, die zwei ließen mich einfach auf dem Kutschbock zurück, mich, der doch ihrem Chef heut das Leben gerettet hatte. Jedoch das Tor haben sie nicht verschlossen, sodass ich hoffen konnte, dass sie mich nicht vergessen hatten. Und tatsächlich: Plötzlich erschien ein fein angezogener Mann vor meiner Kutsche, wahrscheinlich ein Butler, wie ich nicht zu Unrecht vermutete, und bat mich ihm zu folgen. In der Badestube, wohin er mich führte, dampfte bereits das Wasser in der mit einem weißen Tuch ausgelegten Wanne, Badetücher lagen bereit und er mich bat, mich auszuziehen und in das Bad zu steigen. Während ich mich meiner Zotteln entledigte, brachte er mir ein neues Gewand, das für mich maßgeschneidert schien. Als ich nackt aus der Wanne stieg, na du weißt schon, schienen ihm die Augen aus dem Kopf gefallen zu sein. Er konnte den Blick nicht von mir lassen, bis ich das Beinkleid angezogen hatte. Aber die hier, die ich dir jetzt erzählen werde: Als die dicke Berta das erste Mal in mein Blickfeld geriet. Nun, der Finanzhai, als den ich diesen Halsabschneider bezeichnen möchte, dem ich nun geschniegelt und gewaschen mit neuem Stoff überzogen gegenübertrat, war in seiner Widerwärtigkeit noch widerlicher, als er in der Kutsche sitzend und vor Furcht fast sterbend mir entgegenblickte. Er also saß bereits zu Tisch, an der Stirnseite, und auf der andere Stirnseite des Tisches, die Breitseite füllend, saß die dicke Berta, wie ich bald dahinterkam, auf zwei Sesseln, einer hätte sie nicht zu tragen vermocht, weder der Breite noch des Gewichts nach. Er sagte zu ihr: ‚Er ist mein Lebensretter.‘ Hatte er ein Raubvogelgesicht, hatte sie das Gesicht eines eingedrückten Kürbisses, wahrscheinlich mütterlicherseits zugesprochen. Sie nahm mich augenscheinlich mit ihren kleinen Schweinsäuglein in Gewahrsam, so fühlte ich mich im Augenblick von ihr schon eingenommen und auch von ihr einverleibt. Wegen meines exotischen Aussehens, wie ich es auch bei anderen Frauen erlebt hatte, wie sich diese mit feuchter Zunge über ihre Lippen strichen. O Gott, dachte ich, was für ein Monster von Menschen hast du für mich erschaffen? Und dass ich von ihr auserkoren war, wurde mir klar, mit welch lüsternen Blicken sie mich während des Essens musterte, lange, tiefe Blicke mir zuzuwerfen, ob ich nicht bereit für einen Tee wäre, der Wucherer versuchte sich seinem Lebensretter jedoch in den verschiedensten Farben darzustellen, was natürlich seine Tochter einschloss, denn sie war in hellblauer Seide gekleidet, mochte der Schneider dafür auch einen ganzen Ballen dieses kostbaren Stoffes verbraucht und verschnitten haben. Er versuchte seine Großzügigkeit damit vorzukehren, hatte er auch mich mit feinstem Tuch bekleidet. Wusste ich doch nicht, dass er seinen ansonsten betuchten Kunden, wenn sie ihre Schulden nicht bezahlen konnten, auch ihre feine Garderobe abgenommen hatte und sie erst bei Bezahlung wieder in den Genuss kamen, sie wieder tragen zu dürfen. Aber ich muss gestehen, er wusste, was er seinem Lebensretter schuldete. Denn was die Köchin auf den Tisch stellte, war allererste Qualität und erst der Wein, dessen Reben wohl in fremden Landen standen und dessen Trauben auch dort gekeltert wurden. So ich vom Alkohol benebelt, und bei steigendem Alkoholspiegel verlor diese hässliche Ausgeburt von einem Weib ihre Monstrosität und in ihrem Kürbiskopf vermeinte ich sogar ein allerliebstes Näschen ausmachen zu können. Wir schäkerten und liebäugelten miteinander, sodass der Alte, ob wissentlich oder unwissentlich, natürlich auch unter dem Einfluss des Alkohols, den er sich selbst eingeflößt hatte, das Zimmer leicht torkelnden Schrittes verließ, um sich wahrscheinlich in sein Schlafgemach zu begeben. Wir zwei jedoch uns immer näher kamen und ich mich dabei ertappte, dass ich meine Zunge in ihrem Munde vergrub. Daraufhin riss sie mir meine von ihrem Vater zur Verfügung gestellte Garderobe in Fetzen vom Leibe, um sich über mich zu werfen und mich zu vergewaltigen zu versuchen. Da mein Alkoholspiegel aber von einer derartigen Höhe, verschliefen Er wie ich unter ihr, um aber von ihr trotzdem entdeckt zu werden, Ihn mit ihren prallen Händen zu umfassen und angeheizt vom Alkohol und der Größe dieses Geräts von einem Orgasmus in den anderen zu verfallen, sodass wir beide am Morgen dieser von ihr verursachten kuriosen Nacht halb bekleidet auf dem Boden liegend uns wiederfanden."

„Ja", der Alte fortfahrend, „und als ich am späten Morgen am Bett erwacht war, fand ich neben mir neue Kleider vor, aber bei Gott nicht diese Güte, die man mir am Vortag zur Verfügung gestellt hatte. So fing meines neuen Gönners Großzügigkeit schon an zu schwinden, wo ich auch alsbald verschwand. Nachdem ich in die neuen Kleider gekrochen, suchte ich das Weite, beobachtet von dem kopfschüttelnden Diener. Ob es noch die Verwunderung über mich ausdrücken sollte oder über meinen Griff nach der Torschnalle von innen, um sie außenseits wieder zu verschließen? Jedenfalls ging ich den Platz entlang, ich kannte doch noch nicht die Stadt, in die mich die Pferde gezogen hatten, als plötzlich ein Einspänner daherstob, einen jaulenden, winselnden Hund hinter sich lassend, weil diese arme Kreatur von den Pferdehufen blutig geschlagen und auf der Straße liegen blieb. Du weißt, ich kann Menschen leiden sehen, nur nicht die Tiere. So hob ich ihn von der Straße, er war nicht groß, versuchte ihn zu beruhigen. Dafür schleckte er mir mit seiner langen Zunge über das Gesicht. Also musste es mit seinen Verletzungen nicht allzu weit her sein. Plötzlich stand ein Männlein neben mir, der anfing den Hund zu streicheln, um auf ihn begütigend einzureden, was er sich auch gefallen ließ, um ihn und mich dankbaren Blickes anzuschauen. Knochig schien er zu sein, das kleine Bündel Hund, und leicht wie eine Feder. Ein Straßenköter, der von ein paar Abfällen, die gute Menschen ihm zusteckten, leben musste und bereits von einem ebenso struppigen Köter in die Straße hineingeboren worden war und noch nie von einem Menschen gestreichelt wurde. Plötzlich war es unser Hund geworden, der von einem zum anderen schaute, und das mit bittenden Augen. Jetzt sahen wir uns an, dieser Hund legte unsere verwandten Seelen blank, wie wir beide gleichzeitig erkannten. Er sagte zu mir: ‚Komm‘, und ich stieg mit dem Hund auf den zweiten Sitz des angehaltenen Einspänners, der Hund windend sich in meinen Händen vergrub, eines der vielen Gasthäuser in dieser Gegend nahm uns mit Hund auf, wobei der Hund zitternd vor Angst versuchte, hinter meinem Rock Schutz zu suchen. Er blutete am Hals, an der Schnauze. Außerdem schien ein Bein gebrochen zu sein, denn es hing seitwärts von seinem Körper. Der Fahrer oder der Besitzer dieser Kutsche schien jedoch in diesem Gasthaus gut bekannt zu sein, denn man diente ihm, hofierte ihn und er ließ ein Stück Leinen bringen, eine Schüssel Wasser, wo er ihm vorsichtig das Blut aus dem Felle wusch, den Fuß geradestellte, was jener jedoch unter weinerlichem Gebell geschehen ließ. Der Wirt brachte darauf ein Stück Holz und eine Schnur und wir beide banden dem Hund eine Schiene an dem gebrochenen Fuß. ‚Gib ihm was zu fressen‘, sagte der Kutschenfahrer und jener brachte ein großes Stück Fleisch, das er unter unseren Augen zerteilte und jener wenig später gierig verschlang. Wahrscheinlich hatte er schon lange keinen Bissen in seinen Magen bekommen, um nachträglich eine Schüssel Wasser noch sich einzuverleiben. Man sah ihm direkt an, dass, wäre es nicht sein gebrochener Fuß gewesen, es ihm in unserer Gesellschaft wohl gefallen hätte. Aber er gedachte trotzdem, sich unter unseren Schutz zu stellen, so legte er sich auf den Rücken, um uns seine Ergebenheit damit auszudrücken. Nun nahm ihn der Alte vorsichtig von der Bank, um ihn an die Brust zu nehmen und seinen Kopf zu streicheln. ‚Kannst du mir einen Korb bringen mit etwas Heu darin?‘ Der Wirt verstand und verschwand. Er brachte einen fast neuen Korb, den er wohl erst seit kurzem erstanden haben mochte, mit Heu darin. Der Kutscher zerteite das Heu und legte den Hund vorsichtig hinein, sodass jener weich und wohlig darin zum Liegen kam. So sagte er nun zu dem Wirt: ‚Bring uns etwas zum Essen.‘ Und nach einer Gedankenpause: ‚Und auch zu trinken!‘ Er wusste scheinbar, was der Kutschenfahrer zu essen und zu trinken wünschte, aber nicht der andere, so sah er mich fragend an. Ich hatte aufgrund des vornächtlichen Besäufnisses keinen Hunger, aber dafür einen umso größeren Durst und sagte nur: ‚Wasser, Wasser, und das in großen Mengen‘, was mir einen fragenden Blick meines offensichtlich als Gastgeber Auftretenden eingebracht, schon aufgrund seiner Einladung. ‚Es ist doch bereits Mittag‘, sagte er verständnislos, um meine Ablehnung in Frage zu stellen. ‚Jaja‘, sagte ich, ‚schon, aber …‘ ‚Nun, was aber?‘, wollte er wissen. Und ich erzählte ihm eine zwar nicht wahrheitsgetreue, aber absolut glaubwürdige Geschichte, wo man mich in den Karzer geworfen hätte, da ich aus Hunger einen Laib Brot gestohlen hätte. Der daraufhin vor so viel Härte der Menschen verzweifelnden Gesichts, was ich davon ablesen konnte, während er essend vor sich hin und zwischendurch trinkend vor sich hin starrend, um meine schier unglaubliche Geschichte mit dem Wucherer zu erfahren. ‚Ach der!‘, sagte er, ‚wer dem in die Hände fällt!‘, und das andere ungesagt zu lassen, aber mit vielsagendem Blick zu untermauern. Also dieser ausgefressene Mensch mit einer noch ausgefresseneren Tochter bereits an dieser Stadt bekannt war und, wie mir schon damals erschien, nicht von positiver Natur erscheinen musste. Ich ließ natürlich die Fete mit seiner fettleibigen Tochter außer Acht, sondern hatte nur am Rande eingeflochten, dass ich sie wohl als bedauernswertes Geschöpf wähne. Denn bekümmert blickte ich vor mich hin, um meine Aussage dadurch noch zu unterstreichen. Jetzt allerdings hatte ich seine Neugierde geweckt. Er wusste zwar einiges über ihn, vielleicht nicht nur vom Hörensagen, sondern hatte auch mit ihm selbst, wie man sagt, Handelsbeziehungen gepflegt. Aber diese Tochter, die man in der ganzen Stadt zu kennen wähnte, hatte bisher kein Mensch zu Gesicht bekommen. Man sprach von ungeheuren Maßen, die sie in sich und vor sich herzutragen hatte. Und da solche Geschichten immer eine Eigendynamik entwickeln, sagte man, dass einer ihrer Busen so viel wiegen sollte wie die bronzene Glocke auf dem Kirchenturm, die die Zeit verkündete. Ich erinnerte mich der Größe ihrer Busen, die zwar mit einer halbwegs großen Glocke zu messen imstande waren, aber doch nicht mit dem Gewicht des bronzenen Metalls. Sonst hätte mich doch ihr Busen unter sich erschlagen.

Nun während des Essens und Trinkens seinerseits und während des Trinkens meinerseits fragte er mich, was ich nun zu tun gedachte, was ich mit einem Schulterzucken zu beantworten wusste. ‚Komm mit mir!' Er duzte mich bereits, währenddessen ich noch keine Fragenstellung an ihn richten konnte, wo man sich siezen oder duzen konnte. Warum nicht, fragte ich mich selbst, waren doch meine Zukunftsaussichten wieder bei null angelangt. Ich ließ mir Zeit bei der Antwort, und er nachsetzend: ‚Sie werden es nicht bereuen.' Und nachdem dieser den Sprecher von der Seite genug angesehen hatte, war er doch ein wenig argwöhnisch gegenüber seinem Gespons, dass der Bauer, nachdem er ihm all sein Hab und Gut verschrieben hatte, bald darauf gestorben war. Er war scheinbar sehr krank, und so vermutete er, dass ich – des Lesens und Schreibens kundig, noch besser des Rechnens – seine an Philanthropie grenzende Einstellung gegenüber seinen Mitmenschen fortsetzen würde, habe ihm doch das Auflesen des kleinen Hundes, der vor sein Pferd gelaufen war, meinen wahren Charakter gezeigt. Und ich auch jetzt bereit bin schon auf sein Gedenken hin das nachzuholen, was mir durch den Brand verwehrt wurde. ‚Ach so ist das‘, um die ganze Geschichte damit zu kommentieren. ‚Und wo hast du so gut lesen und schreiben und dazu noch rechnen gelernt?‘ ‚Nun‘, sagte der Alte darauf, ‚das ist wiederum eine andere Geschichte, die ich dir schon noch zu erzählen gedenke.‘ Aber jetzt sei er müde vom vielen Reden, so sie bald die von ihnen ins Auge gefasste Herberge erreichen würden. Das Brandinferno hatte den ganzen Hof vernichtet und den Geflüchteten und Überlebenden boten sich am nächsten Tag nurmehr rauchende Trümmer dar. Nachdem sie den Übeltäter gehängt und tags darauf noch in den rauchenden Trümmern verscharrt hatten, die alten verbrannten Knechte und Mägde auf dem zum Hof gehörenden kleinen Friedhof begraben hatte, wie es schon seit Jahrhunderten der Brauch, von den verbrannten Rindern, Ochsen und Schweinen sich jedoch noch eine Weile leben ließ, zogen erst nach und nach die Knechte und Mägde davon, für manche von denen schon von Kindheit an dieser nun zerstörte Hof die Heimat war, um irgendwo bei einem anderen Bauern um Arbeit und Aufnahme zu betteln und in die Stadt zu ziehen, einem ungewissen Schicksal entgegen. Jeden der bisherigen Bewohner hatte ich mit Handschlag verabschiedet und ihnen das Versprechen gegeben, dass sie eines Tages, wenn der Hof wieder aufgebaut, zurückkehren könnten. Denn in meinem Gehirn hatte sich ein Plan entwickelt, der so eines Menschen nicht gerade würdig. Aber sagte nicht ein altes Sprichwort, der Zweck heiligt die Mittel? So verließ ich als Letzter die Ruine, um in die Stadt zu gehen, gerade zu des Wucherers Haus, um Einlass begehrend, was ihm auch der Diener ohne Wenn und Aber gewährte. Denn dieser wusste von der Tragödie, welche sich seit des Alten unerklärlichen Verschwindens hier in diesem Haus abgespielt hatte und wie mich sein Herr in der ganzen Stadt verzweifelt gesucht hatte, oder besser: mich suchen ließ, war doch die Maid, seine Tochter, in Liebe zu mir entflammt und er trotz seiner sonstigen Gepflogenheiten ein ganz liebender Vater, der jeden Wunsch seiner fettleibigen Tochter zu erfüllen versuchte. Sie hatte sich nach dieser Nacht die Augen ausgeweint nach mir, untröstlich seither. Und sie verließ kaum ihre Stube, und wenn, dann um mit ihrem Vater mit rot geweinten Augen ein Essen einzunehmen. Dass der Gram ihr jedoch guttat, merkte man an ihrem Äußeren, dass sie nicht mehr so viel an Essen in sich hineinstopfen konnte wie früher. War doch ihres Lebens Sinn essen, essen und wieder essen, und es hieß pausenlos essen, sodass die Breite ihres Körpers anfing, seine Höhe zu überschreiten. Jetzt, jedoch nur für Wissende erkennbar, schien ihr schwabbelnder Speck, der ihr von der Hüfte hing, etwas weniger geworden zu sein. Jedenfalls bemerkte der Diener, der dem Alten Einlass gewährte, um ihn zugleich in die Badestube zu führen, wo ein riesiges Becken bereits stand, um die Dame des Hauses aufzunehmen. Der Diener jedoch, der wusste, was sich gehörte, schöpfte nun das bereits zu Bade gerichtete Wasser hinaus, um es in ein wesentlich kleineres Becken umzufüllen und mir anzudeuten, dass ich hier mich erst von Ruß und Schmutz reinigen müsste, um dann erst zu seinem Herrn vorgelassen zu werden. Er brachte wiederum ein neues Gewand, um beim Ausziehen des alten, verrußten wieder kopfschüttelnd die Türe hinter sich zu schließen. Hatte er jedoch wiederum das mächtige Gehänge gesehen und es schien, dass ihm schon vorher um des Liebesschwärmens der Tochter seines Herrn bewusst war, auf welche Art und Weise es sich erstreckte. Nun stand ich also vor des Wucherers Angesicht, welcher mich gar nicht freundlich musternd nur sagte: ‚Weißt du nicht, ich habe dich suchen lassen.' ‚Nein, das wusste ich nicht. Und wieso haben Sie mich suchen lassen?' Der Wucherer holte einmal tief Luft, um darauf loszupoltern: ‚Und meine Tochter? Was hast du mit ihr angestellt? Die verzehrt sich nach dir.' Nebenbei zündete er sich eine dicke Zigarre an, um sie in Glut zu bringen, oftmals nur kurz hintereinander daran zu ziehen. Als ihm das gelungen war, fragte er mich: ‚Was führt dich zu mir?' Etwas barsch kam die Frage aus seinem Mund, während er das Aroma der Zigarre zu verkosten schien.

‚Nun ich dachte …‘ Er darauf: ‚Du brauchst Geld. Bist gar nicht so übel angezogen.‘ Wusste er nicht, dass die Sachen von seinem Diener bereitgestellt waren? ‚Also, welche Geschäfte machst du? Was kannst du für Sicherheiten bieten?‘ ‚Ich biete einen Gutshof, so einen Gutshof mit vielen Wäldern, Wiesen und Äckern, außerdem eine Herde von Kühen und Ochsen und einen riesigen Stall von Schweinen und noch eine Menge Knechte und Mägde.‘ ‚Und da kommst du zu mir um Geld?‘ Er schaute, dazu noch fast einen Kopf größer als ich, auf mich herab. ‚Ja‘, ich darauf. ‚Die Sache ist nämlich die: Ich hatte alles genauso wie sie sagten, leider derzeit alles nur auf die Grundstücke reduziert.‘ ‚Man hat dir also anderes bereits weggenommen?‘ ‚Nein, es ist verbrannt.‘ ‚Verbrannt?‘ Nun nahm er tatsächlich die Zigarre aus dem Mund, um mich mit entsetzten Augen zu mustern. ‚Du sagst, alles wäre verbrannt? Du ein Gutbesitzer? Dass ich nicht lache!‘ Und er verzog sein Gesicht zu einer Grimasse, die keiner, weder einer guten noch einer bösen noch einer der vielen, die einen Menschen mit seinem Gesicht zu schneiden vermochte, auch nur ähnelte. So perplex war dieser Ausdruck, der nun sein Gesicht beherrschte. Er steckte seine Zigarre wieder in sein rundes Maul, um aus dessen Beschaffenheit eine Assoziation seitens des Alten hervorzurufen. Gierig zog er daran. Derzeit noch unersichtlich, ob das die Zigarre erforderte oder ihm die Aussage des Alten mehr zu schaffen machte. Denn er sah sich schon im Geiste die Wälder, Wiesen und Äcker in Besitz nehmen und sie weiterverkaufen, wie es ihm schon einmal gelungen war, und da es das beste Geschäft, was er je in seinem Leben gemacht hatte, um mit Wohlgefallen daran zurückdenkend, was konnte er auch dafür, dass sich daraufhin sein ehemaliger Besitzer erhängt hatte. Das war übrigens seine Sache. Nun ja, ganz wohl war ihm daraufhin nicht gewesen. Aber was soll's, Geschäft ist eben Geschäft. Während er so daran dachte, musste er wiederum ein paarmal an seiner Zigarre ziehen, denn sie verweigerte sich, ihm weiteren Rauch und somit ihr Aroma dabei mitzuliefern. Als er sie wieder zum Glühen gebracht und einige Züge des aromatischen Geschmacks in die Luft verblasen hatte, dass sogar ich, der Bittsteller, die Würze des Glimmstängels mitbekam, denn so ein Aroma hatte sich noch nie in meine Nase verirrt. Nun zog der Geldverleiher regelmäßig an seiner Zigarre, während er mich, sein Gegenüber, einzuschätzen gedachte. Vor allem wegen seiner Tochter. Ich hatte ihn von einem, der ihm nach dem Leben getrachtet hatte, errettet und ich hatte augenscheinlich mit seiner Tochter, die ihm das Wichtigste auf der Welt war, geschlafen. Das hatte ich wahrscheinlich nur dem Wein zu verdanken, dem ich, wie ich mich zu erinnern vermochte, reichlich – und ich fand allzu reichlich – zugesprochen hatte. So wie auch er, der sonst kaum Wein trank, aber damals in der Erinnerung an die Gefahr, in der er geschwebt, ein zweites Mal Geburtstag gefeiert hatte. Wie er gehört, hatte man jenen in den Schuldturm geworfen und aufgrund der Ermordung seines Kutschers gehängt. Gerechtigkeit, die muss sein, fand er, während er durch den blauen Dunst hindurch seinen Lebensretter und nun regen Bittsteller akribisch beobachtete. Er fand mich als Mann attraktiv, mochten meine Ahnen auch irgendwo aus fernen Ländern gewesen sein, denn allzu exotisch bot sich ihm mein Gesicht dar. Nur nicht allzu groß, fand er. Höchstens einen Kopf größer als seine Tochter. Und fest gebaut, fand er. Muskeln, die sich unter dem Hemd erhoben, bauchlos und außerordentlich sympathisch. Und er würde mich als Schwiegersohn akzeptieren können. Noch dazu ein Gutsbesitzer, wenn auch derzeit mittellos. Aber dem könne man schon abhelfen, würde er seine Tochter nur glücklich machen. Denn dieses Kind, dieses Monster ihm bewusst, nicht dass er sie versteckt hätte, aber sie wollte nicht aus dem Hause, sich ihrer Masse, die sie umwogte, bewusst, aber dafür immer wieder hineinfütterte und hineinfütterte, und da es das einzige war, an dem sie Freude empfand, er sie auch gewähren ließ, sodass aus einem vorerst dicklichen Kind ein Monster an Frau heranwuchs.

Zuerst unbemerkt von ihm, aber als sie in der Blüte ihres Mädchenseins von den aus guten Häusern stammenden Jungen gemieden oder gar verspottet wurde, sie sich dem Frust ergab und er die Familien, aus deren Schoße diese Jungen stammten, zu ruinieren versuchte. Sie jedoch aß und aß ihren Kummer über die laufenden Demütigungen hinweg, dass sie ein Monster von einer weiblichen Gestalt wurde. Wie viel an Geld würde er, der von väterlicher Liebe gezeichnet, für ein anderes Aussehen seiner Tochter geben. Denn er selbst als Mann empfand, wäre es nicht seine Tochter gewesen, Abscheu und Ekel gegenüber solch einer Frau. Aber war ich, der nun vor ihm stehend, nicht schon einmal, natürlich unter Einfluss viel genossenen Alkohols, seiner Tochter zu Willen gewesen? Denn ich selbst konnte doch nicht die treibende Kraft für dieses Stängelchen gewesen sein, als ich sie mit zerrissenen Kleidern und alles anderem noch dergleichen Entkleidung ihres Körpers am Morgen nach der Tat selig schlafend auf dem Boden liegend vorfand, und ein glückliches, immerwährendes Lächeln ihren Mund umspielte, um mit zwinkernden Auge endlich aufzuwachen, um erschreckt ihren Vater zu erkennen, sie tat ihrer Masse sich Genüge, aufwindend, um in ihrem Zimmer zu verschwinden und sich einzusperren. Jetzt, nach einer Weile, wieder herauszukommen, um zu fragen, wo er, sie wusste nicht einmal meinen Namen. Der Diener jedoch wusste, dass jener, also ich, und er räusperte sich, bereits frühmorgens das Haus verlassen hätte, um sich weinend in ihr Zimmer zu verschließen. Sie warf sich auf ihr Bett, um der vergangenen Nacht nachzuweinen. So war es also gekommen, dass sie sich seither nach diesem Mann, also nach mir, verzehrte. Das alles ging dem Vater, der ansonsten ein Halsabschneider, nicht aus dem Kopf. Während er bereits Pläne schmiedend, sein dafür auserkorenes Opfer vor ihm dastand, auch jener, also ich, sogleich begriff, dass das Geld von diesem alten Wucherer nur über die Schiene seiner von Hässlichkeit geprägten Tochter lief. So er bereit war, das Opfer für seinen Gönner zu bringen, der ihm im guten Glauben nicht nur sein gesamtes Vermögen, sondern ihm auch eine Menge von Knechten und Mägden hinterließ, in der Annahme, dass er für sie sorgen würde, wie er es selbst getan. Der alte Halsabschneider rauchte vor sich hin, ihn, also mich, weiter hinter halbverschlossenen Augen musternd, um plötzlich zu sagen: ‚Was hast du mit meiner armen Tochter gemacht?' Als das Wort ‚arm' fiel, wusste ich, der ich fast ebenso alt wie mein Gegenüber, dass er mit seiner Annahme richtig lag. Geld gegen oder für die Frau? Und dass er, also ich, diese Frau zu beglücken hatte, war mir somit beschieden worden, um ihn endlich mit einem Satz: ‚Setzten Sie sich doch!' auf den Stuhl zu verweisen und mich dazu einzuladen. Auch jener setzte sich mir gegenüber, um mir in die Augen zu schauen, zuerst die Zigarre aus dem Mund nehmend, um von Mann zu Mann ‚Ich weiß, was ich von Ihnen verlange' zu sagen. Zwischendurch wiederum einen Zug von der Zigarre zu nehmen, um fortzufahren: ‚Ich weiß, meine Tochter ist nicht die Schönste. Aber nach meinem Tode die reichste Frau in dieser Stadt. Und ich wüsste sie gerne in anständigen Händen, und dazu zähle ich die Ihren.' Dann fuhr er fort: ‚Wie Sie dem Berserker das Messer entrissen und ihn niedergeschlagen haben mit bloßen Händen', um sich mit ‚natürlich mit Fäusten' zu verbessern. ‚Das zeugt von einer Menge von Courage, die Sie für jemanden, also für mich, aufgebracht haben, den Sie doch gar nicht kannten. Und das sprach nicht nur, sondern spricht auch für Sie.' Er läutete den Diener herbei: ‚Bringen Sie uns eine Flasche Vero!'

Der Diener, scheinbar gab es nur den einen, der ihm persönlich zu Diensten stand, obwohl er sich eine ganze Armee leisten konnte, ging wortlos, um mit einer vollen Flasche edlen Getränks zurückzukehren und drei Gläser auf den Tisch zu stellen. Ich, der Alte, der eigentlich gar nicht so alt war, wie ihm das Leben auf sein Gesicht geschrieben hatte, begriff, sie würde auch noch kommen. Nachdem wir uns mit einigen Gläschen zugeprostet hatten, ich von der Vernichtung des Hofes mit all seinen Tieren erzählt und seinen vielen Knechten und Mägden, die nun gezwungen waren, irgendwo weiterhin eine Stelle zu suchen und zu finden, so auch ich, der derzeit keine Unterkunftsmöglichkeit hätte. Er darauf sofort einging, um mir zu versichern, dass ich selbstverständlich Gast in seinem Hause, solange ich wolle, und sich wieder eine neue Zigarre anzündete, um daraufhin mir, seinem Lebensretter beziehungsweise Gast beziehungsweise Geldleiher, auch eine anbot, die ich jedoch dankend ablehnte. So hatten wir bereits einige mit hochprozentigem Inhalt gefüllte Flasche geleert, als sie endlich erschien, diesmal in rosarote Seide gewandet, und sie kam mir diesmal viel weniger unattraktiv vor. Sie hatte scheinbar viel an Gewicht verloren, mit glücklichen Augen auf mich zugehend, um ‚Danke Vater' zu sagen. Sie war wohl der Meinung, dass der Vater seinen Lebensretter endlich aufgespürt hatte, nachdem dieser, wie sie zu Recht vermutete, wegen ihr aus dem Haus geflohen war und sich nicht mehr blicken ließ. Aber jetzt war all der Schmerz des letzten Jahres vergessen, hatte sich aufgelöst in ihre Wiedersehensfreude und das Glück allein vermochte einen Liebreiz auf ihr Gesicht zu zaubern. Und es war nicht mehr ihr Gesicht, das dem eines eingedrückten Kürbisses glich, mit geröteten, zwar noch immer großen pausbäckigen Wangen, um mich anzustrahlen, und ich fiel plötzlich in Mitleid für dieses arme Wesen, was wahrscheinlich aus der Art sich ergab, dass man hässliche Frauen schöntrinken konnte, sodass ihr Vater und ich bereits die halbe Flasche hochprozentigen Schnapses in uns geleert hatten, was dabei behilflich war. Ihr Vater, der andere mitleidlos zu ruinieren imstande war, wischte sich ein paar Tränen aus den Augen, wenn auch unter dem Einfluss des Vernons erkennbaren, um auch an die Oberfläche drängenden Mitleids mit seiner Tochter seine Tränendrüsen rissen, um ihrer Hässlichkeit gewahr zu werden. Ich lud meine mir zugeordnete Liebschaft nun auch zu einem Gläschen, ihr Glas bereits mit fahriger Hand füllend, um Vater und Tochter zuzuprosten, und alle drei gleichzeitig ihre Gläser kippend. Alsbald jedoch bemächtigte sich der Inhalt des Flaschengeistes bei seiner weiteren Reduzierung ihrer Gehirne und auch ihrer Körperfunktionen, und des Wucherers Zunge nur unter größter Willenskraft in Klang gebracht werden konnte, war jedoch deren Lähmungserscheinung derart offensichtlich, dass sie nur Unverständliches hervorzustammeln vermochte. So saß er alsbald mit vor sich hin dösendem und herabhängendem Kopf schlafend auf seinem Sessel, wobei seine Tochter, die noch die geringste Menge des Flaschengeistes in sich hatte, sich mir, dem Alten, näherte, der allerdings ihr Vater sein konnte, um mich an der Hand zu nehmen und den bereits Willenlosen in ihr

Zimmer zu ziehen, um dort über mich herzufallen, sodass ich mich morgens darauf missbraucht in ihrem Bette wiederfand. Nackt, wie Gott mich erschaffen hatte, lag ich im zerwühlten Bett. Scheinbar waren ihre Massen dafür verantwortlich, dass ich ihr keinen Schaden zufügen konnte, aber ich würde, dessen war ich mich gewiss. So auch mein Gewand fein säuberlich zusammengelegt auf eine Stuhllehne gehängt wiederfand, nicht wie das letzte Mal, als sie mir meines zerrissen hatte. Sie jedoch war dem Bette entschwunden, wohin sie auch gegangen war. Ich stand auf, noch mit tickendem Kopf, der mich schmerzerfüllt an den vergangenen Abend erinnerte. Ich zog meine Kleider an, suchte meine Schuhe, die wohlgeordnet unter dem Sessel hingestellt waren, um durch das Haus irrend endlich einen langen Gang zu finden und nach Öffnen verschiedener Türen mich endlich im Zimmer des nächtlichen Besäufnisses einzufinden, wo ich zwar nicht mehr den eingeschlafenen Geldverleiher, dafür aber eine leere und eine noch halbvolle Flasche Vernon vorfand. So hatten wir also auch noch eine zweite Flasche halbleer getrunken, was ich nicht mehr mitbekommen hatte beziehungsweise konnte. Still war es im Haus, kein Laut störte meinen Kater, der in meinem Kopf festsaß und schon beim Schließen der verschiedenen Türen, die ich geöffnet, sich zuckend unter seinem Gedröhne bemerkbar machte. Drei leere Gläser standen noch auf dem Tisch, besagtes Glöckchen, mit dem der Hausherr den Diener herbeibimmelte, stand ebenfalls dort. In das Zimmer mündeten verschiedene Türen mündeten und ich versuchte zu eruieren, durch welche ich dieses Zimmer gestern betreten hatte. Ich fand sie auf Anhieb. Jedenfalls glaubte ich, sie richtig einordnen zu können. Die Türe führte jedoch in das Badezimmer, wo Massen in Massen von Wasser schwammen in einer riesengroßen Wanne, aus der mir ein liebevolles Lächeln entgegenstrahlte. War mir schon vorher nicht wohl zumute, wurde mir aufgrund dieser Erkenntnis übel, sodass ich schleunigst den Raum verließ, um meinem Brechreiz Herr zu werden. Nachdem mir dies gelungen war, setzte ich mich an den Tisch und bimmelte den Diener herbei, wobei mir diese Klingeln scheinbar das Trommelfell durchschnitt und wie das Gedröhne disharmonischer Glocken erschien. Der Diener daraufhin alsbald erschien. Nachdem er vor mir stand, fragte er nach einer leichten Verbeugung, was ich wünsche, um: ‚Nichts, nichts‘ zu sagen. Ich wollte nur sagen, dass ich in die Stadt gehen würde, aber wiederzukommen gedenke in ein paar Stunden, und man möge es den zwei Herrschaften mitteilen.

Und ich ging durch die Türe, durch die der Diener gekommen war, um richtigerweise in das Foyer zu gelangen und mit befreiender Erkenntnis meinerseits die Haustüre hinter mir geschlossen zu haben.“

„So werde ich dich engagieren, was heißt engagieren, wir zwei sind doch Blutsbrüder, und was dem einen gehört, gehört auch dem anderen.“ So ging Knut schwankenden Schrittes seiner Pension entgegen.

Mittlerweile war jedoch der Wucherer geschäftlich aus dem Hause und seit dem Vorfall in der anderen Stadt, wo der Alte ihm das Leben rettete, er ihn zu seinem Leibwächter erkoren hatte, aber der alte Wucherer keine Anstalten machte, endlich mit der Kohle für die Sanierung seiner Ruine herauszurücken. So beide beschlossen, da ihn der Alte natürlich in seinen Plan einweihte, seinen verbrannten Hof wieder aufzubauen, ihn, wie es früher ihre Art, einfach zu bestehlen, um so an das für den Wiederaufbau notwendige Geld heranzukommen. Als der Alte eines Tages sagte, dass er mit dem Alten, seinem Kutscher, eine Nacht in einer anderen Stadt aufgrund geschäftlicher Begebenheiten zu verbringen gedachte, war in ihnen der Plan gereift, den Wucherer zu bestehlen. Zumindest hatte er die Verstecke des Millionenvermögens des Alten ausgekundschaftet und eines davon war ein Versteck unterhalb der mehrzölligen Tischplatte, jedoch keine Lade darauf hinwies. So kam es, dass der Diener zu Hause sich diese Nacht mit leichten Weibern um die Ohren schlug, um frühmorgens in das Haus seines Dienstherrn zurückzukehren, um sich sodann sofort in sein Zimmer zu begeben, das ebenerdig war, um sich von den Strapazen der Nacht zu erholen. Als aber der Diener morgens nach den Rechten sah, fand er seinen erschlagenen Herrn tot auf dem bereits erwähnten weißen Teppich vor und dieses edle Gewebe war nun für alle Zeit unbrauchbar geworden. Dass der Fall jedoch eine jähe Wendung erfuhr, indem der alte Zinsgeier und Geizhals trotzdem noch in der Nacht nach Hause gefahren kam und den am Tisch Werkenden überraschte, wie er an das viele Geld heranzukommen versuchte, und jener ihm in höchster Not vor dem massigen Mann mit einem der vielen langleuchtenden silbernen Kerzenleuchter, die an der Kommode nebenan gestanden hatten, einen über den Schädel gezogen, sodass von der Schwere dieses als Waffe missbrauchten Gegenstandes seine Schädelknochen derart zertrümmert, dass er sich seinem Herrn ergeben und all seinen zusammengehorteten und zusammengegaunerten Reichtum auf dieser Welt, einschließlich seiner Tochter, zurücklassen musste. Jene jedoch musste in ihrem Bett vor sich hin weinend und vor sich hin wimmernd auf die Befriedigung ihrerseits verzichten und vermochte lange erst nach dem gewaltsamen und auch nicht von ihr wahrgenommenen Tode ihres Vaters in Erschöpfung verfallen einzuschlafen. Nachdem der Kutscher des Alten sowie sein Leibwächter sich alsbald in die Kemenaten zurückgezogen hatten, der Alte froh, heute nicht wieder antreten zu müssen, jedoch sich in Sorge um sich und seinen Gespons befand, er ihm doch nicht mehr mitteilen konnte, dass der Geier, er und der Kutscher noch heute in der Nacht wieder zurückkehren würden, weil ihm doch die Logierungskosten für die drei Männer und zwei Pferde und die Kutsche zu hoch erschienen, war er doch selbst einem anderen Wucherer in die Hände gefallen, der ihn seinerseits über den Tisch gezogen hatte. Jedenfalls am Morgen darauf schrie der Diener nach allen Richtungen alle Bewohner des Hauses zusammen, so sich neben dem Kutscher noch ein Rossknecht, eine Köchin, eine Magd sowie der Alte und die Tochter des Hauses dort befanden, und sie alsbald den Gemeuchelten in seinem Blute liegend vorfanden. Der Alte war der am meisten Geschockte, die Köchin meinte mehr zu sich, sie hätte das kommen gesehen, der neue Kutscher meinte, dass es wohl ein Wunder gewesen wäre, dass der neben ihm liegende riesige Kerzenleuchter, der noch silbernen Metalls, mit dem offensichtlich der Kopf seines Dienstgebers zertrümmert wurde, überlebt hätte. Und der Diener schuldbewusst, hatte er doch das Haus durch seine Hintertür verlassen, aber sie versperrt, was jedoch für den Mörder kein Hindernis darstellte, das Schloss zu knacken und so unbemerkt in das Haus einzudringen. Die Tochter des Hauses vergaß aufgrund des Vorfalles den Groll, den sie noch in sich trug, hatte ihr doch ihr Liebhaber eine Nacht vorenthalten. Der Diener meinte, man müsse die Stadtwache holen, um den Täter zu finden.

So standen sie nun um den Gemeuchelten herum, ohne sich der Tragweite des Verbrechens so richtig bewusst zu werden. „Raubmord kann es keiner gewesen sein", meinte der darauf herbeigerufene Richter. So konnte es kein Einbrecher gewesen sein, der all das viele Gold hinter sich lassend, sondern ein von dem Gemeuchelten Ruinierter, dessen sich daraufhin nicht nur der Richter, sondern die ganze Stadt sicher war, sodass sich der Mord in Windeseile in der Stadt herumsprach und deren Bewohner in wohliger Erkenntnis erschauern ließen, dass unrecht Gut nicht von Dauer sein kann. In seinem Testament hatte er natürlich seiner Tochter das Alleinerbe zugeschrieben und die war plötzlich so reich, dass sie mit ihrem zehnterschweren Gewicht nicht einmal einen Bruchteil des gehorteten Metalls aufzuheben imstande war, und das hieß was bei diesem Monstergewicht. Der Alte, der nun nicht nur ihr Liebhaber, sondern auch ihr Vertrauter wurde, schickte vorerst einmal seinen Gespons, der aus der leichten Sünde eines Diebstahles einen ungewollten Mord gemacht hatte, aus der Stadt, versorgt mit gutem Geld, ließ die Türe, die die Schwachstelle, mit dicken Schlössern und unzähligen Riegeln bestücken wie die Türe selbst mit zolldicken Brettern verstärken. Das sonst zur Festung ausgebaute Haus war mit einer ebenso hölzernen Eingangstüre mit sieben Schlössern und Riegeln gesichert, mit einem Haustor, das dem Stadttor um nichts nachstand, mit Gittern vor den Fenstern, auch im oberen Stockwerk, nur diese kleine unscheinbare Tür, wo auch Knut eingedrungen war, hatte man vergessen.

Aber diese Schwachstelle hatte der Alte bald herausbekommen und sie auch als Einstieg in das Haus dem anderen, also Knut, mitgeteilt, waren sie doch beide Profis bei Einbrüchen in reiche Häuser gewesen. Er wusste, was er für das Monster von einem Weib bedeutete, war er doch dazu ausersehen, der erste Mann in ihrem Leben gewesen zu sein. Ihr war eigentlich alles egal außer dem Bett, das sie kaum mehr verließ, um ihre Liebe an ihm auszuleben. Als er ihr eines Tages erklärte, dass er weiterziehen wolle und sie allein zurücklassen müsste, bekam sie einen Weinkrampf, sie meinte, sie ihn zu heiraten gedächte. Und das wäre wohl etwas anderes, er darauf meinte. Und ihr das nicht schon vorher in den Sinn gekommen wäre, klagte sie vor sich hin. Und so bekam er, was er wollte. Er wollte zwar nicht sie, aber ihr Vermögen. Nachdem sie seine Frau geworden war, sie der Fettsucht erlegen, so vermochte er kaum, trotz seiner Größe, bis ihr Innerstes vorzudringen, und als er es auch mit größter Anstrengung tatsächlich schaffte, bis in ihre inneren Organe vorzudringen, jagte er sie von einem Orgasmus zum anderen. Bis sie sich eines Tages in der Wonne ergab hinüberzudämmen in ein hoffentliches Nirwana, jedoch in das Grauen des Sexualverkehrs mit dem unförmigen Gebilde, der Frau den Tod brachte, und nur wenn der Mond sich zu seiner vollen Größe erhob und er sich auch bewusst wurde, dass er ein Mann sei, auch dieses an ihm zu bewirken, um sie nun von einem letzten, verzweifelten Stoß von ihm getrieben, um sie von dieser Welt zu vertreiben, er sein Letztes gab und er halbtot auf der bereits Sterbenden zum Liegen kam. Hatte sie ihm doch bei der Hochzeit all ihr Vermögen nach ihrem Tode bereits überschrieben. So lebte er einige Zeit noch mit Dienerschaft, Köchin und Dienstmädchen, Kutscher und Rossknecht abgeschirmt vor sich her und mit seinem Gespons wieder Kontakt pflegend. Friedrich, der mit Pferden recht gut umgehen konnte, fuhr die Kutsche des Wucherers, neben sich den Alten auf dem Kutschbock, nachdem er den neuen Kutscher mit einigen Goldstücken abgefertigt und ihn in die Wüste geschickt hatte, denn jener Schnösel von einem Menschen, der nur auf der Kutsche sitzend, um hochtrabend kundzutun, dass er nur fahren würde, um alles andere, sogar das Bespannen der Kutsche mit den Pferden, dem Rossknecht zu überlassen. Der Kutscher jedoch, hocherfreut über diese großartige Apanage, soff sich durch die ganze Stadt, prahlend von seinem großzügigen Herrn, sodass bereits mehrere Ganoven versuchten, in das Haus nächtens einzubrechen, was ihnen jedoch immer misslang, hatte der Alte doch auch den letzten Schlupfwinkel, das kleine vernachlässigte Türchen, mit einer aus Rammpfosten gefertigten Tür geschlossen, um mit einer Ladung von Gold, das der Alte in Säcken verpackt, zu seinem niedergebrannten Bauernhof hinauszufahren, um es dort tief im Keller, wo noch heuhaufenweise Erdäpfel lagen, zu vergraben, um so nach und nach all das Gold dorthin zu transferieren. Außerdem mietete er in einem anderen Stadtteil, wo die Handwerker lebten, ein ganzes Haus, um nach und nach all die Kunstschätze nächtens von Friedrich hierher bringen zu lassen.

Und nachdem sein Kompagnon Friedrich alles Wertvolle aus dem Haus in das angemietete Lager nächtens gefahren hatte und nun da fast alles Gold in die Brandruine transportiert hatte, um es zu bewachen, gedachte sich nun Knut, ein kleines Weilchen von seiner anstrengenden Arbeit, die ihn die Libido kostete, zu erholen. So getraute er sich nicht, eine der hiesigen schönen Damen zu freien, sondern widmete sich einem Strich, der in einem schlecht beleumdeten Viertel dieser großen Stadt lag, wo die Huren auf die Freier warteten. So er ein jedes Mal versagte, bis er darauf kam: Wenn der Vollmond am Himmel erstrahlte, so Er riesengroß und hart heranwuchs. Und eines Tages tauchte eine Neue in dem Haus der käuflichen Liebe auf. Und sie hieß Ra und war die Schönste von all den Schönen.

Und Ra und er, sie beide trugen die gleichen Gene in sich. Was mochte diese Frau in dieses Etablissement geführt haben, eine Nobelhure, wo er nurmehr als der Greis bekannt war? Er hatte noch nie mit einer der vielen Huren, die in diesem Badehaus arbeiteten, geschlafen, so er sich als impotent ausgab, aber aufgrund seiner großen Erbschaft viele der Damen einlud zu einem Gläschen Sekt oder Wein. So war er beliebt im Hause der Liebe. Nachdem er ein freundschaftliches Verhältnis zu all den hier arbeitenden Mädchen hatte, so hatte er auch alsbald ein freundschaftliches Verhältnis zu dieser Neuen aufgebaut.

Und der Tod der drei Prostituierten war auch Gesprächsstoff in dem Badehaus, wo die Edelnutten arbeiteten. Und noch dazu jedes Mal, wenn der Vollmond seine Strahlen zur Erde fallen ließ. Knut tat entrüstet. Wenn ein neuer Kunde im Salon erschien und die Damen ihn abschätzten, konnte er der sein, zwei Golddukaten, das war viel Geld, ein, zwei Monatslöhne, die sie von dem Badehausbesitzer bekamen, der sie wiederum von den Kunden kassierte. Ra schien neugierig zu sein. Hatte sie doch schon alle gängigen Größen in sich aufgenommen.

Die wahre Mutter Jeremias' wandelte unterdessen durch eine große, nächtliche Stadt, auf einem bestimmten Platz auf- und abgehend, hoffend auf jenen Kunden, der sich nur des Nachts erbot, und das am Tage des Vollmondes. Das Wasser des langsam vorüberfließenden Flusses schien die Schwärze der Nacht mit sich zu tragen. Ein paar Öllaternen, deren karges Licht von dem dunklen, dahinwälzenden Gewässer absorbiert wurde, schienen als kleine Lichtpunkte auf dessen Wellen dahinschwimmend zu tanzen. Weit war der Weg, den sie bisher gegangen war, weit und dornig, und von einem zerstörerischen Selbstbewusstsein wurde sie getrieben bis hierher. Bis sie auf dem Großstadtstrich gelandet war. Noch war es nicht genug, ihre Rachegefühle zu befriedigen, aber Rache war der Motor ihres Handelns und bisherigen Überlebens. Die Rache hielt sie aufrecht, wenn sie am Boden lag, ließ sie wiederauferstehen, um weiterzukämpfen gegen ihr Dorf, gegen die Alten und den Moorgott, dessen fratzenhafte Mumie angebetet wurde von denen, die ihre Kinder ihm opferten. Nachdem sie in einer Stadt von des Moores Nähe, die in ihrer Nähe einer Keusche, ihr Kind abgegeben hatte, von dem sie jedoch wusste, dass es ihm gutging. Dass sie immer wieder Wahrsagerinnen aufsuchte und von ihnen das bestätigt bekommen hatte. Sie hatte aufgrund ihrer Schönheit viele Kunden beiderlei Geschlechts, die sie regelmäßig besuchten. Aber meistens waren sie verheiratet und sie mussten die Nacht zu Hause verbringen. So war die Nacht vorbehalten noch für andere, großzügige Freier, für ein Wohlwollen ihrerseits sie sich großzügig entlohnen ließ. Wie ihre Rache aussah, wusste sie noch nicht so genau zu definieren, sie meinte wohl, wie sie gesehen und erlebt, dass Geld vieles, aber nicht alles ersetzen konnte. Und dass Menschen schon für ein bisschen Geld bereit waren, die scheußlichsten Verbrechen zu begehen. Wenn sie frierend am Ufer des kälteverströmenden Wassers stand, sich in ihrem Geiste ein Heer von Landsknechten anheuern sah, um die alten, mordenden Männer zu töten, den Moorgott wieder im Moor zu versenken und die anderen zu befreien aus dem Moor, in das sie hineingeboren waren, sie aus diesem unmenschlichen Leben zu holen. Und wenn sie in ihrer Fantasie einem nach dem anderen dieser alten, archaischen Verbrecher das Messer in ihr Herz gestoßen hatte, würde sie sich jedes Mal lachend und mit Innbrunst dem Rächer hingeben. Und sie würde als Moorkönigin von den Bewohnern gefeiert und den Auszug aus dem Moore anführen, wo sie die alten Hütten und Brücken niederbrennen und nur ein unpassierbares Moor zurücklassen würden, um in einem neuen Land neue Häuser zu erbauen mit dem vielen Geld, das sie hatte und noch verdienen würde. Viel Land ringsumher, das alle zu ernähren imstande war, und keine Kinder mehr getötet werden mussten. So sie ihre Gedanken spann, bis ein Freier im wahrsten Sinne des Wortes sie freite und sie von ihren mörderischen Gedanken befreite. Sie hatte selbst kein Haus in dieser Gegend, wollen wir sagen, nicht mit der Kraft ihrer Lenden erarbeitet, als ein alter, reicher Greis, nämlich der Alte, der jeden Anspruch auf manuelle Liebe bereits verloren, aber vereinsamt sie in sein Haus genommen, um mit ihr stundenlange Gespräche zu führen.

Das heißt zuerst einseitig seinerseits Geschichten aus seinem Leben und ihr war die Rolle einer Zuhörerin zugedacht. Aufgrund seiner schon langjährigen Impotenz wusste er nicht einmal mehr, wann er seine Manneskraft beziehungsweise wann

sie ihn verloren hatte. Sie war eine aufmerksame Zuhörerin, zumindest musste es ihm so erscheinen, denn während er ihr sein
Leben gestand, aber immer wieder vergaß, dass er ihr die Passage
von seinem Leben bereits zum x-ten Mal erzählte, während für
sie in ihrem Dorf derweil jede Hütte, jede Steg und jede Brücke,
jede der vielen Inseln mit ihren Schweinen, Hühnern und Ziegen
wiedererstanden, die Inseln, auf denen Hirse angebaut wurde,
die Torfziegel tragenden Kinder, die an der einzigen Stelle einer flachen Insel von allen Seiten die nassen Ziegeln auf ihren
Rücken, hölzerne Putten trugen, um sie zum Trocknen aufzu-
legen oder sie kunstvoll geschichtet bis auf Manneshöhe über-
einanderzulegen, wobei jedoch einer der kräftigen Männer des
Moordorfes ihnen behilflich war. Zwischendurch nickte sie,
als sie das alles, was ihr der Alte aus seinem Leben zu erzählen
wusste, auch verstanden und mit ihm bei besonders traurigen
Abschnitten seines Lebens mitgelitten hatte. Außerdem war es
warm in der Stube, und wenn der Greis Geschichten samt ihres
traurigen Geschehens zum Besten gab, hatte er ihr auch immer
den Salär bezahlt, unaufgefordert, den sie beim ersten Date mit
dem Alten verlangt hatte. Er erzählte ihr von seiner Kindheit
als Sohn eines Lehensbauern, als eines der vielen Kindern, die
in der Stube anstanden und von Betten, in denen vier Kinder
zusammenschliefen, Hunger sie nicht schlafen ließ und rumo-
rend in ihren Eingeweiden den Schlaf anderer Kinder zu stören.
Hier log er ausgiebig. Aber unerbittlich der Lehensgeber mit seinen Rentbeamten, die die Fron eintrieben. Hunger, meinte sie in
sich hinein, Hunger hatte sie nie zu leiden gehabt, wenngleich
es oftmals wenig war, das von den Alten verteilt werden konnte. Aber auch sie oftmals die Mutter fragte, ob sie doch nicht
einen Löffel Brei mehr haben könnte. Aber Mutter darauf sagte, dass Vater wohl anstehe, denn er arbeite schwer und könne, ohne halbwegs gesättigt zu sein, die schwere Arbeit nicht
durchstehen. Und in ihr dämmerte der Gedanke heran, den sie
sogleich wieder verwarf, von der Kindesmordung sie verkünde-
ten, dass allzu viele Kinder nicht gesättigt hätten werden können und sie so verhungert wären, wenn das wenig Vorhandene

an mehr Mündern aufzuteilen gewesen wäre. Aber wieso haben sie nicht die Heide an dem Moorenrand genutzt, die sie auf der Reise durchs Land sehen konnte, von Schafherden bevölkert. Und ihr Zorn auf die Alten wuchs immer mehr in ihr. Oder sie hätten sie, wie die Jungen, fortziehen lassen sollen in die Stadt, statt sie mit der Drohung einzuschüchtern, wenn ein Torfverkäufer nicht mehr zurückkäme, wäre seine ganze Familie des Todes. Und dieses Urteil bereits vollstreckt worden war in einer der vorherigen Generationen, was nachhaltig in den Köpfen der Bewohner ihren Niederschlag gefunden hatten.

Ihrem Gönner, der alles von ihr wissen wollte, den zumindest die Aussage ihrerseits besonders zu interessieren schien, wo ein nicht Heimkehrer, dessen Familie aus Rache ins Moor geworfen wurde, wann das war, was sie jedoch nicht wusste, denn es wäre schon vorher passiert, als sie noch ein Kind war. Und er daraufhin von ihr wissen wollte, ob nicht auch andere dem Geflüchteten nachgefolgt wären. Sie hatte nur von dem einen gehört. Und er daraufhin, in sich greifende Angst der übrigen Bewohner, was sich tief in das Kollektivgedächtnis des gesamten Dorfes nachhaltig eingeprägt hatte, wie sie von ihrer Mutter erfahren hatte, war ein noch halber Junge und eine Frau und ein Mann, die Hände auf dem Rücken gebunden, die Füße verschnürt worden.

Aber eines Tages, als sie an seine Pforte klopfte, wie vereinbart am gleichen Tag der Woche zur gleichen Tagesstunde, sie nicht von ihm schon erwartet wurde, um wie eine Dame von ihm behandelt zu werden, die ihr ein unbekannter Mann öffnete, um sie mit „gnädige Frau" anzusprechen, um ihr mitzuteilen, dass der Hausherr verstorben und bereits begraben wäre und ihr all sein Vermögen laut Testament vermacht hätte. Einzig eine Schatulle, die er nun zu übergeben hätte. Von einem Menschen, der sein ganzes Leben vor ihr ausgebreitet hatte, er ihr Vertrauen gewann und so sie ihm ihre Lebensgeschichte von Anfang an zu erzählen wusste. Der Herr reichte ihr jedoch den Haustorschlüssel, um zu sagen, das alles wäre nur ihres, mit einer Geste, die das ganze Haus umschloss, um ihr ein Dokument vorzulegen und das wohl mit der ihr von dem Mann hingehaltenen Feder, welche zum Schreiben gewesen wäre, hätte sie es gekonnt. So malte sie drei Kreuze zum Zeichen ihrer Übernahme, wie sie es bei Verträgen gemacht hatte, wie der Zirkusdirektor mit seinen Domteuren, Athleten und Seiltänzern, die Großteils des Lesens und Schreibens nicht mächtig, mit drei Kreuzen den für sie oft vernichtenden Vertrag zu verifizieren. Darauf trocknete der Mensch die drei Kreuze, indem er feinen Sand darüber streute, rollte das Dokument zusammen, um gehetzt das Haus zu verlassen. Er war von der Art, die ihre Dienste in Anspruch nahmen, und jene spießbürgerliche Art von Honoratioren, die mit aufgestelltem Mantelkragen, den Hut tief ins Gesicht gedrückt, wenn sie nächtens durch bestimmte Gassen eilend, um ein Opfer ihrer Begierde sich auszusuchen, um in der nächsten Herberge, die jedoch das Mädchen wusste, zu verschwinden. Sie war sich nicht sicher, ob dieser Mensch, der sich nicht einmal als Notar auswies, nicht schon ein- oder mehrmals ihr Kunde gewesen war. Eine Woche, was in einer Woche so alles passieren konnte, sinnierte sie nun vor sich hin, um sich das Gesicht dieses Menschen in Erinnerung zu rufen, und sie konnte. Sie konnte es so gut, dass sie sich erinnerte, welch perverse Sexspiele er von ihr gefordert, vielleicht gerade deswegen und natürlich gegen entsprechendes Honorar auch bekommen hatte. Aber den Gesichtern ihrer Liebhaber schenkte sie nie allzu viel Beachtung, registrierte sie nicht einmal, sondern pflegte sich den anderen körperlichen Insignien zu widmen. Als sie das letzte Mal das Haus betreten hatte und er ihr wiederum zum wiederholten Male erzählte, dass er sich bei einem Freibauern als Knecht verdingte, dieser jedoch kinderlos, ihn als seinen eigenen Sohn großgezogen hatte und dadurch das freie Bauerntum übertrug, welches einstens unkündbar von den Lehensherrn verliehen auf alle nachfolgenden Geschlechter zu übergehen hatte. Nun war er, als der Bauer starb, ein Freibauer geworden, der weder dem einstigen Lehensherrn noch der Kirche tributpflichtig war und er wirtschaftete gut mit seinen Mägden und Knechten, denn er war ein großzügiger Arbeitgeber und die alten Mägde und die alten Knechte bekamen ein Ausnahmestüberl von ihm, denn riesengroß war der Hof. Dass diese Vorgangsweise den anderen Mägden und Knechten gefiel, braucht nicht besonders hervorgehoben zu werden, sich in der Leistung gegenüber dem Hof steigerte, und jeder arbeitete, als wäre es sein Hof. Doch eines Tages, das Getreide gedroschen, die Scheunen voll des Heus und Strohes, mit viel Gefühl erklomm eines Nachts der rote Hahn das Dach der Scheune, um von Gebäude zu Gebäude hüpfend, aufgestachelt durch einen sich wütend erhebenden Winde den ganzen Hof in Schutt und Asche zu legen, einschließlich des Viehs und der alten, gebrechlichen Mägde und Knechte. Das Rauschen des Windes verschloss die Ohren der Schlafenden vor dem sich anbahnenden Inferno, wo die Kühe brüllten im Stall, an den Ketten zerrten, die Schweine in den Ställen rumorten und die Gänse und Hühner in ihren hölzernen, brennenden Ställen umherflogen. Als das Licht der Flammen durch die Fenster der Schlafräume brach, war bereits alles verloren. Ein immer mehr erstarkender Wind, der sich nun zum Sturm erhob, trieb das Feuer vor sich her, um mit seiner grenzenlosen Vernichtungswut die ganzen Gebäude bis auf ein paar Ziegelmauern zu vernichten. Aber es klaffte ein Loch in seiner ihr anvertrauten Biografie, eine Passage, die er übergangslos vernachlässigte, bevor es weiterging, wegen einer schönen, reichen Witwe, die ihn zu ihrem Mann genommen hatte, oder besser: er sie zur Frau. Als sie ihn das letzte Mal darauf ansprach, dass sie sonst über sein lückenloses, preisgegebenes Leben schon sehr wohl informiert sei, bemerkte sie, dass er es absichtlich ausgelassen hatte, denn er sagte, wenn er es sich so recht überlege, könne sie auch die dunkle Seite seines Lebens erfahren und er wäre bereit, das nächste Mal die Lücke in seinem bisher vorgebrachten Leben zu schließen. Aber es kam nicht mehr dazu. Sie begutachtete das ganze Haus, welches als Ganzes die Wohlhabenheit des vormaligen Bewohners erkennen ließ. Sie war nur in dem mit erlesenen Möbeln eingerichteten Wohnzimmer vor dem offenen Kamin gesessen, dessen Holz irgendjemand die Treppe heraufgeschleppt haben musste, hatte aber nie einen Bediensteten zu Gesicht bekommen. Und im Verlauf der langen Gespräche pflegte des Öfteren ein paar Scheite nachzulegen, um wiederum, vom Gelichter der offenen Flammen verfolgt, in seinem Lehnstuhl Platz zu nehmen und ihr wieder gegenübersitzend schon zum wiederholten Male die Geschichte seines Lebens, als wäre die ihm Gegenübersitzende sein Beichtvater, zu erzählen. Und nun war er tot. Er, der keinen Eindruck einer Krankheit in ihrer Erinnerung hinterließ, war tot. Sie wusste nicht, wo man ihn begraben hatte, noch, welche Angehörigen es geben könnte.

Nur die Schatulle, die der Mann ihr gegeben, der wohl der Testamentsvollstrecker war, hielt sie in ihren Händen. Sie war mit Silber beschlagen und leichten Gewichtes. Es konnte sich zumindest um keine Truhe handeln, die mit Geld oder Edelsteinen gefüllt war. Unversperrt war sie, die kleine Schatulle. Warum gerade die? Was sollte besonders an ihr sein? Sie schlug den Deckel auf, sodass er an den Scharnieren hängen blieb, um waagrecht zum Liegen zu kommen. Es lag nur ein Zettel darin, darauf ein paar Worte, wie sie meinte, mit schwerer Hand geschrieben, und sie konnte nicht lesen. Also ließ sie den Zettel in der Schatulle, um sie wieder zu verschließen. Hätte sie Buchstaben gewusst, wäre darauf gestanden: „Kehre heim. Jemand wartet auf dich. Kehre heim zu deinem Sohn." So hatte der schlaue Alte, indem er sein angebliches Leben vor ihr ausbreitete, auch vieles von dem ihrigen erfahren, ohne dass sie es merkte oder wusste, erzählte sie ihm alles aus ihrem Leben. Das war dann, wenn sie die Vergangenheit zu erdrücken schien und ihre Tränen, die Gestalten der alten Männer und der sie betastenden alten Weiber auferstanden, die mit ihren kalten, knöchernen Fingern über ihren Bauch strichen, und sie jedes Mal schreiend erwachte. So erfuhr er nach und nach von ihrem wechselhaften Leben, dass sie jede Münze auf Münze legte, um ihr Ziel, die Befreiung ihres Moordorfes vom Moorgott, zu erzwingen. Aber irgendwo und irgendwie sagten diese paar Wörter ihr etwas, machten sie unsicher. Und sie beschloss, einen ihrer nächsten Freier, die sie in diesem ihr übereigneten Haus zu betreuen gedachte, sofern jener der geschriebenen Sprache mächtig, zu fragen, was diese Worte zu bedeuten hatten. Und sie zog aus ihrem billigen Zimmer aus, das sie zur Betreuung der Kundschaft hatte und selbst darin wohnte, mit ihrer Geldkiste, die schwer sich tragen ließ, denn sie war gefüllt mit Gold- und Silbermünzen, waren doch ihre Klienten fast allesamt aus besserem Haus und sie wechselte bei dem Pfandleiher auch kleine Blei und Nickelmünzen in pures Gold und Silber.

Obwohl sie bereits so viel an Gold und Silber sich erarbeitet hatte, zuzüglich das gut zu verkaufende Haus, verweigerte ihr doch eine wachsende Gier den Abbruch ihres Hurendaseins. Daraufhin ging sie wieder einmal zu einer ihrer wildfremden Wahrsagerinnen, dass ihre diese eine Vergangenheit wie alle anderen vorher nachsagte, von dem verlassenen Kind, das sie über die Zeit in sich getragen hatte, und ihr Kind in großer Gefahr schon schwebte. Nun bewies sie, dass sie noch Mutter war wie damals, und sie verkaufte einem Freier von ihr, der sie sehr oft besuchte, das Haus mit dem zurückgelassenen Inventar, wobei sich dieser all das gelassene Geld, das er für die Liebesdienste bezahlt hatte, und ihr ein Vielfaches des wahren Wertes unterschlug, aber sie mit einer Truhe von Gold und Silber eine Kutsche mietete, die sie unter Bezahlung eines fürstlichen Fuhrlohnes in ihre Heimat zurückbringen sollte. Denn in der von ihr unterzeichneten Urkunde stand, dass sie tausend Taler in Gold bekommen sollte, und sie die Übernahme damit bestätigt hatte. Der Haudegen mit seinen Soldaten seiner Kutsche und seinem Schloss hatte sie vergessen.

Die Hure Ra jagte mit fliegenden Rössern über die nächtlichen Straßen, bis der Kutscher sagte: „Nun, es ist genug, liebe Frau. Sie haben zwar viel und anständig bezahlt, aber sehen Sie, die Pferde sind am Ende." Und führte sie über ein Stück des Weges langsam, um sie an einer freien Waldecke sie ausschnaufen zu lassen, sie mit mitgeführtem Hafer zu füttern und mit Wasser, das er ebenfalls mitgeführt hatte, sie zu tränken. Denn er wusste, die Frau hatte viel bezahlt, allzu viel. Aber sie wollte schnellstens in die eine Stadt, die am Rande einer großen

Heide, aber an einem noch größerem Moore lag. Und irgend-was Dunkles, Geheimnisvolles trieb diese Frau. Als die gemie-tete Kutsche der Hure Ra wieder von den erholten Pferden im Eiltempo zur Stadt gefahren wurde, als die Torfverkäufer auch am Morgen nicht unter ihren Karren hervorgekrochen kamen, sondern mit schwarzen Flecken übersät sterbend vor sich hin fieberten, um sich nie mehr zu erheben. Und in der Stadt, als die Uhr fünfmal schlug, öffneten die Torwächter die Stadtto-re und die Bauern mit ihren mit Früchten und allerlei essbaren Waren beladenen Wagen strömten in die Stadt, um sie am Marktplatz zu verkaufen.

Während die Pferde der Stadt zuflogen, war sie in ihren Ge-danken bei ihm, dem alten Mann, bei den Geschichten, die er ihr und sie ihm erzählte hatte.

Sie dachte an das Rundhaus, wo man über sie Recht gespro-chen hatte, die anderen verurteilten Kinder zum Moore getra-gen und der Moorpriester nach der Verurteilung durch den Äl-testenrat dieses Urteil mit dem Hineinstoßen der gefesselten Kinder in den Moorfriedhof vollzogen hatte. Der Großvater, der dem Ältestenrat angehörte, hatte ebenso in Anbetracht der Schwere des Verbrechens seines Enkels, der als drittes oder viertes Kind geboren wurde, auch für dessen Tod und den sei-ner Familie gestimmt. So war dem gesamten Dorf, ob Greis, ob Mann, ob Kinder, die Kollektivschuld eingebrannt worden. Da-raufhin versank er jedes Mal in Gedenken in sich hinein und sie vermeinte, er würde schlafen, diese betrübliche Angelegen-heit zu verarbeiten versuchen. Bekümmert über diese üble Ge-schichte, schüttelte er ein paar Mal den Kopf, um aufzustehen, um nochmal Holzscheite auf die noch hochbrennenden Scheite zu legen, als wäre er in Gedanken verloren und würde weder sie noch das Feuer registrieren, sondern wäre in einer anderen Welt versunken. Bis seine Familie im Moor, die man wegen ihm hin-gerichtet hatte, als er sich als Torfstecher nach dem Verbleiben bei der Torfkauffrau zur Abfahrt bereit machte, man die Fami-lie bereits gerichtet hatte, spurlos verschwunden war. So alles, ob sie ihm erzählt hatte in den Tagen, wo sie depressiv, wenn der Nebel aus dem Fluss stieg, in den Gassen der Stadt sich breit machte und die Laute brach, die Leute die Straßen mieden, soweit es ihnen möglich war. Und manche Kutsche noch von einem in dem dicken Nebel hin trabenden, eisenbeschlagenen Huf eines Pferdes auf dem Pflasterstein gezogen, dessen eisenberingte Räder holpernd über den abgewetzten Granit rollten. Das war die Zeit, wo sie unangemeldet zu ihm kam, ohne jedoch ein Salär von ihm zu nehmen oder auch nur zu erwarten. Und es schien, als wüsste er, wenn sie kommen würde und dass sie ihm aus ihrem Leben erzählen würde, und es stoßweise aus ihr herausbrach, ein grauenvolles Leben, das sich ihm darbot.

Von dem Kind, zu dem es im Mutterleib eine besondere Bindung gab. Sie hätte den Eindruck gehabt, dass alles, was sie sah, alles, was sie hörte, alles andere, was mit ihr sprach, er es ebenso erfahren hatte, genauso wie sie. Als sie noch lange über die Zeit ihn in sich trug, wo er strampelnd sein Leben kundtat, aber schon, als die alten Frauen, die ihre Schwangerschaft überprüften, mit ihren knöchernen, alten Fingern über ihren Bauch strichen, er sich klein und tot stellte, als wüsste er um die Gefahr, die ihm drohte. Und als sie dem scheinbar uralten Mann diese unglaublichen Geschichten erzählte, saß er starr in seinem Lehnstuhl mit einem ihm nähernden Blick in dieses Dorf erkundet.

Sie erzählte von ihrer Flucht, der Weglegung des eben vorerst geschilderten Kindes. Sie scheute sich auch nicht, sich der vielen Männer zu erinnern, die ihr bei der Flucht das Überleben ermöglichten, wobei sie manchmal ganz Amüsantes zu erzählen wusste, wie zum Beispiel, dass sie als eine wunderschöne Frau in einem Etablissement gearbeitet hatte und ein Freier sich derart in sie verliebt hatte, dass er sie unbedingt, wie er sagte, zu seiner Frau machen wollte, besser gesagt zu seiner Mätresse. Es war die Zeit, als auch die hohe Geistlichkeit solch amourösen Abenteuern nicht abgeneigt und so mancher Kirchenfürst sich eben eine, wenn nicht sogar mehrere hielt. Er besorgte ihr eine wunderschöne Wohnung, er meinte Schönheit zu Schönheit und diese eine sollte angemessen der anderen zu sein. Bald hatte sie Gefallen an dem hohen, kirchlichen Würdenträger und an ihrem Leben gefunden. Doch ihr Kind, das hatte sie nicht vergessen. So suchte sie eine Wahrsagerin auf, die auf übliche Weise wahrsagte, dass sie das Kind zu lange in sich getragen hatte, aber es ihm gutgehen würde. Sie jedoch sagte, dass Gefahr bestand, ihres luxuriösen Lebens verlustig zu werden. Wieso allerdings, das konnten ihr die Karten nicht verraten. Es war das erste Mal, dass bei einer Zukunftssage der Wahrsagerin Zweifel in ihr auftauchten. Er, der ihr wie noch nie ein anderer zu Füßen lag, sollte der, obwohl sie ihm alles an Liebe abverlangte, was so ein kurzes Szenario zu geben vermag, und er all seiner Manneskraft beraubt noch eine Stunde verschlief, bis er sich wieder so weit erholte, dass er fähig war, überhaupt das Bett zu verlassen. Doch nachdenklich war sie trotzdem geworden. Ihr Galan, der Erzbischof, obwohl ein Mann noch jung an Jahren, sagen wir in den besten Jahren, denn man musste schon damals eine Anzahl der Kirche zugetaner Arbeit hinter sich gebracht haben, um die Karriereleiter so hoch hinaufzusteigen. Er war aber trotzdem jung und sie hatte keine Ahnung von der Hierarchie der Kirche. Sollte er vielleicht auch eine zweite Mätresse sich zugelegt haben? Sie mochte es nicht glauben. Wenn sie nur daran dachte, wie er nach verbrachter Liebesnacht frühmorgens schwankend und wankend die Kutsche bestieg, um in die erzbischöflichen Palais zu fahren. Das konnte nicht sein. Der Alte lächelte derweil vor sich hin, sich ferner Zeiten erinnernd, wo ihm Ähnliches widerfahren war, und in stiller Trauer den längst vergangenen Tagen eine Träne nachzuweinen. Bisweilen jedoch die Hure Ra die Beute dieses eher kurzen Intermezzos mit einem Erzbischof bekanntzugeben bereit war, der Alte vor Aufregung zwischendurch wieder ein paar Scheite Holz auf die auflodernden Flammen fallen ließ, und von dem Gelichter des nacheilenden Geflammes verfolgt und die Neuen tanzend sein Gesicht umfassend, sodass sie seine vor Lust sprühenden Augen überdeckten. Er war eben trotz seines Alters ein Mann geblieben. Und zwar so einer, der die Tochter von einem ebenen Verstorbenen und ganz reichen Kaufmann mit seiner animalischen Wildheit so bezwungen, dass sie darauf bestand, dass er sie zur Frau machen sollte, was er auch tat. Sonst würde er hier nicht sitzen in diesem großen Haus, umgeben von wertvollem Inventar, vor dem wärmespendenden Kamin, mit einer noch wunderhübschen Frau zusammen, die zwar aufgrund ihres Lebenswandels etwas gealtert war, aber das konnte von der Not als junge Frau noch herrühren. Und so war ihr weiteres Leben vernachlässigbar. Das Können war ihm schon lange abhandengekommen, aber das Wollen blieb ihm erhalten. Und so hatte er sie auch in einer als nobel beleumundeten Schenke kennengelernt, sie nach Haus genommen, so wurden sie zwei gute Freunde. Sie ging ihrer Arbeit nach und hortete das Geld, um ihr Dorf von dem Joch des Moorgottes und der alten Männer zu befreien. Eine Frau, deren Gesicht von eurasischen Zügen geprägt, die zusammen ein wunderschönes Gesicht ergaben. Jetzt lächelte sie still in sich hinein, wahrscheinlich der damaligen Situation gedenkend, und sie saß nun ihm Gegenüber, der auch ihr sein ganzes Leben bis auf ein kleines Stück preisgegeben hatte. Sie begann: „Damals war es ja auch erst ein paar Jahre nach meiner Flucht mit dem Kind. Also hatte mich mein Galan in diese wunderschöne Wohnung einquartiert, bis eines Tages der Hausherr kam, der mich nicht einmal kannte, und forsch sagte: ‚Verschwinden Sie sofort mit Ihren Habseligkeiten.‘ ‚Aber der Herr Bischof‘, wagte ich einzuwerfen, das war die andere Titulierung, mit dem ihn die Stammgäste in der Schenke ansprachen, ‚was ist mit dem Herrn Bischof?‘ Er erwiderte zornig: ‚Was heißt Bischof? Ihr Liebhaber war nur sein Lustknabe. Aber ansonsten …‘, er verzog die Mundwinkel nach unten. Natürlich wusste ich bereits von dem dritten Geschlecht, aber irgendwo blieb es mir verwehrt, die Zusammenhänge zu durchschauen. Wähnte ich doch tatsächlich meinen Galan als den Bischof. ‚Also‘, stotterte ich. ‚Also‘, sagte der Vermieter darauf gehässig, ‚dieser bisexuelle Strolch hat sich bei Ihnen als Bischof ausgegeben‘, Antwort erwartend. ‚Ich dachte, dass er so genannt wurde von den anderen.‘ ‚Nun‘, grunzte er in sich hinein, ‚das war provokatorisch gemeint. Denn die ganze Stadt weiß, dass der Erzbischof schwul ist. Und dass sich die Kerzen in der Kirche verbiegen, wenn er die Messe liest. Und ebendieser Strolch hat das weidlich ausgenützt und mit seiner Bisexualität gekrönt. Der Erzbischof ist übrigens gestern gestorben. In einem biblischen Alter auf seinem Buckel und so auch niemand da, der diese Wohnung bezahlen wird. Und daher raus samt Ihrer Klamotten, morgen will ich Sie nicht mehr sehen.' So war also mein Erzbischof der Lustknabe des alten Erzbischofs gewesen." Während er vor ihr saß, sich seinen Bart strich. „Er war ein schöner Mann, eigentlich allzu schön für die Männer, die da draußen", um darauf fortzufahren, „da waren die Männer aus meinem Dorf patzig Schönheiten gegen diese hier", wobei sich der Alte genüsslich und wohlgefällig über seinen ergrauten, kurzgeschorenen Bart strich, um diese Bemerkung besonders für sich in Anspruch zu nehmen. „Ja, so war das. Ich kehrte in meine Schenke zurück, wo man mich nicht nur mit großem Hallo empfing, sondern ich für die nächsten Tage, was heißt Tage, Wochen danach ausgebucht war und meine Abwesenheit meinen Verkehrswert steigen ließ." Nun saß sie wieder bekümmert ihm gegenüber, und das Geflamme tanzte auf ihr wie verrückt auf und ab, um sie noch nebenbei zu erwärmen. Sie war in ihren Depressionszeiten enormen Gemütsschwankungen unterworfen, so wie sie hier von amüsanten zu den grässlichen und elenden Begebenheiten aus ihrem Leben sprunghaft von einem zum anderen wechselte, wie jetzt, wo sie mit Schaudern an ihr Ehegelübde sich zu erinnern wusste, wo ihr im Hause des Moorgottes – von den Alten umstellt, vor sich den Moorpriester und dahinter den mumifizierten Moorgott auf seinem vermodernden Pferd – von ihnen das Ehegelübde abgefordert wurde, das in dem Ausspruch gipfelte, dass jenes der auf zwei Kinder beschränkten Ehe dem Moorgott ausgeliefert werden musste und der anwesende Ältestenrat, der als Trauzeuge fungiert, jedes anderswertige Kind der Familie entnehmen konnte, um es opfernd an der dafür vorgesehenen und vorgegebenen Stelle des Moores zu versenken, nicht jedoch vorher das Kind dem Moorgott vorzuführen.

Nun saß sie wieder bekümmert dem Alten gegenüber und das Geflamme tanzte auf ihr wie verrückt auf und ab, um sie noch nebenbei zu erwärmen. Sie war in ihren Depressionszeiten enormen Gemütsschwankungen unterworfen, so, wie sie hier von amüsanten zu den grässlichen und elenden Begebenheiten wechseln musste, um ihrer Chronologie folgen zu können. Aber das war sozusagen nur Beiblatt ihrer, der kernwahren Geschichten, der Geschichte aus dem Moor, und die alleine ihn wirklich zu interessieren schien. Und sie spürt, dass sie verwandte Seelen seien, nur wusste sie nicht warum. Um sich gegenseitig auszutauschen, ein wohlhabender Mann, von dem sie inzwischen die Ursache seines Reichtums wusste. Irgendwo hatte er noch ein Geheimnis. Während die Pferde der Stadt zuflogen, erlag sie all diesen Gedanken.

Und sie erzählte und erzählte.

Sie tat jedoch dem Alten in ihren Gesprächen kund, dass sie bald ihr Versprechen einlösen würde, denn nun hätte sie so viel oder fast so viel an Geld, dass sie eine ganze Kompanie an Söldnern anwerben könnte, um das Moordorf von seinem Moorgott und seinen Alten zu befreien. Der Alte hörte ihr aufmerksam zu, war er doch dem gleichen Gedanken verfallen, im Hass auf die Despoten, dem dieses Dorf unterworfen, und das schon jahrhundertelang. So war er noch mächtig reich geworden. Sie erzählte ihm, dass sie einen Kunden gehabt hätte mit einem Auge, das andere mit einer schwarzen Maske verbunden und eine Prothese an seiner linken Hand, sodass er mit der anderen noch ein Schwert zu führen vermochte, einen Anführer eines Söldnerheeres, das im Dreißigjährigen Krieg als Kommandant einer Söldnergruppe einmal den Kaiserlichen, dann wieder dessen Widersachern gedient hatte, und nun bereit, obwohl er es eigentlich nicht mehr nötig hätte, da er so viel an Beute gemacht hätte, ein paar seiner Söldner wieder zusammenzutrommeln, um ihr bei ihren Vorhaben behilflich zu sein. Kostenlos, meinte er. Nur wünsche er, dass sie bei ihm bliebe. Er habe sich nämlich in sie verliebt. Da läuteten bei dem Alten die Alarmglocken, das hieße, dass er sie verlieren könnte. Sie sagte noch, dass jener mit ihr in das Moordorf zu fahren gedenke – er hätte nämlich sogar noch eine Kutsche gräflicher Herkunft aus einer Beute in einer fremden Stadt und außerdem besaß er noch ein Schloss –, um die Art des Kampfes zu erkunden, die in diesem Fall angebracht war. Er meinte, dass diese Art des Kampfes nicht viele der Kämpfer erfordern werde, im Handstreich würde er das Moor erobern und für die Alten sich jenes Gesetzes bedienen, das sie bisher selbst angewandt hatten. „Und wann sollte das geschehen?", fragte sie der Alte. „Er meinte, er hätte noch in der Stadt eine Abrechnung zu bestreiten, dann allerdings stünde er für mein Vorhaben bereit. Aber zwischendurch würde er mich besuchen." Der Alte spürte plötzlich die Eifersucht, die ihn gefangen nahm, so bis jetzt er sie nur als Hure beanspruchte, und das bei allmondlichem Vollmond. „Was hast du?", befahl sie sich ihn zu fragen, da er plötzlich ein versteinertes Gesicht vor sich hertrug und nicht einmal die Flammen des Feuers, welche sein Gesicht überflogen, konnten das Gesicht seiner Starrheit entkräften. So kam es, dass er beschloss dokumentarisch zu sterben, nachdem er noch einmal, da der Mond seiner letzten Ausdehnung sich näherte, sich und sie beglückt hatte. Währenddessen sollte Friedrich den verbrannten Hof verlassen, um mit der zweiten Kutsche alles Wertvolle an Bildern, Teppichen und das restliche Geld, das noch überall versteckt gefunden wurde, an einen verborgenen Platz zu bringen, um das Haus großteils leer zu hinterlassen. Ein echtes Testament war zu schreiben und sein Sterbedokument in einer anderen Stadt dem Notar zu hinterlegen, der es Ra zu übergeben hatte. Er wollte vorher in diese Stadt zurück, um bei der Erstürmung des Moores dabei zu sein und Ra mit so viel an Geld auszustatten, dass sie diesen ehemalige Heer- oder Rottenführer bezahlen konnte und sich nicht diesem Krüppel von einem Menschen zu unterwerfen hatte. Und er erwartete sie auf seinem Turm täglich, als das Stadttor geöffnet, um eine Kavallerie von Soldaten mit ihrem Anführer zu ersehen. Aber nichts geschah, sondern der Tod kam still und leise durch das Stadttor geschlichen. Moorbewohner hatten ihn vom Moore mitgebracht.

Mit Schaudern gedachte sie an die Abholung der Kinder in den einzelnen Familien. Er wusste das alles und wie, das wusste auch er, von der Androhung, wenn sich einer der Karrenfahrer weigern würde zurückzukommen, was seiner Familie drohte. Trotzdem er wusste, er hatte es getan und so sie ihrem Verderben ausgeliefert. Und sie dachte daran, wie sie das erste Mal nach der Kindesweglegung in die Stadt kam und sich auf einem großen Platz befand, der umgeben von großen aus Stein gefertigten Häusern und den noch dazu eine riesenhohe Stadtmauer umschloss, ein eisenbeschlagenes Stadttor und hinter dieser riesigen Stadtmauer würden viele tausend Menschen leben. Das hatte ihr ihr Mann, der mehrmals als Torfverkäufer in der Stadt unterwegs, erzählt.

Was sollte besonders an ihr sein, wo doch so vieles an wertvollen Teppichen und Möbel, das an der Wand hing oder stand, entfernt worden war? Sie schlug den Deckel auf, sodass er an den Scharnieren hängen blieb, um waagrecht zum Liegen zu kommen. Es lag nur ein Zettel darin, darauf ein paar Worte, wie sie meinte, mit schwerer Hand geschrieben, und sie konnte nicht lesen. Also ließ sie den Zettel in der Schatulle, um sie wieder zu verschließen. Hätte sie Buchstaben gewusst, wäre darauf gestanden: „Kehre heim. Dein Sohn wartet auf dich." Und der Schreiber meinte sich damit, damit sie sich beide an dem Moorgott rächen konnten. Jemand wartet auf dich. „Kehre heim zu deinem Sohn." Und der Alte gierte seiner Rache entgegen. So hatte der schlaue Alte, indem er sein angebliches Leben vor ihr ausbreitete, auch vieles von dem ihrigen erfahren, ohne dass sie es merkte oder wusste, erzählte sie ihm alles aus ihrem Leben. Das war dann, wenn sie die Vergangenheit zu erdrücken schien und ihre Tränen, die Gestalten der alten Männer und der sie betastenden alten Weiber auferstanden, die mit ihren kalten, knöchernen Fingern über ihren Bauch strichen, und sie jedes Mal schreiend erwachte. So erfuhr er nach und nach von ihrem wechselhaften Leben, dass sie jede Münze auf Münze legte, um ihr Ziel, die Befreiung ihres Moordorfes durch den Tod des Moorgottes zu erzwingen. Aber irgendwo und irgendwie sagten diese paar Wörter wohl für sie etwas, machten sie unsicher. Und sie beschloss, einen ihrer nächsten Freier, die sie in diesem ihr übereigneten Haus zu betreuen gedachte, zu fragen, sofern jener der geschriebenen Sprache mächtig, was diese Worte zu bedeuten hatten. Und sie zog aus ihrem billigen Zimmer aus, das sie zur Betreuung der Kundschaft gemietet hatte und in dem sie selbst wohnte, mit ihrer Geldkiste, die schwer sich tragen ließ, denn sie war gefüllt mit Gold- und Silbermünzen, waren doch ihre Klienten fast allesamt aus besserem Hause und sie wechselte bei dem Pfandleiher auch kleine Blei- und Nickelmünzen in pures Gold und Silber. Obwohl sie bereits so viel an Gold und Silber sich erarbeitet hatte, zuzüglich das gut zu verkaufende Haus, verweigerte ihr dennoch eine wachsende Gier den Abbruch ihres Hurendaseins. Wie sie wieder einmal zu einer ihr wildfremden Wahrsagerin ging, dass ihr diese eine Vergangenheit wie alle anderen vorher nachsagte, von dem verlassenen Kind, das sie über die Zeit in sich getragen hatte, und ihr Kind in großer Gefahr schon schwebte. Nun bewies sie, dass sie noch Mutter war wie damals, und sie verkaufte einem Freier von ihr, der sie sehr oft besuchte, das Haus mit Inventar, wobei sich dieser all das gelassene Geld zurückholte, das er für die Liebesdienste bezahlt hatte, und ihr ein Vielfaches des wahren Wertes unterschlug, aber sie mietete mit einer Truhe von Gold und Silber eine Kutsche, die sie unter Bezahlung eines fürstlichen Fuhrlohnes in ihre Heimat zurückbringen sollte. Aber dass der Testamentsvollstrecker sie betrogen hatte, das wusste sie nicht. Denn in der von ihr unterzeichneten Urkunde stand, dass sie tausend Taler in Gold bekommen sollte, und sie hatte die Übernahme damit bestätigt. Sie fuhr mit einer gemieteten Kutsche zu der ersten Stadt nach ihrer Flucht aus dem Moore, um Barbaras Keusche aufzusuchen.

Bald wussten die Städter, dass der Junge, der neben seiner alten Mutter die Kräuter der Heide verkaufte, noch besser als die Alte es wusste, die sich jetzt ganz der Wahrsagerei gewidmet hatte. Sie beide, sie waren ein gutes Team, der eine für den Körper, der andere für die Seele, und manch junge Maid öfter an ihrem Stand vorüberzog, kichernd, um ihm verstohlene Blicke hinzuwerfen, denn aus ihm war ein wahrhaft schöner Junge geworden, den seine Ziehmutter, jeder glaubte, dass er ihr wahrer Sohn sei, zu vergöttern schien. Als der Flaum anfing, sein Gesicht zu erobern, und andere männliche Attribute sich erhoben, wusste er, dass es an der Zeit war fortzuziehen in eine andere Stadt. Fortzuziehen von den Ziegen und Hühnern, die Heide zu verlassen und seine moorige Vergangenheit abzuschütteln. Aber noch einmal wollte er zurück in das Moor, dem er entkommen war, damals, ja, damals wollte er nur wissen, wo sein Vorleben – im wahrsten Sinne des Wortes gesprochen – lag, ohne sich jedoch des Näheren zu erforschen, aber zu feige, weil er noch zu klein war. Als eines Tages die Torfstecher mit ihren zweirädrigen Karren beladen mit den Torfziegeln wieder in die Stadt kamen, kauften die Städter wie verrückt, denn die Wahrsagerin hatte einen strengen Winter prophezeit. Denn frühzeitig fegte der Nordwind die eisige Luft durch die Straßen der Stadt und sie zogen wieder mit den für den Erlös der Brennziegel gekauften Gegenständen durch das Stadttor, um in ihr Dorfe heimzukehren, wo die Dorfbewohner schon der notwendigsten und dringendst gebrauchten Waren harrten. So schloss sich der Junge denen an, natürlich immer in Sichtweite der Spuren, die Karren boten eine gute Spur durch die kahle, großteils vegetationsfreie Heide. Wieder waren sie verschwunden, lautlos und spurenlos im Moor verschwunden. Doch er suchte und suchte und er fand einen Weg, nur für einen begehbar, zu dem Moor. Unter ihm wankte zitternden Fußes die Erde, ehe es ihm gelang, eine sichere Stelle zu finden. Diesen Weg würde wohl auch seine Mutter gegangen sein, vermutete er, als sie vor seinen Häschern mit ihm flüchtete. Doch dazu fehlte ihm schon die Beziehung, diese einmalige Beziehung zu ihr, wo er alles hörte und sah, was sie machte, was sie hörte und was sie sprach. So versuchte er auf trügerischen Pfaden das Dorf zu erreichen und erreichte es und es lag mit seinen Hütten noch genauso da, wie es vor seinen geistigen Augen, vor Mutters Augen dagelegen haben mochte. Das runde Haus, der es umgebende Platz, die Hütten die ihn umsäumten, Hütte an Hütte gereiht und dahinter noch einmal eine ganze Reihe von Hütten, abgezäunt gegen das angrenzende und alles verschlingende Moor.

Befehle und Todesurteile über Neugeborene wurden hier ausgesprochen von den alten Männern, um des Moorgottes Gesetze zu exekutieren und den Erhalt des Stammes zu gewährleisten. Er hatte sich tagsüber versteckt unter Sträuchern, die um die Moorfelder wuchsen, und als die Dämmerung über das Moore fiel und der Mond bei seiner Wanderung durch die Nacht zu seinen Lagen sich erhob und die Sterne glitzernd am Himmel ihr funkelndes Gewirr zur Erde fallen ließen, kam er hervorgekrochen, um sich der sicheren Pfade, deren er sich noch gut zu erinnern wusste, zu bedienen, sich vorzuschleichen und ihr altes Haus zu suchen, das in der zweiten Häuserreihe stand, wie er sich gleich zu erinnern glaubte. Und siehe, es war leer. So leer wahrscheinlich, wie sie es damals auf ihrer Flucht verlassen hatten. Plötzlich kam ein wunderhübsches Mädchen, der Mondschein lag auf ihren blonden Haaren, welche schimmernd beidseits ihres Gesichtes fielen, wahrscheinlich ein Mutationskind wie alle anderen. Sie hatte breite Backenknochen und eine wunderbare Gestalt, die durch ihren Leinenkittel hindurchschimmerte. Sie war doch auch ein Abkömmling der gefangenen Geiseln. Sie kam aus einem der Häuser und ging in ein anderes hinein, dann hörte er lautes Weinen und Klagen aus diesem Haus und es kamen immer mehr Frauen aus den anderen Häusern, um dieses Haus zu betreten. Und sooft sie die Tür öffneten, lautes Weinen und Klagen zu ihm drang. Es war die Verabschiedung für ein Kind, das dem Moore übergeben werden sollte. Das hatte er mehrmals miterlebt, von seiner Mutter beruhigt, zu viele wurden in das Dorf hineingeboren, als dass sie hätten ernährt werden können. Nach und nach verließen die Frauen das Haus, bis nur noch das Gewimmer einer einzigen Frau sein Ohr erreichte und auch das langsam erstarb. Das hübsche Mädchen mochte wohl in seinem Alter sein, das damals überleben durfte, und er fragte sich, wieso sie sich so einem mörderischen System verpflichtet fühlte. Warum flohen sie nicht in die Stadt? Warum kehrten die Torfverkäufer immer wieder in dieses trostlose und mörderische Dorf zurück? Aber es fiel ihm ein, es gab die Sippenhaftung. Sollte einer der Torfverkäufer nicht zurückkehren, würde seine ganze Familie hingerichtet, nämlich lebendig im Moor begraben. Das war schon öfter passiert, aber es hatte sich im kollektiven Gedächtnis eingegraben und kein Mensch seit hunderten von Jahren hatte sein Dorf verlassen, denn der Moorgott ist unerbittlich in seinem Gesetz. Als der Mond hoch am Himmel stand und er vollmondig das Moor erleuchtete, kamen alte Männer mit grauen Bärten und langen Haaren, die auf dem Kopf die Rindenhüte trugen, in das Haus des zum Tode verurteilten Kindes. Und nach deren Klopfen, das nach einem bestimmten Rhythmus erfolgte, erreichte ihn lautes Schluchzen und Gewimmer durch die geöffnete Türe und ein Bündel eines kleinen Menschleins wurde einem von ihnen übergeben. In Stille gebettet lag das Dorf im gewaltigen Moor, das ihnen Zuflucht und Überleben garantierte. In einer langen Prozession zogen sie fort, er schlich hinter ihnen her und sie zogen zu der Insel des Moorgottes, um ein Opfer darzubringen Ein Mann nach dem anderen verschwand hinter einer noch größeren Tür, als er es in Erinnerung hatte. Die Tür wurde geschlossen. Da sah er in der Tür wiederum das mit Fell verkleidete Loch und rutsche bäuchlings in die Schädelstätte, ohne von ihnen bemerkt zu werden. Sie wussten, heute würde kein Ghettobewohner auch sich nur sein Haus zu verlassen getrauen. Der Priester begann zuerst zu beten, dann zu singen und das Kind schrie. Ein dumpfer Männerchor übertönte das Geschrei des Kindes. Es beruhigte sich wieder, während die Männer weiter sangen. Dem Moorgott hatte der Priester eine aus Bienenwaben gedrehte Kerze in die zu Krallen geballte Hand gedrückt, die ließ sein mumifiziertes Gesicht mit seinen gelben Augen als schaurige Fratze erscheinen. Zwischendurch betete der Priester in einer für ihn, den Beschauer, unverständlichen Sprache. Es schien einer Art Litanei, die er in der Kirche in der Stadt von Gläubigen gehört hatte, sehr ähnlich und dann sangen sie wieder so ähnlich, wie er es in der Kirche in der Stadt gehört hatte. Wahrscheinlich waren die christlichen Rhythmen, übertragen durch die geraubten christlichen Frauen, in das heidnische Ritual eingeflossen. Sie sangen so lange, bis die Kerze heruntergebrannt war und als

Erster der das Kind Tragende durch die nun geöffnete Tür verließ, von der Prozession der alten Männer gefolgt. Noch stand der Mond hoch am Himmel und beleuchtete die Szene, wie sie langsam über die sicheren Pfade zu der Stelle des Moores sich begaben, wo alle zum Tode verurteilten Säuglinge zu Grabe getragen wurden, um lebenden Leibes dem Moore übergeben zu werden. Es platschte, ein Kind schrie auf, um spurlos im Moor zu versinken. Eine Weile stand noch die Prozession, um sich langsam wieder zu dem Dorfe zu begeben.

Jeremias schlief schlecht in seiner Hütte, die Decken hatten den Geruch des Moores angenommen und in seinem Traume erlebte er, wie er aus dem Schoß seiner Mutter gepresst, von ihr den Häschern übergeben zu werden, und er spürte das kalte Moor, das über ihm zusammenschlug, und er bemerkte, wie er das Bewusstsein verlor, um erstickend im Tode zu versinken. Er erwachte durch das Geräusch einer Ratte geweckt, die sich gerade auf dem Tisch tummelte, wo er seinen Ranzen mit Brot und Speck liegen gelassen hatte, und schon genüsslich den Großteil verzehrt zu haben schien. Denn wenig, allzu wenig ließ sie dem ehemaligen Besitzer zu dessen Verzehr übrig. Er sprang auf, die Ratte verschwand vom Tisch, um sich irgendwo zu verkriechen, ohne es jedoch sonderlich eilig zu haben. So lange hauste sie schon in diesem Hause, ohne gestört zu werden. Die Häuser, deren Gerüste aus Holz bestanden, mit getrockneten Moorziegeln ausgemauert, der Mörtel aus aufgelöstem Torf bestand, kleine Fensterauslässe wurden aus den getrockneten Schweinsblasen oder aus dünnhäutigem Leder von irgendwelchen Tieren hergestellt, um wenigstens ein wenig Licht in den Innenraum zu bringen.

Wenn er an die Stadt dachte mit ihren Häusern, mit ihren Prunkbauten, denen kein Wind oder Sturm etwas anhaben konnte und die den eisigen Stürmen zu trotzen vermochten, die im Winter über sie hinwegtobten, während der Ziehmutter Keusche im Schnee versank und der Ziegen- und Hühnerstall von Schnee freigeschaufelt werden musste. Und in solchen Tagen konnte nicht daran gedacht werden, durch die eisigen Schneenächte in die Stadt zu gelangen, jedoch, wie das Kräuterweiblein sagte, der Bedarf an ihren Kräutern dann besonders groß wäre. In diesem Jahr, das mit einem herrlichen, warmen und trockenen Frühjahr begann, das jedoch den Regen vermissen ließ. Und auch der Sommer nur von kleinen Regenschauern unterbrochen, die der Erde kaum Kraft gaben, ihre Früchte aus sich erwachsen zu lassen. Die Sonne, von keiner Wolke getrübt, zerriss die dörrende Erde, um sie so zerfurcht und plattnarbig vor sich herzutreiben. Die Heide jedoch, mit ihrem kargen Boden an Hitze und Wolkenbrüche gewöhnt, wuchs, wie sie es seit jeher gewohnt mit ihren bedürfnislosen Kräutern, Gräsern und Sträuchern weiter vor sich hin, obwohl mancher Strauch dörrend vor sich hin lebte, aber beim nächsten kleinen Regen wieder zu blühen begann, sodass das vor Jahrtausenden gesammelte Wasser im Moor durch die extreme Hitze langsam, aber stetig zu sinken begann, flache, offene Stellen freizugeben, wo die Dorfstecher ein riesiges Potenzial von leicht verwertbarem Material dargeboten bekamen, wo sie ansonsten den Großteil ihres vom Moore entrissenen Bodens an dessen Rande vorfanden. So war es auch auf dem Moorenteich, welcher der Friedhof für all die kleinen Geschöpfe war, aber auch für den großen Teich, wo man einstens die, die am schwarzen Tod gestorben waren, versenkt hatte. Viele hunderte, sodass sich die Leichen an die Oberfläche des sinkenden Wasserspiegels heranschoben. Und das angrenzende Schweinegatter, welches bereits durch die Trockenheit seiner Stützen beraubt, ergab sich in deinem lockeren Halt den rumorenden Schweine, welche glaubten, dass außerhalb des Gatters, in dem nun von Wasser freigelegten Moorboden mit ihrem Rüssel fette Beute zu erschnüffeln war. Und nachdem das Gatter nachgegeben hatte, erschnüffelten sie tatsächlich die fette Beute der versunkenen Leichen. Auch die Ratten waren nicht weit und delektierten sich ebenso wie die Schweine an den verwesenden Leichen, die die Pest noch in sich trugen. Als es bereits Herbst war und die Wagen gerichtet waren, bereiteten die Männer mit ihren zweirädrigen Karren sich vor in die Stadt zu fahren. Und sie fuhren aus dem Moor über den festen Boden der Heide, um ihr getrocknetes Torf in die Stadt zu fahren und es einzutauschen gegen das Notwendigste, das ihnen das Moor nicht geben konnte. Und als die Männer bereits viele Stunden über die Heide gefahren waren, plagten den Ersten Anzeichen von Fieber und Erbrechen, um einen anderen zurückzulassen und weiteren Weges in die Stadt zu ziehen. Nachdem sie sich in Sichtweite der Stadt bereits mit der hoch aufgetürmten Fracht befanden, wurde ein weiterer der Torfstecher von Übelkeit befallen und die anderen fuhren weiter zu der Stadt, um ihre Waren zu verkaufen. Als Barbara, das Kräuterweiblein, wieder mit ihrem einrädrigen Karren ihnen entgegenfuhr, um für den Winter Heizgut zu kaufen, zogen alle weiter, erstmals den ihnen angebotenen Tee verschmähend, wie sie meinte, alle mit fiebrigen Augen die Stadt zu erreichen versuchten. Und sie wartete auf einen Nachzügler, der ein gutes Stück Weges hinter ihnen ankam, schweißtriefend und auf seinem Körper bereits schwarze Flecken sich zu bilden anfingen, und sie erkannte die Pest, die, wie sie wusste, vor Jahrhunderten ausgestorben war. Sie lief zurück, um von den heute eingesammelten Kräutern das Pestkraut, das sie gegen alle möglichen Krankheiten an den Mann beziehungsweise an die Frau brachte, herauszusuchen, um es zu verkochen, um als Erstes davon selbst zu trinken. Denn sie wusste, wenn sie starb, starben alle anderen. Und zu dem Erkrankten, der vor Fieber sich schüttelnd unter seinem Karren lag, kehrte sie alsbald mit einer Kanne der gekochten Kräuter zurück, um ihm davon zu trinken zu geben und ihn in einem Leinentuch, nachdem sie ihn ausgezogen hatte, mit dem Kräutersud zu bedecken. „Noch wer?", schrie sie ihn an. Er machte nur eine vage Handbewegung in die Richtung, aus der sie gefahren kamen. Plötzlich wusste sie, dass Jeremias sich in höchster Gefahr befand, und es war die Zeit, wo seine Mutter bei der Wahrsagerin war und die ihr die schreckliche Nachricht mitteilte, dass sich ihr Sohn in höchster Gefahr befand. Und sie lief ins Haus zurück, um mit einem Haufen von Pestkraut herauszukommen, das sie in der Eile zusammengerafft hatte, in einem großen Tuch eingehüllt auf dem Kopf tragend. Wer wusste, ob weit draußen in der Heide dieses Kraut noch wuchs? In einem großen Tuch eingehüllt auf dem Kopf tragend, wie sie ansonsten das Heidekraut für ihre Ziegen und auch ihre sonstigen eingesammelten Kräuter von der Heide trug, einen Kessel voll mit Wasser in der Hand. Und sie lief, so es ihre alten Beine zuließen, der Spur der zweirädrigen Karren entgegen, betend und Gott bittend, dass er ihn vor der Pest verschonen möge. Sie hatte den ganzen Tag, bis sie zu dem Sterbenden stieß, welcher scheinbar bar jeden Lebens unter seinem Karren lag. Und sie flößte ihm die Kräutertinktur ein, immer wieder, immer wieder, zwischendurch nahm sie selbst einen Schluck aus der Kanne. Sie ließ ihn liegen, um weiterzueilen, dem Moore zu, das sich in dem Mondschein mit hohen Bäumen und dahinter mit spiegelnden Wasserflächen zu erkennen gab. Aber noch lag ein großes Stück des Weges vor ihr. Nur der Gedanke an Jeremias hielt sie aufrecht. Als endlich der Mond sich eben anschickte, der Sonne das Licht der Erde zu überlassen, war sie am Rande des Moores angekommen und vermochte nur noch mit schwacher Stimme zu rufen: „Jeremias, Jeremias!"

Jeremias vergewisserte sich vorher, als er die Türe einen Spalt öffnete, ob sich ein Bewohner vor den ihn umgebenden Hütten befand oder gerade ging. Als er niemanden sah, öffnete er die Tür, um plötzlich vor dem im Mondlicht ihm begegneten Mädchen zu stehen. Er erstarrte, ob so viel an Schönheit und Anmut, die dieses Mädchen ausstrahlte. Was waren die Mädchen in der Stadt, die ihm den Hof machten, gegen diese ungeahnte Schönheit? Das Mädchen tat erschrocken, hielt sich die Hand vor ihren offenen, mit perlweißen Zähnen bestückten Mund, um ihn mit weit aufgerissenen Augen anzustarren. Er war nicht minder geschockt über das plötzliche Auftauchen und Wiedererkennen dieses wunderschönen Geschöpfes und keines Wortes fähig.

Es dünkte ihm, als wäre dieses Mädchen Maria aus der Armenkirche in seiner Stadt, mit diesen wundervollen Gesichtszügen behaftet, die sich ihm eingeprägt hatte und die nun mit ihren blonden Haaren auferstanden war und nun ihm gegenüberstand. Ob sie seine Sprache auch verstehen würde? Doch nein, das wusste er von den Torfverkäufern, die nur deuteten, mit der Sprache der Hände versuchten sie sich verständlich zu machen, um beim Einkauf einfache Namen für das zu benutzen, was sie brauchten. Eine ganze Weile standen sie sich gegenüber, bis er in seiner Muttersprache stotterte: „Ich bin Jeremias." „Jeremias", den Namen wiederholend. Aber sie begriff, dass er ihr sagen wollte: „Ich heiße Jeremias." Nachdem sie ihre Hand vom Munde genommen hatte, sagte sie, er vermeinte eine Stimme eines Engels zu hören: „Ich heiße Ra", wobei sie ihre vormals vor den Mund gehaltene Hand auf die Brust legte. Sein Gehirn musste das in ihrer Sprache Gesagte erst verarbeiten, um in sich nach Vokabeln der anderen Sprache zu suchen. Ra. War das nicht der Name seiner Mutter? Der Vater zärtlich sie doch so benannte? Ra. Die Torfverkäufer waren lauter einsilbige Menschen, die kaum ein Wort über ihre Lippen brachten, aber war es die Schönheit dieses Mädchens, jedenfalls tauchte das Erinnerungsvermögen in sein Gedächtnis, hob aus der Masse der nachgelassenen Eindrücke Sprache und Lieder hervor, bevor er aus dem Schoße seiner Mutter in ein neues Leben hineingeboren wurde. Er sagte zu ihr in ihrer Sprache: „Du bist wunderschön", was wahrscheinlich sein Vater zu seiner Mutter gesagt hatte, während er zärtlich über ihren Bauch strich, und er es erhörte, worauf sie errötete und ihren Kopf senkte, um so zu ihm aufschauend zu sagen: „Du bist schön." Er wusste es, aber hatte sie je in einen Spiegel geschaut? Sich selbst gesehen, um ihre eigene Schönheit bewundern zu können? Denn er hatte noch nie einen Torfverkäufer gesehen, der auf dem Marktplatz, wo sie ihr Benötigtes zu kaufen bekamen, einen Spiegel gekauft hätte. Und es wäre in ihren Augen bitterböseste Verschwendung gewesen. Er holte seinen kleinen Spiegel, den er, um ihn vor der Unbill des Zerbrechens zu bewahren, in ein Tuch gewickelt, aus der Hosentasche, und der ihm die Erkenntnis vermittelt, dass er – gegen die anderen Jungen mit ihren roten Haaren und knolligen oder großen Nasen, mit Schweinsaugen oder fettgepolsterten Wangen, riesigen wegstehenden Ohren oder dergleichen Unpilze sich in deren Gesichtern abzeichneten – eigentlich ein wunderschö-

ner Jüngling war, was ihm soeben das wunderschöne Mädchen
bestätigt hatte. Umständlich kramte er den verflochtenen aus
seiner Verpackung, um diese von ihm gemachte Aussage zu be-
weisen, um ihn noch vorher anzuhauchen und mit dem verpa-
ckenden Tuch noch einige Male über die Spiegelfläche zu wischen, damit sie durch keinen Schmutzfleck getrübt sich in
ihrer Schönheit erkennen konnte. Zögernd nahm sie jenen in
die Hand, ohne jedoch die Sinnhaftigkeit des kleinen Stückes zu
erkennen. Er nahm ihre Hand, legte den Spiegel auf die richtige
Seite, damit sie sich in seinem Widerspiegeln erkennen mochte.
Und sie schaute überrascht und sprachlos zu Jeremias, welcher
nickend die Widerspiegelung ihres wunderhübschen Gesichtes
durch ebendieses Stück beschichteten Glases so offenbar kundtat, um es zu bestätigen. Sie drehte den Spiegel von oben nach
unten, von der Seite, hielt ihn nahe an ihr Gesicht, und Jeremias erkannte, dass sie Gefallen an dem Spiegel und letztendlich
an sich selbst gefunden hatte.

Sie durchwühlte ihre wunderschönen, gelockten Haare, um
sie hinter ihre Schultern zu werfen. Sie zog sich an ihren kleinen Ohren, die doch jedes Mal von dem Spiegel wiedergegebe-
nen, ihre wunderschönen, weißen Zähne, die Grübchen, die
bereits in ihren Wangen eingegraben waren, wenn sie lächelte. Und sie lächelte in den Spiegel hinein, sie konnte sich nicht
sattsehen an ihrer von ihr nie wahrgenommenen Schönheit.
Plötzlich kamen Schritte auf sie zu. Jeremias verschwand im
Haus und das Mädchen Ra, wie nun Jeremias wusste, dass sie
so hieß, verschwand wohl in einem der Nachbarhäuser. Auch
die herankommenden oder vorbeischreitenden Schritte verloren sich wieder. Als alles wieder ruhig dalag, nur ein paar Vögel hatten es sich auf ihrem Baum gemütlich gemacht, denn
sie zwitscherten sorglos miteinander, vielleicht tratschten sie
die Neuigkeit, dass ein Fremder sich in dem Dorf befand und
dass er sich in ein Mädchen verliebt hatte, aber dass seine Liebe
nicht unerwidert bleiben wird. Nur wer weiß es schon so genau,
was Vögel so alles vor sich hin zwitscherten an einem heißen
Herbsttag, der gerade erst begonnen hatte. Jeremias öffnete,

nachdem die Schritte sich entfernt hatten, die Türe wiederum einen Spalt, um das vor ihm stehende Mädchen anzulächeln. Er wollte sagen: „So schnell sehen wir uns wieder", aber das war zu viel seines Sprachschatzes in seiner urtümlichen Muttersprache. Er überbrachte es gerade so, dass sie es verstehen konnte, zumindest tat sie so. Als er sich nach und nach die Aussage in Erinnerung rief, kam sie konkret aus seinem Munde und sie sagte: „Ich habe verstanden", ihn anlächelnd. Er lächelte glücklich zurück, und die Vögel auf dem Baume unterbrachen ihr Gezwitscher, wollten sie doch auch hören, was die zwei Verliebten sich zu sagen hatten. Denn sie waren neugierige Gesellen, wenn auch von weiblicher Natur.

Ra und Jeremias standen sich lächelnd gegenüber und keiner wusste, was er sagen oder tun sollte, die Vögel über ihnen in Erwartung dessen verharrten, neugierig von Ast zu Ast blickend. Und blinzelnd nahm Jeremias Ra an der Hand, um sie fest zu drücken, und Ra legte ihren Kopf auf die Brust des fast um einen Kopf größeren Jeremias. So standen sie beide eine ganze Weile da. Jeremias suchte verzweifelt in seinem vorlebenden Sprachschatz das Wort Liebe, das ihm einmal eine Maid verstohlen zugeflüstert hatte. Aber es gab in seinem Mutterschoß das Wort Liebe nicht. Das zwar Liebe war, die er von seiner Mutter erfuhr, ungesagt erfahren hatte, aber in Worten hatte sie das zu ihm nie gesagt, denn sie waren so unzertrennbar miteinander verbunden, dass überflüssig war es auszusprechen. Plötzlich fanden ihre Münder zusammen, was die Vögel, die das Schnabeln nannten, in ein erlösendes Vogelgelächter verfallen ließ, und sie schwirrten aufgelöst von einem Baum zum anderen, um wieder auf dem gleichen Baum, auf dem gleichen Aste Stellung zu beziehen und weitere aufregende, sich ereignende Dinge zu erfahren.

Die Torfstecher, hier als Torfverkäufer bekannt, zogen durch das Stadttor mit ihrem auf ihren Karren hochgetürmtem Dorf, das in Ziegelform geschnitten. Manch einer schwankte, als sie wie üblich auf dem Markplatz ihre Karren aufstellten, um auf den mitgebrachten Decken unter den Karren sich zu verkriechen und nach dem Tag- und Nachtmarsch zumindest sofort zu verschlafen. Um sich von ihrem Lager nie wieder zu erheben. Und sie wurden als Erste den Flammen vor den Mauern der Stadt übergeben und immer mehr der Lebenden wurden zu immer mehr der Toten.

Die Kutsche flog nun über die Heide, den hinterlassenen Spuren der Karren folgend, bis sie in auf das zweite ihr ersichtliche Pestopfer stieß. Ra hielt den Kutscher jedoch an weiterzufahren, wo sie dann endlich auf das sich hin wimmelnde, alte Kräuterweiblein am Rande des Moores stießen, welche, als sie die herandonnernde Kutsche hörte, sich mühselig vom Boden erhob, um eine abwehrende Geste zu machen. Ra sprang aus der Kutsche, während der Kutscher versuchte, die Gäule mit seinen langen Zügeln zum Stillstand zu bringen. „Nicht, nicht das Moor, nicht das Moor betreten." In diesem Augenblick kam Jeremias mit dem Mädchen an der Hand aus dem Moor gehetzt und zu seiner Ziehmutter, schrie: „Die Pest, die Pest ist in dem Dorf!" Er hatte sie erkannt an den schwarzen Flecken der Sterbenden, wie sie es ihm schon lange vorher erzählt hatte. Und diese daraufhin ihm nur zuflüsterte: „Jeremias, das Pestkraut, das Pestkraut." Und sie gab allen, einschließlich des Kutschers, einen Schöpfer ihres mitgebrachten Tees zu trinken. Ra, die Hure, sah geschockt nach dem hübschen Jungen, dem gerade anfing der Flaum aus seinem Gesicht zu sprießen. Und hätte sie auch nicht dessen Namen vernommen, sie hätte es gewusst, so innig war die Verbindung zwischen ihr und ihm damals, als er noch nicht geboren war. Aber noch war keine Zeit zu verlieren und Barbara verkochte all ihr mitgebrachtes Pestkraut und sie gab dem Mädchen eine Staude davon, damit sie im Umfeld vielleicht weitere finden könnte.

Als Ra das Moor betrat, ob ihr noch von den damals gewussten Pfaden für die Freiheit hinter ihr, ihr Sohn mit einer Kanne voll des pestkrautischen Tees, den sie einem nach dem anderen den Kranken, wieder Gesunden mit einem großen Schöpfer einflößte, entweder um die Kranken zu heilen oder die Gesunden nicht erkranken zu lassen. Währenddessen kochte Barbara vor dem Moor die mitgebrachten Kräuter und Jeremias kehrte wieder mit leeren Krügen zurück, um sie neu zu befüllen, um wieder in das Dorf zu hasten und seiner Mutter Nachschub zu bringen. Die hatte sich etlicher vorgefundener Wasserkrüge bemächtigt und sie bereits bei einem Brunnen vollgefüllt. Nur als sie das Rundhaus erreichte, wo der Ältestenrat versammelt und von der Pest befallen, schrie sie nur hinein: „Zur Hölle mit euch!" und verschloss die Türe von außen, die Seuche sich in schwarzen Beulen bereits auf ihren von Fieber geschüttelten Körpern befand, um sich dem schwarzen Tod zu ergeben. „Mörder!", schrie sie immer wieder, „Mörder! Ihr seid alle Verbrecher, ihr alten Hunde!", wobei sie vergaß, dass an derer Stelle schon weitere nachgerückt waren und einige der Alten bereits gestorben waren. Aber auch denen war der Tod gewiss, wie viele von ihnen mochten wohl den Großteil ihrer Kinder dem Moorgott geopfert haben, als sie noch Väter von vielen Kindern waren.

Sie konnte, denn sie brachte einen ganzen Strauß dieser graugrünen, unscheinbaren Heidekräuter zurück, um sich wiederum auf die Suche zu begeben. Jeremias kam x-mal mit leerem Krug zurück, um ihn wieder vollgefüllt im Moor zu verschwinden. Ra flößte den bereits sterbenden Tee ein, Pestkranke wusch sie mit einem Stück von Stoff, den sie aus ihrem Kittel gerissen hatte, um weitereilend eine Hütte nach der anderen aufzusuchen, um sie vor der Seuche zu erretten. Der Kutscher jedoch nahm noch einen von dem Kräuterweiblein dargebotenen Schluck Tee, um sich auf seinen Kutschbock zu setzen, um mit all dem in der Kutsche verstauten Geld mit seinen Rössern davonzujagen, woher er gekommen war. Als Ra nach Stunden erschöpft zurückkam, lächelte sie, denn sie hatte bemerkt, dass bereits vom Fleckfieber Befallene, denen sie anfangs den Kräutertee überreicht hatte, nun bereits fieberfrei, und sie wie die Gesunden bei der Rettung der Dorfbewohner ihr bereits zur Hilfe kamen.

Das Mädchen kehrte immer wieder mit den von ihr gesuchten und gefundenen Kräutern zurück, und die Alte kochte und kochte mit einem Feuer, das sich aus dem umliegenden Gestrüpp nährte, und Ra ging noch einmal in das Dorf zurück, um vielleicht noch weitere Opfer der Seuche aufzufinden. Abends saß sie mit Jeremias, der wiederum festen Boden betrat, glücklich in sich lächelnd. Als sie die zwischenzeitlich abhandengekommene Kutsche nicht vorfand, lächelte sie jedoch weiter glücklich vor sich hin. Nun hatte sie endlich ohne Landsknechte, die sie um viel Geld anzuwerben gedachte, das Dorf von den Tyrannen befreit. Und sie schlief auf dem nackten Boden der Heide wie auch Jeremias und das Mädchen und auch das Kräuterweiblein im Schlafe umschlungen hielt, und eng an sie gekuschelt dem Morgen entgegenzuschlafen. Am Morgen weckte sie ein unendlich langer Zug aus dem Moore, nicht alle noch festen Schrittes. Und sie bekamen alle wiederum den Tee, den die Alte nun wieder kochte. Manche wurden noch mit Kräutern gesund gewaschen, um letzte Reste der Seuche zu vertreiben. Und alle zogen über die Heide Richtung Stadt, einem besseren Leben entgegen, den Spuren der Karren und der Kutsche folgend. Ra jedoch, deren Rache noch nicht endgültig befriedigt, ging zum Hause des Moorgottes, wo dessen Priester vor sich hin wimmernd, sich dem Tode nähernd, den er tausend Male an den Säuglingen verbrochen hatte. Sie nahm diesen vor sich hin glosenden Torfziegel, blies ihn zu Feuer, um den grässlichen Moorgott auszuleuchten, dessen Fratze sie nun höhnend und schmähend umtanzte, um beim Verlassen der Hütte diese in Brand zu stecken und den Priester samt seinem Gott den Flammen zu übergeben. Und sie legte Feuer an den vielen Hütten und dem herausragenden, ausgetrockneten Moorboden, so auch der Wind vielseitig sich erhob und diese riesige Moorlandschaft mit all ihren Brücken, Bäumen und ihrem Getier sich zu einem einzigen riesigen Flammenmeer zusammenfand. Die Rotte der Geretteten stand, einer sich windenden Schlange gleich, weit ab von dem über das Moor hereinbrechenden Inferno, um das schaurige Ende einer schaurigen Zeit mitzunehmen in eine wohl bessere Zukunft. Tagelang, wenn nicht monate- oder gar jahrelang vor sich hin glosend, bis das letzte Stück Moorlandes verbrannt, zumindest so lange, bis sintflutartige Regenfälle zu dessen Tiefen vorgedrungen waren. Denn so lange würde das Moor noch brennen. Ein Einzelner kam ihnen entgegen. Es war einer der ihren, der Erste. Der Karrenfahrer, bei dem außerhalb des Dorfes die Seuche ausgebrochen war, nun zwar geschwächt, aber ansonsten geheilt. Das Kräuterweiblein, das Schlimmes erahnte, hielt die dahindämmernde und dahinziehende Meute dazu an, das Pestkraut, so es unter ihren Füßen erwuchs, einzusammeln und es mitzunehmen, was die meisten auch taten. Am eifrigsten waren jedoch die halbwüchsigen Kinder, die lachend ihre neue Freiheit genossen und der ganzen erbärmlichen Rotte voranliefen. Ein zweiter Karrenfahrer kam ihnen entgegen, empfangen von der vor ihnen her laufenden Horde von übermütigen Kindern, die weit in die Heide hineinliefen und keinerlei Angst haben mussten, von einem sich plötzlich auftuenden Moorloch verschluckt zu werden. Einer von ihnen erkannte seinen Vater, um sich an seinen Hals zu werfen, und er umfasste ihn, war jedoch suchenden Auges unfähig, das vor sich Gesehene zu begreifen. Sie kamen zu einem Karren, der noch voll beladen mit Torfziegeln, so sie ihn sofort entluden, um allzu Geschwächte auf ihm zu transportieren und auch kleine Kinder auf ihm zu verstauen. Ra, die als Letzte mit ihrem halb abgerissenen Kleid hinter den Befreiten herging, zumindest sie es so befand, kamen nachher doch noch zwei hinterher, die das Ausmaß dieser Katastrophe nicht zu begreifen schienen, denn fest umschlungen kicherten sie in ihrer ersten, großen Liebe mit Zärtlichkeit aneinander zu, um zwischendurch, was die Vögel Schnabeln nannten, miteinander zu tun.

Wie von Toten und Wiedererstandenen zog der Zug der zerlumpten Dorfbewohner aus dem Moor gegen eine bereits weitgehend bevölkerungslose Stadt, die sich nach und nach selbst vor deren Toren verbrannt hatte, und nicht allzu viele hatten die Epidemie überlebt. Und eine riesige Rauchwolke stand über dem Moore, die jahrhundertealten Torfziegel, aus denen die Häuser gebaut waren, und nun das ausgetrocknete Moor ergaben sich den Flammen und die Inseln erhob sich brennend, um gleichzeitig mit den Brücken und Bäumen zu verbrennen, sodass ein riesiger, mooriger See, als das Wasser zurückkehrte, sich dem Auge darbot. Das Moor, das jahrhundertelang Schutz und Zuflucht einer kleinen Gruppe war, gab es nicht mehr. Nur der Name blieb den nachfolgenden Generationen erhalten, nämlich Todesmoor.

Die riesige Feuerbrust und das Inferno hinter sich lassend, die den Himmel geschwärzt, die Sonne verfinstert, zog die Rotte einer Stadt entgegen, die bereits im Würgegriff der Seuche lag. Schon von weitem sah man die Rauchschwaden vor dem Stadttor aufsteigen und den Geruch von verbranntem Fleisch trug der Wind ihnen entgegen. Barbara war schockiert, denn sie wusste, was das bedeutete. Das hatte ihnen doch ihr Kindermädchen erzählt, wenn sie von Hexen sprach, die verbrannt wurden, und deren Gestank sich zusammen mit des Teufels Wahn über das Land verbreitete. Sie wusste von den Pesttoten, die man verbrannt und in Pestgruben geworfen, um sich derer zu entledigen. Man meinte, das Feuer würde die Pestseuche auslöschen, und die Kranken würden mit der Seuche selbst verbrennen. Als sie an ihrer Hütte vorbeikamen und am Wagen des bereits von der Pest befreiten Torfverkäufers auf ihrem Weg zur Stadt vorbeifuhren, befahl sie, den Karren mit den Torfziegeln in die Stadt mitzuführen, wo einer der Männer sich gleich dazu erbot. Sie zogen an Barbaras Hütte vorbei, der nahen Stadt entgegen, wo schwarz vermummte Gestalten die tote Menschen auf zweirädrigen Karren aus der Stadt schafften. Denn auch in der Stadt wurde die wiederkehrende Pest als solche erkannt, die mittlerweile hereingebrochene Nacht wurde ausgeleuchtet durch die glutvollen Feuer mit ihren verbrennenden Leichen, Schatten werfend auf die Stadtmauer, so fand sich mancher Umriss der Toten auf der weißen Mauer tanzend in den Flammen wieder. Die bereits immune Masse der Moorbewohner lagerte vor den Toren der Stadt, während das Kräuterweib, Jeremias und Ra durch das jetzt auch nächtens offene Stadttor traten, mit ihren Kesseln und Krügen und mit dem in einem großen Tuch verstauten Pestkraut. Aus allen angrenzenden Gassen des Marktplatzes wurden auf den zweirädrigen Karren der Torfstecher Tote zum Stadttor hinausgefahren, um den Flammen übergeben zu werden, wobei man zwischendurch einen der noch beladenen Karren wiederum hinterherfuhr, um die körperverbrennenden Flammen am Leben zu erhalten. Barbara, das Kräuterweiblein, war von den Strapazen bereits gezeichnet, so entzündete Jeremias ein Feuer mittels der Moorziegel, die noch auf den vereinzelt herumstehenden Karren lagen, um so Wasser im Kessel zu erwärmen und in diesem das Pestkraut zu verkochen, um es den Trägern und Karrenfahrenden zum Trunke zu geben, welche, als sie Jeremias und das Kräuterweiblein erkannten, gierig denn Tee zu sich nahmen. Und bald verbreitete sich das Gerücht in der ganzen Stadt, und das war nicht nur Gerücht, sondern bewahrheitete sich auch, das Kräuterweiberl Barbara hätte ein Kraut gegen die Seuche gefunden, denn die bereits erkrankten Totengräber würden wieder frohgemut die bereits Verstorbenen dem Feuer übergeben. So zog noch ein kärglicher Rest der Stadtbevölkerung, der bisher verschont war, mit all ihrem Geld zum Marktplatz, mit Kannen bereits gerüstet, für ihre bereits erkrankten Familienangehörigen den pestvernichtenden Kräutertee zu kaufen. Doch die nahm kein Geld, sondern kochte und kochte, und am Morgen schickte sie Jeremias mit seiner sich ihnen anschließenden Mutter und seiner Freundin auf die Heide.

Und sie schickte die Geretteten auf die Heide hinaus, um das Pestkraut einzusammeln. Kehrten diese nach Stunden des Suchens von der riesigen Heide zurück, entnahm sie die Samen von den restlichen Kräutern und pflanzte sie in ihren Kräutergarten, um wenigsten die Art zu erhalten. Derweil sie jedoch die riesigen Mengen in kleinen Säckchen bereits verteilt hatte, ebbte die Pest langsam ab. Jedoch als der Kräutergarten wiederum abklärend und auf der Heide neues Pestkraut erwuchs, die Pest bereits verschwunden war. Aber die Angst auf eine Seuche verblieb den Menschen, so sie selbst, als die Heide wieder in voller Blüte erwuchs, das Pestkraut einsammelten, sollte der schwarze Tod zurückkehren. Jeremias brachte das Pestkraut auch in den angrenzenden Ländern unter die Leute, gegen geringes Entgelt, als sich die Kunde von dem pestbesiegenden Kraute in den Ländern verbreitete und die Seuche dort auch schon anfing, erste

Opfer zu fordern und sich zu verbreiten. Und bevor sie sich zu einer Epidemie ausweitete, konnte sie wieder eliminiert werden.

Sie sollten mit den anderen gesundenden Moordorfbewohnern das Pestkraut in der Heide sammeln, das sie Tag und Nacht darauf kochten, um so tausenden von Menschen das Leben zu retten. Allmählich flaute die Krankheit in der Stadt ab, sie hätte sich aufs Land zurückgezogen, wusste ein Bauer, der von dem Tee getrunken hatte, um von der Pest, die am Lande wütete, wiederum in die nun pestfreie Stadt zu flüchten. Daraufhin zog Barbara das Kräuterweiberl, das bereits merklich erschöpft war, auf das bereits entvölkerte Land hinaus, um mit ihrem Tee das Leben der noch Lebenden zu retten.

Derweil jedoch saß Alex, den man nun Knut nannte, hoch über den Dächern in dem größten und schönsten Palais, dem Turmpalais der Stadt, der alte Mann aus Ras naher Vergangenheit. Ein Diener hatte ihm die Pesttinktur gebracht und ihn so immun gegen die Seuche gemacht. Er war nicht gestorben damals, als er Ra sein Haus mit all seiner Einrichtung hinterließ und noch dazu tausend Gulden in bar, wovon ein ganzes Regiment von Söldnern sich anwerben ließ. Und er hatte ihr auch die Botschaft hinterlassen „Kehre um. Dein Sohn und ich warten auf dich" und dem Notar aufgetragen, da er wusste, dass sie des Lesens unkundig war, ihr vorzulesen. Dieser war jedoch ein ausgefeilter Schurke, der angesichts des vielen Geldes, wie so viele andere auch, sich blenden ließ, um des Geldes Willen dem Teufel seine Seele zu überschreiben. Nun gedachte er, dass Ra mit dem vielen Geld, das er ihr hinterlassen hatte, und nach dem Verkauf des Hauses mit all seinen bereits damaligen Antiquitäten, einschließlich ihres alleinigen, lendenerarbeiteten Vermögens nun genug besitzen würde, um ihre und auch seine Rachegelüste zu befrieden. Er erwartete eigentlich alle Tage eine Botschaft, die von einem anrückenden Söldnerheer sprechen würde, das Richtung des großen Moores unterwegs, um die geschundenen und versklavten Bewohner des Moordorfes von den paar alten Männern mit dem Moorpriester an der Spitze, dem angebeteten Götzen von fratzenhafter Gestalt, der einst ihr Anführer gewesen war, zu befreien. Jetzt, da die Pest über die Stadt hereingebrochen war, von welcher er nach der Überlieferung aus seinem Dorfe wusste, dass sie fast das Ende der jahrhundertelangen Besiedelung durch seine Vorderen, die bis dahin allem Unbilligen getrotzt hatten, die Auslöschung gedroht hatte. Diesmal, wenn man den Gerüchten Glauben zu schenken gewillt war, kam die Pest vom Moore und nicht wie vor Jahrhunderten von der Stadt zum Moore. Nun entspannte er sich. Trotz der vielen Toten war sie verschwunden. Man sagte, sie würde noch auf dem Lande weiterwüten. Er gedachte, wieso gab man den Menschen auf dem Lande nicht diesen pestvernichtenden Tee, wer würde wohl die Stadt ernähren, so sie ihrer Bauern beraubt sein würde? Viele der Bauern überlebten dank des Kräuterweibleins Barbara, viele Höfe jedoch lagen, all ihrer Bewohnerschaft beraubt, öde und leer und manche vor sich hin wesende Leiche war wohl die Letzte, die vorher noch alle anderen bestattet hatte, noch in ihrem Totenbette danieder.

So zogen in die ausgestorbenen Häuser der Stadt und in die verödeten Höfe aus dem umliegenden Land die ehemaligen Moorbewohner ein. So manche dieser Frauen, die an diesem Tagen ihr Kind gebar, brauchte keine Angst zu haben, dass uralte Männer klopfend vor ihrer Türe standen, um das Neugeborene der Vernichtung preiszugeben, dem Moorgott zu opfern. Viele der Frauen, die sich gewahr wurden, dass sie schwanger waren, konnten ungetrübter Mutterfreude entgegensehen, mit einer Zukunft für dieses Kind, das ihnen in ihrem Moordorf verwehrt worden wäre. Als sich das Leben in der Stadt halbwegs normalisiert hatte, die leeren Häuser den Neuankömmlingen übereignet wurden und diese neuen Bürger eingegliedert waren, saß der alte Mann in seinem Palais vor seinem Kamin, um eine Frau zu erwarten. Eine Frau, der er nun bereit war, sein Geheimnis, nämlich das des geflüchteten Torfverkäufers, zu enthüllen, dessen ganze Familie man daraufhin ins Moor geworfen hatte. Aber er würde sie weiterhin an jeder Dekade des Vollmondes treffen, unerkennbar für sie, in einer dunklen Kammer eines Hauses, in einer anderen Stadt. Er würde ihr wiederum die Kleider vom

Leibe reißen, sie mit animalischer Brachialgewalt zu vergewaltigen, dass sie daraufhin noch tagelang mit wundgescheuertem Schoß dahinschleichen würde. Aber er würde wieder zwei Goldstücke hinterlassen, wo sie zwanzig oder dreißig oder mehr Männer empfangen müsste, um ihren Hurenlohn damit auszugleichen. Aber sie würde ihm wieder ein paar Geschichten aus ihrem Leben erzählen, aber die beste von allen, wenn sie ihm erzählen würde, wie sie diese Männer, die den Tod in sich trugen, verrecken ließ. Wie sie den sterbenden Alten das Gegengift verwehrte oder wie sie den Moorgott samt seinem Priester in der Flammenhölle verkohlen ließ.

Und sie kam die Treppen hoch, er hörte sie schon, als das Haustor geöffnet wurde von seinem Diener, dem er dort seine Wohnung zugewiesen hatte, der hatte das Treffen mit ihr auch arrangiert. Sie war wahrscheinlich dabei, in der halb entvölkerten Stadt eine neue Klientel aufzubauen, denn er vermeinte, sie wäre eine Frau immerwährenden Feuers, die sich selbst der sexuellen Liebe verschrieben hatte, um jedes Mal, wenn er seinen Makrowüchsigen in sie trieb, gleichsam vor Lust und vor Schmerzen zu schreien, und sie jedes Mal ihr Kind, das sie Jeremias getauft und der drei Monate länger verweilt und dementsprechend größer war, durch ihren Schoß gepresst hatte. Solch Schmerz der Lust und der Wollust getrieben und er wähnte sie ebenso animalischer Natur wie sich selbst. Als der Diener sie ins Zimmer geführt hatte, von dem Feuer des Kamins und einem Luster voller brennender Kerzen erhellt, konnte sie so ihn nicht gleich erkennen. War er doch in ihren Gedanken tot und begraben, und das in einer fernen Stadt. So sie ihm wieder gegenübersaß mit seinen langen, weißen Haaren und seinem kurzgeschorenen Bart, glaubte sie zu träumen. Sie wischte mit der Hand über ihre Augen, als wollte sie ein gekanntes und nun wiedererstandenes Gesicht aus ihrem Gehirn verbannen. Denn was nicht sein konnte, das konnte nicht sein. Als er ihre Unsicherheit bemerkte, sagte er: „Ich bin's tatsächlich. Der alte Mann aus deiner nahen Vergangenheit. Und ich habe dich bereits erwartet." Sie jedoch unfähig eines Wortes, sah ihn nur entgeistert an. „Nun haben wir unsere Rache", er fortfahrend, „du und ich ausgemerzt." Sie war noch immer unfähig, sich eines Wortes auch nur zu bemächtigen. Er zündete sich an einer der brennenden Kerzen eine Zigarre an. Sie hatte nie bemerkt, dass er rauchen würde. Er zog den Rauch in sich hinein, um ihn einstweilen in seiner Lunge zu belassen und dann genüsslich vor sich herzublasen „Ja", sagte er darauf. „Was meinst du?" Sie war nicht nur mit ihren Kunden per Du, sondern mit allen Menschen. „Mit deiner Rache?" Nun endlich schloss er die Lücke seiner ihr vorgetragenen Erzählungen, die sich eigentlich gesamtgesehen als ein Haufen von Lügen erwiesen. „Außer", und er erhob seinen Zeigefinger, „von der reichen Frau, die mich unbedingt zum Manne haben wollte. Nur deshalb", und weswegen, das verschwieg er ihr, dass sie ihm sexuell verfallen war, wobei sein Makrowuchs des Seinigen wohl dafür ausschlaggebend war. „Sie war eine Frau von animalischer Natur", und er wollte ergänzen, so wie du eine bist. Er verkniff sich diese Aussage, würde er sie ab jetzt jede Mondesdekade wieder benützen, um seinen Trieb an ihr auszulassen, denn diese Frau hatte etwas in sich, das ihn zu einem brünstigen Tier werden ließ. Seine für sie vorgetäuschte Impotenz zu einem wahren Monster sich erhob, um rücksichtslos seine Gespielin auf dem Altar seiner Lust zu opfern, egal wie viel an Schmerzen er ihr auch zufügte. Sie jedoch sich in Wollust und Schmerz windend und sich seiner animalischen Lust opferte, wenn er ihr doch verschwieg, warum er, obwohl er von der Drohung des Moorgottes wusste, in der Stadt untergetaucht war.

Als eine alleinstehende Dame, der er eine große Anzahl, das hieß seinen ganzen Wagen, an Torfziegeln zustellen sollte, ihn in ihrer Wohnung verführte, um so beim Anblick seines erstandenen Geräts ihn, der noch nie eine Frau hatte und auch nichts über die Größe oder Ungröße wusste, in eine animalische, ekstatische Liebe einzuführen. Es war der Tag des Vollmondes, als sie ihn das erste Mal verführt hatte und er in animalischer Lust über sie herfiel, bar jeden Sinnes bis zur Bewusstlosigkeit, sodass er vergaß, dass er zu seiner Truppe zurückkehren sollte, um wieder seinen Karren ins Moor zu schieben. So er bei ihr verblieb und er in seinem Dorfe als fahnenflüchtig angesehen und seine gesamte Familie dafür hingerichtet wurde, denn es gab die Sippenhaftung. Das erfuhr er von einem der nach dem Winter wieder in die Stadt einsiedelnden Torfverkäufer, und der ihm vor Angst schlotternd die Hinrichtung seiner gesamten Familie durch den Ältestenrat gestand. Und von da an die Rache an ihm nagte und er nächtens, wenn der Schlaf ihm fern, davon träumte, wie er den Moorpriester erwürgen würde, den Ältesten die Köpfe abschneiden, sie ins Moor werfen würde, den Moorgott mitsamt seinem Pferd in Stücke hauen würde. Und als er sie das erste Mal sah, wusste er aufgrund seiner physiognomischen Gesichtszüge, dass sie eine der seinen war, und von dort an den Verkehr mit ihr auf freundschaftlicher Basis zu pflegen gedachte. Und als er von ihren ebensolchen Feinden erfuhr, da war er bereit mit ihr zu kämpfen, sie bei ihrem Vorhaben zu unterstützen, durch die Erbschaft mit dem zu verkaufenden Hause und ihre Summe von tausend Golddukaten, womit sie ein ganzes Regiment von Söldnern anwerben hätte können. Und von da an hätte er ihr schon die Wahrheit gesagt, dass er ein Freibauer geworden wäre, jedoch der Hof durch einen Knecht verbrannte, der sich in eine Magd verliebt hatte, die aber von ihm nichts wissen wollte, sodass er aus Rache den roten Hahn in die Scheune gesetzt hätte. Nun standen plötzlich alle vor dem Nichts. Er hatte so wenig wie die anderen Knechte und Mägde. Die alten Verbrannten begrub man mit den verbrannten Tieren. Unterstandslos und hätte das Verschweigen seiner Herkunft aus dem Moordorf, wo er ein Kind aus der in Leibeigenschaft lebenden Familie, die er ihr vorgegeben hatte, dass sie ihm glaubwürdiger erschien. Da sie jedoch wähnte, das Dunkel seiner Vergangenheit läge nach dem Hofbrand und nicht von Anfang an, dass er ein Moorkind war, wollte sie von ihm wissen, was nach dem Brand war. „Nichts Besonderes. Da er ein Mörder war und nachdem er uns, damit meine ich die anderen Überlebenden, um all unsere Existenz gebracht hatte, hingen wir ihn mit einem Strick auf einen mittleren Baum, dass ihn die Wölfe und Füchse in Stücke reißen konnten." Er sah daraufhin in sich hinein, wahrscheinlich sah er den Erhängten auf dem niederen Baume hängen, vielleicht sogar angebissen und angefressen von den Raubtieren. Aber das wohl in seiner Fantasie, wie sie ihn verschlangen. „Es gibt solche und solche Kreaturen", wo er sowohl die Alten im Moor damit meinte. Sie saßen lange in dieser Nacht zusammen und oftmals fütterte er den Kamin mit den ellenlangen Scheiten von Holz, das sich nur die Reichen in dieser Stadt leisten konnten. Er meinte wohl, ob sie nicht ihr Leben aufgeben wolle, jetzt, da sie doch unendlich reich wäre mit ihrem Geld und seinem Geld zusammengenommen, das würde wohl bis an ihr Lebensende reichen, um damit ein luxuriöses Leben führen zu können. „Ach, du weißt nicht, der Kutscher." „Der Kutscher", er darauf, „der dich hierherbrachte?" Und sie darauf: „Und mit dem ganzen Geld samt seiner Kutsche und den Pferden das Weite gesucht hatte." „Mit dem ganzen Geld?" Er schien, als wäre er schockiert über diese Aussage, und leise sich wiederholend: „Mit dem ganzen Geld. Also auch mit den tausend Golddukaten, die ich doch meinte, du würdest ein Regiment von Söldnern aufstellen?" „Was für tausend Golddukaten?", meinte sie ihn fragend anblickend. „Die ich in einer Truhe dem Notar übergeben habe", er darauf erstaunt, dass sie es nicht wusste. „Was für tausend Golddukaten?", sie wiederum. „Du hast sie also nicht bekommen?" „Nein, nur das kleine Kästchen mit dieser Botschaft." „Und wie viel hast du für dieses Haus bekommen? Und wem hast du es verkauft?"

Sie sagte die Summe und den Namen des Käufers. Darauf erhob sich der Alte von seinem Stuhl und begann im Zimmer hin und her zu gehen. „Diese läppische Summe, für diese läppische Summe hat er dir dieses Haus abgeluchst?" „Ja, ich schwöre es, ich habe keinen Groschen mehr bekommen. Denn es musste schnell gehen, da mein Sohn in Gefahr war, wie es mir die Wahrsagerin bereits gesagt hat, und was auch stimmte." „So war es Gottes Fügung, dass du ohne Geld, unser Dorf errettet hast." Aber das mit dem Geld, der Gedanke allein, schien seinen Kopf nicht verlassen zu wollen. Wieder stand er auf, um die Wanderung durch die lichte Stube erneut aufzunehmen. Er war eigentlich viel jünger, als sie angenommen hatte, denn er ging geraden Schrittes, jedoch gesetzten Hauptes, als würde er einer Fährte folgen. Auf und ab, die Länge des Zimmers durchmessend, immer wieder und immer wieder, bis er sich dazu entschied, sich in seinen Sessel zu setzen, um, und wie es ihr schien mit verschlagener Mimik, zu ihr aufzusehen und zu sagen: „Das werden die mir aber büßen müssen", ohne dabei definitiv zu erklären, wen er damit meinte, aber sie sehr wohl verstand.

So zogen sie eines Tages mit der gar schönen Kutsche hinaus, die er von seiner zu Tode gevögelten Frau vererbt bekommen hatte, beide auf den Kutschpolstern sitzend, hinaus aus der Stadt, mit einer Kutsche, die von rassigen Pferden gezogen wurden. Er hielt die Zügel in seinen noch immer starken Händen und sie fand, dass er eigentlich noch junge Hände hatte. Es waren nicht die eines Greises und diese Hände wusste er auch zu benutzen mit seinen zügelnden Griffen und den Pferden kundtat, wie alles langgehen sollte und nicht wie sie wiehernd und schnaubend es eigentlich wollten. Er hielt sie eisern im Zaum, sodass sie sich beugend seinem Willen ergaben. Auf ihrem Weg schliefen sie in Herbergen, die verwanzt und schmutzig waren, wurden aber dennoch gut versorgt, sodass sie die Reise in der Früh mit wohlgefütterten und getränkten Pferden wieder fortsetzen konnten. Aber es war nicht der Weg, wo sie dachte, dass sie hinfahren sollten: in die Stadt zu den Betrügern, dem Kutscher, dem Notar und dem Hauskäufer. Sie merkte es an der Sonne, dass sie einen großen Bogen weitschweifend die Stadt umfuhren, um in ein großes Stück Land zu kommen, wo keine Straße, nur ein mit Unkraut bewachsener Weg wohin auch immer führen mochte, und die Pferde daran auch nur mit Mühe angehalten werden konnten, diesen Weg voranzutraben. Nach einer ganzen Weile meinte sie plötzlich, das Gebäude einer Ruine vor sich zu sehen, wo ein einzelner Rauchfang freistehend darauf vor sich hin qualmte. Sie fuhren bis zur Ruine vor, wo der Alte mit Schwung ausstieg, und sie daraufhin wieder von seiner Vitalität erstaunt war. Der Rauchfang stand einfach nur da, wuchs aus dem Boden, ein Stockwerk in die Höhe, ohne dass man seinen Zweck zu eruieren wusste. Der Alte verschwand in der Ruine, wo man Kratzspuren an den fensterlosen Gemäuern sichten konnte. Ra, nun neugierig geworden, stieg von der Kutsche, um dem Alten zu folgen, der hinter den Gemäuern verschwunden war. Zwei geschosshohe Mauern wuchsen aus dem Boden, deckenlos, sodass man die vorbeiziehenden Wolken am Himmel noch gut betrachten konnte. Der Alte war verschwunden, was sie veranlasste, zuerst verhalten, dann jedoch lauter ihn zu rufen. Sie wusste seinen Namen nicht, denn er hatte ihr nie gesagt, wie er im Dorf geheißen, und auch nicht, wie er sich überhaupt nannte. Sie hatte ihn nie gefragt, sie hatte ihn immer nur mit Du angesprochen, wie es in ihrer Branche üblich war, zu ihren Freiern Du zu sagen. So rief sie „Hallo, hallo!" in das verrußte Gemäuer, das ihr mit dem qualmenden Schlot nicht geheuer schien, denn die Sonne warf bereits lange Schatten über die hohen Wände und sie konnte sich nicht einer gewissen Scheu entziehen, als eine Taube in die Nische eines ausgebrannten Fensters heranflatterte und daraufhin ihr „Guru!" verlauten ließ. Die Taube und sie betrachteten sich argwöhnisch. Die Taube, die in ihrem Fluge herangelockt durch das Pferdegespann und da sie ihr Nest auf einer Fensterbank aufgeschlagen hatte, die gerade dabei war, wieder Futter für ihre zwei Küken, die noch flugunfähig, noch federlos sich verkrochen, von den bereits reifenden Früchten der Stauden und Bäume einzuholen. „Ich tu dir nichts!", rief sie noch mit sanfter Stimme zum Taubennest hinauf, immer wiederholend, um von der Taube mit einem mal nach rechts und mal nach links sich umwendenden Kopf argwöhnisch beäugt zu werden.

Plötzlich stand der Alte mit einem ebenso ergrauten Manne vor ihr, während sie noch mit der Taube kokettierte, einem Mann, der sich seinem Umfeld angepasst zu haben schien, so verrußt sein Bart, sein Gesicht mit wirren Haaren, die ihm über die Schultern hingen, und das ganze auf seinem Gewand fortsetzend. Der Alte sagte zu ihm: „Das ist Ra, eine aus meinem Dorfe. Du kennst meine Geschichte", was der andere mit einem Nicken zugab, dass er seine Geschichte wusste, „und das ist gut. Er war mein teuerster Knecht!" Und sein Lob ließ ihn ein verlegenes Lächeln hervorwürgen, was man jedoch bei dem von Ruß und Schmutz belegten Gesicht nur zu deuten wusste, während er den Hut abnahm und ihn mit beiden Händen vor die Brust hielt, als wünschte er sein Hemd, das ebenso verrußt wie er selbst und nicht einmal eine lichte Farbe in sich getragen hatte, zu verstecken, noch dazu vor einer so schönen Frau. Der Alte, der die Unsicherheit seines immerwährenden Freundes, im Grunde genommen eher ein einziger, nach dem großen Brand in der Ruine verblieben war. So der Alte ihr das erklärte und es quasi noch immer war, sagte beilaufig zu ihm: „Sie ist nichts anderes als eine Hure, so eine, die parfümiert und halbnackt die Freier anlockt. Du wirst sie doch oft in der Stadt besucht haben." Um Zustimmung heischend den anderen anblickend. Jener jedoch wusste nicht so recht, was er vor dieser schönen Dame eingestehen sollte, denn so eine schöne Hure hatte er in seinem ganzen Leben noch nie gesehen, geschweige mit einer solchen geschlafen. So schaute er zu seinem Freund auf, bittenden Blickes, jener möge ihm die Zustimmung seiner Frage doch erlassen. Und er erließ sie. Sie war zwar eine Hure, aber dass er sie so bloßgestellt hatte vor seinem Knecht, das kränkte sie. Sofern es überhaupt keine Ausrede gab, dies preiszugeben. Noch dazu vor so einem verkommenen Subjekt, sodass sie sich angeekelt umwandte und sich wieder zu dem Kutschbock begab. Die Pferde schnauften vor sich hin, um von einem Fuß auf den anderen auf der Stelle zu treten, doch zu straff waren die Zügel in der Kutsche verknotet, als dass sie davongaloppieren konnten. Was sie jedoch erst jetzt bemerkte, dass der ganze Hof mit verkohltem Holze übersät, auf der anderen Seite ein paar ziegelgemauerte Pfeiler rußgeschwärzt standen, neben denen noch verkohlte Baumstämme lagen, das waren die Scheunen und Ställe, von denen er erzählt hatte. Sie betrachtete das riesige Areal, aus dem dieser einstige Bauernhof bestand, und sie gedachte des Brandes, sah die brennenden Gebäude, das eingesperrte verbrennende Vieh mit ihren verbrennenden Alten, wie hoch die Flammen gegen den Himmel loderten und stellte sich gleichzeitig die brennenden Hütten im Moor und die verbrennenden, schon dem Tode nahen Männer des Ältestenrates vor, sie sah den brennenden Moorpriester mit seinem auf dem Pferde sitzenden Moorgott, sie sah die zusammenstürzenden Brücken und das verbrennende Getier in all seinen Facetten und sie sah ganze Inseln mit dem ausgetrockneten Moore verbrennen und sie sah in dem flammenden Inferno einen auf einem niederen Baume hängenden Manne, der das Inferno verursacht hatte und von Wolf und Füchsen als Mahlzeit vorgefunden wurde. Und sie suchte diesen Baum mit hasserfüllten Augen, denn sie wusste, was Hass war. Wenn man Unrecht ahndend sich der Rache ergab, um Unrecht zu begleichen, wie sie es gemacht hatte, und sie konnte die Überlebenden verstehen zu dieser Tat. Während noch die lodernden Flammen vor ihren geschlossenen Augen dampften, saß völlig unbemerkt wieder der Alte, die Zügel in die Hand nehmend, neben ihr. Hinter ihr auf der Kutsche stand der Knecht, es war zwar keine herrschaftliche Kutsche, aber wie ein Lakai stand dieses Bündel eines verdreckten Menschen auf der Fläche, wo einst Gepäckstücke untergebracht wurden. Wobei aber nur der Kutscher und die Pferde dem Wetter ausgesetzt waren, während die Herrschaften im Inneren davon verschont blieben. Doch bisher waren der Kutscher und seine Beifahrerin immer auf dem Kutschbock gesessen. Das Wetter war gut in dem frühherbstlichen Sommer, die Luft angenehm warm und sie konnten die Gegend von allen Seiten betrachten. Der Fahrtwind vertrieb den Gestank von Feuer und Rauch, sodass sie der Anwesenheit des Knechtes gar nicht gewahr wurden. Von nun an zogen die ausgeruhten Pferde den Wagen schnell hinter sich her, eine weitere Straße entlang, deren Spuren bereits mit niederem Gras verwachsen und die von Sträuchern beidseitig umsäumt, von Feldern, ungemähten Wiesen und verwilderten Wäldern. Der Kutscher in den Fahrtwind hinein bemerkte: „Das ist alles mein, das alles ist mein.“

Als sie diesen Weg verließen, erbot sich ihnen nach wenigen Stunden reiner Fahrzeit eine Schenke auf einer scheinbar vielbefahrenen Straße, Rast zu machen oder die Nacht hier zu ver-

bringen. Der Alte hielt vor der Herberge die Pferde an und ver-
knotete die Zügel an der Kutsche, um, ohne ein Wort zu sagen,
in der Schenke zu verschwinden. Sie schnüffelte an sich selbst.
Der Brandgeruch war mit dem Verschwinden des Kutschers nicht
verflogen. Sie bemerkte erst jetzt, wie ihre Kleider den Geruch
des verbrannten Gebäudes angenommen hatten, und jäh er-
schreckte sie die Gestalt des Knechtes, stehend auf der Kutsche.
Glücklicherweise kam im selben Augenblick der Alte mit dem
Schenkenwirt zur Tür heraus, sie gingen zum hinteren Ende der
Kutsche. Sie merkte, wie sich die Kutsche erhob, als der Knecht
sie verließ und mit dem Schenkwirt, nein, nicht durch die Ein-
gangspforte, sondern in einem Nebengebäude verschwand, wo
auch alsbald ein Rossknecht hinter dem Gebäude hervorkam,
um die Pferde samt Kutsche in Empfang zu nehmen. Der Alte
deutete ihr abzusteigen, ein anderer Diener kam aus der Tür,
um die zwei Truhen aus der Kutsche zu nehmen und sie in die
Herberge zu tragen. Es war eine gehobene Herberge und nicht
eine dieser gemeinen Volksabsteigen, das Zimmer war penibel
sauber, die Betten frisch überzogen und ein Mädchen fragt sie,
ob sie zu baden geruhte. Und sie geruhte. Sie hatte ein eigenes
Zimmer, so nahm sie ihre Garderobe aus ihrer Truhe, um sich
dort einzukleiden. Sie hatte genug Garderobe für sich mitgenommen, die sie billig von den Überlebenden, vermögenden Familien, gekauft hatte, und der Alte hatte das alles finanziert.
Zurück im Nebenzimmer, nachdem er eine geraume Weile sich
darin aufgehalten hatte, verließ er wiederum das Zimmer. Er
blieb eine ganze Weile weg, wahrscheinlich ging er auf ein Bier
in den Schankraum hinunter. Aber als er für sie allzu lange
nicht zurückkam, ging sie ebenfalls in den Schankraum, denn
mittlerweile war sie auch hungrig geworden. Der Alte saß noch
verstaubt neben einem gepflegten Herrn, der jedoch keinen
Bart trug wie der Alte, sondern einen leicht ergrauten, elegan-
ten Oberlippenbart, ansonsten mit glattrasiertem Gesicht, die
Haare kurzgeschnitten, so als hätte er gerade eine Friseurstu-
be verlassen. Der Scheitel lag auf der rechten Seite des ansonsten von grau melierten Strähnen durchzogenen Haares, dessen

Grundton jedoch einmal den dunklen Tönen zugeordnet werden musste. Sie war es gewohnt, einen Mann mit einem Blick in seiner Ganzheit zu erfassen. „Komm", sagte der Alte und machte andeutungsweise mit der Hand ein Ziel, ein Zeichen der Einladung. Sie setzte sich neben den Alten, um den anderen mit prüfendem Blick zu erkunden. Sie fand, dass es an gewissen Kleinigkeiten lag, ob einer eine reiche Kinderstube genossen hat, zum Beispiel die Farbe des Stecktuches, ob die passend zum Spencer war und ob dieses wiederum mit der dazu passenden Farbe gleichwohl dem Rock als auch dem Tuche geähnelt war. Er war es. Sie meinte daher, dass ihr ein paar Golddukaten sehr zustatten kämen, denn was man hat, das hat man.

Obwohl der Alte alles bezahlt hatte auf ihrer bisherigen Reise und nie einen Zweifel darüber ließ, auch in Zukunft sich so verhalten zu wollen. Ob der Kutscher, der sie zum Moor gefahren hatte, überhaupt noch auffindbar war? Ob der Notar nicht mit dem vielen Geld das Weite gesucht hatte? Oder der neue Hausbesitzer sich weigern würde, den gerechten Preis nachzuzahlen? Das alles stand noch in den Sternen. Nur dass der Alte noch immer über genügend Geld verfügen musste, das wusste sie schon. Das neue Palais, das er noch vor Ausbruch der Seuche gekauft hatte, sprach dafür. Wild schwirrten ihr die Gedanken durch den Kopf, während sie den Fremden vereinnahmend anlächelte. Kannte der Alte ihn aus seinem vorherigen Leben? Noch wusste sie es nicht, war aber drauf und dran, dies zu erkunden. Die zwei hatten jeder ein Bier vor sich stehen, deren Krüge jedoch bereits den Großteil ihres Inhaltes verloren hatten. Sie bestellte bei dem vom Alten hergerufenen Kellner ebenfalls ein Bier, allerdings ein kleines. Der erhob sich neben ihr, nachdem er Reste des Bieres in einem Zug ausgetrunken hatte, und sagte: „Ich will mich in den Zuber legen, mir den Staub vom Körper waschen und nachher wollen wir etwas essen." Und er ging, die beiden am Tisch zurücklassend. Sie fand, dass ihr Gegenüber nicht nur ein gutaussehender, sondern auch ein vorzüglich gekleideter Mann war, und er schien auch von nobler Natur zu sein, denn er hatte, wie sie nach eingehender Betrachtung seines Gesichtes zuordnen konnte, das Profil eines Adeligen. Vorher nahm sie einen Schluck aus ihrem Glas, um ihn jedoch über den Glasrand hinwegschauend, denn irgendwoher glaubte sie das Gesicht zu erkennen, in ihrem Vorleben einordnen zu können. Doch sie konnte nicht, obwohl gerade die Männer mit viel Geld meistens entweder von kümmerlicher Gestalt, was doch ihren fettwanstigen Bauchumfang miteinschloss, haarlos, mit herabhängenden Wangen, die in den Hals übergingen, gerade als würde auf einem Zylinder noch ein weiterer aufgesetzt sein. Diese Reichen, die zwar Geld, aber sonst nichts zu bieten hatten, denn hatte auch eine Hure schläft lieber mit einem attraktiven Mann oder einer Frau, als mit einem etwaigen Fettwanst oder gar einem spindeldürren Männchen. Und sie hatte Lust auf Sex, und wenn dieser Mann sie zu einem Schäferstündchen überreden und darauf einladen würde, würde dem nichts im Wege stehen. Selbst wenn sie daran dachte, mit was für einem Widerwillen sie sich vor vielen Jahren dem Zirkusdirektor hingegeben hatte, hingeben musste, und vielen Männern danach, ganzen Hundertschaften, was heißt Tausendschaften von Männern, bei denen sie jedoch nicht einmal gewahr wurde, dass sie gerade mit ihnen schlief. Und dieser hier weckte ihre Lust. Er bestellte ihr noch ein Bier und eines für sich. Sie prosteten sich zu, um mit tiefen, großen Schlucken ihren beiden Krügen zu entnehmen. Denn mittlerweile wurde ihr auch von der Kellnerin ebenfalls ein Krug kommentarlos hingestellt. Er wischte sich mit dem Handrücken den Schaum von seinem Schnauzer ab und sie leckte mit ihrer Zunge über ihre Oberlippe, um den noch frischen Schaum des soeben eingeschenkten Bieres zu entfernen. Sie trank dieses und noch eines und noch eines, ohne viele Worte zu verlieren. Sie hatte vergessen, was sie von ihm wissen wollte, und er war auch nicht bereit, sich von sich aus zu erklären. Wahrscheinlich dachte er auch nicht daran, dass sie seine Identität zu richten dachte, ob er sich vielleicht an sie erinnern könnte, denn so eine Frau wie sie würde wohl ein Mann, sollte er einmal mit ihr geschlafen haben, nie mehr vergessen können. Aber er hatte nicht, das wusste er, als er sie sah in der Ruine. Nachdem sich ihre Hände über dem Tisch gefunden hatten und der Fuß unter Tisch sich in seinem Schritt eingrub, stand plötzlich lächelnd der Alte am Tisch, um zu ihm zu sagen: „Ich sagte dir doch, dass sie eine Hure ist." Plötzlich war sie nüchtern, ernüchtert von den Worten des Alten. Sie entzog ihre Hand ihrem vorher so sehr begehrten Galan, nahm ihren Fuß von seinem oberen Mittel, um beschämt den Kopf gesenkt dazusitzen. Der Alte setzte sich neben sie, um ein Bier zu bestellen, natürlich einen Krug, man sah ihm an, dass er frisch gebadet und neu bekleidet war. Als er sie so dasitzen sah, sagte er zu ihr gewandt: „Ich hoffe, ich habe dich nicht beleidigt. Du bist doch eine Hure, wir brauchen es doch nicht zu verleugnen oder zu verschweigen." Sie fing an leise vor sich hin zu weinen. Dem Knecht, um den es sich handelte, hatte jedoch sein ehemaliger Herr diese Maskerade verpasst, wahrscheinlich war es heute sein bester Anzug, den er je getragen hatte, nachdem er sein altes Gewand verbrennen ließ. Badend, um ihn nachher einem Barbier zu übergeben, und diese Herberge war eine Nobelherberge, wo sich die Durchreisenden wohl nicht nur barbieren ließen. Wiederum rief der Alte die Kellnerin, um zu fragen, was es zum Essen gäbe. Vieles gab es hier zu essen. Zudem konnte sich die Schenke als gutbürgerlich bezeichnen und auch das Essen durfte sich eines guten Rufes erfreuen. Der Alte, der jedoch zwischenzeitlich auch den Barbier benutzt hatte, so gekämmt und gestriegelt an ihrer Seite saß, nun von ihr mit vernichtenden Blicken bedacht zu werden. Sie konnte es nicht fassen, dass er, ein ihr immer väterlicher Freund. Und was meinte er wohl, er hätte es dem ihr Gegenübersitzenden bereits gesagt? Wahrscheinlich hatte er es ihm, als sie noch vorher beim Bier, trinkend erzählt, dass er sie noch als Bekannten aus vorderer Zeit wähnte, dass sie mit einer Hure reisen. Es stimmte, doch sie hatte ihm noch nicht als solches gedient. Wo der angeblich impotent, zumindest es vorgab, und trotz der Bezahlung ihrerseits nie versucht hatte mit ihr zu schlafen, sondern mit ihr und seinem Geld seine Rachegelüste durch die Tötung des Ältestenrates, des Moorgottpriesters auszuleben und das gesamte Dorf aus der Knechtschaft dieser Tyrannen zu befreien, um ihm ein menschenwürdiges Dasein zu ermöglichen. Während sie aß, liefen noch immer Tränen der Enttäuschung über ihre von Alkohol geröteten Wangen, beobachtet von dem Mann, der aufgrund seines Essens von minderer Kultur zu sein schien. Gleichgültig und geistig abwesend stopfte der Alte das Essen in sich hinein, während ihr Gegenüber das gute Essen nur so verschlang und ihr der Appetit vergangen war, sodass sie im Essen stocherte und ihr jeder Bissen schier im Halse stecken zu bleiben drohte. Ein allgemeines Schmatzen durchlief den ganzen Raum, waren doch alle Tische besetzt, meistens Pärchen, die in diesem Edelbordell, das nicht weit von der nächsten Stadt lag, ihren Vergnügungen nachzugehen pflegte. Sie stand auf, ohne fertig zu essen und ohne auch nur ihr Bier ausgetrunken zu haben, verneigte sich vor den zweien, um „Gute Nacht" zu sagen und um sich in ihr Zimmer zu begeben und die Nacht hindurch von fürchterlichen Träumen gequält zu werden. Wo der Moorgott auf seinem überlebenden Pferd die ganze Rotte seines Stammes zurück ins Moor trieb, um sie des Verrates willen, wie er es mit des Alten Familie gemacht hatte, lebenden Leibes dem Moore zu übergeben.

Ein verhaltenes Klopfen an der Tür riss sie aus ihren Träumen, es war der Alte. Und die Sonne schickte ihre ersten Strahlen in ihre Kemenate. „Aufstehen!", sagte er mit seiner tiefen Stimme, die durch die hölzerne Türe noch dumpfer klang. Die Stimme schwand vor ihrer Tür. Gerädert kroch sie aus dem Bett, um sich in der Waschmuschel ihr Gesicht zu waschen und den Kopf zu kühlen von dem vielen Alkohol, den sie abends zu sich genommen hatte. Sie kämmte sich, um ihre Utensilien wieder in ihre Truhe zu verpacken und um sich nach unten zu begeben, wo die zwei sie schon erwarteten. Noch aßen sie und tranken Milch dazu, was sie jetzt hastig tat. Derweil stand die Droschke abfahrtbereit vor dem Eingang und der Diener auch ihre Truhe auf die des Alten zu stapeln und sie zu verschnüren begann. „Willst du dich nicht zu mir setzen auf den Kutschbock oder willst du da drinnen sitzen?" Und er öffnete ihr die Türe und sie kletterte in die Kabine, um den herrlichen Morgen zu betrachten. „Oho", und die Pferde trabten wieder los in ein von der Sonne bestrahltes Land. Sie durchquerten eine nicht allzu große Stadt, um diese am anderen Ende wieder zu verlassen, wobei ihnen mit Waren aller Art beladene Wagen entgegengezogen kamen, meistens Bauernwagen, von einem kräftigen Gaul gezogen, mit Kartoffeln oder Kraut beladen, aber auch bereits manche Kutsche, die schnell fahrend eine Staubwolke hinter sich ließ, in die sie nun hineinfuhren. Jetzt wiederum fiel ihr der Knecht ein, den hatten sie zurückgelassen. Hatte ihn sein Herr gar dem Schankwirt übereignet? Sie war jedenfalls froh, dieses verdreckte und verstunkene Individuum los zu sein. Den anderen bezeichnete der Alte als seinen Freund. Die zwei besprachen irgendetwas, wovon jedoch nur ein paar Lautfetzen an ihr Ohr drangen und für sie unvollständig blieben, so sehr übertönten das Getrampel der Pferde und die rollenden Räder auf der steinigen, staubbelegten Straße ihre sicher nicht leise Konversation, hatten sie doch diese Geräusche mit dem Fahrtwind verbunden ebenso übertönen müssen, um sich verständlich zu machen. Eine endlose Ebene zog sich dahin, um von bereits abgemähten Feldern und auch bereits neugepflügten Feldern abgelöst zu werden, von Kuhherden und Schafen, welche auf saftgrünen Wiesen weideten, und kleinen Wäldchen, die bis an den Straßenrand heranwuchsen. Plötzlich war sie zufrieden mit sich und der Welt, obwohl sich irgendwo in ihrem Kopf noch der Alkoholspiegel doch ein letztes Stelldichein gab, um in ihrem Kopf noch ein mulmiges Gefühl eines letzten Schwindels zu hinterlassen. Wieso wurde sie sich auf einmal gewahr vor diesen noblen Herren, nur wusste sie nach dem Abend jetzt nicht mehr so sicher, wie er in diese Kategorie von ihr geschätzter nobler Herrschaften einzureihen war, der mit ihren in der großen Kutsche des Alten fuhr. Gewandet wie der Alte mit einem riesigen leichten Reisemantel umhüllt, beide behütet, so von hinten gesehen konnten sie Zwillinge sein. Nach der Größe ihre Gestalt, nach ihren breiten Schultern. Der Alte, der in ihren Augen immer jünger sich darbot mit seinen kräftigen Händen, die zu packen verstanden, wie sie sah bei den vorherigen Reisestopps, wie er die Pferde zäumte mit kräftiger Hand am Zaumzeug führend, die Kutsche einfach zur Seite hebend, falls sie im Wege stand. Außerdem fand sie, als er sie gestern so abwertend behandelt hatte und ihn vor dem anderen demaskiert, als wäre sie ihm nicht egal. Sie hatte schon manchmal das Gefühl, wenn sie ihm beim flackernden Feuer gegenübersaß, dass sie in seinen Augen etwas bemerken konnte, was zumindest auf Sympathie schließen ließ. Trotzdem oder vielleicht gerade weil sie ihm und er ihr, sie sich beiderseits ihr Leben offenlegten, erfuhr sie langsam, dass er ihr nicht alles wahrheitsgetreu zum Besten gab im Gegensatz zu ihr. Mittlerweile sah sie ein kleines Dorf mit einem in die Höhe ragenden Kirchturm abseits der Straße. Die Droschke verlangsamte sich, bis die Pferde schnaubend standen. Einer der beiden, es war der Alte, sprang vom Kutschbock, was in einer plötzlichen Erschütterung der Kutsche einen Widerhall fand. Er vertrat sich nur etwas die Beine, wie sie feststellte, so auch der zweite und die Kutsche so wiederum zum schwanken brachte. Doch nein, sie waren gerade an der Abbiegung zum Dorf stehen geblieben, um über ein Stück des Weges zum Dorfe zu gehen, außerdem sprachen sie leise, was sie sogar verwundert hatte. Hatten die zwei etwas zu verbergen?

Die Pferde schnaubten im Geschirr, die zwei blickten unschlüssig in die Gegend, einmal in diese Richtung, dann wieder in die andere. Scheinbar einigten sie sich darauf, wiederum ihre Kutschbocksitze einzunehmen, um weiterzufahren. Lange, lange Zeit fuhren sie die Straßen entlang, um endlich an einer kleinen Straße abzubiegen und an einer kleinen Schenke anzuhalten, sie aussteigen zu lassen, damit sie warten könne, wenn sie wolle. Die zwei verschwanden in die Gaststube, um ein Bier zu trinken. Alsbald erschien ein der Schenke zuzugehöriger Knecht mit einem leeren Kübel, um von einem nahen Brunnen Wasser zu holen und die Pferde zu tränken, denn die Sonne stand bereits hoch am Himmel. Der Knecht zog die Pferde samt Kutsche hinter einen hohen Baum, damit das dichte Blätterwerk die Pferde vor einer allzu aggressiven Sonne schützte. Sie mochten wohl schon zwei Biere getrunken haben, als sie sich zu erinnern schienen, dass es noch jemanden gab, mit dem sie die Kutsche teilten, und sie schickten den Knecht, um sie in die Stube zu holen. Sie hatte es sich einstweilen unter dem Schatten spendenden Birnenbaum gemütlich gemacht. Sie hatten ihre Mäntel ausgezogen und auf einen Haken an der Wand gehängt und saßen nun Zigarren rauchend auf einem Tisch in der leeren Gaststube. Der Alte machte wiederum eine einladende Handbewegung und sie folgte gehorsam dem angedeuteten Befehl, um gleich zu sagen: „Bitte nur Wasser." Der Schankbursche entnahm einen Kübel und brachte ihr auch sofort das Gewünschte, wobei sie in gierigen Zügen das kalte Wasser sofort austrank, um den Schankburschen, ihm das leere Glas entgegenhaltend, um ein weiteres zu bitten. Auch das zweite versank in der durstigen Kehle, mochte wohl auch die gestrige Trunkenheit dazu beigetragen haben, dass sie eine allzu ausgedörrte Kehle in sich trug. Wortlos rauchten die zwei Männer vor sich hin, bis der Alte sich bequemte zu sagen: „Weißt du wo wir hier sind?" Sie wusste es nicht, was sie mit einem Kopfschütteln kundtat. „Nun wir sind hier wohl noch zirka zehn Meilen von unserer Stadt entfernt", wobei er das „unsere" besonders betonte. „Wir werden hier also noch essen, sodass wir abends in die Stadt kommen werden", was auch dann geschah. Langsam fuhren sie durch das Stadttor, um eine Straße anzusteuern, wo Gäste der Stadt mit ihren Pferden zu nächtigen pflegten und wohlversorgt sich wussten. Als sie anhielten, war bereits ein Pferdeknecht zur Stelle, um den Wagen mit den Pferden zu übernehmen, und für das Gebett auch gesorgt werden würde. Die Herberge glich einer Karawanserei aus Pferdeställen, alten Abstellplätzen und Herbergenzimmern, versprach auch solcher Art den Benützern wohlversorgt zu werden. Als ein weiterer Knecht die Kutsche entlud, war sie erstaunt, dass es nur zwei Reisetruhen waren, obwohl der Passagiere drei sich auf dem Kutschbock befanden. Das Geheimnis erschien ihr größer über den Fremden zu sein und erforderte Aufklärung seinerseits des Alten. Jener jedoch überging mit einem verhaltenen Lächeln ihre an ihn gerichtete Frage, um sie belustigt anzusehen, wortlos neben ihr herzugehen und in einem der drei Zimmer, die sie zugeteilt bekamen, zu verschwinden. Es wurde auch gleich darauf ihre Truhe von dem abladenden Knecht gebracht, um sie zu fragen, ob sie noch etwas wünsche. Vorerst wünschte sie nichts. Zu sehr war sie mit diesem mysteriösen Menschen beschäftigt und in ihren wildformenden Gedanken sich der Verdacht drängte, dass sich diese zwei doch näherstanden. Aber um diesen Gedanken zugleich zu verwerfen, hatte sie doch seine Manneskraft unter ihrem Fuß gespürt und das sie in eine kleine Lust verfallen ließ. Jedoch der Alte, als er dazwischenkam, sie unterbrechen ließ. Vor sich hin grübelnd saß sie auf der Bettkante, ohne sich ihres Kleides zu entledigen. Am Morgen würden sie wohl zuerst zu dem Droschkenkutscher fahren, der mit all ihrem Geld das Weite gesucht hatte, um ihn zur Rede zu stellen, wenn es ihn denn überhaupt noch gab, wenn er nicht schon längst Fersengeld gegeben hat. Ob er überhaupt in diese Stadt zurückgekehrt war? Aber er hatte nicht auch eine Familie mit vielen Kindern, die sich mehrten, und als sie samt Kutsche mietete, aber es war nicht ein Leichtes mit dem vielen Geld, das sie zusammengerafft hatte für einen guten Zweck, noch dazu den Erlös des von dem Alten ihr vererbten Hauses, um in die ferne Stadt zu ziehen und ein neues Leben zu beginnen. Das würden sie wohl morgen als Erstes machen. Das hatte sie mit dem immer mehr verjüngten Alten abgesprochen. Ob das wohl mit seiner und ihrer verwirklichten Rache zu tun hatte? Natürlich war es anders gelaufen, als es sich beide vorgenommen hatten. So hatte ihnen wohl Gott geholfen mit Hilfe der Pest ihren Plan zu verwirklichen. Als sie müden Gedankens einschlief, ließ sie sich einfach in das Bett zurückfallen, um traumlos bis zum nächsten Morgen, als sie vom Alten aufgeweckt wurde, durchzuschlafen. So bereits angezogen, wusch sie sich nur Gesicht und Hände, um dem Alten in die Schankstube zu folgen. Er war allein. „Fahren wir, dann machen wir einen Spaziergang", sagte er anstatt eines Morgengrußes. Draußen schlug der Regen auf die Dächer, sammelte sich zu großen Lachen, um widerwillig abzufließen. „Belassen wir es für heute, gehen wir einmal essen", meinte er, als sie sich nicht entscheiden konnte. „Gestern war ein so schöner Tag, heute ein Tag, wo man keinen Fuß vor die Tür setzen möchte", meinte sie daraufhin. Sie frühstückten lange, sodass sich immer wieder die Tische leerten, um anderen Gästen Platz zu machen. Nur sie saßen wie angeschraubt auf ihren hölzernen Bänken, sahen in den Regen hinaus, der plätschernd in den Hofe lief, die Pferde versorgt, die Kutsche unterm Dach und sie saßen hier wohlgesättigt, trockenen Fußes und Hauptes einander wohlgesinnt gegenüber. Und sie sprachen dies und jenes und erzählten frohen Herzens, wie glücklich die Rettung seines Stammes ihn mache und wie ihm endlich die Schuldenlast, die er in seiner Familie verbrochen, genommen war, aber diesen Mördern eine Gerechtigkeit widerfahren war, die wohl Gott allein durch seine Gehilfen wie Ra und das Kräuterweiblein vollzogen hatte. Und Ra sah das Feuer in dem Rundhaus drinnen, vor ihr den eingesperrten Ältestenrat, war sie der Rache bereits erlegen, die anderen in den Flammen lebenden Leibes zu verbrennen. Als Sühne für die jahrhundertelange Knechtschaft ihres Dorfes und dafür, über Tausende von eben aus dem Mutterschoß Geborenen das Todesurteil zu sprechen. Diese letzte Generation sollte für die Verbrechen vergangener Generationen büßen und zur Sühne herangezogen werden. „Wo ist dein Freund?", fragte sie in die Stille ihrer beiden verlorenen Gedanken hinein. „Ich weiß nicht", er darauf. „Er hat sich heute Morgen verabschiedet." „Kommt er wieder?" „Ich weiß nicht", er darauf. „Vielleicht", nachsetzend, „Wer ist oder wer war er?" „Ach", sagte der Alte darauf, „das ist eine lange Geschichte. Er hat mir einmal das Leben gerettet. Hat mein Leben gerettet", sich wiederholend.

Draußen hatten Regenwolken aufgehört sich zu ergießen, sodass erste Sonnenstrahlen vor allem durch das Gewölke brechen konnten und die verregnete Erde nun glitzernd die Strahlen der Sonne widerspiegeln konnte. Denn allzu lang gab es keinen Regen, sodass der Boden der Bauern vertrocknete, und nun hatte er gierig all das Wasser in sich aufgesogen und alles roch frisch. „Fahren wir", sagte der Alte. Denn obwohl im Moore geboren und aufgewachsen, wo beim geringsten Regen alles im Schilf versank, aber vielleicht gerade deshalb, verabscheute er alles, was auch nur nach Regen roch. Sie fuhren zur Stadt hinaus in einen klaren, von der Sonne vereinnahmten Nachmittag hinein. Die Straße jedoch gut geschottert, sodass sich nur einzelne größere Pfützen auf ihr gebildet hatten, um von den Hufen der Pferde auseinandergeschlagen zu werden. Sie fuhren unausgesprochen zum Hause des Kutschers, so sie ihm den Weg dazu wies, ein seitwärts der Straße schon von weitem erkennbares kleines Gehöft sich abzeichnete. Sie fuhren ein kurzes Stück eines kargen Weges entlang, wobei die Hufe der Pferde sowie die Räder knöcheltief einsanken. Der ungepflasterte Hof, auf dem sich einige Hühner tummelten und die Gänse gar mit entgegengestrecktem Kopf ihnen entgegenliefen, als hätten sie was zu bewahren oder gar zu verteidigen. Ein Kindergeschrei drang durch die offene Türe ins Freie, wahrscheinlich noch ein Kleinkind, das die Mutter gerade säugte und dem sie gerade den Busen entzog, um die Ankommenden zu empfangen. Es war der Schrei, wenn der Moorpriester das Kind ins Moor warf, bevor das Moor über ihm zusammenschlug. Beide hatten die gleichen Gedanken. Die Frau erschien an der Tür, das Kind in einem Wickelpolster, noch drei weitere kleine Kinder, die sich an ihren Kittel geheftet, neugierig die Ankommenden zu bestaunen. Sie wussten, ihr Vater fuhr auch so eine Kutsche mit Pferden, um damit seine Familie zu ernähren. Das begriffen sie noch nicht, aber es war so. Dunkel konnte sich Ra noch an die Frau erinnern, als sie nächtens in ihrer Verzweiflung nach einem Kutscher mit einer dazugehörigen Kutsche samt Pferden suchte, eine verzweifelte Frau, die gerade hochschwanger und von schreienden Bengeln umzingelt, ihren Mann, dem sie viel Geld, und wie sie selbst vermeinte, zu viel Geld geboten hatte, um sie in das ferne Moor zu fahren. Der Mann wollte seine Frau nicht in diesem Zustand zurücklassen, noch dazu mit den drei weiteren Kindern. Jedoch wie auf Geheiß, als sie die dafür gebotene Summe gesagt bekam, flehte sie ihren Mann an: „Bitte fahr, fahr, aber lass uns ein wenig Geld von der Dame." Und sie zahlte aus Dankbarkeit den vollen Betrag. Tatsächlich stand er frühmorgens vor der Haustür, um sie in seine Kutsche aufzunehmen und mit ihr den weiten Weg anzutreten. Er schien nicht nur ein besorgter Ehemann zu sein, kaufte auf dem Weg zum Moore Hafer für seine Pferde, lud ein Fass mit Wasser darauf. Nur wo war er jetzt? Beide sahen sich an, meinten wohl eine verlassene Frau vorgefunden zu haben, zurück in die Armut und Selbstverzweiflung. Eine Kutsche bog von der Straße in den kargen Weg, kam auf sie zu. Er saß auf dem Kutschbock, der Kutscher, der sie gefahren hatte. Die Kinder hatten ihn erkannt, um ihm entgegenzulaufen. Ra und der Alte sahen sich verständnislos an. Das konnte doch nicht wahr sein, so viel an Schmutz und Armut trotz des vielen Geldes. Der Wagen kam neben ihrem zum Stehen. Es war nicht nur der Kutscher, es war dieselbe schäbige Kutsche. Dagegen war die ihre eine Herrschaftliche. Nur war ihr damals egal, wenn sie doch ihren Sohn in Lebensgefahr wusste, was er doch tatsächlich war. Er konnte sich der Kinder nicht erwehren, so sie hinaufzuklettern versuchten, als er vom Bocke stieg. Auch in den Augen der Frau und in ihrem Gesicht vermeinte Ra ein überglückliches Lächeln zu entdecken. Er zog aus seiner Hosentasche irgendetwas Kleines hervor und gab jedem ein Stück davon, dass sie von ihm abließen. Nun kam er zu ihnen herüber, schlechtes Gewissen zeichnete sein Gesicht und ohne Umschweife ihr zu erklären, auf seine Frau deutend: „Sie konnte doch alle Tage, und die noch dazu kleinen drei Kinder." Er schrie es verzweifelt zu ihr. Ra machte eine abwehrende Geste, um zu sagen: „Beruhigen Sie sich. Es ist doch nichts passiert." „Aber was wollen sie jetzt?" Er sagte es leise. „Nur meine Truhe mit der Tasche, mit dem Geld." „Ihre Truhe mit dem Geld? Was für eine Truhe und von was für einem Geld sprechen Sie?" „Sie wissen nicht?" „Was sollte ich wissen?", er daraufhin. Daraufhin begab sie sich zu seiner Kutsche, öffnete dessen Türe, kroch in den Innenraum, um mit einem offensichtlich schweren, ansonsten unauffälligen Schrein herauszukommen, um ihn wieder in ihrer Kutsche zu verstauen, verständnislos beäugt von den anderen drei Erwachsenen, auch den drei

Kindern, die sich nebeneinander aufgestellt hatten. Darauf begab sie sich in die eigene Kutsche, nachdem sie einen Schlüssel aus ihrer Handtasche gekramt hatte, man hörte irgendwo das Öffnen eines Schlosses und das Klimpern von Münzen. Sie schlug hinter sich die Türe zu, um mit einer Handvoll goldener Münzen der Frau einige in die Hand zu drücken, einige auf das Wickelpolster zu legen, den drei kleinen Kindern ebenfalls einige in die Hand zu drücken, die sie verständnislos anstarrten. Ein Stück von einer Süßigkeit wäre ihnen wohl lieber gewesen. Den Rest drückte sie dem sprachlosen Vater in die Hand, drehte sich um und sagte zu dem Alten: „Fahren wir." Und sie fuhren aus dem Hof in die Stadt zurück, zurück zu ihrer Karawanserei, gaben die Gäule und die Kutsche in Verwahrung, um vorher der Kutsche die kleine Truhe zu entnehmen. Er trug diese Eisenschatulle, denn für sie wäre diese zu schwer gewesen, über die Stiege hinauf in ihr Zimmer. Während des Tragens sagte er zu ihr: „Das war der erste Streich." „Ja", lächelte sie. „Und der zweite folgt zugleich." Nun war sie reich, immens reich und sie schlief mit einem glückseligen Gefühl in ihrem Bauche, träumte von ihrem Kind, auf das sie verzichtet hatte, um all das Geld einzusammeln, das sie für die Befreiung ihres Dorfes für nötig erachtete. Und doch war alles anders gekommen.

Der Alte ging zum Stall, wo die Pferde untergebracht waren, gab dem Stallburschen noch ein fürstliches Stück Trinkgeld, verordnete, dass morgen in aller Herrgottsfrühe die Pferde gefüttert, gezäumt und die Kutsche bespannt zum Abfahren bereit zu stehen hätte, was der Pferdeknecht immer wieder mit einem Nicken zur Kenntnis nahm. Daraufhin ging der Alte in die Schenke, trank noch ein Bier, verlangte die Rechnung für zwei Personen, schlafen, essen und trinken all der Tage, mitinbegriffen den Morgen. In der Früh gedachten sie abzureisen. Dafür wünschte er noch heute zu bezahlen, was er auch konnte. Denn der Herbergswirt kam mit einer ellenlangen Rechnung, um ihnen als feinem Herren und Dame, die mit einer wahrlich herrschaftlichen Kutsche vorgefahren kamen, eine ihrem Stande gemäße Rechnung zu präsentieren. Doch ohne mit einer Wimper zu zucken, zahlte der feine Herr, überließ weiteres Geld den Schankburschen und dem Zimmermädchen, bestellte noch ein Bier, denn nach Essen war ihm heute noch nicht zumute. Am Morgen würden sie abfahren. Doch musste er es noch Ra sagen, die er in ihrem Zimmer zu finden gedachte, was auch zutraf.

Sie hatten schon eine ganze Weile die Stadt hinter sich gelassen, um sich der Schenke zu nähern, bei der sie auf der Herfahrt abgestiegen waren. Der zweite der auf dem Kutschbock Sitzenden war der Oberlippenbartträger, während Ra in der Kutsche sitzend die weich gepolsterten Sitze genoss, die Beine auf der gegenüber liegenden Bank ruhen ließ und unter sich und ihrer Sitzbank all ihr Vermögen gehortet lag. Sie getraute sich gestern Abend, als der Alte an der Tür erschien, nicht einmal zu fragen, was mit dem Haus wäre. Denn er klang mürrisch, als er sagte: „Morgen in aller Frühe wird abgefahren und das mit dem Haus regeln wir später", um grußlos hinter der Tür seines Zimmers zu verschwinden. Wenn sie an das viele Geld dachte, das sie nun wieder besaß und noch mehr als bisher, als sie daran dachte, wenn Räuber diese Kutsche überfallen würden und all das Geld rauben würden. Denselben Gedanken hatten auch die zwei vorne auf dem Kutschbock Sitzenden, sodass sie gestern beschlossen hatten, das vergrabene Gold wieder auszugraben, um es an eine sichere Stelle zu bringen. Doch sie fuhren, ohne anzuhalten, an der Herberge vorbei. „Auch gut", meinte die darinsitzende, obwohl sie doch fühlte, dass sie bald ein stilles Örtchen aufsuchen sollte. Doch noch ging es weiter. Als es schon so weit war, dass sie den zwei Kutschern zuschreien musste, dass sie den Wagen anhalten sollten, denn sie müsste mal, hielt der Wagen so schnell an, als wäre er bereits im Begriff gewesen, es tatsächlich zu tun. Sie stieg aus, der Alte sagte: „Folge nur dem Weg, wir warten auf dich." Und die Kutsche fuhr weiter und immer weiter, und als sie hinter einem Strauch aufstand, der ihr als Deckung gedient hatte, sah sie die Kutsche, die immer schneller und schneller dahinfuhr, nur mehr eine Staubwolke hinter sich lassend, einem fernen Horizont entgegen. Wo sollten die zwei auf sie warten? Vielleicht in der Brandruine, die, wie sie zu Recht vermutete, nicht allzu weit von hier sein müsste. Jedenfalls kamen ihr Zweifel an der Lauterkeit der beiden. Aber was blieb ihr anderes übrig, als den zweien hinterher zu hatschen, in den aufbrechenden Morgen hinein. Schon von weitem sah sie den einsamen Schornstein, der aus einer verwilderten Gegend ragte, doch bis zu diesem sie noch lange zu gehen hatte. Als sie erschöpft sich der Ruine näherte, wurde sie bereits von den zwei Gentlemen, die auf dem Kutschbock saßen, erwartet. „Lange hast du uns verlassen", sagte der Alte, während der andere sein süffisantes Lächeln nicht zu unterdrücken vermochte. Sie schöpfte die Kraft aus, die Kutschentüre zu öffnen, wo ihr keiner von den kutschbocksitzenden Kavalieren auch nur den leisesten Versuch erkennen ließen, ihr dabei zu helfen. Erschöpft schloss sie die Tür hinter sich, um sich auf die Bank fallen zu lassen, um wieder von dieser aufzuspringen, um unter ihre Sitzfläche zu schauen, ob das Geld noch hier wäre. Und es war hier, wie sie befriedigt feststellen konnte. Allerdings schien der Wagen schwerer geworden zu sein, denn er hüpfte nicht mehr so federleicht die Straße entlang. „Auch ideal", meinte sie, trank aus dem in der Kutschenkabine aufgehängten Krug noch Wasser in großen Schlucken, um ihre trockene Kehle und einen ausgedorrten Körper damit zu befrieden. Danach setzte sie sich bequem lehnend, die Füße auf die gegenüberliegende Bank legend, um sich von den ungewollten Strapazen ihres langen Fußmarsches zu erholen. „Aber wo zum Teufel ist der Knecht geblieben?", durchfuhr es sie. Und was hatten die zwei in der Ruine getan? Sie wollten sie abschütteln, wenn auch nur für kurze Zeit. Der Wagen ächzte nur so dahin, sodass sie die Füße von der gegenüberliegenden Bank nahm, um die Sitzfläche anzuheben. Nachdem sie einen der wohlgefüllten Säcke öffnete, konnte sie den darunter liegenden Kasten vollgefüllt mit Säcken von Talern bestaunen. Was waren ihre Häuflein von Golddukaten und Goldtalern gegen diese Masse Geldes, die diese Truhen in sich trugen? Nun hatte sie keine Angst mehr um ihr Geld, die sie sich alle Tage in der Herberge gemacht hatte, ob es noch alles sein würde, und hatte als Ornament die letzten Taler als letzte Schicht in die Geldtruhe gelegt. Aber es verblieb immer so, wie sie es hinterlassen hatte.

Sie war nun unglaublich beruhigt, legte wieder ihre Füße auf die gegenüberliegende Bank, um von der schaukelnden Kutsche in ein Traumland befördert zu werden. Und wie sie Goldtaler werfend hoch am Himmel und die Sterntaler auf die Armen hinunterzuwerfen und jene der Armut zu entfliehen vermochten. Als sie aus ihren Träumen erwachte, stand der Alte vor der offenen Türe, um „Bist du hungrig?" zu sagen. Sie sich die Augen reibend, um „Ja" zu sagen. Sie gingen in die Schenke, während der andere gerade dem Pferdeknecht Anweisungen gab, wie er die Pferde zu versorgen wünschte. Doch als sie sich umsah, dass er keinerlei Anstalten machte ihnen zu folgen, sondern bei dem Gespann verblieb. „Warum geht dein Freund nicht mit uns? Der hat keinen Hunger?" Er sagte nur darauf: „Hm", um sich nicht im Geringsten darüber zu äußern. Nachdem sie gestärkt die Schenke verließen, fanden sie den Oberlippenbartträger mit seinen Stiefeln, die er nicht einmal ausgezogen hatte, in der Kutsche auf der Bank schlafend. Den Hut über das Gesicht gezogen, den Reisemantel geöffnet breit hinter ihm liegend. Als er ihrer ansichtig wurde, enthob er zuerst seine Füße der Bank, um sie auf den Boden der Kutsche zu stellen, sich danach aufrichtend seinen Hut auf dem Kopf zurechtzurücken, um letztlich aufzustehen und mit wehendem Mantel wieder den Kutschbock zu erklimmen. Es ging weiter und weiter bis spät in den Abend hinein, bis die Pferde erschöpft und nur mehr dahintrotteten. Eine Schenke kam in Sichtweite, wo sie bereits genächtigt hatten, die nicht nur mit Gästen befüllt, sondern auch mit Wanzen, die sie zu spüren bekamen. So beschlossen sie nur die Pferde versorgen zu lassen und selbst eine Nacht in der Kutsche zu verbringen. Jetzt wusste Ra, wieso sie einen großen Umweg in Kauf genommen hatten bei der Hin- und bei der Rückfahrt. War doch ihr Kutscher, der sie in die Stadt bringen sollte, nur einen ganzen Tag mit der dazugehörigen Nacht durchgefahren, um an sein Ziel zu gelangen. Der Code hieß Ruine. Was für ein

Geheimnis bot die Ruine noch, als sie als Versteck für das viele Geld gedient hatte? Der rußige Knecht, der sie an irgendjemanden erinnerte, an einen ihrer früheren Freier, von denen ihr jedoch nur die Gesichter ihrer Stammkunden im Gedächtnis haften blieben, ganz gleich in welcher Stadt sie gearbeitet hatte. Plötzlich fiel es wie Schuppen von ihren Augen. Der Knecht, der war Wächter des Geldes, der war von dem Alten zurückgelassen worden, um das Geld zu bewachen. Jener jedoch hatte das Geld in der unübersichtlichen Ruine so gut versteckt, dass es kein Mensch zu finden imstande war, und er es so problemlos hinterlassen konnte. So war der Knecht mit dem alten Freund ident. Sie schliefen also alle drei in der Kutsche, um all ihr Geld zu bewachen. Während die zwei sitzend, die Füße weit von sich gestreckt, schliefen, vereinnahmte sie die andere Bank allein, um liegend und halbwegs ausgeschlafen am Morgen zu erwachen. Hatte doch ein in ihrer Nähe angesiedelter Hahn sie aus dem Schlaf gerissen. Sie ging mit dem Alten in die Schenke, wo sich bereits mehrere Männer und auch Frauen eingefunden hatten, um ein kräftiges Frühstück zu sich zu nehmen, und welche die Nacht mit all dem Ungeziefer verbracht hatten, was ihre unausgeschlafenen Gesichter bezeugten. Sie konnten natürlich auch anderer Art des Unausgeschlafenen sein. Sie gingen wieder zu ihrer abgestellten Kutsche zurück, wo sich der andere aufmachte, etwas essen zu gehen. Mittlerweile kam der Rossknecht, um den Wagen mit den ausgeruhten, angefütterten und getränkten Pferden ins Geschirr zu stellen und sie vor den Wagen zu spannen, wobei es wieder ein fürstliches Trinkgeld gab, dass dieser ungläubig die in seine Hand gedrückten Münzen bestaunte, um daraufhin zu fragen, ob er wohl noch etwas für den Herrn tun könnte. Er konnte, besser, er brauchte nicht. Daraufhin setzte sich der Alte auf den Kutschbock, um seinen Kumpan zu erwarten, welcher jedoch erst bald erschien, um wortlos seinen Platz einzunehmen, und der Alte die Zügel lockernd, um aus dem Abstellplatz für Kutschen zu fahren. Gut ausgeruht, bei guter Fütterung und Tränkung, was ihnen auch am Morgen widerfuhr, so von dem Kutscher angefeuert den Wagen trabenden Schrittes über die Straße, sodass sie gegen Abend eine weitere Herberge erreichten, an jener aber vorbeifuhren, um in der Nacht eine weitere anzufahren, jedoch nur für die Pferde um ein Nachtlager baten und sie in der Kutsche ihr Geld und übrigens auch ihres bewachten. Zu Mittag des nächsten Tages erreichte die Kutsche das Tor der Stadt, um mit schwerbeladenen Rädern es zu durchfahren und auf dem holprigen Katzenkopfpflaster dahinzuzockeln. So fuhren sie durch die Stadt zum Stadtturm mit seinen unterirdischen Kellern, die einen Pferdestall und einen Kutschenabstellplatz in sich trug wie alle großbürgerlich gebauten Häuser in der Stadt. Ein von dem Alten angestellter Diener stammte aus der Zeit seines Ehestandes und hatte zuerst dem Erschlagenen, dann der dicken Berta und zuletzt ihm gedient, womit er sich als treuer Diener erwiesen hatte. Außerdem hatte er die als respektvoll anerkannte Person der alten Köchin mitgenommen. Nachdem der Alte die Glocke läuten ließ, öffnete dieser ein großes Tor, hinter dem die Kutsche und die Pferde in der Tiefe des Hauses verschwanden, und das Tor hinter ihnen vom Diener sofort geschlossen wurde. Die Pferde schnaubten, als der Diener sie entschirrte, um sie in den Stall zu führen.

Morgen bereits würden sie in die Häuser gehen und mit dem Bürgermeister über Sozialprogramme sprechen, die sie sich auf der Fahrt hierher nicht nur ausgedacht, sondern auch zu verwirklichen gedachte. Der Diener wies ihr eines der vielen Zimmer in dem riesenhaften Turm zu, nicht zuletzt jedoch vorher ihre Truhe mit Gold, einschließlich des Eimers, die sie nicht aus den Augen ließ, und sie hinter ihm herging, bis er ihre Truhe mit den darin liegenden Taschen an die für sie vorhergesehene Stelle gebracht hatte. Nachher durfte er erst das andere Gepäck bringen, das sich wohlverschnürt auf dem Gepäckkasten der Kutsche befand. Der Alte und dessen Freund verschwanden irgendwohin, unhörbar und ungesehen. Am Abend brachte ihr der Diener eine Einladung des Alten, sie möge in das höchstgelegene Zimmer kommen. Sie stieg die Treppen hinauf, kam angezogen wie eine Dame, hatte sie doch mit den riesigen Goldtalern, die er ihr hinterließ, eingekauft, eine ganze Truhe voll der schönsten Kleider. Denn sie wusste, nun würde sie in der Stadt repräsentieren, sie würde sich herausputzen, sie, die Flüchtige aus dem Moor.

Das hatte er ihr zugedacht, er, das war eine Person, zu der sie sich hingezogen fühlte. Brutal, rücksichtslos ihr die Kleider vom Leibe reißend, sie aufspießend, sie durchstoßend, um sie in ihrem Blute liegen zu lassen, zwei Goldstücke hinter sich zu lassen, um wieder zu verschwinden. Und jedes Mal bei Vollmond. Das alles wusste sie zur damaligen Zeit noch nicht. Man merkte, der Alte hatte sich hier noch nicht so richtig eingelebt, auch der Diener wusste noch nicht das gelagerte Holz, denn der Alte gedachte, den offenen Kamin zu beheizen, um ein heimeliges Du und Du in den Raum zu zaubern. So saßen beide an einem riesengroßen Tisch, mochten die ganzen Gesellschaften gespeist haben, mit prächtigen Gewändern, die Damen in nobler Goldgarderobe, die Herren im Frack, in einer Ecke ein spielender Musiker, der wohl als Hintergrund für die Konversation der anwesenden Gäste dienen sollte. Wo man auf einem Sessel zugewiesen zum Sitzen kam, während zwei an der Längsseite des Tisches, der Diener wies ihnen die einzunehmenden Plätze an der Breitseite des Tisches zu, stellte ihnen die Sessel zurecht, als sie Platz nahmen, hatte er doch schon öfters in besserer Gesellschaft in seinem bisherigen Leben gedient. Sie verbeugte sich sitzend und den Kopf devot nickend, um ihm dadurch ihre Ehrerbietung zu bekunden. Der ganze Tisch war jedoch mit vielen brennenden Kerzen ausgeleuchtet, genauso, als würden noch viele Gäste eingeladen worden sein. Es war die Art von silbernen Leuchten, mit deren Hilfe der Oberlippenbartträger ihrem ehemaligen Vorbesitzer eine um den Schädel gezogen hatte und so waren sie zuerst in den Besitz der dicken Berta übergegangen, um letztendlich als Erbgut dem Alten zuzufallen. Und so standen sie aufgereiht und mit brennenden Kerzen bestückt, unterstützt von Kandelabern, die rings um die Tische standen, um den Saal in seiner Größe auszuleuchten. Nun saß sie, also die Hure Ra, die ehemalige Moordorfbewohnerin, mit einem weiteren ehemaligen Moordorfbewohner, der seine Familie auf dem Gewissen hatte.

Wortlos saß man sich gegenüber, feine Porzellanteller und Silbergedeck in einem Stoff serviert, in eine Serviette gewickelt. Ra schaute sich in des Saales Höhe um, wo sich ihr eine stuckverzierte Decke darbot, unterlegt von kräftigen Farben, sodass der Stuck, der in Weiß gehalten war, noch mehr hervorgehoben wurde. Sie hatte wohl schon mit Tausenden von diesen Herren geschlafen, die solche Wohnungen und Häuser ihr Eigen nannten, doch sie war noch nicht außer in das alte Haus, weder in einer anderen Stadt noch in einem derartigen Hause gewesen. Wer nahm eine Hure auch schon mit nach Hause? Außer dem Alten, aber der nahm sie nur mit nach Hause, weil beide nicht nur verwandte Seelen in sich trugen, sondern weil er sie als erotische Moorbewohnerin erkannt hatte. Die Sessel, auf welchen sie saßen, hatten eine hohe Lehne, geschnitzt mit allerlei floristischen Ornamenten. So etwas hatte sie noch nie gesehen, geschweige denn darauf gesessen. Die Sitze und die gepolsterten Lehnen, während sie erstaunt und fassungslos all das hier zu Sehende staunend betrachtete, kam der Diener, brachte eine würzige Suppe aus einem der Nebenräume, scheinbar war es die Küche. Sie hörte durch die Türe Hantieren mit Geschirr, als müsste es noch eine Köchin geben. Der Diener servierte ihnen mittels eines großen Schöpfers die Suppe in ihre porzellanenen Teller. Alle drei entwickelten gleichzeitig ihr Besteck aus der Stoffserviette, es war auch sein Freund zu dieser Mahlzeit eingeladen, sagten „Mahlzeit" und begannen die Suppe zu löffeln. Und während sie sich einen Löffel nach dem anderen in den Mund schob, dachte sie schon, dass sie morgen ins Rathaus gehen würde, um mit dem Bürgermeister ein Wörtchen zu reden, sich gleichzeitig als Dolmetscherin anzubieten. Ihre Sprachen waren aufgrund ihrer Wurzeln zwar verwandt, aber hatten sich dennoch auseinanderentwickelt. So viel der asiatischen Obersprache auch eingeflossen war, man konnte sich so recht und schlecht verständigen. Manche der ehemaligen Moorbewohner hatten, wie es der Mutter zugesprochen war, eine weiße Hautfarbe mit roten Haaren, bei manchen gedachte man, dass sie soeben einer kaukasischen Jurte entstiegen wären. So vielfältig waren die Physiognomien dieses Gemisches des Stammes, viele dieser Merkmale Eurasiens in sich trugen. Aus ihnen waren wunderschöne Menschen hervorgegangen und diese unterschieden sich von den übrigen Stadtbewohnern, da diese meist mit scharfkantigen Gesichtern geprägt, während die anderen mit weichen Linien, breiten Backenknochen, mandelförmigen Augen und kleinen Nasen und so zusammen ein schönes Gesicht zeichneten. Sie löffelte ihre Suppe noch geistesabwesend, so sich keine Suppe mehr in dem Teller befand, und wurde mit einem Räuspern des Alten darauf aufmerksam gemacht. Mechanisch führte sie den Löffel zum Munde, bis sie wieder aus ihren Träumen erwachte und ihr die Nutzlosigkeit ihrer Löffelei bewusst wurde. Sie schaute entschuldigend vom einen zum anderen, die bereits mit Händen, die sie auf die Armlehnen gelegt hatten, steif vor sich hin schauend auf ihren hochlehnigen Sesseln wie starre Marionetten dasaßen. Sie ließ den Löffel im leeren Teller verbleiben, um sich wohlgesittet auf dem Sessel aufzurichten und fragend den einen wie auch den Alten anzuschauen. Der Diener kam, nahm die Teller vom Tisch, brachte weiteres Essen und weiteres Essen, füllte die Gläser mit Wein und sie tranken sich zuprostend ein Glas nach dem anderen, bis ihre Hände fahrig und die Gläser auf dem Tisch verschütteten, bis sie am Morgen mit dem Oberlippenbartträger in ihrem Bette erwachte und sie sich an dessen Seite wiederfand, der laut schnarchend ihr Erwachen erst zu verantworten hatte. Die Sonne lächelte bereits durch die Fensterscheiben, warf warmes Licht auf das zerknüllte Bett, das eine aufgewühlte Nacht erkennen ließ. Sie stieg noch leicht benommen aus dem Bett, ohne dass sie von dessen zweitem Insassen bemerkt wurde. Sie ließ ihn schlafen. Er schien nicht nur wegen des genossenen Weines erschöpft zu sein, aber das war wiederum eine andere Geschichte, an die sie sich ehrlicherweise nicht zu erinnern vermochte oder wollte, noch dazu gedachte sie, sich Gedanken darüber zu machen. Dem Bürgermeister, der im Rathaus residierte, war durch die Seuche die halbe Familie abhandengekommen. Trotzdem, er hatte überlebt, dank seiner vorsorglichen Feuer, die er im Rathaus anzünden ließ, denn er war einer der Ersten, der die Gefahr der Pest erkannte, und da es bis dahin noch kein Kraut gab, das die Pest besiegen konnte, bediente er sich des Feuers, was päpstlicherseits bereits ausprobiert war. Und er empfing sie, die seine Sprache perfekt beherrschte und von den Moorbewohnern eigentlich als Engel bezeichnet wurde, wobei sie seines natürlichen Wortes Sinn nicht begriffen, aber das gleiche damit gemeint war. Sie machte sich also morgens in der Früh auf ins Rathaus, um dem Bürgermeister ihr vorgefasstes Vorhaben näherzubringen. Der Bürgermeister war ein Mann von hoher Bildung und Geschäftsmann, besaß er doch eine Weberei, nach der sogar eine Straße der Stadt benannt wurde. Als er von den Plänen Ras erfuhr, von Schulen, Krankenhäusern, Altersheimen und zusätzlichen sozialen Mitteln für die arme Bevölkerung, Waisenkindern gesprochen wurde, glaubt er sich in ein fernes, fremdes Jahrhundert versetzt, sodass alles einmal verwirklicht werden könnte. Denn er selbst war ein Mann, schon zu damaliger Zeit, sozialer Gerechtigkeit, was ihn auch seine Arbeiter besser bezahlen ließ, sodass sie eine größere Familie damit erhalten konnten.

Also legte er nach Ras euphorischer Zukunftsvision zuerst seine Stirn in Falten, was Ra veranlasst, ihre aus der Seele kommenden Gespräche zu stoppen, denn der Bürgermeister schien darüber nachzudenken gewillt. Nach einer langen Pause, wo der Bürgermeister seine wie zum Gebet umschlungenen Hände vor sich betrachtend und die Stube auf und ab gehend, zu durchschreitend, blieb er plötzlich vor ihr stehen, um zu sagen: „Und mit was wollen wir das alles bezahlen?" Und sie mit einem erprobten Lächeln, mit dem sie Männer reihenweise zu verführen wusste, mit den weiß blitzenden Zähnen, ihrem schelmischen Lächeln, um zu sagen: „Was würden Sie sagen, wenn ich das finanzieren würde?", im Hintergrund mit den Kisten voller Gold des Alten. Irgendwie würde sie auch an dieses Geld herankommen, dessen war sie sich gewiss. Das Wie stand noch in den Sternen, aber sie würde. Dem Bürgermeister verschlug es auf die Antwort hin völlig die Sprache, sodass er sprachlos dastand, denn er musste diesen Ausspruch erst einmal verdauen. Er zuckte ein paar Mal mit dem Mund, um nachzufragen, ob sie es auch so meinte, wie sie sagte. „Natürlich", sie darauf. Er bräuchte nur die Räumlichkeiten zur Verfügung zu stellen. Und das konnte er, es gab noch genug leere Häuser in der Stadt. „Und wann wollen sie?", er noch hervorstammelnd. „Sofort." „So-Sofort?", er sich wiederholend. Er schrie einen seiner übriggebliebenen Lakaien herbei, beorderte den Schreiber, der Gott sei Dank die Seuche wie er überlebt hatte. Er dachte auch daran, Moorarbeiter bei sich einzustellen, wusste er nicht, wie viele von seinen Arbeitern die Seuche hinweggerafft hatte, Waisenkinder und unversorgte Frauen hinterlassend. Oder wer wird die Frauen und Kinder versorgen? Wer in diesem Chaos, in dem sich doch die Stadt befand? Es war ein herrschaftliches Haus, mit vielen Zimmern und Dienstbotenzimmern, riesigen Speiseräumen, mit vielen Schlafzimmern, da es auch viele Kinder gab. Bis auf einen Dienstboten und einige kleine Kinder war niemand mehr da, da alle mit Sack und Pack in eine weit entfernte Stadt geflohen waren und die Kinder bei Verwandten untergebracht wurden. So ließ er einmal die Waisenkinder, die irgendwo bei überlebenden Verwandten oder großherzigen Stadtbewohnern versorgt wurden, in das Haus bringen, das alsbald wohl vollgefüllt mit Kindern unterschiedlichster Herkunft. Ra kaufte von einem der überlebenden Tuchhändler viele Stoffe, um für die Kinder gleiche Gewänder zu basteln, was ihre Herkunft im Vorhinein ausschloss. Sie gab dem von ihr eingesetzten Schreiber Geld, um für die Kinder am Marktplatz von den übriggebliebenen Bauern einzukaufen. Jene jedoch, vermindertem Konkurrenzdruck ausgesetzt, erhöhten fortgesetzt die Preise, sodass sich Ra gezwungen sah, mit den Bauern ein ernstes Wort zu reden, zumal sie schon alle derzeit kostenlose Knechte und Mägde aus den Moorbewohnern lukriert hatten. Aber da die Gier einen unumstößlichen Bestandteil des menschlichen Seins darstellt, bedurfte es einiger Drohungen, bis die Bauern wieder die Preise auf normales Niveau zurücknahmen. Zwischendurch erkannte sie die älteren Moorbewohner nach und nach, mal waren diese ebenso wie sie gealtert, immerhin waren nahezu siebzehn Jahre seit ihrer Flucht aus dem Moor vergangen. Außer dem nun eingerichteten Waisenhaus, das sich bald als zu klein erwies, wurde ein neues in Besitz genommen. Hier wurde den wenigen Besitzern, die doch von der Seuche verschont geblieben waren, eine armselige Summe Geldes bezahlt, dass sie wiederum in ein kleineres Haus umsiedeln konnten.

Aber in all der Hektik nahm der Mond ab und wuchs wieder zum Vollmond heran, und in ihrem Schoß erwachte die Sehnsucht nach diesem Mann, der schon mehrere Prostituierte mit seinem Penis ermordet hatte. So kam es, dass sie dem Alten sagte, sie müsse schauen auf den Bauernhöfen, wie es ihren Moorleuten gehe, und sie müsse vor allen Dingen nach Barbara suchen, mochte diese auch schon weit weg von dieser Stadt sein, gemeinsam mit ihrem Sohn, um der Seuche vorzubeugen. Sie mietete einen Kutscher mit seinem Gespann, drei Tage vor Vollmond, um frühmorgens die Stadt zu verlassen. Einmal nächtigten sie in der bekannten Herberge, wo sie mit dem Alten genächtigt hatte, um abends am zweiten Tage ihrer Reise in ihrer Stadt anzukommen, um wiederum dort, wo sie mit dem Alten und dem Gespann einige Tage oder Nächte verbracht hatte, sich einzuquartieren. Es lief alles wie gehabt: Pferde, Kutsche und Kutscher wohlversorgt, sie in Erwartung der kommenden Nacht. Sie ging wieder in ihr altes, gemietetes Zimmer, bezahlte wieder einen Monat voraus, legte sich ins Bett, um von der derzeitigen Reise erschöpft in den Morgen hinein zu schlafen. Sie schlief lange, allzu lange fand sie, als sie erwachte von den vielen Schritten geweckt, die an ihrem ebenerdigen Zimmer vorbeigingen, liefen oder schlurften. In voller Pracht erhob sich der Mond, ließ sie bereits jetzt erzittern, obwohl er vorm Zenit stand und noch einige Zeit vergehen würde. Sie jedoch malte sich schon im Geiste aus, wie sie ihn zu empfangen gedachte, das Wasser unter ihnen glucksend vorbeiziehen und auf den Wellen der Mond tanzen würde. Sie wuselte ihrem Stelldichein entgegen, sie wusste, dass er kommen würde. Sie wusste es.

Und als sie abends im Bette lag und der fast vollmondige Erdtrabant durch das Sprossenfenster fiel, um ein Gitterwerk auf den Boden zu zeichnen, wusste sie, morgen war wieder der Tag, den sie in dieser Stadt herbeigesehnt und gleichzeitig gefürchtet hatte. Und er ihr doch jedes Mal zu zwei riesigen Goldstücken und einer wahrhaftigen, schmerzlichen Lust verholfen hatte, die sie nicht missen wollte. So war die nächste Nacht von ihr verplant, vielleicht wusste der von ihr so herbeigesehnte Galan, dass sie sich wieder in der Stadt befand. Oder war seit dem letzten Zusammensein mehr als eine Mondwanderung von Vollauf den Neumond und wieder zurück vergangen? Sie wusste es nicht. Zu viel war ihr in dieser Zeit widerfahren, um freudig der nächsten Nacht entgegenzufiebern. Am nächsten Morgen, als sie erwachte, hatte des Mondes Lichts keinerlei Spuren hinterlassen, sondern verstreute sein noch fahles Licht in der Stube, aber keinerlei Schatten werfend. Die Sonne sich eben anschickte, das Licht des Mondes verblassen zu lassen, um die Herrschaft eines neuen Tages anzutreten, der von keinerlei Wolken getrübt, einen Sonnentag über das Land zu streuen, um Land und Leute damit zu erfreuen. Lange Zeit lag sie wach in ihrem Bette, sich in das Kissen kuschelnd und die letzten beiden Tage überdenkend. Wäre der Kutscher ebenso ehrlich geblieben, hätte er den Koffer mit den Münzen in seiner Kutsche entdeckt – oder das Gegenteil, es war ihr zu unangenehm darüber nachzudenken. Der alte, betrügerische Notarius, der noch dazu als Geldwechsler und Pfandleiher den Menschen das Geld aus der Tasche zog. Aber hatte der Alte ihn nicht darauf mit zusätzlichen tausend Talern bestraft, für sie allein, wie er meinte? Aber müsste er nicht für alle jene Strafe zahlen, die er hereingelegt hatte? Ihre Gedanken wanderten von einem zum anderen, von diesem zu jenem, von dem brennenden Moore, das vor ihren Augen entstand, dessen Glut hoch in den Himmel getrieben, um als Asche sinkend von den nachwallenden Flammen und der Hitze wiederum in die Höhe getrieben zu werden, um sich auf die umgrenzende Heide niederzulassen, von dem schreienden, derweil verbrennenden Ältestenrat, der schaurig noch in ihren

Ohren klang, und von dem brennenden Leichenhaufen vor der Stadtmauer und den vor sich hin trottenden Moordorfbewohnern und dem endlos langen Zug, auf den Weg in die Stadt zu flüchten. In eine Stadt, die ein für sie gütiges Schicksal, hervorgerufen durch die Pest, fast bevölkerungslos hinterlassen hatte. Und der schaurig durchhievte Schmerz des heute erwarteten Mannes in ihrem Schoß, ließ sie daraufhin das Bett verlassen, um sich in der Waschmuschel zu kühlen.

Sie wartete bereits angezogen, bis der Alte an der Tür klopfte, um mit ihm in die Schankstube zu gehen und ein Frühstück einzunehmen. Noch während des Essens erwähnte er, dass er heute gedenke, einmal allein das Haus zu erkunden. Sie fand, dass er merklich nervös ihr nicht in die Augen zu sehen vermochte und mit ihm passend, wer der Besitzer des Hauses derzeit ist. Denn er vermutete nicht zu Unrecht, dass der neue Besitzer vielleicht das Haus bereits weiterverkauft haben könnte. Ihr war das nicht einmal so unrecht, wollte sie sich doch schon tagsüber zu dem nächtlichen Rendezvousplatz begeben, denn sie gedachte, dass es heute Nacht wieder passieren würde. Sie pflegte, wenn sie das Ziehen in ihrem Schoße verspürte, immer den nächsten Monat vorauszubezahlen, also war das Ganze nicht viel länger als eine Monddekade her. Sie schlenderte bekannte Straßen entlang, begegnete Frauen mit Wäschekörben auf den Köpfen, auf dem Weg zum nahen Fluss, stieß auf streunende Hunde, die sich verdrückten, sofern ein Mensch in ihre Nähe kam, fand einen Bettler, der fußlos, nur aus dem Oberkörper bestehend, hinter ihr her rutschte, und sie warf ein kleines Geldstück vor ihn hin, er darauf sich auf die beiden Hände erhob, um des Geldes habhaft zu werden. Sie blieb stehen, kramte daraufhin in ihrer Tasche, wo tatsächlich noch einige Silberlinge unter dem Krimskrams sich versteckt hatten, sich nun offensichtlich erboten, wie ihre Besitzerin ein gutes Werk zu tun und den Besitzer zu wechseln. Er lächelte hinter ihr her, so ein großes Stück Geldes hatte er noch nie bekommen. Sie eilte weiter. Es war eigentlich ein kleiner Platz, umsäumt von fensterlosen Getreidespeichern, wo die Bauern ihr Getreide an den Händler verkauften, tagsüber, nächtens diente er der Anbahnung käuflicher Liebe. Aber nicht mehr jetzt, seit man hier einige Liebesdienerinnen ermordet hatte, bei Vollmond. Man fand sie verblutet am nächsten Morgen, als die ersten Bauernwagen in den Platz einfuhren, in einer Lache von Blut, das aus ihrem Schoß geflossen war, auf einer dort stehenden Bank, wo sich ansonsten die Bauern sitzend die Zeit vertrieben, bis sie ihr Korn abliefern konnten. Und einige Wochen später eine Zweite und Wochen später eine Dritte und jedes Mal verursacht durch die gleiche Art von Tod. Nur sie fieberte hin, nicht dem Tod, sondern dem Mann entgegen, denn sie wusste um die Waffe des Mordes. Es schien ihr, als würde er sie zerreißen, wie bei der Geburt ihres bereits dem Makrowuchs anheimgefallenen Kindes, das sie ein viertel Jahr zu lang in sich trug. Aber die Lust, die er verschaffte, größer als der Schmerz, der sie erfasste. Außerdem das viele Geld, wo sie jedes Mal einen Landsknecht für so viele Monate hätte davon bezahlen können. Sie redete sich immer auf das Geld aus, das sie dafür bekam, aber in Wirklichkeit war es hier eine animalische Lust, die sie jedes Mal der Vereinigung entgegenzittern ließ. Denn nun hatte sie genug Geld davon, brauchte es auch nicht mehr, und trotzdem trieb es sie in dieser Nacht hierher. Sie bummelte durch die Stadt, angezogen wie eine Frau aus bestem Hause, behütet, sodass niemand in ihr die Hure Ra vermutet hätte.

So elegant schritt sie durch die Straßen, so sie nicht einmal einer ihrer besten Kunden erkannte, der zufällig des Weges kam. Sie suchte auch ihr altes Zimmer auf, das sie nach der Besitznahme des Hauses nie mehr betreten hatte. Aber kurz war diese Zeit. Sie hatte vergessen, ihren Obolus für das Zimmer zu entrichten. Oder hatte sie doch? Sie rechnete in Mondphasen, um ihn daraufhin immer im Vorhinein zu entrichten. Und sie hatte bezahlt: Als sie die Vermieterin, die in einem der oberen Stockwerke wohnte, im Flur traf und als sie ihr den Mietlohn aushändigte, sagte die ihr, nun hätte sie wiederum für den nächsten Monat bezahlt. Da wusste sie, dass der ganze Ablauf ihrer derzeitigen Geschichte innerhalb eines Monats erfolgt sei.

Am Abend, als sie wieder in die Herberge zurückfand, wartend auf einen mit animalischem Penis ausgestatteten Mann. Jener jedoch war der letzten Tage des sich nahenden Vollmondes bewusst, da jener mit der Mondkraft trotz seines Gliedes Größe weiter vor sich hin wuchs, um an diesem Tag, wo der Vollmond im Glanz seiner Größe erstand, gepaart mit einer tierischen Lust, die von seinen Ahnen kommen mochte, die in fernen Zeiten noch die Jurten bevölkerten in den Steppen Asiens, um wie Wölfe über die Frauen herzufallen, wenn der Mond sie rief, über die Steppe der Sturm tobte und Wolken jagend von einem Horizont zum anderen flohen, Tage vorher schon von einer inneren Unruhe erfasst und getrieben, so auch er, der heute vorgab, allein das Haus besuchen zu wollen, so es ihn ruhelos durch die Stadt trieb, immer schnelleren Schrittes die Stadt zu durchqueren, wie die Wolken von einem Horizont zum anderen jagten.

Die Tausenden Männer, denen sie sich hingegeben hatte, übertraf der in sie Eindringende jedoch mit seinem Makrowuchs, sodass sie nachher wund daniederlag und mit wund gescheuertem Schoß. Aber das war ihr die zwei großen Goldstücke wert, hätte sie um dieses Goldes wegen mit vielen Männern schlafen müssen, außerdem erweckte dieser Schmerz der Geburt die Erinnerung in ihr, wo sie ein übergroßes Kind geboren hatte. Er fiel über sie her, entleerte sich in ihr, um zwei Goldtaler auf den Tisch zu werfen und wortlos in der nebeligen Brühe zu verschwinden. Und jener Geheimnisvolle kam immer wieder und immer wieder bei jedem Wetter, jedes Mal zwei Goldtaler hinterlassend.

Beide trafen sich in der Schenkstube, er wusste um sie Bescheid, wenn auch sie nicht von ihm. Er, der sich ihr gegenüber als längst den Frauen entwöhnter, vor sich hin alternder Greis ausgegeben hatte. Er, der heute wieder, der animalischen Lust verfallen, ihr die Kleider vom Leib reißen wird, in sie eindringen und sie zu Tode stoßen wird, wie er es bereits bei dreien ihrer Zunftgenossinnen getan hatte. Doch nein, sie war die einzige, wahrscheinlich aus der gleichen Mischung verschiedener Völker geboren, die diese Malträtierung nicht nur überlebt, sondern sich wie auch immer zusammengefunden hatten. Beide bebten der mitternächtlichen Stunde entgegen, wobei sie früher aus dem Gasthof schlich als er und sie ihn bereits erwartete, auf der Bank liegend, wie sie es beim ersten Mal getan. Doch als sie seiner gewahr wurde, eine vermummte Gestalt mit hoch aufgestelltem Mantelkragen, mit tief in das Gesicht gesetztem Hut, stand sie auf, um ihn an der Hand zu nehmen und mit sich fortzuziehen, was er willenlos gewährte.

Gehörte doch das Ganze zu einem eingespielten Ritual mit den anderen Bewerbern. Sie würden in eine Seitengasse gehen, nur in ein kleines Zimmer, sie würden nur eine kleine Kerze am hinteren Ende des Zimmers anzünden und er würde wie ein Wolf über sie herfallen, ihr die Kleider vom Leibe reißen, und sie würde, wenn er in sie eindrang, vor Wollust und vor Schmerz aufheulen, um sich dann ihm zu ergeben, mit ihrer brodelnden Lenden Schoße ihn abzufedern, um vor Lust vor sich hin wimmernd den Akt zu genießen. Und wenn er sich in ihr ergoss, das Gefühl eines unbeschreiblichen Orgasmus zu erleben, wie das erste Mal in ihrem Leben, da sie mit ihm erstmals geschlafen hatte und er ihr trotz der Schmerzen zu ihrem ersten Orgasmus in ihrem Leben verhalf. Und er warf zwei riesige Goldstücke auf den Tisch, verschwand mit tief in sein Gesicht gezogenem Hut und aufgestelltem Mantelkragen, um von der Nacht verschluckt zu werden.

Sie verschlief mit wundem Schoß, erlöst von des Mondes Kraft, in ihrem Bette in einen grauen Morgen hinein, denn der Tag nicht mehr fern. Eilige Schritte bereits vor ihrem Fenster vorbeizogen, um einen Tag, von Arbeit geprägt, anzukündigen. Sie schlich mit wundem Schoß zurück in ihr Quartier, um sich kraftlos einem weiteren Schlaf zu ergeben, von dem sie erst abends erwachte, da der Alte an ihrer Tür klopfte und sie sich solcher Art gezwungen sah, sich aus dem Bette zu erheben, um die Tür zu öffnen, um draußen den besorgten Alten wieder vorzufinden. Sie war nicht in der Lage, ihn zu fragen, was mit dem Haus war, das er heute aufzusuchen gedachte, noch, wie er den ganzen Tag verbracht hatte. Sie verschloss wieder die Tür vor ihm, um in das Bett fallend weiterzuschlafen. An diesem verblichenen Morgen jedoch traf der Alte seinen Freund, den ehemaligen Knecht, in der Herberge, in welcher er ihn untergebracht, um zu erfahren, was jener erkundet hatte. Der Mann glich jetzt einem gut situierten Geschäftsmann, der alle Tage aufgrund seiner Vielfältigkeit seiner Garderobe sie nach Belieben wechseln konnte, der Alte jedoch pflegte wenig Wert auf seine Kleider und sein Leben zu legen, dagegen er sich noch dazu in einer Reisekleidung befand, sodass sie sich arm und reich in vertauschter Kleidung zu einem Gespräch zusammenfanden. Der Knecht, der eigentlich kein Knecht, sondern den der Alte, nachdem er der Stadt den Rücken gekehrt hatte, in die Brandruinen gefahren hatte, um ihn mit dem Nötigsten zu versorgen und seine baldige Rückkehr ihm zu garantieren, und er möge sich, sollte sich irgendjemand der Ruine nähern, als armer, zurückgelassener Knecht deklarieren, was jener auch tat. Seine grandiose Leistung bei Ra der Hure sprach dafür. Nun saßen sie beisammen bei einem Gläschen Schnaps edelster Sorte und besprachen die Sicht zur derzeitigen Lage.

Und die war vielversprechend. War jener doch der, der dem Vater seiner bereits verstorbenen Frau, die er mittellos vorangeführter Tatsachen in ein für sie hoffentliches Nirwana gevögelt hatte, mit dem silbernen Kerzenleuchter mit einer derartigen Wucht eine über dessen Schädel gezogen hatte, um, wie bereits beschrieben, noch dazu den enggeknöpften und hellfarbigen Seidenteppich von nun an seiner weiteren Gebrauchsfähigkeit zu entziehen. Aber das tat in Anbetracht des vorhandenen Vermögens, das sich in vielen Tresoren aufgeteilt wiederfand, und der vielen gehorteten Antiquitäten nichts zur Sache und wäre nur als unterstelliger Bestandteil seines erweiterten Erbes anzusehen gewesen. Sie kannten sich schon lange, man konnte vermeinen, man hätte ihren internen Gesprächen lauschen können, wie sie noch in jugendlichen Zeiten zueinandergefunden hätten, was jedoch der Wirklichkeit entsprach. Als kleine Ganoven und Taschendiebe, nachdem man sie um ihr von Friedrich ererbtes Erbteil betrogen hatte, verblieben sie von nun an ein

Team, dazu noch ein sehr erfolgreiches. Einer zog den anderen hinter sich her, einmal der, dann wieder der andere. Sie schlugen sich so durchs Leben, um bei dem Geldverleiher mit seiner unbefriedigten Tochter das große Los zu ziehen. So war das Geld, das der Alte an Ra durch das Notariat auszuzahlen gedachte, ein kleiner Bruchteil des ihm von seiner Frau weitervererbten Vermögens. Der andere blieb im Hintergrund. Und jetzt galt es, das Haus, das er jedoch vorher von allen Wertsachen befreit hatte, zurückzuholen. Man hatte sie über den Tisch gezogen, war bei seiner überstürzten Abreise, seinen überstürzten Tod vortäuschend, aber auf Ra war er nicht gewillt zu verzichten. Die einzige Frau, die ihm in seinen vollmondigen Nächten, in welchen nurmehr seine Männlichkeit auferstand, zu Willen war, und ihn, wie ihn so manch andere nicht mehr von den Bänken oder ihren Betten erheben mochten. So war sie eben sein Heiligtum geworden, die Hure Ra, mit der schon, von ihr zugegeben, tausende von Männern geschlafen hatten, als Lichtgestalt seines sexuellen Lebens ihm verblieb. „Hast du herausgefunden, wer der Käufer?" „Ja natürlich, war doch nicht schwer", lachte der andere darauf. „Ein sogenannter Großbürger dieser Stadt."
„Und weißt du, wer den Kauf abgewickelt hat?"

Nach einer kleinen Pause fortfahrend: „Dieser besagte Notar." „Das heißt", meinte der Alte, „wir müssen diesem nochmals einen Besuch abstatten." Was sie sich auch noch am gleichen Tag vornahmen. „Wie viel haben Sie bekommen, damit Sie diesen Schandvertrag aufgesetzt haben?" Der Notar darauf: „Aber es waren sich doch Käufer und Verkäufer ob der ausgehandelten Summe einig, zuzüglich war doch der Käufer ein Honorator der Stadt." „Eben", sagte darauf der Alte, während sein Kompagnon die Antiquitäten in der Kanzlei mit fachkundigem Auge musterte und sie im Geiste bereits vereinnahmte. Ein Bild, so es ihm erschien, ein gewisser holländischer Maler namens Rembrandt gemalt haben dürfte, erweckte sein besonderes Interesse. Sein Blick verließ das Bild, um sich in ein anderes einzuschauen, wo eine füllige Frauengestalt mit ihrem nackten Busen und sonstigen zu einer Frau gehörenden Körperteilen dem Beschauer zu dessen Faszination verhalf und er den Blick von ihr nicht abwenden konnte, um sie richtigerweise als eine von Rubens' Gestalten einzuordnen. Als jedoch der Notar einmal laut wurde und meinte, was könne er dafür, dass sich so ein dummes Weib so einfach über den Tisch ziehen ließ. Das hätte er jedoch dem Geliebten von Ra nicht sagen dürfen. Gefährlich leise sagte er zu dem Advokaten: „Und der sie ihre die tausend Gulden genommen haben und sie mit drei Kreuze unterschrieb, wussten sie, dass sie auch nicht lesen und schreiben konnte?" „Ich habe dafür bezahlt", der Notar darauf. „Ja, das haben Sie, eigentlich aber nur für die tausend Taler, die Sie nicht bezahlt und noch dazu in der gleichen Schatulle gehortet haben, die ich Ihnen übergeben habe." Er deutete auf seinen Kompagnon, dessen Blick sich gerade in einem weiteren, diesmal von Van Dyck, verfangen hatte, um ihn als echt zu definieren, hatte er doch Erfahrung mit all diesen Bildern und Antiquitäten, waren sie doch eine Zeit lang auf Kunstraub spezialisiert gewesen, bis sie einem Hehler ein Bild verkauften, das sie ihm gerade vorher gestohlen hatten. Aber das war eine andere Geschichte wie viele der anderen auch, aber so diese Geschichten nicht tangieren und nichts darin verloren haben. Der Notar presste die Lippen zu einem Stück zusammen. „Und sie werden mich doch kennen, ich war doch der, der ihnen die versprochene Ablebungsurkunde überbrachte, damit sie lauteren Charakters die Erbschaft abwickeln konnten."

„Nachdem ich bei Ihnen war, um meinen vorzeitigen Tod bekannt zu geben. Um Ihnen damals wahrheitsgemäß zu versichern, dass ich nie mehr in die Stadt zurückkehren würde. Haben Sie noch nie was von der Ganovenehre gehört? Und die musste ich leider ihretwegen und noch anderer Dinge brechen. Wir zwei werden jetzt auch dem Käufer einen Besuch abstatten." „Wir zwei?", stotterte der Notar. „Nun, wir können doch auch meinen Partner mitnehmen." „Was soll ich dort?" „Nun, Sie werden uns zeigen, wo er wohnt." „Und ich brauche nicht zu ihm?" „Nein, Sie brauchen nicht zu ihm." Der Notar verzog darauf sein Gesicht zu einem undefinierbaren Ausdruck, der sowohl Ja oder auch Nein sein konnte. Aber er ging ungefragt mit ihnen, der Notar, der wusste, wo der hohe Honoratior, der Herr Stadtrat und Vizebürgermeister, zu wohnen pflegte. So er sich nicht nächtens bei der Hure Ra herumtrieb, umgeben von einem allerliebsten Eheweib und einer Kinderschar, von denen sie auch empfangen wurden. „Hm, ja", sagte der Alte. Die Kinder lernten, ein größeres Mädchen – oder war es bloß das Kindermädchen? – zog sich daraufhin mit den Kindern irgendwohin in diesem großen Haus zurück, sodass ihr Lärmen nicht mehr als störend empfunden wurde. Sie, ganz Dame, musterte die zwei pinkelfeinen Herren mit unverhohlener Neugier. Den Notar hatten sie übrigens vor dem schmiedeeisernen Tore entlassen, das den Zutritt zu einem Gebäude verwehrte, und vor einem mit mächtigem Zaun umschlungenen Garten, wo von der Straße aus ein sich immer mehr verjüngender Brunnen zu sehen war, oben mit einer Tulpenblüte, durch die das Wasser plätschernd von einer Stufe zur andern fiel. Um nicht ohne die Drohung sich zu versagen, dass sie wiederkommen würden, er gedrückt Haustor und die zwei Männer hinter sich zu lassen, um eilenden Schrittes sich von den beiden zu entfernen. „Nun, was kann ich für die Herren tun?", welche in der einen Hand einen Stock, in der anderen einen Hut zur Hande hielten, sich vor ihr im gleichen Duktus zu verbeugen. Der eine lächelte und der zweite lächelte, was sie veranlasste, es ihnen gleichzutun und ein Lächeln auf ihr hübsches Gesicht zu zaubern. Nachdem sie sich beide der Verbeugung enthoben hatten und wieder aufrecht wie Zinnsoldaten dastanden und das Lächeln langsam ihren Gesichtern entflohen war, wusste sie sie nun als zwei ernsthafte Männer einzuordnen, die allerdings höherer Bildung, höheren Standes waren, Männer von Welt, die ihr in dieser Stadt bei so vielen Empfängen, die sie besuchen musste als Frau des Vizebürgermeisters, nach wie vor begegnet waren. „Wir möchten den Herrn Gemahl sprechen", so gleichzeitig kam es aus ihrem Munde, dass sie sich darauf entgeistert anschauen mussten und sich im selben Augenblick der Kuriosität ihrer Situation bewusst wurden und darauf zu lachen anfingen, wobei auch die Dame des Hauses sich eines Lächelns nicht erwehren konnte und meinte, ihr Mann sei Vizebürgermeister und nicht zugegen, denn er verwende sich heute für die Stadt als Botschafter im Rathaus von einer anderen Stadt, deren Name dem Verfasser dieses Berichts jedoch entflohen ist, aber mit dieser Sache auch nichts zu tun haben sollte. Denn die Stadt ist uneingebunden in diese Geschichte und somit deren Nennung von unwichtiger Natur. „Dürften wir", und sie glaubte es tatsächlich, dass einer von den beiden Herren schneller als der andere erfragen konnte, ob sie morgen wiederkommen dürften. „Morgen ist er wieder im Rathaus, wenn sich die zwei Herren dorthin begeben möchten." Aber das mochten sie nicht, wie der andere versicherte.

Denn es wäre eine rein private Angelegenheit, die sie zu erledigen gedachten. „Auch gut", meinte darauf des Vizebürgermeisters Frau, „dann kommen Sie nicht morgen, nicht übermorgen, da muss er in seinem Geschäft, schließlich betreibt er eine Weberei, am anderen Ende der Stadt nach dem Rechten sehen. Aber überübermorgen wird es ihm auch recht sein, wenn Sie wiederkommen würden." Im Übrigen, würde es den beiden Herren etwas ausmachen, wenn sie von ihr auf eine Tasse Tee eingeladen würden, und sie würde sich freuen, wenn sie diese Einladung annehmen würden, um ihr ein bisschen die vielen Zeit zu vertreiben helfen. Sie konnten natürlich diese Einladung unmöglich abschlagen, was des Alten Freund mit den Augen zwinkernd dem anderen signalisierte, als jener schon ablehnen wollte. Er hatte sie bereits als Opfer ausersehen, als sie durch die Türe schritten, denn er war noch ein potenzieller Liebhaber im Gegensatz zu seinem Freund, der nur bei Vollmond eine Frau befriedigen konnte. Und er erkannte von ihren Männern vernachlässigte Frauen auf Anhieb, und so waren ihm manche reihenweise in seine Hände beziehungsweise ins Bett gefallen. Natürlich gab es oftmals Probleme, so sie nicht von ihm lassen wollten, dabei gab es meistens tränenreiche Abschiedszeremonien, er dachte daran, die erst sich erhebende, im Keime befindliche Zuneigung in Anbetracht der sich damit einzuhandelnden Remizzensen sein zu lassen. Aber er konnte ihnen nicht immer widerstehen, denn der Geist ist willig, das Fleisch aber schwach. So er sich immer wieder über seine Schwäche, diesem Nein zu sagen, hinwegtröstete. Sie bat sie ins Teezimmer, wo normalerweise der Fünf-Uhr-Tee gereicht wurde, nicht von einem Butler, sondern von einer älteren Frau, die mit zitternden Händen das Porzellan auf dem silbernen Tablett erscheppern ließ. Trotzdem schaffte sie es mit Unterstützung der Hausfrau, das Tablett auf den Tisch zu bringen, ohne dass die Heferl gefallen oder die Kanne mit dem Tee umgefallen wäre. Sie nahm den Tee mit Honig, wobei die Frau des Hauses ihr behilflich und dabei weit in ihren Busen blicken ließ, ein weiteres Zeichen ihres Angebotes setzend und dabei dem Oberlippenbartträger tief in die Augen schauend. Ach Gott, wie konnte er diese plumpen Annäherungsversuche auch übersehen? Als sie gingen, meinte sie, als sie sich vor der Türe verabschiedeten, zu dem, dem der alte Name Friedrich seit seiner Geburt zugeordnet war: „Sie könnten auch morgen vorbeischauen", um gekonnt zu erröten und die Türe hinter ihnen zu verschließen. Draußen knurrte der Alte, der seinen Partner wie seine Westentasche kannte: „Warum willst du mit dieser wieder was anfangen? Denk an ihren Mann und das Haus." Der Angesprochene jedoch blieb stumm, wenn er dem Partner schon Ra überließ, aber die wollte ihn scheinbar nicht als Hure haben. Im Gegenteil, er verspürte etwas von Liebe in ihren Augen, in ihrer ihm gereichten Hand. Aber das war schließlich eine käufliche Hure. Aber diese schöne Frau war doch etwas ganz anderes. Und sie hatte rehbraune Augen und perlenweiße Zähne und so weit er ihren Busen erkennen konnte, den sie steif vor sich her trug. Als er den Mund aufmachte nach längerem Einhergehen der beiden, kam für den Alten Unverständliches aus dessen Sprachorgan: „Wir haben so viel an Geld, dass wir nicht wissen, wohin damit, sodass wir es in der Ruine vergraben mussten, um es dorthin zu transportieren, du mich hinterlassen musstest, denn du wolltest, weil du wusstest, sie kommen würde, unbedingt vor deiner Hure in deiner, wie du dich ausgedrückt hast, deiner und ihrer Stadt sein und ihr noch einen Haufen Geld vererben." Der Alte machte, während sie vor sich hin schritten, eine abwertende Gestik: „Und du kennst den Grund desselben." „Natürlich." Sie schritten weiter nebeneinander her, bis der zweite weitersprach: „Sie hat jetzt bereits wieder so viel an Geld, dass sie die entvölkerte Stadt zu kaufen vermag. Du weißt, Angebot und Nachfrage." „Und gibt es derzeit eine Nachfrage?" „Nein." „Wo willst du überhaupt damit hinaus?", konterte der Alte. „Ich meine, wir sollten das Haus dem Vizebürgermeister überlassen, wo ich doch mit seiner Frau", und das andere ließ er offen. „Weil du ihn mit seiner Frau zu betrügen gedenkst?" Und er ließ keinen Zweifel daran, dass er das nicht gustierte. „Willst du das Erbe von Ra verschenken? Das halbe Haus hat doch auch mir gehört. Und hatte ich was dagegen, als du es ihr vermacht hattest? Und wir bei Nacht und Nebel all die Tresoren gezwungen waren zu entleeren, nur um das Haus freizumachen? Für deine geliebte Hure, die man, als sie auch in großer Eile war, billigst abgeluchst hat? Du hättest ja, nachdem wir das Haus leergeräumt haben, es auch verkaufen und das Geld ihr überlassen können, um nachher erst auf deinen Tod zu verfallen." Unbeirrt, trotz der konträren Meinungen, schritten sie rüstig einher, manchmal einander eines scheelen Blickes würdigend. Ihre Wege trennten sich, da beide in verschiedenen Richtungen ihre Schlafstellen hatten. „Bis morgen!", sagte der eine. „Bis morgen um die gleiche Zeit", der andere.

So kam es, als Ra nach seinem Erscheinen die Tür vor ihm verschloss, um sich wieder ins Bett fallen zu lassen, um sogleich wieder zu verschlafen. Sie brauchte weder Speis noch Trank an diesem Tag. Der Alte war jedenfalls nicht überrascht von ihrem Gehabe, hatte er sie doch am nächsten Tag nach ihrer Vereinigung gesehen, und er beschloss ihr das nächste Mal drei Goldstücke zu hinterlassen. Ja, wenn er nicht das Gefühl gehabt hätte, als sie lustvoll stöhnend unter ihm lag, dass sie es selbst auch gebraucht hätte wie er. Er ging hinunter zu den Ställen, um zu schauen, ob die Pferde auch gut versorgt wären, sagte zu dem Stallburschen, dass sie wohl noch ein paar Tage eingestellt bleiben würden, gab ihm noch ein Stück größeren Trinkgeldes, um zu wissen, dass die Pferde ordentlich versorgt sein würden und es ihnen an nichts mangeln sollte. Nachher ging er in die

Schenke, trank ein Bier nach dem anderen, bevor er sich schweren Schrittes die Treppe hochschleppte, um sich dann auszuziehen, ins Bett zu fallen, um gleichzeitig zu verschlafen. Morgen würde er sowieso ein anderes Gewand sich überziehen, hatte er doch inzwischen nicht nur seinem Gespons, sondern auch für sich neue Kleider besorgt. So würden sie morgen wieder frisch eingekleidet zuerst beim Notar vorbeischauen, und wenn schon, auch bei Vizebürgermeisters Frau. Denn allein wollte er seinen Gaunerkollegen nicht bei ihr vorbeischauen lassen, denn er wollte unbedingt für sein an Ra verschenktes Haus den gerechten Preis erzielen. Am nächsten Morgen, als Ra sich frühmorgens von ihrem Lager erhob, mit hungrigem Magen, der ihr knurrend seine Leere kundtat, um alsbald den Schankraum aufzusuchen, wo bereits einige Kutscher das Frühstück einnahmen, mit einigen Klaren gespickt, um sich in eine dunkle Ecke zu verdrücken, in die ihr die anbrechende Morgensonne mit ihren Strahlen nicht zu folgen vermochte. Während sie Tee schlürfte und bereits frisches Gebäck, vom Bäcker geliefert, dachte sie immer wieder an die Nacht des Erschauerns und sie meinte wohl nicht zu Unrecht, dass bei ihr jedes Mal die Lust größer wurde, so sie diesen Akt genoss. So sie vor sich hin träumend gar nicht merkte, dass der Alte plötzlich ihr gegenübersaß. Fast erschreckt schaute sie ihn an, wohl in Erwartung der Frage, was sie bewogen haben mochte, gestern Morgen die Türe vor ihm zu verschließen. Doch nein, kein Wort eines Vorwurfes oder auch nur eine Frage kam aus seinem Munde. Dafür brachte ihr der Schankbursche den wahrscheinlich schon vorher bestellten Tee mit Kipferln und Butter und einen großen Saft dazu. Er verleibte sich sofort den großen Klaren ein, um sich dann gemächlich dem Übrigen zu widmen, um zwischendurch „Guten Morgen!" zu sagen. Und sie mit einem wahrhaft zagen „Guten Morgen" den Morgengruß erwiderte. Still aß er vor sich hin, sich bewusst dem Frühstück widmend, ohne sie anzusprechen oder auch nur sie anzuschauen. Sie hatte das ungute Gefühl, dass er beleidigt war. Warum? War es doch nur eine platonische Freundschaft, die sie verband, obwohl er sie wie als Hure bezahlte. Doch als er aufsah, war nichts vom Gekränktsein in seinem Blick. Im Gegenteil, sie fand sogar etwas von Verständnis, wenn nicht gar von Liebe, lag in ihm doch gleichzeitig Eifersucht. Sie wusste der Männer Blicke zu deuten, die von sexueller Gier gezeichneten, besitzergreifenden und die sich unterwerfenden, die sich in scheinbarer Liebe ergebenden, all diese Blicke wusste sie zu deuten. So auch seinen und war erstaunt über dessen Ausdruck, den sie wohl nie in eines Mannes Augen gesehen hatte. Als sie ihn fragend ansah, senkte er aber den Blick, um nach dem Schankburschen zu rufen, um nochmals einen Klaren zu bestellen, den er, kaum dass der Bursche ihn auf den Tisch gestellt hatte, in einem Zug austrank, besser, in sich schüttete, um daraufhin, sich zuerst räuspernd, zu sagen: „Gestern wegen deines Hauses habe ich versucht", um sich zu unterbrechen, „heute werde ich es fortsetzen", um aufstehend und ohne ein Worte des Grußes oder anderer Erklärung seinen auf dem Sessel neben ihm abgelegten Hut zu nehmen und den Schankraum zu verlassen.

Eine verstörte Hure Ra, die in einer dunklen Ecke des Schankraumes saß, so fern zu hinterlassen. Er traf seinen Freund in dessen Herberge noch frühstückend, welcher ihm einen weiteren Schnaps anbot, den der Alte auch annahm. Stand doch eine ganze Flasche auf dem Tisch, die zum Vertrinken einlud, und weitere leere Gläser und dergleichen. „Wohlbekommen", sagte der Frühstückende, während er weiter eine Eierspeis mit Schinken aß, um nach einer Weile zu sagen: „Wir müssen bei unserem Depot vorbei." „Was sollen wir dort?", der Alte darauf. „Du wirst sehen", wiederum der andere. So schritten sie, wie sie es gewohnt waren, rüstigen Schrittes voran Richtung des gemieteten Depots. Das Haus erweckte nach außen hin einen desolaten Eindruck, noch dazu in einer wenig vertrauenerweckenden Gegend. Sie gingen in das einstöckige Haus bis zum Dachboden hinauf, wo jedoch eine Eisentür ihren Weg versperrte. Der andere holte einen Riesenschlüssel aus seinem Jackett, um das Schloss und somit die Tür zu öffnen. Drinnen standen in Leinen eingewickelte Bilder, die man vom Haus des Alten hierher transportiert hatte, nach dessen überstürzter Abreise beziehungsweise nach Verkündigung seines Todes durch den Nachlass, den er Ra gewährt hatte, um noch vor ihr in der Stadt zu sein. Nur ein Bild bot sich dem Alten an und er vermeinte dieses Bild mit dem dunklen Hintergrund, vor dem ein bart- und hemdtragender Mann dem Betrachter sich darbot, schon irgendwo gesehen zu haben und es war in seinem Gedächtnis verhaftet geblieben. Nun half ihm der andere aus. „Gestern. Gestern", der andere wiederholend. „Ach", sagte daraufhin der Alte erstaunt, „und wie kommt es hierher?" „Nun, wie", der eine, „was glaubst du, wie es von dort hergefunden hat?" Das wiederum schien dem Alten gar nicht zu gefallen. „Was soll das? Ist denn nicht schon genug hier?" Und er deutete auf das Umfeld, ungesichert. „Wer von den kleinen Ganoven sollte mit dem ganzen hier", und er machte eine umschweifende Handbewegung, „mit dem hier was anfangen können?" „Warum haben wir das ganze viele Geld in der Ruine im Keller vergraben? Müssen wir mit dem Geld machen?", und er lachte meckernd vor sich hin. „Das war nur eine kleine Aufmerksamkeit meinerseits, für den Herrn Notar gedacht." „Dann werden wir also heute dem Notar wiederum einen Besuch abstatten", der Alte, um ein „Natürlich" anzuhängen. Und sie beschlossen heute weder dem Notar noch dem Vizebürgermeister beziehungsweise der Vizebürgermeisterin einen Besuch abzustatten, sondern sich heute der Flasche zu ergeben, um sie nach und nach ihres Inhaltes zu berauben, über alte Zeiten sich wiederum auszutauschen, war doch der Alte lange Zeit mit der dicken Berta, so man sie verhalten unter vorgehaltener Hand zu nennen pflegte, so verbunden, bis er es endlich geschafft hatte, sie vom Reich des sexuellen Nirwanas zu entbinden, um sie endlich in die Hölle zu schicken. Aber diese Frau hatte all seine Substanzen in sich aufgesogen und ihn derart ausgelaugt, dass er letztendlich seine Potenz verloren hatte, sodass er nur mehr alle Monate einmal auf den Mond warten konnte, um sich seiner Anziehungskraft zu ergeben und sie nützen zu können. Und sie tauschten alte Geschichten, wo sie beide wieder einmal an einen Kunden sich erinnerten, denn still und friedlich lag das Haus in tiefem Schlaf. Sie hatten bereits all das Silbergeschirr in einer großen Tasche verstaut, den Safe leergeräumt, als plötzlich vom Schlafzimmer lautes Stöhnen zu hören war. Der Oberlippenbartträger hatte ein besonderes Ohr für solche nur von Frauen hervorzubringenden Geräusche entwickelt. So öffnete er ganz leise die Tür, um eine nackte Frau auf dem Bett vorzufinden, die sich gerade selbst bediente. Nur von einer kleineren Nachttischlampe war das große Zimmer ausgeleuchtet und er sah eine sich wälzende Frau mit aufgelösten Haaren, die, ihren Kopf vor sich hin werfend, sich dem Orgasmus näherte und die nichts wahrnahm, sodass die Frau in ihrer Ektase nicht einmal bemerkte, wer ihr zu dem Orgasmus, dem sie sich laut schreiend ergab, verholfen hatte. Als sie so aufgelöst unter ihm lag und ihr erst zum Bewusstsein kam, dass ein Mann über ihr lag, der noch den Seinen in ihr versenkt hatte, musste er ihr auf die Gefahr hin, dass sie das vielleicht nicht gustieren könnte und vielleicht zu schreien beginnen wollte, seine Hand über ihren Mund legen. Sie starrte ihn mit vor Schreck geweiteten Augen an, und als er wieder anfing sich in ihr zu bewegen, begann sie vorerst zu zwinkern, dann mit steigender Wollust die Augen zu schließen, sodass beruhigt er seine Hand von ihrem Mund nehmen konnte, um wieder, nun, das wissen wir schon, was er machte.

Ra, die noch gedankenverloren in der sich immer mehr erhellenden Ecke sitzen geblieben war, erhob sich nach geraumer Zeit jedoch, um ihr ehemaliges Zimmer aufzusuchen. Sie warf sich auf das Bett und träumte vor sich hin von den vielen Männern, die sie, sagen wir, sie beherbergt hatten, ohne jedoch Gesichter vor sich zu sehen. Mehrere oft am gleichen Tag, denn sie war eine fleißige Hure, und die Männer folgten ihr aufgrund ihrer noch vorhandenen Schönheit, aber kleine Furchen in ihrem Gesicht bereits anfingen Schatten zu werfen, so sie am Spiegel stand und unter einer brennenden Kerze ihr Gesicht ausleuchtete. Sie war mit ihrem Aussehen mehr als unzufrieden und das meistens nach dem Vollmond, wo sie ihre Lust durch ihren Schmerz auslebte und das Gefühl bekam, jedes Mal zerrissen zu werden, und ihr ganzer Bauch von Schmetterlingen übersät, wenn sie seiner nur ansichtig wurde. Wund war ihr Schoß, obwohl sie anfing, wieder nach der nächsten Zusammenkunft zu gieren, um sich der Wollust hinzugeben und dabei einzuschlafen. Jedenfalls der Alte, als er den Schrei hörte, der nach dem Schrei einer Totwunden klang, wahrscheinlich hatte sein Kompagnon jemanden in diesem Zimmer umgebracht, floh Hals über Kopf, Silbergeschirr und Safe-Inhalt zurücklassend, um wenigstens seinen Hals zu retten. Doch die Frau des Hauses genoss jenen Ritt des Fremdlings, sodass ein weiterer tierischer Schrei ihrer Kehle sich entlud und sie ihre Krallen in des Mannes Fleisch schlug. So blieben sie noch eine ganze Weile ineinander verbunden, bis sie ihn dann kurzerhand von sich abwarf und er daraufhin auf dem Rücken zum Liegen kam, sie sich über ihn beugte, um zu sagen: „Wer zum Teufel sind Sie?" Er noch ermattet und ihm nichts Besseres einfiel, als die Wahrheit zu sagen: „Ich bin ein Einbrecher." Die Frau, die eine ganze Weile darauf nichts sagte, sich mit der Hand durch die Haare fuhr, um kurzerhand zu sagen: „Machen wir es noch einmal?" Als sie dann beim Frühstück saßen, für das in besseren Häusern auch Silberbesteck üblich ist, und sie die leergeräumten Laden sah, fragte sie ihn kurzerhand: „Wo ist all das Silberbesteck?" Und er, der gerade einen Koffer entdeckt hatte, den sein Genosse bei seiner überhasteten Flucht stehen gelassen hatte, sagte: „Da." Sie öffnete ihn und nahm, ohne ihn ganz auszuräumen, nur das für das Frühstück nötige Besteck heraus. „Wollen wir erst einmal richtig frühstücken." Und sie aßen und tranken nach einer kräftezehrenden Nacht. Als sie satt und zufrieden dasaßen, meinte sie mit treuherzigen Augen ihn anblickend: „Können wir das noch einmal?" Solche ähnlichen kabaretthaften Geschichten kamen zum Tragen, vom genossenen Alkohol ans Tageslicht geschwemmt und längst der Vergangenheit entfleucht. Und der Alte kannte seinen Pappenheimer, was das Stehlen betraf. Übrigens beließ er als Kavalier all das geraubte Gut der Bestohlenen, um noch oftmals im Bett sich mit ihr auszutauschen. Wie er vermutete, hatte er bereits, wenn schon nichts anderes, bei des Vizebürgermeisters Frau zumindest ihr Herz gestohlen und er war dabei, die Spielchen, die er so hundertprozentig beherrschte, ebenso mit ihr zu treiben. Oder die

Geschichte, als sie beide noch Landstreicher und sie sich in ihrer Not gezwungen sahen, sich als lebende Vogelscheuchen in ein Feld zu stellen, als der Bauer, dem sie vorher noch die Selchkammer geplündert hatten, hinter ihnen her, sie doch plötzlich wie vom Erdboden verschluckt und als regungslose Vogelscheuchen sich auf einem Kukuruzfeld wiederfanden. Das Bäuerlein, nach den davonlaufenden Dieben Ausschau haltend, kam gar nicht auf die Idee, dass sich das Diebsgesindel in die für den Abschreck aufgestellten Scheuchen verwandelt hatte. Ein auf sie zulaufender Hund schnüffelte dem geselchten Speck nach, bis er bei einem der beiden fündig wurde. Der Ertappte jedoch ließ ein Stück aus seinen Händen fallen, und der Hund lief mit dem Stück Fleisch davon, um es irgendwo, aber sicherlich nicht vor seinem Herrn, zu verzehren. Derer Geschichten gab es genug, die unter dem Alkohol und den erwachenden Geistern der Vergangenheit an die Oberfläche gespült werden. Manche der aus dem Reich des Vergessens hervorbrechenden Geschichten waren derart, ob ihrer abstrusen Heiterkeit angesiedelt, dass sie beim Erinnern und Zusammenfinden ihrer beiden Gedankenläufe ein tränenreiches Gelächter hinter sich herzogen. Sie beide wussten sich des weiteren Zuflusses des Alkohols nicht zu erwehren, sodass bereits eine zweite Flasche vom Zimmermädchen auf den Tisch beordert wurde. Allmählich begannen sie sich etwas mühsamer zu artikulieren, schien ihnen die Zunge, die sie im Mund liegen hatten, Lähmungserscheinungen zu bekommen, sodass sie diese mit intensiver Anstrengung nur in Bewegung halten und in eine immer mehr der Taubheit zum Opfer fallende Mundhöhle stoßen konnten. Die zweite Flasche, deren Inhalt sich die zwei Saufbrüder bereits weitgehend einverleibt hatten, sich dem Boden näherte und auch der letzte Tropfen aus ihr herausgeschüttet wurde, sodass sie nun leeren Inhalts dastand. Die zwei schlummerten jedoch selig vor sich hin, um am Abend bei der Sperrstunde von dem Herbergsbesitzer geweckt zu werden.

Am nächsten Morgen verblieb Ra, ohne in ihre Herberge zurückzukommen, in ihrem ehemaligen Mietzimmer, wo sie die Nacht verschlief, und der Alte, der zuvor noch in der Nacht in sein Quartier zurückgefunden hatte, erwachte morgens mit einem riesigen Kater, um sogleich sich in den Schankraum zu begeben und um sich seiner dörrenden Kehle zu entledigen. Nein, nach Essen war ihm nicht zumute, aber nach einem Bier, das die Lebensgeister in ihm zu erwecken schien. Als der Schankbursche ihn fragte, ob er was zu essen wünsche, musste er verneinen: „Nein, heute nicht. Aber noch ein Bier." Er saß wieder in der Ecke, die kein Sonnenstrahl je erfassen konnte, der Schankraum von den abreisenden Gästen bereits gefüllt, die schmatzend und rülpsend ihre Mahlzeit einnahmen, um sich für die Weiterreise zu stärken. Während er seinen Blick über den bereits mit Gästen vollgefüllten Schankraum streifen ließ, um die sich tummelnden Gäste hin- und hereilenden Schankburschen, hatte er doch glatt sie übersehen, die so plötzlich an seinem Tisch zu sitzen kam. Er besah sie im Gegenlicht aus seiner dunklen Ecke mit ihren streng zusammengeknoteten Haaren, mit schwarzen Augenringen umgeben die moorigen Augen, aus dem Munde jedoch, als sie ihn öffnete, perlenweiße Zähne entgegenblitzten. Doch sie sagte nichts und es schien, als wolle sie oder hätte auch nichts zu sagen, zumindest nicht jetzt. Er bemerkte, obwohl ihr Gesicht im Dunkeln, dass sie ihn beobachtete. Während sie beide so still vor sich hin saßen, saß der dritte im Bunde auf einem weiteren Sessel neben ihnen. Denn er war der Erste, der einen Gruß vor sich hersagte. Er sagte nämlich: „Guten Morgen." Um nach einer Gedankenpause „Guten Morgen" sich zu wiederholen, denn nicht gleich kam der Gegengruß und „Ist alles in Ordnung?" nachfragend. Eine Frage, die vollkommen unnötig den zweien erschien, diese zu stellen. Der Alte brummte etwas Unverständliches in seinen Bart und die Dirne seufzte nur vor sich hin. Man merkte dem Jüngeren der beiden an, dass er das gestrige Besäufnis weitaus besser verkraftet hatte als der Alte. Ra, die von der beiden Volltrunkenheit nichts wusste, sah einen nach dem anderen an. Sie suchte die Antwort in dem Gesicht des Alten. Doch der nahm nur einen Schluck von seinem Bier, sie hatte doch überhaupt, wie der Oberlippenbartträger, noch nichts bestellt. Sie wollte warten, bis das Gros der Gäste, die in Reisegewändern noch die Stuben bevölkerten, diese verlassen würde und sich der Schankbursche mehr Zeit nehmen konnte, um sich ihnen zu widmen. Währenddessen kramte sie in ihrer Tasche, um ein Taschentuch hervorzuziehen, um sich damit die Nase zu putzen. Nachdem sie das Taschentuch wiederum in ihre Tasche verstaut hatte, sagte sie in das Schweigen hinein: „Und was ist jetzt mit dem Haus?" Der Alte und der Jüngere sahen sich an. Sie hatte allerdings nur die Frage an den Alten gerichtet. Der Alte schürzte darauf die Lippen, ließ seine Zunge daraufhin darüber gleiten, als würde er sie gesprächsbereit machen, um ein „Mal sehen" hervorzubrummen. Der Jüngere sagte nichts, so sie wieder schweigend zusammensaßen. Der Jüngere dachte über die Hure, mit vielen zehntausend, wenn nicht hunderttausend Männern hätte sie schlafen müssen, bis sie ein solches Vermögen zusammengevögelt hätte. Er beobachtete sie mit schrägen Augen. Sie beobachtete einmal dein einen, dann wiederum den anderen. Obwohl sie so gut wie nichts über den Oberlippenbartträger wusste, spürte sie instinktiv die Nähe, welche die beiden verband. Nur welcher Art das Band, das würde sie wohl noch herausbekommen. „Gehen wir", sagte der Alte zu dem Jüngeren, der, wie sie fand, wieder sich herausgeputzt hatte trotz des angezüchteten Katers, den er sich gestern zugezogen hatte, aber von dem sie nicht wusste. Der Jüngere erhob sich von seinem Sessel, um gefolgt vom Alten und grußlos die Schenke zu verlassen und Ra allein, die nicht wusste, wie ihr geschah, zurückzulassen. Sie rechnete all ihr Geld zusammen und sie fand selbst, es war nicht wenig. Aber wieso ihr der Alte so viel an Vermögen vererbt hatte und für sie noch zusätzlich tausend Goldtaler beim Notar einforderte, war ihr ein Rätsel. Nur hatte sie bis jetzt noch nie viel Zeit seit dem Orakel der Wahrsagerin, darüber überhaupt nachzudenken, nachdem sie all ihr Geld verloren glaubte und sie es wieder, und sei es durch Zufall, zurückbekommen hatte. Tausende von Talern, die sie nun besaß, tausende. Sie ließ sich die Zahl auf ihrer Zunge zergehen. Tausende, tausende Taler, mit den noch ausstehenden Haustalern wird sich die Zahl noch erhöhen. Sie wusste, sie wird sich, so sie den Alten bis jetzt kennengelernt hatte. Der Schankbursche kam nun alleine an ihren Tisch – denn die meisten Gäste waren bereits abgereist, hatten sich auf ihre Zimmer zurückgezogen oder waren in die Stadt gegangen –, um ihre Bestellung aufzunehmen, und er fragte, wo die zwei Herren denn verblieben wären, denn das eine Bier stünde noch halbvoll und der andere hätte überhaupt noch nichts bestellt. „Ja", meinte sie darauf lächelnd, „Sie müssen mit meiner Wenigkeit Vorlieb nehmen." Nachdem sie anständig gegessen und auch getrunken hatte, machte sie sich auf den Weg zur bekannten Wahrsagerin, denn sie wollte wissen, wie es Jeremias gehen würde. Und die Wahrsagerin las in ihren Karten, dass Jeremias zum König aufgestiegen wäre, denn sie sähe sein Abbild in Form einer Statue und die würde man wohl nur einem König, Kaiser vielleicht, einem Kardinal zu dessen Ehre aufstellen. Ra beschwor sie nochmals die Karten zu befragen, doch immer wieder zeigten sie eine Statue, und es stimmte, was die Wahrsagerin aus ihren Karten herauslesen konnte.

Jeremias zog bereits von einer Stadt zur anderen, in einer Stadt jedoch hatte ein Bewohner sich mit dem Pestvirus bereits infiziert, ob er doch Bildhauer und Künstler zugleich, der die Pest aus einer entfernten Stadt mitgebracht hatte, wo er sie auch besiegt hatte, so hatten sich bei ihm die Krankheitssymptome eingestellt und es lief darauf hinaus, dass sich die Seuche ausbreiten würde, und Jeremias war gerade zur Stelle, um die Seuche zu ersticken. Und als der Künstler wieder genesen, machte er sich daran, das Abbild seines Lebensretters in Stein zu schlagen, wie es dann allerdings in vielen Städten geschah, denn in ihren Augen waren er und Barbara Besieger der Pest.

Ra saß rechnend, und das konnte sie, in der Ecke in der Schenke und grübelte vor sich hin, was sie mit ihrem vielen Geld zu tun gedachte, allen Kindern das Lesen und das Schreiben und, was sie als wichtigstes empfand, das Rechnen zu lehren, den Alten, die unbrauchbar, wollte sie einen Lebensabend ermöglichen, wo sie zusammensitzend sich der Sonne erfreuen konnten, wo sie nicht nur geduldet und als unnütze Esser angeschaut werden. Und sie wollte und wollte …

Derweilen gingen der Alte und der Junge wie üblich rüstigen Schrittes das Haus des Vizebürgermeisters besuchen. Der eine wegen des Geldes, der andere wegen der Frau des Vizebürgermeisters, obgleich beide wussten, dass sie ihn heute nicht antreffen würden. Sie kamen an das schmiedeeiserne Tor, versuchten es zu öffnen, aber es war versperrt und kein Lakai erbot sich es vor ihnen und für sie zu öffnen. Beide schauten sich etwas ratlos an, um nochmals an dem Tor zu rütteln. Es war und blieb verschlossen. Ein gerade vorbeikommender Anrainer sah die zwei fein angezogenen Herren, um ihnen zu sagen, dass der Herr Vizebürgermeister samt Frau bereits gestern abgereist wäre. Nur wohin? Er beglich seine Aussage mit einem Achselzucken, um weiterzugehen und die zwei Ganoven vor verschlossenem Tor zurückzulassen. Beide taten es dem Nachbarn gleich, um schulterzuckend sich die Sinnlosigkeit ihres weiteren Wartens einzugestehen und wie üblich rüstigen Schrittes und ohne Absprache mit sich die Richtung des Notarhauses einzuschlagen. Es dauerte eine ganze Weile, so sie dieses erreicht hatten, um wiederum vor einem versperrten Haus zu stehen, und auch der Glockenzug, wo man in seinem Inneren die Glocke vernahm, nichts daran änderte, dass sie verschlossen blieb. Sie sahen sich an und nickten sich zu, während der Alte Schmiere stand, was für den jungen Oberlippenbartträger ein Leichtes war, hatte er sich doch schon eingeübt, dieses Schloss zu knacken, binnen weniger Sekunden war es geöffnet, um hinter ihnen wieder verschlossen zu werden. Nachhaltig, das heißt wieder versperrt, um nicht gerade unerwünschte Personen in das Haus eindringen zu lassen. Die Haushälterin war scheinbar nicht anwesend, denn still lag das ganze Haus da. Sie waren ein derart eingespieltes Team, dass sie, ohne ein Wort zu sagen, in die Kanzlei gingen, um es sich gemütlich zu machen und auf die Rückkehr des Notariats zu warten. Aber es dauerte ziemlich lange, bis sie des Haustorschlosses Klicken gewahr werden konnten, aber es war nur besagte Dame, die nicht einmal bemerkte, dass jemand im Hause war. So kam sie auch angerauscht mit Kübel und Fetzen und Besen, um die Stube zu säubern. Vor lauter Schreck aber diese für die Reinigungszwecke gedachten Utensilien ihr aus der Hand fielen. Doch als sie die zwei erkannte, wurde ihr wohler, hatte die beiden doch ihr Chef erst vorgestern empfangen. Sie nahm wieder den Besen auf, um unter Tisch und Sesseln den Boden zu kehren, und so die zwei sich gezwungen sahen, ihre Füße hochzuheben, damit sie mit diesen nicht den Kehrvorgang beeinträchtigten. Einstweilen während des Kehrens mittels des langstieligen Besens, betrachteten die zwei eingehend die Bilder auf den Wänden, möglicherweise hatte sie bei den hier aufgehängten Bilder nicht einmal bemerkt, dass der Rembrandt fehlte, da er doch in Größe den übrigen weit unterlegen war. Jetzt schien ihr einzufallen, dass sie die zwei Gäste, die sie dort als solche wähnte, fragen könnte, ob sie ihnen nicht Tee servieren dürfte. Sie durfte natürlich. Ihren Chef wähnte sie nicht mehr lange vermissen zu müssen, hatte er doch die zwei vertrauenserweckenden Persönlichkeiten und, wie sie auch annahm, die sich höherer Kultur befleißigenden Besucher, da sie so eingehend die an der Wand hängenden Bilder, wie sie meinte, sachkundigen Auges betrachteten, eingelassen. Sie wollten sie nicht fragen, wann ihr Chef gedachte zurückzukehren. So warteten sie und warteten, tranken Tee und nochmals Tee, erhoben sich zwischenzeitlich von ihren Stühlen, um sich etwas die Füße zu vertreten, stöberten, als die Putz- und Hausfrau mit Kübel und Besen und Fetzen, mit dem sie die Möbel wischte, wieder aus der Stube verschwand. Beide dachten: Wird er heute überhaupt noch kommen? Sie waren sich unsicher, ob er nicht ihre Zusage, dass sie nochmals ihn besuchen würden, als Drohung aufgefasst und so wie der Vizebürgermeister das Weite gesucht hatte. Wahrscheinlich jener auf des Notars Rat hin, denn der hatte von einem inzwischen Auferstandenen ein Haus billigst, allzu billigst, gekauft. So verbrachten sie den ganzen Tag sitzend auf den zwar gepolsterten Sesseln, meistens schlafend und sich dabei vom Rausch des letzten Tages erholend. Die Haushälterin schaute öfters bei der Tür herein, um kopfschüttelnd sich wieder in die Küche zurückzuziehen. „Gehen wir", sagte der Alte, „noch ist nicht aller Tage Abend." Sie gingen, das Haus hinter sich wieder mit des Jüngeren Kunst zu versperren. Als die Haushälterin, sie war gerade dabei, im ersten Stock, wo sich die Privatgemächer befanden, mit ebendiesem Besen, dem wassergefüllten Kübel und dem Fetzen ihre Reinigungsarbeiten fortzusetzen, von diesem Stockwerk kam, um die zwei Gäste zu fragen, ob sie ihnen wiederum einen Tee machen dürfte, fand sie ganz erstaunt keinen der beiden in der Kanzlei vor. Sie ging zur Haustüre, die war bereits verschlossen. Sie verstand die Welt nicht mehr. Also hatten die beiden doch einen Schlüssel.

Der nächste Morgen erwartete Ra mit strahlendem Sonnenschein, welcher durch das kleine Fenster ins Zimmer fiel, auf welchem die Sonne verweilte, sie wärmend, und sie erwachen ließ. Sie blinzelte, rieb sich die Augen, um die aufgehende Sonne zu begrüßen. Ach, war das Leben schön geworden, wunderschön, fand sie. Wie schnell sich das Leben ändern konnte. Sie blieb noch eine ganze Weile ihrem Bett verbunden, bis sie sich endlich aufraffte, zuerst die Beine zu erheben und sie auf den Boden zu stellen, um sich zu erheben und dem Tag entgegenzugähnen und das Klopfen des Alten zu erwarten. Sie trafen sich unten, es war die Stube. Sie fragte den Alten auch nicht mehr, ob er wiederkommen würde. Er, der Freund des Alten, wohin mochte er wohl entschwunden sein? Heute würden sie auf die Kutsche verzichten, es war nicht weit nach Aussage ihres Begleiters. Aber wieder einmal diese Stadt zu riechen, die nun nach dem gestrigen Regen von unangenehmen Düften befreit, und sie schritten durch die Gassen der Stadt, die lange Zeit ihre Heimat war. Vorbei an bettelnden Kindern und verkrüppelten, alten Menschen, denen das Leben bisher übel mitgespielt hatte. Und sie verteilte die vielen Nickel- und Kupfermünzen, auch kleine Silbermünzen, welche sie noch in ihrer Börse hatte, unter ihnen. Denn mit den Goldmünzen hatte sie anderes, ein größeres Projekt im Auge: Mit dem vielen Geld gedachte sie, im Hinblick auf die gemordeten Kinder, den zurückgebliebenen Waisen, deren Eltern von der Pest hinweggerafft, ein neues Zuhause zu geben, ein Waisenhaus zu bauen oder ein großes Haus in der Stadt dazu zu adoptieren, um möglichst viele der Kinder darin unterzubringen, bis sie erwachsen waren. Und eine Schule zu bauen, wo alle Kinder lesen und schreiben und rechnen lernen konnten, um ihnen eine bessere Zukunft zu vermitteln, als jene Kinder des Moordorfes es je erfahren hatten. Sie schlenderten durch die Straßen mit ihren vielen Geschäften, durch Straßen, die bereits mit Bäumen bewachsen, und durch die Armenviertel, sofern man dies nicht schon längst der Verwiesenen in ihren Hütten vor den Toren der Stadt, ihres Lebens zu fristen gezwungen wurden, wo sie ihr restliches Geld auch den Nichtbettlern in die Hand drückte, wo sie mit scheelen Blicken, ob der Garderobe, welche sie trug, gemustert wurde. Und sie kamen in das Nobelviertel der Stadt, wo eigentlich ihre ehemaligen Klienten zu Hause waren, und hatten so, wie der Alte meinte, ihr Ziel fast erreicht. Ein Patrizierhaus unter den vielen Häusern, die einen Platz umstanden, war das Ziel des Alten. Er klingelte, schlug den Löwenkopf an die Haustür und läutete dabei gleichzeitig eine Glocke. Es dauerte eine ganze Weile, bis das alte Dienstmädchen erschien und ihnen Einlass gewährte zu dem Herrn Magister, wie die Alte sagte. Sie gingen durch den Flur rechts durch eine Tür und gingen, ohne anzuklopfen, die Türe öffnend, um den Herrn Notar so plötzlich zu überraschen, dass ihm der Akt, den er in seinen Händen hielt, aus jenen fiel, um sich auflösend zerstreut am Boden wiederzufinden. Er musste etwas Schreckliches in dem Gesicht, in den Augen des Alten gesehen haben, sodass er kreideblich und zitternd nicht einmal die Frage zu stellen imstande war, ob der Verblichene vom Tode auferstanden wäre oder er vielleicht sein Zwillingsbruder sei. Der Alte sagte nur: „Ich bin der Auferstandene, und wenn Sie nicht binnen einer Minute mit dem gestohlenen Geld herausrücken, werden Sie sich bereits zu den Verblichenen einreihen dürfen." Der Mund des Notars bewegte sich zwar, als wolle er was sagen, doch entließ er keinen Ton, geschweige denn, dass er noch Wörter oder gar Sätze hätte formen können. Die Stimme des Alten klang dumpf und hohl, als wäre er tatsächlich der Gruft entronnen, um nachzusetzen: „Ich hoffe wir haben uns verstanden." Der Notar holte jedoch mit zitternden Händen ein Schriftstück aus seiner Mappe, um es dem Alten vorzulegen. Dass es eine vom Magistrat ausgestellte Sterbeurkunde war, konnte Ra nicht erlesen. Aber der Alte lächelte über dieses Stück hanfdickes Papier, wo tatsächlich stand, dass Ramires, wie er sich nannte, am 10.3. verblichenen Jahres gestorben und im Friedhof Sankt Anna, der auferlegt außerhalb der Stadtmauern lag, auch begraben wurde. Es hatte nicht viel an Geld gekostet, um an dieses Papier zu gelangen, denn unterbezahlt waren die Magistratsbeamten, um es dann dem Notar zukommen zu lassen, mit seinem Testament die Durchführung jenes zu veranlassen. Jetzt stand dieser bebender Gestalt vor ihnen. Und er hatte verstanden. Er holt eine eherne Kassette aus einem Kasten hervor, wobei man die Schwere des Inhalts erkennen konnte, denn hart knallte sie auf den riesigen, eichenen Tisch, um sie zu öffnen und den vollen Inhalt herzuzeigen, und damit meinte er, dass er den Schaden, den er in betrügerischer Absicht angerichtet hatte, bereit war wiedergutzumachen. Der Alte wühlte in der Kassette, drehte das Unterste zuoberst, aber es waren alles pure Goldmünzen. Er befahl dem Notar: „Zählen Sie. Und zwar zehnmal hundert Dukaten, und wehe einer fehlt." Und die Drohung war angekommen. Mit zitternden Händen versuchte nun der Rechtsverdreher die Münzen, die jede eine beachtliche Größe und daher auch ein beträchtliches Gewicht in sich trugen, aus der Schatulle zu klauben und zu hundert Dukaten pro Einheit anzuhäufen. Ra, die bereit war ihm bei dieser Arbeit beizustehen, hatte sie doch schon Übung darin, die allwöchentlich die gehorteten Münzen zu zählen pflegte, um wieder freudig erregt ein paar dazuzuzählen zu können. Obwohl sie weder schreiben noch lesen, konnte sie eines: zählen, und das in unbestimmter Höhe. Doch auf eine unwirsche Handbewegung seinerseits ließ sie es bleiben. Er zählte und zählte sich die Finger wund. An der Tür wurde geklopft, es war die Haushälterin, die sie eingelassen hatte, lugte durch den Türspalt einer der geöffneten Türen, um zu fragen, ob jemand Tee wünsche. Und beide wünschten ihn. Als sie die gehäuften Geldstücke auf dem Tisch besah, verzog sie keine Miene, war doch der Notar auch als Pfandleiher und Geldverleiher bekannt, der horrende Zinsen für sein ausgeliehenes Geld verlangte. Sie schloss die Türe hinter sich zu, um bald darauf mit einem auf silbernem Tablett stehenden porzellanem Teeheferl mit dazugehöriger Teekanne, einer Silberschale, die mit Honig gefüllt und in der bereits ein kleiner silberner Löffel steckte, und zwei weiteren kleinen Silberlöffelchen frei darauf liegend zurückzukommen, sie würdigte die bereits mehrfach aufgehäuften Geldtaler keines Blickes, um mit hoch erhobenem Haupte wieder abzurauschen, jedoch leise die Tür hinter sich schließend.

Der Notar zählte und zählte laut und der Alte und Ra zählten mit, damit er sich nicht verzählen würde, wobei sie jedoch die Hände des Notars nicht aus den Augen ließen und weiterhin Tee tranken. So kamen endlich zehnmal hundert Taler auf dem Tisch zu liegen. Eine breite, lederne Aktentasche, die mit Akten gefüllt auf dem Schreibtisch stand, verlor all ihren Inhalt, als der Alte sie kippend auf ebendiesem entleerte. „Halte sie", sagte er zu Ra, die geöffnete Tasche so unter der Tischplatte zu halten, wie es von ihm gewünscht wurde, und jedes Mal mit einer Handbewegung einen Stoß des gezählten Geldes in die Tasche zu befördern. Doch schon nach ein paar Füllvorgängen konnte sie die Tasche nicht mehr halten und sie entglitt ihren schwachen Frauenhänden, was jedoch bei ihrer Fülle nicht umkippte, sondern stehenden Bodens der Schwerkraft sich ergab. Nun nahm er die Tasche, was ihm jedoch auch Mühe machte, ihres Gewichtes wegen, sie in der gewünschten Position zu halten, sie sollte mit beiderseitigen Händen die Haufen von Gold in die Tasche befördern. Endlich war die Aktion abgeschlossen und die volle Tasche auf den Tisch gestellt. „Nun werden wir sehen, was unser kleiner, betrügerischer Advokatus noch für Gelder im Hause hat", sprach der Alte mit langsamer, aber immer lauterer Stimme vor sich hin. Der Notarius schrumpfte, um bei diese Aussage noch ein Stück kleiner zu werden, als er gegenüber dem Alten schon war. Was für eine Memme war dieser Advokat und Geldverleiher und Pfandverleiher doch. Da war sein ehemaliger Herr, dessen Tochter er heiraten musste, aus anderem Holz geschnitzt. Das ganze Haus war vollgerammelt mit Antiquitäten, von erlesenen Möbeln, geschnitzten Uhren, wertvollen, von berühmten Malern gefertigten Bildern, enggeknüpften Seidenteppichen und Gobelins und von goldverfassten Figuren, sodass man sich in einem Museum wähnte, wo er zwar noch nie war, aber wenn man Menschen, die behaupten, schon einmal dagewesen zu sein, Glauben zu schenken gewillt war, so musste oder muss es auch in einem Museum aussehen. Doch die, welche gezwungen wurden, ihre wertvollen Güter zu verpfänden, sahen sie kaum wieder. Denn die Zinsen und Zinseszinsen, die er ihnen für sein oft mickriges Darlehen abverlangte, waren von derartiger Höhe und die Verpfänder hatten nie wieder eine Chance, sie zurückzubekommen. Und so sich der Alte die Möbel, die Wände und den Fußboden besah, wusste er, dass dieser sich unter der Maske eines biederen Notariats sich Gebende ein Produkt übelster Sorte, wie es auch sein ehemaliger Chef war. Jenem wurde jedoch eines Tages von einem mit seinen Praktiken nicht Einverstandenen kurzer Hand mit einem ihm nahe stehenden, aus Silber gefertigten Kerzenständer von einem Meter Länge derart auf den Kopf geschlagen, dass jener zertrümmert auf dem seidenen Orientteppich zu liegen kam, um mit dem einherrinnenden Blute den Teppich unbrauchbar zu machen. Die Tochter desselben Hingemeuchelten bediente jedoch lange sich seiner als Lustknabe, ob ihrer immer mehr wachsenden Ausdehnung, die zwar an Höhe vermessen, aber dafür in die Breite voll zuzuschlagen, sah er sich außer Stande, mit seinem noch etwas zu lang und dick Geratenen bis in ihr Allerheiligstes vorzudringen. Sie jedoch eine Frau immerwährenden Feuers, deren Glut zwischen ihren Oberschenkel sich zu verbrennen drohte. Nach dem unverhofften und unvorhergesehenen Tod ihres Vaters, der aber aufgrund seiner Machenschaften ein riesiges Vermögen zusammengerafft und ihr hinterlassen hatte, einer desinteressierten Tochter, die nur an einer Sache interessiert war, um sich nun vogelfrei ihren alten, jungen Lover im Besonderen zu mieten. Denn jener also, er war nicht nur Feuerwerker, der ihr großes, immer glühendes Glutnest mit seinem Schlauch nahhaltig zu eliminieren wusste, sondern auch einer der Ausdauerndsten, den sie jemals vor ihre Büchse bekommen wird, und er war ihr Erster. Sie hatte in Anbetracht dessen, nachdem sie ihm testamentarisch all ihre Hinterlassenschaft zu lassen versprach, ihn auch geheiratet, noch bevor der verstorbene Vater sich so richtig in seiner Gruft einzuleben vermochte.

Er tat sein Möglichstes, um so bald als möglich an all ihre Schätze, die sie ihm zu hinterlassen gedachte, zu kommen. Bis sie eines Tages nach stundenlangem Bemühen seinerseits – von Höhepunkt zu Höhepunkt jagend, und sie in Wollust aufgelöst und die letzte Luftblase hinter sich lassend, sie ausblasend und den letzten Hauch ihres Atems aushauchend – sich einem fernen Leben ergab, wo sie hoffentlich von anständig bestückten Feuerwehrmännern bereits erwartet wurde. Nun war er reich, und zwar so reich, dass er nicht wusste, wohin er sich mit den vielen Goldtalern begeben sollte. Er verschloss das Haustor, spannte noch eine Kette davor, hängte noch vorher auf ein eintrittshemmendes Gittertor eine Tafel mit der Aussage: „Familie verstorben“, was nicht einmal einer Lüge entsprach. Und er fand, der hier war die gleiche Beutelratte wie seiner verblichenen Frau ihr Vater. Während er in Erinnerungen schwelgte, die Haushälterin das Geschirr wieder verräumte beziehungsweise mit Tablett und ausgetrunkener Teekanne wieder hinter der Türe verschwand, der Advokatus das erste Mal einen Laut vor sich hin piepste, jedoch zu räuspern gezwungen war, um die belegte Kehle von dem Luftdruck hinweg zu säubern und mühsam ein „Was meinen Sie damit?“ hervorzuwürgen. „Was ich meine? Du wirst jetzt nochmal tausend Taler an Strafe bezahlen, was du getan hast, als Sühne, dass du dieser armen Frau tausend Gulden vorenthalten hast.“ Der Advokat angelte sich mit zitternden Händen einen Sessel, um sich darauf fallen zu lassen, um nun weinend dazusitzen und sein Gesicht mit beiden Händen zu bedecken, unter denen Sturzbäche falscher oder möglicherweise sogar ehrlich gemeinter Tränen hervorbrachen. Ungerührt stand der Alte da. Je mehr Ra den Alten kennenlernte, desto

weniger glaubte sie, dass er wirklich so alt war, wie er sich gab, vor allem ihr gegenüber sich gegeben hatte. Langsam aber fing sich der Notar wieder. „Wo soll ich denn tausend Taler hernehmen?", jammerte er vor sich hin. „Woher? Da werden Sie eben suchen müssen", darauf der Alte, der seinen Hut tief in den Nacken verfrachtet hatte, sich seines Mantels zu entledigen beginnend. Daraufhin hob der Betrüger die Hand, um zu sagen: „Sie versprechen mir, dass das Ganze aus der Welt geschafft damit sei." „Natürlich", sagte der Alte, „ich bin im Gegensatz zu Ihnen doch ein Ehrenmann, was man von Ihnen nicht behaupten kann. Und wenn Sie uns noch länger hinzuhalten gedenken, sehe ich mich gezwungen, die Strafe auf zweitausend Taler zu erhöhen."
„Das werden Sie doch nicht", der Notar. „Doch, das werde ich tun", darauf wiederum der Alte. Daraufhin erhob sich der Notar von seinem bis jetzt dienenden Sessel, um müden Schrittes zu einem Kasten zu schlürfen, um ihn umständlich aufzusperren, dem er eine Kassette entnahm, ebenso groß und schwer, um sie an den Tisch zu bringen und sie darauf abzustellen. Mit Mühe, denn bevor sie die Tischplatte erreicht, um sie darauf abzustellen, entglitt ihm die Geldschatulle und machte einen dicken Plumpser auf dieser, was scheinbar auch die Haushälterin gehört hatte, denn sie schaute argwöhnisch durch eine nur mit einem Spalt geöffnete Tür herein, um aber sofort wieder den Kopf aus dem Spalt zu entfernen und die Tür leise hinter sich zu schließen. „Na also", sagte der Alte, „da haben wir sie." Der Notar suchte umständlich einen Schlüssel, der jedoch auch auf einem Schlüsselbund hing, um sie schweren Herzens zu öffnen. Es war offensichtlich die gleiche Masse von Münzen. „Zählen Sie", forderte der Alte den Notar auf, „und zwar wie vorher." Er sagte: „Ich habe bereits und es sind genau tausend Taler." „Und wenn einer fehlt, dann werden Sie weitere tausend Taler an diese Frau zahlen. Denn dann wollten Sie sie wieder betrügen." Gott ergeben nahm der Notar Münze um Münze, häufte sie zu hundert Stück, mitgezählt von dem Alten und von Ra. Als die Prozedur zu Ende und zehn Häufchen Goldmünzen zu je hundert Stück den Tisch bedeckten, befahl der Alte dem Notar und auch

Ra die bereits halbgefüllte Tasche beidseitig des Bodens anzuheben, um sie unter den Tisch zu halten, was sie auch taten, und er jedes Mal mit einem Zug stoßweise die Münzen vom Tisch und in die Tasche zu wischen. „Danke", sagte er nach Vollendung der Taschenfüllung, während er diese verschloss, drückte seinen Hut wieder ortsgerecht auf seinen Kopf zurück, sagte „Komm" zu Ra, um mit der Tasche, die schwer in seiner Hand lag, den Notar keines Blickes würdigend, das Haus zu verlassen und draußen zu sagen: „Dieser war der zweite Streich." Und sie darauf: „Und der dritte folgt sogleich."

Die Tasche war so schwer, dass der Alte sie öfters von einer Hand in die andere zu wechseln gezwungen war, aber auch die Henkel machten ihr Sorgen, ob sie dem Gewicht gewachsen wären. Doch sie waren. Waren sie doch nicht für solch schwere Lasten ausgelegt, um zweitausend Goldtaler zu halten, sondern nur für allerdings dicke Akten, die jedoch auch ein oft größeres Gewicht in sich trugen. In ihrer Karawanserei schleppte der Alte die Goldtasche die Stiegen hoch, ein bisschen konnte man ihm allerdings seine Erschöpfung ansehen, um diese Tasche ebenfalls in das Zimmer von Ra zu stellen. Es war der zweite Tag in der Stadt und der zweite Tag einer erfolgreichen Tat. Der Vollmond war nahe, das spürte er und sie gemeinsam spürten, dass sie verwandte Seelen waren. Was er wusste, sie jedoch nicht. So hatten sie den Notar um 2000 Goldthaler erleichtert.

Ra war glücklich über die 2000 Golddukaten, die ihr der Alte auf ihr Zimmer getragen hatte, unter viel der Mühsal. Am nächsten Tag erhob er sich unausgeschlafen vom Bett, hatte er doch die halbe Nacht nachgedacht und einen Plan geboren, wie er, wenn der Vizebürgermeister sich vertschüsst hatte, an den veruntreuten Kaufpreis herankommen sollte.

So gingen er und sein Freund Knut frühmorgens, nachdem er ihn aus den Federn geholt hatte, ohne Frühstück zum Hause des Notars, wo Knut binnen weniger Sekunden wieder seine Meisterschaft in der Kunst des Schlossöffnens bewies. So bemühten sie sich den Notarius, der auch den Namen eines Magisters trug, aus seinem Bett zu scheuchen, mit einer Zipfelmütze auf dem

Haupte, mit zerknittertem Gesicht und mit einem weißen, weiten Schlafkleid bedeckt, das einem Büßergewand sehr ähnelte. „Guten Morgen", zuerst der eine dann der andere zu sagen. „Haben der Herr Magister gut geschlafen?" Der Notar suchte seine Brillen, die er am Nachtkästchen wähnte, wenn sie ihm Knut nicht entwendet hätte, natürlich spaßhalber. Der Notar suchte tapsend, mit unsicherer Hand die Oberfläche des Kästchens ab und beförderte dabei den Kerzenleuchter geringen Ausmaßes und Gewichts zu Boden. Dieser jedoch, infolge seiner Kleinheit, zumal er noch auf einen dem Bett vorgelagerten Teppich fiel, machte kaum einen Lärm. Sie nahmen ihm die Zipfelmütze, die noch eine aus Wolle gefertigte Kugel auf ihrer Spitze genäht hatte, ab, nahmen ihn beidseitig unter seinen Armen, um ihn zu fragen: „Können wir jetzt gehen?" Er sah sie beide entgeistert an. Knut setzte ihm seine Monokelbrille auf sein verschlafenes Gesicht. „Meine Patschen", hauchte er vor sich hin, „meine Patschen." Knut entließ ihn aus der Halterei, um sich bückend der zwei Patschen zu bemächtigen und sie ihm, während der Notarius seine Füße erhob, einmal den einen, dann den anderen über seine Füße zu schieben. Wieder sich erhebend, um das „Danke" des Magisters entgegenzunehmen und auch ein dementsprechendes „Bitte" ihm zurückzugeben.

„Na also", mischte sich der Alte ein, „da hätten wir ja schon einen guten Anfang unserer Forderung." Der Notar, zwischen zwei kräftigen Armen eingeklemmt, warf den Kopf zurück, um ein weinerliches Gewimmer von sich zu geben. „Ruhe", sagte der Alte, „sonst stopfen wir dir noch die Kugel von der Zipfelmütze ins Maul." „Das werden Sie doch nicht tun", jammerte der damit Bedrohte. „Nein, nicht wenn sie sich wie ein Gentleman benehmen." Daraufhin entließ der Gerügte einen Stoßseufzer zum Himmel, er möge ihm helfen. Doch Gott der Gerechte versagte ihm sein Helfen, zumindest in diesem Fall einer Forderung, fand er sie doch selbst als gerecht. Sie schleiften ihn durch die Tür, so sie gleich in dem Zimmer waren, wo der Alte und Ra gestern die 2000 Goldthaler auf den Tisch gezählt bekommen hatten. Sie setzten ihn nun monokelbewaffnet auf einen dazugehörenden Sesseln, so der Alte ihm wieder seine Pudelhaube über den Kopf zog, um ihm so einer Karikatur ähnlich wie dem armen Dichter auf dem Dachboden, einem Bild von Spitzweg, dieses deprimierende Aussehen zu verleihen. „Sie tun mir doch nichts", brachte er gequält über seine Lippen. „Aber nein", sagte zuerst der eine, dann der andere. „Wieso sollten wir Ihnen doch was antun?", um dem eingeschüchterten Notarius in die Augen zu sehen, was jedoch das Monokel nicht so recht zulassen wollte. So er es ihm wieder von der Nase entfernte, aber es griffbereit auf den Tisch zu legen, um nachher das eine Auge mit seinen Fingern auseinanderzuziehen, um ihn tief in seine Seele blicken zu können. „Aua", sagte das Opfer, „sie tun mir weh." „Aber nein, das wollte ich nicht", um dessen Auge wieder in die vorherige Form fallen zu lassen. Der Augenträger blinzelte ein paarmal, um den Lidern wieder ihre rechtschaffene Form zurückzugeben.

Friedrich der sich einstweilen auf einen der anderen Sessel zurückgezogen hatte, welche den Tisch umstanden, gähnte laut vor sich hin, wurde er doch aus dem Schlaf gerissen. So war er doch meistens ein Nachtarbeiter und musste sich am Tag von seiner nächtlichen Arbeitsauslegung erholen. Nun setzten Friedrich und der Alte Seite sich an Seite zu dem Notar, dessen bummelige Wollkugel bei jedem Blickwechsel, den er tat, hinter ihm herflog. Das machte den Alten nervös, sodass er ihm die Mütze mittels der Wollkugel vom Kopfe riss, so wiederum eine herrliche Glatze zum Vorschein kam, die von langen grauen Haaren umwölbt.

„Wie viel, glauben Sie, war mein Haus wert, das ich Ra überschrieben habe?" Des Magisters Kopf, dessen Hirnwindungen noch funktionierten, durchschaute die Frage sofort. Er räusperte sich einmal, um mit den Schultern zu zucken. „Sie haben also keine Ahnung, keine Ahnung? Als Notar sie doch schon viele Verkäufe abgewickelt haben." Der Notar brummte was in seinen Bart, was Unverständliches. „Aber Notarchen", sagte der Alte darauf und zog ihm leicht an seinem Bart. „Ich sage ihnen, das Haus ist ganz leicht 6000 Golddukaten wert, oder nicht? Vielleicht sogar mehr mit einer hinterlassenen Kutsche. Die bessere Kutsche mit den Pferden habe ich mir erlaubt mitzunehmen." „Und haben Sie nicht das ganze Haus ausgeräumt bis auf das letzte Bild, den letzten Teppich?" „Nur den letzten, der mit dem Blut meines Schwiegervaters noch vollgesogen und wertlos war. Da haben Sie recht. Und die vielen Möbel, die ich ihnen hinterlassen habe, pardon dem Käufer." „Da haben wieder sie recht", räumte ihm der Hausvermittler ein. „Na sehen Sie, auf welchen Preis werden wir uns einigen? Ihr Freund, der vorgeschobene Strohmann, der Vizebürgermeister wird für sein vorgegebenes Kaufen doch auch etwas bekommen haben?" „Natürlich", sagte der Notar, der sich mit der Fangfrage übertölpeln ließ. „Na also, aber das ist ihr Kaffee." Der Alte sagte es in sich hineinlächelnd. „Sagen wir, Sie haben das Haus bereits um 6000 oder gar 7000 weiterverkauft, so sie tatsächlich 1000 für die Hausverkäuferin bezahlt haben und ich schätze weitere 1000 Golddukaten dem Vizebürgermeister bezahlt haben und für das Haus mindestens 8000 bekommen haben, ich meine natürlich 8000 Goldthaler, was doch eine hübsche Summe darstellt, und so haben Sie dafür noch 7000 an die Verkäuferin des Hauses zu bezahlen."

Der Magister des Rechts schaute ihn entgeistert an. „Ich habe nur 7000 dafür bekommen." Der Alte streichelte über des Betrügers Kopf, um mit seinen Fingern die langen Haare, die verwirrt den Kopf umkränzten, wurden sie doch von dem Zipfelmütze auf und Zipfelmütze ab in Unordnung versetzt, wieder in ihrer Länge in Form zu bringen. „Schau, schau, unser auf Recht getrimmter Notar ist ein kleines Betrügerlein. So er den Rest, den er nicht bezahlt hat, an den Verkäufer auszuzahlen gedenkt." Der Notar sackte in sich zusammen.

Währenddessen schaute die Haushälterin plötzlich durch die Tür, um unsicheren Blickes die Szene zu erfassen. Friedrich stand sofort auf, um ihr entgegenzugehen, um sein liebenswürdigstes Lächeln auf sein Gesicht zu zaubern, um ihr zu sagen: „Können Sie uns drei Tassen Tee bringen, vielleicht mit etwas Gebäck und Butter und Eiern?", um sie nach seiner als Bitte vorgetragenen Aufforderung weiter anzulächeln, ihr jedoch den Blick auf die

Szene zu verstellen. „Ich habe bereits vom Bäcker wie alle Tage", sie einflocht, „wieder so ganz frische Semmeln und Brot geholt." „Danke, danke", belobigte Friedrich sie für ihr Tun, um sie weiter anzulächeln, sie zurücklächelnd und sich daran machend, ein opulentes Frühstück für ihren Herrn und, wie sie vermutete, für seine zwei Freunde herzurichten, um es ihnen servieren zu können. Der Alte erhob nach dem Schließen der Tür durch die Haushälterin den Notar von seiner Sitzfläche zu sich, um zu fragen: „Und wo haben sie das Geld gebunkert?" Der Notar, der vollkommen eingeschüchtert und durch die Bedrohung seines Verstandes nicht mehr fähig, sagte: „In der Standuhr." „So werden wir das jetzt gleich überprüfen", der Alte darauf. Und suchenden Blickes er die Standuhr erfassen konnte, die neben einem großen Schrank stand, der mit Büchern gefüllt.

Friedrich blieb an der Tür stehen, sollte die Dienstfrau schneller als erwartet wieder auftauchen, ihr das Gericht aus der Hand zu nehmen und sich selbst als Diener zu erklären, um sie so abzuwimmeln. Die Standuhr, die neben dem wuchtigen Bücherschrank, der hochpoliert glänzend mit den goldbordenen Büchern in sich, den Besitzenden und Lesenden in ihr geschriebenes Wissen gespeichert, um den Unwissenden zum Wissenden werden zu lassen. Die Standuhr jedoch, die von wuchtiger Ausformung und Ausführung, stand geradlinig aus Eichenholz, das jedoch dunkel gebeizt, mit schwarzen römischen Ziffern die Stunden anzeigend, welches die goldenen Minuten- und Stundenanzeiger zu umlaufen hatten.

Aber es war eine richtige Pendeluhr mit Pendel und Gewichten an seinem Unterteil, welche das Laufwerk in Bewegung hielten. So rückte der Uhrzeiger, der die Minuten anzuzeigen hatte, im Laufe der Besichtigung tatsächlich vor. Also ein ganz gewöhnliches Pendel, welches die Uhr in Bewegung hielt. Der hintere Teil, der voll des Holzes gebaut, war das Versteck für den Ertrag der mannigfachen betrügerischen Rechtsauslegungen des Notars. „Öffnen sie", sagte der Alte halblaut. Das Magisterlein mit der Zipfelmütze auf dem Kopf und den Monokel auf die Nase gepresst, mit körperlangem Schlafhemd, beschuht mit ein paar alten, verbrauchten Schlapfen, ein vielfacher Millionär nach heutigen Zeiten gerechnet, stand als arme Karikatur des Geldwesens vor seinem Richter. Der noch dazu sagte: „Öffnen Sie diese zweckentfremdende Uhr." Dieser fingerte unter seinem Nachthemd, wo ungesehen ein Schlüssel an einer dünnen goldenen Kette hing, um ihn aus der Tiefe des Hemdes hervorzuholen und ihn dem Alten zu übergeben. „Sperren Sie auf" verweigerte jedoch der Alte das Annehmen des Schlüssels. Die Ausgeburt eines Honoratioren, der in die Tiefe des Betruges und des Verbrechens abgestürzte Mensch stand mit zitternden Händen, um den Schlüssel in das im Seitenteil angebrachte Schloss zu stecken, was ihm jedoch nicht gelang. Das veranlasste den Alten nun doch den Schlüssel an sich zu nehmen, um aufzusperren.

Langsam, ganz langsam öffnete er das Gehäuse, um auf verschiedenen Ebenen viele größere und mehrere kleine Metallbehälter auf den aus dickem und festem Holze gefertigten Brettern der Standuhr vorzufinden, die zu dieser Art von Verwahrung von schwerem Metall gebaut und auch benützt wurde. Im Zuge seines vorherigen Ganovenlebens wäre er nie auf die Idee gekommen, wenn er einem der wohlhabenden Häuser nächtlich einen Besuch abgestattet, in einer Pendeluhr, wo das Perpendikel hin- und herschwang, das Versteck ihres Geldes zu suchen. Man lernt nie aus, dachte er. Natürlich hatte er dieser Verdienstmöglichkeit längst abgeschworen. Von der Tür her machte Friedrich ein Zeichen, dass wahrscheinlich er Schritte höre und die Magd wohl mit dem Frühstück angerauscht kommen werde. Daraufhin verschloss der Alte die Uhr und der Notar, noch an den Schlüssel gekettet, warf ihn wieder in das Nachthemd.

Er nahm den Betrüger lächelnd an der Schulter, ließ ihn wieder auf seinem vorherigen Sessel Platz nehmen, setzte sich dazu, um Friedrich das Zeichen zu geben, sich auch zu setzen, um zu dem Nachbarn in fröhlicher Verkommenheit zu sagen: „Ach, das waren doch noch Zeiten! Kannst du dich an unsere Lehrerin noch erinnern, diese dicke ausgefressene Mamsell, die nichts besser konnte, als mit ihrem Haselstock uns den Hintern zu versohlen? Und du und ich waren ihr liebstes Betätigungsfeld", dabei zwickte er den Notar in das Bein, sodass dieser aufschrie, und da die Bedienerin gerade anfing, ein umfangreiches Frühstück auf einem großen Tablett auf den Tisch zu stellen, sagte der Alte zu ihr: „Und so habe ich auch geschrien wie mein Freund, da wir von dieser Lehrerin immer als ihr Ziel auserkoren. Sag's doch du", zu dem neben ihm Sitzenden und nun als Schulfreund Vorgestellten, um ihm auf die Schulter zu schlagen und in ein albernes Gelächter zu verfallen.

Der Haushälterin war die Vorstellung der drei nicht ganz geheuer, aber was solls, hatte sie schon ganz andere Dinge in diesem Haus erlebt, so ihr Chef einmal mit zwei veilchenblauen Augen mit seiner Kutsche zurückkehrte, aber den Grund er ihr nicht sagte. Aber sie ging das alles nichts an. Sie war nur die Haushälterin und er bezahlte sie gut. Sie ging, nachdem sie alles penibel vor den dreien abgelagert hatte, mit leerem Tablett wieder zurück, von wo sie gekommen war, nämlich in die Küche.

„Nun werden wir, da wir alle drei noch nichts im Magen haben, uns einmal den Bauch vollfressen." So verfiel er sprachlich wieder in die Gaunersprache, die er aber schon längst abgelegt zu haben glaubte. Die zwei verschlangen den köstlichen, sogar mit weichen Eiern und Schinken und mit allerlei Obst angereicherten Augenschmaus. Der Notar, der jedoch keinerlei Lust verspürte, an dem köstlichen Mahl mitzuhalten, saß noch vor seinem leeren Teller, um trüben Auges vor sich hin zu starren. Die zwei hatten ihm das Frühstück vergällt, das seine Haushälterin in ähnlicher Abfolge täglich für ihn bereitstellte. „Nun friss dich an", sagte der Alte, „vielleicht wirst du in deinen Leben auf das alles verzichten müssen." Die Karikatur von einem Anwalt des Rechtes fing daraufhin zu schluchzen und zu weinen an. „Aber, aber", versuchte ihn der Alte zu beruhigen, zog ein nicht ganz reines Taschentuch aus seiner Hosentasche, um ihm die Tränen, die über die Wangen kollerten, abzufangen und wegzuwischen, einen dankbaren Blick von ihm bemerkend. „Wer wird denn gleich wegen so einer Lappalie so zerstört sein? Wir wollen doch all ihr gehortetes Geld nicht, nur den fairen Kaufpreis. Wir sind doch ehrliche Leute, nicht wahr?", zu seinem

Kompagnon gewandt. Jener jedoch konnte infolge seiner über-
beanspruchten Mundhöhle die Aussage seines Kumpans nur
mit einem Nicken bestätigen.

So aßen sie beide noch vor sich hin, wobei sie auch den für
den Hausherrn bereitgestellten Anteil hinunterzuwürgen sich
befanden. Nachdem Friedrich den letzten Tropfen der Teekanne sich einverleibt hatte, rief er nach der Haushälterin, die zugleich mit dem riesigen Tablett erschien, um die leergefressenen
und leergetrunkenen Behälter mit den Resten der nichtkonsu-
mierten Beladung aufzunehmen und wieder zu verschwinden.
Friedrich jedoch, ganz Kavalier, öffnete ihr die Tür, um mit einer
Verbeugung sie zu entlassen, noch ein „Danke" nachhauchend,
um erst nachher die Tür zu schließen. Nun waren zumindest die
beiden gesättigt ob der Fülle des angebotenen Frühstücks und
beide streichelten sich ihre Bäuche, um ihr Wohlbefinden klar-
zustellen. Nach den Streicheleinheiten, den sie ihren Bäuchen
zuteilwerden ließen, kam man zur Sache. Der Alte entband den
Notar des Schlüssels, indem er die Kette samt dem Schlüssel
ihm nach Abnahme der Mütze über den Kopf zog und sich zur
Pendeluhr begab, die als Standuhr hochgewachsen als Versteck
zu dienen hatte. Friedrich jedoch, in der Fülle des Essens noch
gefangen, saß mit ausgestreckten Beinen dem Notarius gegenüber, um sich dessen Physiognomie einzuprägen, vielleicht würde sich in ferner Zukunft wieder ein Zusammentreffen ergeben.

Der Alte, von der Fülle und Menge der gehorteten Goldmünzen beeindruckt, stellte einen Becher nach dem anderen auf
den Tisch, auf jedem der runden Stahlbecher stand eine Zahl
geschrieben. So leerte er nur einen auf den Tisch, um zu schau-
en, ob Inhalt und darauf geschriebene Zahl ident seien. Und
sie waren es. Er machte noch einen Versuch bei einem zweiten
Becher, und siehe, sie passten zusammen. Er suchte noch ein
Schreibzeug mit Papier, das er jedoch sogleich auf einem Schreibtisch fand, der eckwärts stand. Und er fing an die angegebenen
Zahlen auf den Bechern, die manchmal eine beachtliche Größe aufwiesen, zu notieren. Und er schrieb eine lange Kolonne
von Zahlen untereinander, zählte sie inzwischen zusammen,

bis er auf 7000 kam. Den Rest stellte er wieder in die Gefächer zurück. Dem Notar daraufhin ein Kopfschütteln zu entlocken, dem Alten den Ausspruch: „Wir sind ehrliche Gauner." Aber wie sollten sie diese Summe schweren Metalls befördern? Friedrich hatte eine Idee. Er verschwand hinter besagter Türe, um mit einem festen Holzkübel zurückzukehren, wie man auch Weinfässer baut, mit Eisenringen zusammengehalten, schwere Henkel an beiden Seiten und mit einem großen Tuch, das über die Öffnung hing, verschlossen. Der Alte verstand, und Friedrich schüttete und schüttete einen Behälter nach dem anderen in den Kübel. Es ging sich gerade aus, randvoll stand er da, goldbestückt, ließ des Alten Gesicht leuchten, des Notars Gesicht jedoch eines verfallenen Ausdrucks sich nicht erwehren konnte. Knut legte nun das Tuch über den Rand des Behälters, öffnete seine Hosenriemen, um das Tuch daran an seinen Rändern niederzubinden. Er brauchte ihn eigentlich nicht, die Hosen behielten auch so ihre Anhänglichkeit. Knut zählte noch die übriggebliebenen Metalltöpfe ihrer Größe nach zusammen und sagte zu dem um sein Gerschtl gebrachten Notar: „Sie haben noch so viel an Gold, dass sie noch drei Leben in Ihrem Stil leben können." Friedrich öffnete nun die besagte Tür, um hinauszuschreien: „Danke vielmals für das wundersame Frühstück, mit den sie uns empfangen!" Man hörte noch eine Stimme durch die offene Türe, was wie „Bitte" klang, zweimal gesagt, um so die zwei schwertragenden Männer durch die andere Türe zu entlassen. Doch das Gewicht war für den Alten untragbar, so beschlossen sie den Kübel abzustellen und sich auszurasten. Dies waren sie oftmals zu tun gezwungen, bis sie endlich in des Alten Bleibe sich eingefunden und das viele Gold in des Alten Zimmer verwahrt hatten. So der Alte, der geschafft von der Bürde des Goldes, sein Zimmer verschloss, um sich in das Bett zu legen und zu verschlafen.

In der Stadt hatte die Pest gewütet und einen Großteil der Bevölkerung hinweggerafft, um ausschwärmend noch den ländlichen, sie umgebenden Raum zu erfassen, die Seuche konnte aber dank dem Kräuterweiberl mit ihrem Sohn und dessen Freundin aus dem Moore alsbald eingedämmt werden, da die weitausschweifende Behandlung der Alten, noch Gesunden verhinderte, dass sie der Krankheit verfallen konnten und immun gegen diese allvernichtende Krankheit wurden. Die Moordörfler hatten nun die leeren Häuser in Besitz genommen, manche mit vor Reichtum überquellende Garderobe zu übernehmen, waren jedoch zu bescheiden, um so prächtige Festtagsgewänder sich auch nur anzurühren zu getrauen. Rosshaarige Matratzen, die sie nie gesehen, da sie im Moore auf gesammeltem Schilf schliefen, mit weißen Leinen überzogen, daunengefüllte Decken und Polster, auf die sie sich ihr Haupt nicht zu legen getrauten. Die jahrhundertelange, in ihnen angezüchtete und ihnen schlummernde Ergebenheit ließ sie auf dem Boden der Häuser schlafen, die sogar aus Holz gefertigt, Kinder, die geboren, wurden nicht mehr dem Moorgott geopfert, so er sie gefordert hatte. Zuerst jedoch durchkämmten die Halbasiaten die Häuser nach Toten, um sie mit ihren Karren zum großen Feuer vor der Stadt zu bringen, um manche der bereits ausgestorbenen Häuser lagen noch Leichen, für die jede Medizin zu spät kam. Manch einer oder eine Frau oder ein Kind konnten noch gerettet werden, hatten die Feuerbestatter jedes Mal eine Kanne, um an der schwarzen Pest Erkrankte auch notfalls zu waschen. So durchkämmten die restlichen Stadtbewohner mit den Moordörflern ein Haus nach dem anderen, um noch zu retten, was es zur retten gab. Weinende Kinder, die um ihre bereits Sterbenden standen und nicht wussten, was sie tun sollten, als zu schreien oder lethargisch dazusitzen. Von denen sich des Todes erwehrenden Menschen konnte noch manches Leben gerettet werden. Man hatte in riesigen Kesseln in den verschiedenen Stadtteilen auf offener Straße das Kraut verkocht, um es näher an die Kranken heranzubringen. Ganze Trupps waren in die Heide ausgeschwärmt, um das Kraut zu suchen. Und sie brachten Ballen von diesem strohigen Tee zurück in die Stadt, immer und immer wieder, denn die Heide war voll des lebensrettenden Krauts. Aber trotzdem konnte vielen nicht mehr geholfen werden, besonders die Alten starben als Erstes. Viele Kinder jedoch überlebten, unbeschadet ihrer Größe, die Seuche, so sie den Pesttee zu trinken bekamen. Man sammelte die Kinder ein, um sie in vollkommen leere Häuser zu bringen und sie dort zu versorgen. Manch Überlebender bezahlte seinen bereits verstorbenen Mitgliedern eine Messe, in der Kirche wurde gebetet um eine Erlösung von der Seuche, Gott möge sie abwenden. Manche beklagten, Gott habe die Seuche geschickt, um die Menschen für ihr lasterhaftes Leben zu bestrafen, denn Gott der Herr habe schon zu lange ihnen zugesehen. Und wie bei Sodom und Gomorra, wo er keine zehn Gerechten finden konnte, sie der Vernichtung preisgab. Und auch die meterdicken Stadtmauern konnten sie nicht vor der Seuche schützen. Weinende Gestalten vor den Türen der Häuser, als man wieder ein Familienmitglied auf den Karren gelegt hatte, auf dem schon mehrere der von der Seuche gemeuchelten, mit schwarzen Flecken übersäten Körpern lagen, womöglich der letzte in der oft vielköpfigen Familie war und sie alleine gerettet von der Medizin der Kräuterheiligen, wie sie nun genannt wurde. Um als einzige zurückgelassen zu werden, um weinend in ihrer Not Gott zu bitten, sie doch auch sterben zu lassen. Doch unerbittlich war dieser Gott, der doch auch die Pest geschaffen hatte und so auch gleich der Schöpfung ein Gegenmittel mitgegeben hatte, der Seuche zu trotzen. Und er ließ es eine seiner größten Sünderinnen, die Hure Jolanda, die in Sünde gelebt hatte, erkennen, um seine Barmherzigkeit den Sündern mitzubekunden. Das Unheil, das über die Stadt hereingebrochen war, weckte Erinnerungen, die sie von den Vorderen erzählt bekommen, und auch damals wurde es die schwarze Pest genannt, weil er uns die Menschen nahm, ohne nach Geld, Besitz oder Bildung zu fragen. Einfach so. Und wer in ihre Klauen geriet, der war des Todes. Man sprach von riesigen Feuern, die man vor dem Stadttor errichtete, um sie nicht hereinzulassen, als schon andere Städte von ihr heimgesucht waren. Doch sie kam auf leisen, unsichtbaren Sohlen in die Stadt geschlichen, um sich ihre Opfer ohne Gewalt zu suchen und zu vernichten, was ihr in die

Quere kam. Barbara hielt die Menschen an, immer wieder die Kräuter zu trinken, um gestärkt durch das Pestkraut der Pest Widerstand zu leisten. In Lethargie verfallene Feuerbestatter fuhren karrenweise die der Pest bereits zum Opfer gefallenen Stadtbewohner zum Tor hinaus, mit um ihre Münder gebundene Tücher, welche den Gestank manch verwesender Leichen nicht zu stoppen vermochten, und diese ließ Barbara, die Kräuterheilige, wie sie plötzlich genannt wurde, über im siedenden Kessel befindliches Pestkraut die Dämpfe inhalieren, um so die Lunge resistent gegen diese fürchterliche Krankheit zu machen. Und all diese Karrenfahrer, die sich aus den Moordorfbewohnern rekrutierten, überlebten diese fürchterliche Seuche. So plötzlich, wie sie in die Stadt gekommen war, verebbte sie, doch hier und da bei einem sie ausbrach, doch es war genug Medizin, um die Pest zu heilen, notfalls mit der Waschung seines Körpers. Während der Wind vom Feuer vor der Stadt den Geruch brennenden Fleisches in die Stadt trug, blieben die Bauern jedoch aus, entweder waren sie von der Seuche bereits hingerafft oder igelten sich in der Regel ein, aus Angst vor der Seuche, die sie in der Stadt wussten. Und Ra, die Hure, fuhr mit Barbara, dem Kräuterweib, mit einigen von dem Dorfe aufs Land hinaus, wo die Bauern ihre Höfe hatten, mit dem Kraut, das sie auf ebenjenen Karren mitführten, wo man zuerst die Toten gefahren hatte, mit riesigen Kesseln auf den anderen verladen, um den Rest der bäuerlichen Bevölkerung am Leben zu erhalten. Denn weit, weit weg war die nächste Stadt. Sie fand verhüttete Höfe, wo das Vieh in den Ställen bereits am Verhungern war, für ein Grab zubehauene, neue Kreuze am Hofe standen und das letzte der Pestopfer hatte sich seinem Gott in seinem Bett bereits ergeben. Es war ein ganzer Tross von Männern, die sie mitnahmen hinaus aufs Land, und sie versuchten die Tiere zu füttern, so wie sie ihre Ziegen im Moore zu füttern wussten, und sie zogen weiter in das Umfeld, um noch einigen Bauern mit ihren Kindern, Knechten und Mägden das Leben zu retten. Tagelang zogen sie mit ihrer Gefolgschaft, bis sie glaubten, die Seuche besiegt zu haben.

So zogen sie mit ihren Karren, einige der Männer auf den Höfen hinterlassend, ob noch ein Knecht oder eine Magd überlebt hatte, um sie bei Fortführung des Hofes zu unterstützen und das Überleben des Hofes zu sichern. Allen jedoch hinterließen sie von dem mitgebrachten Pestkraut, ihnen zu zeigen, wie man es verkocht. Der Bürgermeister der Stadt, der sich in seine Villa zurückgezogen hatte, um zwischen zwei Feuern, wie es einst der Papst getan und auch überlebt hatte, auf seinem Sessel sitzend die grausame Seuche überlebt hatte, um nun, da die Gefahr gebannt, sich aus seinem selbst gewählten Gefängnis zu befreien, wie es sich eben für einen Politiker gehört, als heerlos, dem selbst die Pest nichts anzuhaben vermochte, sich seinem übriggebliebenen Volke zu repräsentieren. Die leeren Häuser inspizierend mit ein paar übrig gebliebenen Lakaien. Die Moordorfbewohner, die groß an Zahl, den einzelnen Häusern zuweisend. Er war erstaunt, dass sie eigentlich keine Namen hatte, sondern nur einsilbige Vornamen, jedoch jedes Mal mit einer Zusatzzahl. So gab es schon eine Ra mit der Zahl 15 oder Kann mit 56. Und der Schreiber schrieb, denn alles musste seine Ordnung haben, wem und wann jetzt dieses oder jenes Haus zugeteilt wurde, wie viele der Personen dieser Clan umfasste, es waren oft acht Personen, zwei Kleinkinder mit ihren Eltern und deren Eltern und wiederum deren Eltern. Alt schienen sie geworden im Moore, manche uralt, fand er. So kam es, dass noch viele der Häuser leer blieben ohne einen einzigen Bewohner. So hatte die Seuche ganze Arbeit geleistet, einige der Bediensteten hatten das Massaker überlebt, jedoch manches Haus war von gähnender Leere befallen und wohl einige waren gezwungen vor sich hin zu dösen, bis eine nächste Generation von ihnen Besitz ergreifen würde. Und blieb einer der zwei Bewohner eines Hauses von der Pest verschont, zumindest wenn es riesige Häuser waren, so waren sie froh, wenn sich ein Moorbewohner bei ihnen einquartierte. So hat die größte Anzahl jener zugleich untergebracht und die anderen wurden auf den Bauernhöfen verteilt, wo ihnen die restlichen Bauern oder Knechte an die Hand gingen, um ihnen zu zeigen, wie gewirtschaftet, wie das Vieh gehalten oder die Aussaat ausgebracht und die Ernte eingebracht wird. Viele der Moormädchen und viele der Moorjungen heirateten eine Bauerntochter oder einen Bauernjungen, sodass alsbald eine neue Generation von Menschen heranwuchs, wie in der Stadt die Moordörfler mit den Städtern sich vermischten, um tüchtige Handwerker oder Kaufleute zu werden. Und das Herz der Stadt wie je vorher schlug und die Wunden, die die Seuche schlug, langsam vernarbten.

Aus Jeremias war mittlerweile ein stattlicher Mann geworden, jedoch mit seiner Freundin und Barbara ging er weit in die anderen Städte, so sie auch erfahren hatten von der tödlichen Seuche, die vor Jahrhunderten auch sie fast ausgerottet hätte, die in ihrem kultischen Gedächtnis verankert geblieben war und die jetzt bereits wiederum eine andere Stadt fast vernichtet hätte. Und er lehrte sie das Pestkraut zu kultivieren, um gegen die Seuche gewappnet zu sein. So zog er von Stadt zu Stadt, von Dorf zu Dorf, um warnend seine Stimme zu erheben und von einem neuen, drohenden Unheil zu sprechen.

Dem Alten, der ebenso dem sich immerfort vergrößernden Mond mit dessen Anziehungskraft verfiel, wusste oder glaubte es zu wissen, wohin es die Hure Ra zog, und so ließ er zwei Tage vor Vollmond, wo der Mond an früher Stärke und Anziehungskraft zunahm, seine Kutsche bespannen, um ebenso die Reise dahin anzutreten, was, wie er richtig vermutete, auch Ras Ziel war. Er nächtigte in der Herberge, wo Ra, der Oberlippenbartträger und er schon einmal genächtigt hatten, zog am nächsten Morgen mit seinen Pferden weiter, um am Abend bei der zur Karawanserei ausgebauten Herberge anzukommen. Er übergab mit einem fürstlichen Trinkgeld Pferd und Kutsche dem Rossknecht, der hatte den großen Spendierer sofort erkannt, sodass er dienerisch sich auch sofort erbot, die Pferde zu versorgen, um dem feinen Gast, als den er ihn wohl wähnte, zu Diensten zu sein. Der Alte zog sich daraufhin in sein Zimmer zurück, um sich ein wenig auszuruhen und noch ein Bad zu nehmen.

Er beobachtete darauf sein durch die Kraft des Mondes laufend wachsendes Gehänge, das bis zur Mitternacht zur vollen

Größe erwachsen würde. Und dieser wuchs noch viel größer als zu vorherigen Zeiten. So begaben sich die zwei Mondsüchtigen zu mitternächtlicher Stunde zur Stätte ihrer Vereinigung, wo sie schon vorher kam und ihren Lover auf besagter Bank sitzend erwartete. Der Mond, von keiner Wolke unterflogen, stand rein und klar am nächtlichen Himmel und ließ das Lampenlicht in seinem Gestrahle verkümmern, als er mit riesigem Hut und langem Mantel, den Kragen hochgestellt, sodass sich kaum ein Gesicht abzeichnete, durch die Durchfahrt schritt. Sie stand auf und ging ihm entgegen, und beide gingen in das nicht weit entfernte Zimmer der Hure Ra, wo sie am hinteren Ende des Zimmers eine Kerze entzündete, deren kärglicher Schein aber nicht bis zum Bette vorzudringen vermochte, während er noch angezogen dastand, wie er das Zimmer betreten hatte, um sich plötzlich das Gewand vom Leibe zu reißen, um sich auf sie stürzend dasselbe mit ihr zu machen, und sie allen Gewandes entblößt nackt vor ihm lag, während er in sie eindrang, sie vor Schmerzen aufschreiend, um in ein wollüstiges Gewimmer überzugleiten, um von einem Orgasmus zum anderen zu schwimmen. Nachdem er sie mit wundem Schoß zurückgelassen hatte, nicht ohne vorher das obligate Freiergold auf dem Tisch zurückzulassen, schlief sie erlöst in den nächsten Tag hinein, um sich seines abgelassenen Staus jedoch in lüsternen Gedanken zu erinnern. Als Ra nach dreitägiger Abwesenheit mit müdem Schoß mit ihrer Kutsche durch das Stadttor gefahren kam, war der Alte schon tags zuvor in die Stadt zurückgekehrt, um so sitzend sie in dem riesengroßen Saal zu erwarten, mit der Aussage, der Richter, der ident mit dem Bürgermeister, hätte ihr durch einen Booten mitteilen lassen, dass er sie zu sprechen wünschte. Während sie noch breitbeinig durch die Tür kam, siehe da, erhob sich des Alten Gehänge, um beim Anblick Ras Gefühle hochkommen zu lassen. Aber wie des Mondes Leuchtwerfer fiel, so sich auch jenes alsbald wieder zurückzog, um sich kraftlos seiner Schwere zu ergeben.

Nun, da beide mit ihren Kutschen wieder in die heimatlichen Gefilde zurückgekehrt waren, von innerem Druck befreit, widmeten sie sich wiederum den von ihnen selbst gestellten Aufgaben und der Bürgermeister mit den übrig gebliebenen Patriziern fraß ihnen im wahrsten Sinne des Wortes aus der dargebotenen Hand. So erblühte die Wirtschaft durch die fleißigen, wissbegierigen Neubürger, durch das viele Gold, das die in die Wirtschaft pumpten, sodass die Armut langsam verschwand und die Leute nicht mehr in Lumpen gekleidet und mit hungrigen Augen die Stadt bevölkerten, sondern frohe, zufriedene Bürger wurden.

Die Löhne hatte man dermaßen ausgerichtet, dass sie nicht nur genug zu essen hatten und sich auch Kleider und Schuhe kaufen konnten, sondern etwas ersparen für neue Häuser oder Wohnungen, sodass ein Kreislauf des Wohlstandes entstand, wie in keiner der vorigen Zeitperioden der Stadt. Da kein Geld abfloss, sondern alles in der Stadt verblieb, wurde es eine wohlhabende Stadt. Aber der Fleiß der Bewohner war das wichtigste Kapital und war zu einem Perpetuum mobile geworden.

Friedrich, der die Kirche fast fertig vor sich sah, ließ sie mit neuen Ziegeln eindecken, vom Spengler ließ er den Turm in Kupfer fassen und das Kreuz vergolden, vom Baumeister den Mörtel und den zum Teil schon abgefallenen Putz abschlagen und stattdessen einen neuen aufbringen. Die schmucklosen Fenster ließ er mit bunten Gläsern, die Abbilder von Heiligen in sich trugen, austauschen. Und so entstand die Kirche, wie er sie mit seinem geistigen Auge ersehen hatte, mit dem in Öl gemalten, auferstehenden Christus, mit dem aus Marmor gefertigten Altar, darauf die großen silbernen Leuchter mit dicken Kerzen brennend standen und die Vergoldung in ihrem Glanz erstrahlen ließen. Und mit einem Stück überbordeter Decke, und wenn dann die Decken mit biblischen Darstellungen bemalt, einen mit Marmorplatten ausgelegten Boden, auf dem geschnitzte Bänke standen, und auf der Empore eine Orgel, deren Musik die Kirche füllte, um die Gläubigen näher an ihren Gott zu bringen. Mittendrin fand er sich als armen Jungen wieder mit seinem Geläute, während der alte Priester den Leib und das Blut Gottes in die Hostie wandelte und er sie in Empfang nahm. Nur wie er die Menschheit mit seinem Tode von der Erbsünde erlöst hatte, was für eine Sünde das sein sollte, hatte er damals nicht begriffen und hatte im Laufe seines Lebens auch keinen weiteren Gedanken daran verschwendet. Weder an Gott noch an diese Erbsünde. Das einzige Licht war das ewige, das von dem Altar in einer Hängeleuchte brannte, es wirkte in einem rot eingefärbten Glas eingefangen, warm in diesem düsteren Tempel Gottes, da keinerlei Glasmalereien die kleinen Fenster schmückten und überdies wenig Licht durch die Scheiben, die mit vielen Holmen unterbrochen, in das Innere fiel. Es gab eine Orgel wie in den meisten Kirchen, welche die Stimmen der Sänger unterstützte, die zum Lobe des Herrn die Kirchenschiffe füllten, erbauliche Lieder, Gott und Maria zu verherrlichen, nur die mit gläubiger Innbrunst Singenden sich manchmal in ihren Stimmbändern vergriffen und vielleicht die Chöräle störten, bis sie sich ihrer Fehlerhaftigkeit bewusst wurden, um auf die richtige Oktave sich zu begeben. Er hörte noch in seinen Ohren die Stimmen der Frauen und die dumpfen der Männer hallen, sah noch den alten Priester vor sich, wie der Hostien verteilend jedem der Kommunionempfänger den Leib Christi auf die Zunge legte, um dabei zu sagen: „Im Namen Christi." Und diese öde Kirche erwuchs aus einem neuen geistigen Auge zu einer der Kunstschätze sich mehrenden Kirche, von einem goldglänzenden Altar, aus Marmor geschlagen mit vergoldeten Kapitellen, mit einem goldenen Strahlenkranz, der eine weiße Taube oberhalb Gottvaters Kopf umschloss, und der bereits auferstandene Christus, seine Wundmale zeigend, auf einem riesigen Ölbild inmitten des Altars stehend, auf dem Altar stehende, riesige, silbrige Kerzenleuchter, genau solche erstanden vor seinen Augen, mit welchen er dem Finanzhai den Schädel zertrümmert hatte, und kein bisschen an Reue empfand er für diesen Blutsauger, der sein Vermögen von Schwächeren gesammelt, gestohlen und zusammengerafft hatte und dessen Nutznießer nun der Alte und er waren. Beide hatten gleich viel zur Erbschaft beigetragen. Der eine erschlug das Monster von einem Halsabschneider, der zweite dessen sexgierige Tochter, dicke Berta genannt, und er dafür jetzt jeden Sextrieb verloren hatte. Die einfachen Glasfenster würden durch bunte Gläser mit dem Abbild von Heiligen ersetzt und eine neue Orgel würde installiert werden, die roh gezimmerten Kirchenbänke würden an der Vorderseite kunstvoll geschnitzte Ornamente tragen, den Boden gedachte er in Marmor und deren Facetten, Kannelüren, Stäbe und Ornamente mit Gold zu umschließen und die Zwischenräume mit Begebenheiten aus der Bibel bemalen zu lassen. Er sah die prächtigste Kirche trotz ihrer Kleinheit vor sich, bevölkert mit gut angezogenen Menschen, die gewaschen und gekämmt mit sittsamen Kindern in den Bänken saßen. Er hörte eine Orgel vor sich hin spielen und den alten Priester, der, wie er allerdings zurecht vermutete, schon längst gestorben war, aber trotzdem in seiner Fantasie noch lebend und verklärt, hörte er: „Seht!" sagen. Und er würde auf den Auferstandenen hinter ihm deuten, hatte der nicht gesagt „Kommt alle zu mir, die ihr müde und beladen seid"? Um vor sich hin lächelnd in seiner Fantasie sich aufzulösen, wieder verstummte die Orgelmusik und die Menschen verflüchtigten sich, um so eine karge Kirche vor sich zu sehen, wo an der Decke Wasserflecken, welche von einem kaputten Dach zeugten, abblätternde Kalkfarben und lose verlegte, große Steinplatten sich seinen Augen darboten und schiefe Bänke, deren verbindende Zapfen bereits morsch gebrochen waren. Aber als Gegenleistung würde er das einfache Kreuz, das jetzt wahrscheinlich schon hunderte von Jahren in der Kirche hing, in sein Zimmer hängen. Das Kreuz, das in seiner Erinnerung verblieb auf seinem bisherigen Lebensweg, das er sich eingeprägt hatte wie sonst nichts auf der Welt. Denn er wollte mit diesem Herrgott, der einstens der seine war, Zwiesprache halten. Und er würde sein ganzes Leben vor ihm ausbreiten, was er getan hatte und was er noch zu tun gedachte. Diesem klobigen, bar jeden künstlerischen Verständnisses von groben Händen aus einem Stück Holz geschlagenen Herrgott würde er sich, dessen war er sich gewiss, offenbaren. Und es wird sich zeigen, ob er zu ihm zurück wird finden können. All seine Schandtaten würde er beichten, egal ob dazu gezwungen oder aus freiem Willen.

Ra ging in die Ratsstube, um einen wild fuchtelnden Bürgermeister mit einer jungen, bildhübschen Moorbewohnerin zu überraschen. Ras Gedankenwelt, die sich in einer Welt der Intrigen laufend behaupten musste, nun gestillt durch diese Erkenntnis, war freudig überrascht, dass dieser Bürgermeister kontrollierbar geworden war und manipulierbar. Das Mädchen, denn sie wusste, wenn bei Männern etwas stand, dann stand auch das Hirn, und das würde sie im Namen ihres Volkes weiblich nützen. Und sie nütze es weidlich. Erstens engagierte sie den Alten, welcher sich zwar widerwillig, aber doch bereiterklärte die Aufgabe zu übernehmen, nachdem sie ihn darauf aufmerksam gemacht hatte, was er seinem Vorderen schulde und es als Wiedergutmachung ansehen solle. Obwohl er behauptete, dass er diese Moorsprache bereits vergessen oder zumindest verdrängt hatte. Er bewies, wie viel er im Leben nach dem Moor gelernt hatte. Intelligent und souverän, als hätte er in seinem ganzen Leben nichts anderes gemacht, als den Schulmeister zu spielen, überbrachte er den Moorkindern die außerhalb des Moores gesprochene Sprache, er übersetzte die Vokabeln, deren sich die Kinder bedienten, in die ihnen gängige Umgangssprache, bis sie so viel erlernt hatten, dass ein richtiger Lehrer mit dem Unterricht beginnen konnte. Und abends bestritt er noch den Erwachsenenunterricht, sodass alsbald die ehemaligen Moorbewohner sich nicht nur als lernwillig, sondern auch als lernfähig entpuppten, die eine gehörige Portion an Intelligenz mitbrachten, wohl aufgrund ihres jahrhundertelangen Kampfes gegenüber einer feindlichen Umwelt, in der sie sich nun behaupten mussten. Der Mond wuchs wieder am Himmel heran, um langsam zum Vollmond heranzureifen. Ra wurde hektisch und unwirsch, und drei Tage bevor der Mond seine volle Strahlkraft erreichte, fuhr sie wiederum in einer gemieteten Kutsche zur anderen Stadt, wo sie vorher Beschriebenes nicht erwarten konnte. Der Alte, von denselben Symptomen geplagt, fuhr einen Tag danach wissentlich hinterher und all das Gleiche wie schon Monate vorher lief wie von beiden erwartet ab. Nun, da wiederum beide in ihre Stadt zurückgekehrt waren, normalisierte sich ihr Leben und auch das Leben der übrig gebliebenen Stadtbewohner. Rasch hatten sich die Moorbewohner integriert. Denn sie wollten sein wie die Städter, lernten schnell, sie erkannten mit Staunen ihr ehemals elendes Leben im Moore, um sprachlos einer noch fremden Welt gegenüberzustehen. Der Oberlippenbartträger streunte durch die Stadt, tat dies und jenes, immer einen Haufen Geld mit sich tragend, um, wie er meinte, es unter den Armen, die es in der Stadt noch gab, zu verteilen. So war er alsbald bekannt unter den Kindern der Armen in der Stadt, die ihn, mit einem silbernen Spazierstock bewaffnet und einem runden Hut auf dem Kopfe, zuerst argwöhnisch betrachtet hatten, so ein feiner Herr, der, in einen Gehrock gekleidet, sich in diesen armen Straßen herumtrieb, sobald sie ihn irgendwo ansichtig wurden, umschwärmten sie ihn und er verteilte Münze um Münze, bis er eben nichts mehr in seinen sonst wohlgefüllten Hosentaschen vorfand und seine Säckel, zum Beweis ihrer Inhaltslosigkeit, hervorkehrte. Erst dann ließen die Kinder von ihm ab, in der Hoffnung, ihn bald wieder irgendwo bei seiner Wanderung durch die Armenviertel zu sehen zu bekommen. Denn als er so diese armen Kinder betrachtete, suchte er sich selbst, denn er wurde sich gewahr, dass er einer der ihren war, als er noch ein Kind war von ebensolchen armen Eltern, in solch arme Welt hineingeboren, wo man noch morgens nicht wusste, wie man den Tag überleben würde. Acht Kinder hatte sein Vater gezeugt, obwohl eines aufgrund seiner Trunksucht schon zu viel gewesen wäre. Nur Mutter, wenn er an seine Mutter dachte, diese liebende, sich aufopfernde Frau, und an seine älteren Geschwister, war er doch eines der jüngeren Kinder gewesen, die Mädchen ihn umsorgten und er die Brüder, die auf den Straßen ein Händel mit anderen Buben, verteidigte. Er war einmal eines dieser Gassenkinder gewesen, und das in dieser Stadt. Beinahe jedes Haus kannte er noch aus seiner Kinderzeit, die hässlichen und die schönen, die großen und die kleine, solche, welche immer aussahen, als wären sie erst erbaut worden, so frisch roch die Farbe noch an der Fassade, und welche, die schon in seiner

Kinderzeit dem Verfall preisgegeben waren und kurz vor diesem standen. Fenster, die windschief auf ebenso schiefen Gemäuern hingen, die Dachziegel eingeschlagen und das Wasser in die Stuben rinnen ließen, ein Ort der Trostlosigkeit sich ihm darbot. Das Haus, in dem er mit seiner Familie gewohnt hatte, stand nicht mehr. An dessen Stelle stand ein neues, aber ärmer gebaut, und man sah, es war von ungeübten Händen errichtet worden. Viele Tage ging er an diesem Haus vorbei, ob jemand aus diesem Haus kommen sollte. Und es kam eines Tages eine alte, gekrümmte Frau, auf einen Stock gestützt, mit einem kleinen Mädchen zur Türe heraus. Er stand auf der gegenüberliegenden Straßenseite und erkannte sie nicht wieder, seine Mutter. Die Frau, die offensichtlich schlecht sah, wurde in der einen Hand von der Kleinen geführt, während sie, mit der anderen auf den Stock gestützt, mit kleinen, schlürfenden Schritten an ihm vorbeigingen. Während sie schlürfend die Straße hinaufgingen, der nahen Kirche entgegen, wie er richtig vermeinte, war doch diese Kirche immer ihr letzter Zufluchtsort gewesen, wenn sie verzweifelt von all dem Unglück ihres Lebens, und der Priester hatte ihr öfters, wenn die Kinder vor Hunger zu Hause schrien, ein paar Münzen zugesteckt, um wenigstens Brot kaufen zu können. Es war eine armselige Kirche, umgeben von armen Leuten, die aber einander in der größten Not aushalfen. Er folgt ihnen langsamen Schrittes. Das Mädchen schien der Alten etwas sagen zu wollen, nur jene taub, und das Mädchen sich umdrehend, um auf ihn zu zeigen. Sie wollte ihrer Großmutter nur sagen, dass dieser Mann, der er war, der geldverteilend durch diese armen Viertel ging, und jedes Kind, auch sie, schon Geld von ihm bekommen hätte. Aber die Gestik des Kindes hatte sie richtig gedeutet und sie blieb stehen, um sich langsam umzudrehen, aber sie konnte ihn mit ihren schwachen Augen nicht ausnehmen, geschweige denn erkennen. Ihren missratenen Sohn, der aus der Stadt geflohen war, als Halbwüchsiger, weil er Brot von einem Bäcker gestohlen hatte, damit seine Familie was zu essen hatte, nachdem sein Vater an der Trunksucht gestorben war.

Als er bei einem Bauern lebte, den er Onkel Jörg zu nennen pflegte, konnte er viel für die Familie auch mit Einverständnis dieses kleinen Keuschlers tun und so die Familie über Wasser halten. Er, der nur ein paar Schritte hinter ihnen herging und auch ebenso stehen blieb. Was er den armen Kindern verschenkte, war das, wofür sie sich gerade einen Laib Brot kaufen konnten, so einen Laib, den er damals gestohlen hatte, selbst vor lauter Hunger, und für seine Geschwister, die vor lauter Hunger nicht einschlafen konnten. Er kannte noch ihre Gesichtszüge, so die faltige Haut es noch zuließ, die schlaff die Knochen umspannte. Nur die Nase, die prägnant aus dem kargen Gesicht hervorsprang, war die seine. Und unwillkürlich strich er mit einem Finger über seine Nase, sich vergewissernd, dass es die gleichen waren. Sie waren es. Er holte aus seinem Spenser einen Golddukat hervor, um ihn der Kleinen in die Hand zu drücken und zu sagen: „Kaufe deiner Großmutter, was sie will", drehte sich um, um seines Weges zu gehen.

Er müsse weg, um die Renovierung seiner Kirche, er verbesserte sich, um seine Kirche zu bewachen. Die meisten der Handwerker mussten von einer fremden Stadt herangekarrt werden, denn er wollte, dass sie von Meistern renoviert würde. Friedrich lag wieder auf seinem Bett, seinen nun eigenen Herrgott betrachtend, der so traurig die Jahrhunderte davor in der Kirche mit gebrochenen Augen gehangen hatte und sich seiner Zeit solch unsinnige Beichten anhören musste wie jetzt. Doch vor denen wurde er angebetet und häufig auch angefleht. Aber dieser Schnösel von einem vertrackten Menschen, der noch nie ein Gebet zu ihm gesprochen, außer wie er klein war, und nichts zu beichten hatte, geschweige denn ein Anliegen ihm vorgebracht hatte, sondern ihn, der willenlos und sprachlos, einfach dazu missbrauchte, all seine Geschichten an den Mann zu bringen, und ihn dazu auserkoren hatte, den hölzernen, jahrhundertealten Gott der Christenheit, der nicht einmal Gott ähnlich aufgrund seiner dilettantischen Erschaffung, dazu ausersehen hatte, alle diese Geschichten anhören zu müssen. Und er erhob eines seiner gebrochenen Augen, um ihn wenigstens in sein Okular zu nehmen, wie dieser Mensch eigentlich aussah, der auf einem Bett lümmelnd, noch dazu meistens angezogen dalag, um mit ihm gedankenübertragend zu kommunizieren. Jetzt meinte er, wie solle er es anstellen, zwanzig Jahre verschollen in einer zumindest halbseidenen Welt, sich seiner Mutter wieder zu offenbaren, nachdem fünfzehn Jahre man nicht wusste, wo er hingekommen war, ob er noch lebte, und dass er lebte hatte er doch schon bewiesen, allein schon, dass er ihn, einen Gott, aus dem geweihten Tempel hier in dieses Zimmer verfrachtet hatte. Hätte er es materialmäßig gekonnte, er hätte zumindest seine Nase gerümpft. Aber so blieb ihm auch das verwehrt, und Friedrich beichtete seinem ihm allein gehörenden Herrgott weiter, dass er sich einem gerade durchziehenden Zirkus angeschlossen hätte und auch eine wunderschöne Frau dabei gewesen wäre, die jedoch mit dem Direktor des besagten Zirkus liiert gewesen wäre, in die er sich über Hals und Kopf verliebt hätte. Und so er mit seinen durch den Priester hervorgerufenen Neigungen nichts mehr zu tun haben wollte, denn da hatte er wieder zu seiner natürlichen, menschlichen Norm zurückgefunden. Und diese Frau, die nach fünfzehn Jahren wieder in sein Leben getreten sei, hätte er sofort erkannt, aber sie ihn natürlich nicht, wäre er doch erst fünfzehn Jahre alt gewesen. Sie war eine Hure geworden und hatte nach eigenen Erkenntnissen mit tausenden von Männern geschlafen, was ihn noch nach fünfzehn Jahren extrem gekränkt hatte. Obwohl er einmal angetrunken mit ihr geschlafen hätte, aber das wisse er nicht so genau, ob sie das überhaupt mitbekommen habe und ob das überhaupt passiert sei, denn beide waren betrunken. Jedenfalls fand er sich am Morgen nach einer durchzechten Nacht in ihrem Bett wieder. Nun zu der Zwischenzeit seiner Lebensgeschichte, von vierzehn bis dreißig Jahren, die wäre ein Sammelsurium unterschiedlichster Begebenheiten gewesen. Er hätte als Zuhälter vielen Frauen zur Seite gestanden, hätte eine Karriere als Einbrecherkönig hinter sich, wo er seinen besten Freund kennenlernte, denn beide hatte ein glücklicher Zufall zusammengeführt. Nur jetzt müsse er wieder gehen. „Du weißt", meinte er zu dem hölzernen Korpus, „unsere Kirche." Und ging, um den Fortschritt seiner Kirchenrenovierung zu inspizieren, die sich jedoch derzeit auf das Dach mit den durchgerosteten Dachrinnen und auf die Fassade, deren Putz großteils abgefallen war, beschränkte.

Derweil jedoch war wiederum der Vollmond vollmundig im Anmarsch und der Alte und Ra machten sich wieder mit ihren Kutschen auf den Weg in die Stadt, wo sie ihre animalische Lust auszuleben gedachten. Nach dem Tage der Wollust kamen sie mit ihren Kutschen wieder zurück in die Stadt gefahren, müde und ausgelaugt der Alte, mit müdem Schoß die Hure Ra, die schon mit tausenden Männern geschlafen hatte, aber ein einziger nur in der Lage war, ihr zu einem Orgasmus zu verhelfen. Und was heißt, zu einem: Serienweise traten sie bei ihr mit diesem Manne auf und sie wusste sich derer nicht zu erwehren.

Mittlerweile schlich Friedrich alle Tage auf dem Weg zu seiner Kirche an Mutters Haus vorbei, hoffend, dass Mutter wieder herauskommen würde. Aber was würde er dann machen? Er kannte die biblische Geschichte von dem verlorenen Sohn. Ob sie ihn wieder aufnehmen würde? Wie jener Vater? Während er in Gedanken verfallend dahinschlenderte und sich der immer kleiner werdenden Schar der Kinder bewusst wurde, die ansonsten bettelnd durch die Straße zogen, und er jedes Mal sein Hosensäckchen voll von kleinen Münzchen bei sich trug, um diese lästige Schar von Kindern wieder schnell abwimmeln zu können. Da zupfte ihn jemand an seinem Gehrock. Als er sich umdrehte, erkannte er das kleine Mädchen, das wahrscheinlich seine Nichte war. Sie sagte zu ihm: „Kannst du mir wieder so ein Goldstück geben, damit ich meiner Großmutter etwas kaufen kann?" „Aber ihr habt es doch wieder der Kirche geschenkt", er ihr erwidernd. „Nein", sagte sie. „Das war für die Armen der Stadt. Denn unser Herr Pfarrer hat gesagt, wenn jemand was entbehren kann, so möge er es auf den Altar legen, sei es Geld oder auch ein Gewand, das jemand anderes brauchen könnte." „Und ihr habt so viel Geld an Überfluss, dass ihr selbst kein Geld mehr braucht?" „Ja damals, als du das Goldstück, so etwas habe ich überhaupt noch nie in der Hand gehabt, mir geschenkt hast, haben wir am selben Tag von Engel Ra, die von Haus zu Haus ging, um jedem ein paar Münzen in die Hand zu drücken, auch Geld bekommen." Friedrich war verwirrt. „Von Engel Ra, sagst du?" „Ja, wir alle nennen sie Engel Ra, denn unser Pfarrer sagt, sie wäre direkt aus dem Himmel gestiegen und sie wäre wahrscheinlich mit dem Erzengel Raphael verwandt, wenn nicht gar er selbst." „So, so", sagte er darauf. Ihm fiel auch nichts Besseres ein. Daher die wenigen Kinder auf der Straße. „Und was willst du deiner Großmutter alles kaufen?" „Nicht nur Großmutter, sondern auch meinen Geschwistern." „Wie viele hast du?" „Nur noch drei. Zwei hat die Pest genommen. Mutter arbeitet und verdient jetzt." So war der alte Säufer, der eine Leber wie andere Menschen ihre Lungenflügel in sich trugen, so sich die Größe seiner Leber ausgedehnt haben mochte. Er dachte daran, wenn er oft spätabends ins Haus kam, randalierend, und wenn Mutter sich erlaubte, ihm das Geringste zu sagen, sie noch eine Tracht Prügel von ihm bezog, dass sie am nächsten Tag mit veilchenblauen, geschwollenen Augen Wäsche waschen ging, um die Familie wenigstens mit dem Nötigsten zu versorgen. „Mutter arbeitet und verdient jetzt viel mehr Geld als früher." „Dann habt ihr ohnehin genug an Geld." „Nein", meinte sie treuherzig. „Es ist doch alles viel teurer geworden." „Naja, da hast du wieder Recht." Die Abzocker sind wieder am Werk. Aber das dachte er nur für sich. Seit das Geld im Umlauf war, bekamen viele der Menschen in der Stadt den Kropf nicht voll genug. Es machte ihn wiederum um eine Erkenntnis reicher, die er nur als betrüblich einstufen konnte, während er diese Tatsache sich mit zusammengekniffenen Lippen nicht zu äußern gestand, sodass sie sich gezwungen sah, weiter an seinem Gehrock zu zupfen. „Ja, ja", sagte er, griff in seinen Hosensack und stopfte all die übriggebliebenen Münzen in die Taschen ihres Kleides, dass sie schwer an ihnen zu tragen hatte. „Sag deiner Großmutter, dass ich euch besuchen werde. Schon in Kürze." Und der Kirche zueilend, wo der Priester ihn bereits erwartete, um ihn mit einem freundschaftlichen Händedruck zu empfangen. Dieser Priester, der ebenso uralt ihm erschien wie sein Vorheriger in der Kirche, scheinbar schickte die Kirche ihre alten Priester ins Ausgedinge in so arme Vereine, wie den seinen. „Ich wusste gar nicht, dass der Erzengel Raphael sich hierher verirrt hatte", meinte er zu dem Priester. „Ach, sie wissen schon, es kam so eine Frau zu mir, sie brachte ein paar Kinder, in mein mehr als kärgliches oder soll ich sagen klägliches Haus, wo ich deshalb auch im Hof des Hauses die Messe zelebrieren muss mangels anderweitiger Möglichkeiten. Und sie mir eröffnete, dass sie für diese armen Menschen was Gutes zu tun wünsche", und nachdenklich vor sich hin schauend: „Und sie tat es. Sie kam in einer Kutsche vorgefahren, um Haus um Haus zu besuchen und jedem, ob Kind, ob Alte, etliche Münzen zu hinterlassen. Ich möchte sagen generalstabsmäßig. Ich sah das Geld: Für viele Wochen voraus sie zu leben hatten. Sie ist eine wundervolle Frau, noch dazu mit einem Engelsgesicht. Und so gab ich ihr den Namen Raphael, denn sie sagte, sie würde Ra heißen." Man merkte ihm an, dass er bei ihr war und mit seinen Blicken ihr Gesicht bewundernd, sodass sich Friedrich gezwungen sah, sich zu räuspern, um diesen alten Priester, der sich auch in Ra verliebt zu haben schien, aus seinen Träumen zurückzuholen. „Und wird der Engel wiederkommen?" „Ich weiß es nicht", daraufhin der Priester. „Aber irgendein Arbeiter, der in der Stadt", und er beeilte sich hinzuzufügen, „sie wissen schon was ich meine. Er arbeitete in der Stadt, meinte dass sie bereits in der ganzen Stadt bekannt sei, dass sie Menschen doch nur Gutes tut. Und schau, wie viele Kinder sehen Sie auf der Straße, die gehen nun alle in die Schule, lernen lesen und schreiben, lernen einen Beruf, werden vielleicht eines Tages in die gehobene Klasse aufsteigen." Bei Letzterem jedoch skeptisch dreinblickend, als würde das ihm gar nicht gefallen wollen. Die Arbeiten in der Kirche gingen zügig voran, waren doch lauter Spezialisten am Werk und von den Arbeitern der Stadt unterstützt. Und jene nach Fertigstellung der Kirche so viel gelernt haben mochten, dass sie nun endlich Arbeiten auch alleine durchzuführen im Stande wären und ihr Können bei den neuen profanen Gebäuden der Stadt einbringen könnten, die Ra bereits geplant hatte. Langsam näherte sich der Tag der vorgesehenen Einweihung. Die nun prächtig ausgestattete Kirche brauchte den nunmehrigen Vergleich mit der Hauptkirche nicht mehr zu scheuen, geschweige denn mit anderen kleineren Kirchen, die Friedrich, soweit sie in ärmeren Vierteln der Stadt lagen, bereits erkundet und die ebenso reparaturdürftig vor sich hin moderten.

Und er diesen Trupp von angehenden Facharbeitern, unterstützt von den wirklichen Künstlern, noch eine Kirche der Renovierung unterziehen lassen wollte, um das Fachwissen und Können der Angelernten noch zu vertiefen. Es waren bereits mehrere Monde vergangen, wo der Alte und Ra ihr Ritual fortsetzten. So er die Einweihung der Kirche jedoch zwischenzeitig angesetzt hatte, denn er wusste, dass beide auf ein Zusammentreffen nicht verzichten wollten. Obwohl Friedrich es nicht verstand. Die Anziehungskraft des Mondes würde dem Alten auch hier genügen, anstatt hunderte Meilen in eine fremde Stadt zu fahren, und für Ra wäre der Mond doch nicht bindend. Oder doch? Er wusste es nicht. Zu viel Undurchsichtiges regte ihren Charakter. Als er wieder einmal Zwiesprache mit seinem Herrn hielt, während er zuvor sich hinlümmelnd auf dem Bett gelegen hatte, kam er auch darauf zu sprechen. Wieso Ra noch immer so schön sei und warum der Alte ihr nurmehr es bei Vollmond besorgen konnte und wieso er der Anziehungskraft des Vollmondes verfallen war. Fragen über Fragen, die, wie er wusste, dieser hölzerne Herrgott nicht beantworten würde könne. Aber egal. Sich selbst die Fragen zu stellen, war schon als eine Erleichterung dieses Problems anzusehen. Auch bei dieser Fragenstellung sah der Herr trüben Auges auf sein Schäflein hinab. „Weißt du was, mein lieber Gott? Ich werde dir einmal eine fröhliche und lustige Geschichte erzählen, welche dich den Schmerz deiner Nägel an den Händen und Füßen vergessen lassen wird. Auch den Stich an der rechten Seite wirst du zumindest für kurze Zeit vergessen. Und auch den Verlust des kleinen Fingers deiner linken Hand, den dir dein Schnitzer offensichtlich vorenthalten hat. Denn man kann keine noch so kleine Bruchwunde erkennen. So wurdest du schon als Gezeichneter geboren oder entstammst dem

Schnitzmesser eines Unkönners, der dir nicht nur ein grobes, rundes Bauerngesicht mit einer breiten Nase und wulstigen Lippen verpasst hat, sondern auch einen längeren und einen kürzeren Arm, sodass man die eine Seite des Balkens verlängern musste. Sonst hätte man deine Hand in die Luft nageln müssen. So hat man dir auf der Reise eine längere und eine kürzere Hand auf dem Kreuz mitgegeben." Doch der hölzerne Herrgott schwieg nur vor sich hin. „Nun gut, keine Antwort ist auch eine Antwort. Das heißt, du hast nichts dagegen, dass ich dir eine solch gierige Geschichte erzähle."

Und er erzählte ihm eine unglaubliche Geschichte. Eine Geschichte, die Teil seines Lebens war, und er begann: „So war ich an die zwanzig Jahre herangewachsen und, wie man frauenseits behauptete, ich nicht nur ein hübscher, junger Mann, sondern auch mit einer beachtlichen Potenz ausgestattet, die besonders die reifen Damen der besseren Gesellschaft reichlich zu nutzen wüssten." Er kratzte sich einmal in den Haaren, um ferner Tage gedenkend fortzufahren. „So kam es, dass ich ein Mietknabe, oder besser, ein Mann für Stunden gemietet wurde, der von einer zur anderen weitergereicht wurde, dass sie in ihren Teekränzchen oder was sie auch zu trinken gedachten mich weiterempfahlen und jede von ihnen zumindest einmal mit mir geschlafen haben wollte. So kam es, dass ich diesem fortschreitenden Verfall ihrer ausgelebten Körper nicht mehr mit jener vorigen Potenz entgegenkommen konnte, wie es von ihnen erwartet wurde. So ja manche Damen, besonders die Witwen, mich oft stundenlang gemietet hatten, um mich immer wieder zu fordern und zu fordern. Denn blind war ich nicht. Aber diese Sorgen hattest du nicht", zu ihm aufschauend, „wohl man dir zumindest ein Techtelmechtel mit Maria Magdalena anhängen wollte. Aber was solls, auch schon lange her und zumindest nach menschlichen Gesetzen verjährt. So musste ich wiederum eine Stadt verlassen und weiterziehen. Allerdings mit einem Haufen Geld in der Tasche", verließ das Bett, warf sich in den Gehrock, ohne auch nur den Herrn eines Blickes zu würdigen, um jedoch, bevor er die Türe öffnete, noch zu sagen: „Das mit Maria Magdalena war nur ein kleiner Scherz. Und die Geschichte hast du sicher nicht als lustig empfunden.“ Um noch zu sagen: „Aber ich werde dir sicher noch einmal eine solche auch erzählen“, und schloss die Tür von außen. Wieder zog es ihn zu der Kirche, wo noch die Vergolder die letzte Hand an die Vergoldung der Kapitele legten, an die Arabesken des aus Marmor geschlagenen Altars, damit letztendlich besagte lange und dicke Kerzenleuchter auf dem Altar zu stehen kamen, wobei einer von ihnen für den Tod eines Halsabschneiders verantwortlich zeichnete, von einer in Panik verfallenen Hand geführt, und das alles hier in dieser Kirche war damit zur Sühne gedacht. Der Priester stand unter der Empore und betrachtete wohlgefällig die nun fast völlig fertiggestellte Kirche, das in herrlichen Farben sich tummelnde Altarbild des Auferstanden, in davon leuchtenden, mystischen Farben der Auferstandene schwelgend, nur überleuchtet von der ihn mit einem Strahlenkranz umkreisenden Taube. Jesus, der seine Wundmale offen zur Schau stellt, mit ausgebreiteten Armen auf einer Wolke schwebend, seine offene Seite noch blutend seinem Betrachter darbietend, umhüllt von hauchdünnen Schleiern, den Körper verhüllend, mit himmelwärts gerichtetem Blick, aber erlöst von seinen Todesqualen, nun zu seinem himmlischen Vater aufzufahren gedachte. Der Priester, der in der Pracht des Dargebotenen versunken, wurde Friedrichs Gegenwart gar nicht gewahr. So sehr war er überwältigt von der Pracht, die seine Augen erfassen konnten. Eine ganze Weile stand Friedrich an der Seite des in der Schönheit der Kirche gefangenen Priesters, bis er sich ein paar Mal räusperte, um von diesem wahrgenommen zu werden, um ihn mit „Grüß Gott, Hochwürden!“ zu begrüßen. Der bis dahin in der Pracht der Kirche versunkene Priester nahm nun die Hände Friedrichs in seine beiden Hände, um voller Dankbarkeit zu sagen: „Ihrer ist das Himmelreich.“ Er hielt sie lange, um ihm dabei mit noch dankbarerem Blick in die Augen zu schauen, jener jedoch dachte: „Das muss ich meinem Herrgott erzählen. Ob er auch so darüber denkt?“ Nachdem er seine Hände losgelassen hatte, hielt er seine Hände Richtung Altar, als wolle er etwas von sich geben, und wenn es nur die Bewunderung für dieses sakrale Werk menschlicher Kunst war, um sich wieder Friedrich zuwendend zu sagen: „Man sieht, dieses Werk ist gottgewollt", um zu verstummen und sich seiner Ergriffenheit zu ergeben, um ein undefinierbares Stück Leinen aus der Tasche seiner Sutane zu ziehen, was wohl Anspruch auf ein Taschentuch erheben sollte, um sich derart auffällig zu schnäuzen, sodass ein Vergolder, der noch einer Arabeske am Altartisch den letzten Schliff mit seinem Achatstein polierte, unwirsch zu ihm zurückschaute. Denn dieser Künstler fühlte bereits, dass Gott nun bereits von dieser Kirche Besitz genommen hatte, obwohl man ihm, als man das Kreuz entfernt hatte, gleichzeitig das ewige Licht löschte und so seiner Anwesenheit verlustig wurde. Aber es würde noch kurze Zeit dauern, bis er wieder von dieser Kirche Besitz ergreifen und das bei der neuerlichen Einweihung geschehen würde, um sich weiter seiner kräfteraubenden Arbeit zu widmen. Noch standen sie, die sechs Kerzenleuchter, kerzenlos, drei rechts und drei links vom riesigen Altarbild, wodurch die nun fernen Fenster, die in Blei verlegten Stäbe, die Umrisse der Heiligen, mit farbigen Gläsern versehen, und ihre Gesichter, Füße und Hände in Glas gebrannt, ihre faltigen Kleider und die Haare, nur das Licht durchfließen ließen, dessen Farben sie in sich trugen. Das ganze Gemäuer mit biblischen Bildern übersät, die ein einziges Prachtwerk ergaben, um sich einem staunenden Auge darzubieten. Auch heute schlich Friedrich wieder an seinem Vaterhaus vorbei, ohne die Tür zu öffnen, um seiner Mutter in die Arme zu fallen, um sich erkennen zu geben. Heute würde er wohl seinem Herrn zu erzählen wissen von der Pracht dieser ihren Wurzeln enthobenen Kirche, die einstens eine Kirche der Armen war, aber deren Prunk wohl die, welche die große Kirche der Reichen in sich trug, nicht nur zur Schau stellte, sondern sie noch übertreffen würde. Und er wohl, dieser Missgeformte, der nur aus rohem Holz und nicht einmal in Farbe Gefasste, nicht einmal eine Spur Goldes an ihn verschwendet. Dieser Korpus wäre deplatziert unter all dieser überschwänglichen Kunstsinnigkeit der Freskenmalereien, der in Stuck gegossenen Pilaster mit ihren vergoldeten Kapitellen, ihren bunten Gläsern ihrer Fenster, den aus Marmor geschlagenen heiligen Figuren, einer Orgel, deren Pfeifen nun zur Ehre eines anderen, vornehmeren Gottes spielen würde, eines Gottes, der von einem Künstler geschaffen und schon in seiner Erhabenheit die Menschen beindrucken musste. „Du würdest dich in dieser von Protz angefüllten Kirche nicht wohlfühlen." Das alles würde er seinem armen, hölzernen Herrgott, der auf einem eisernen Haken in seinem Zimmer hing, wohl erzählen müssen. Und vielleicht noch viel mehr.

Nach einer kurzen Pause stehen bleibend, sich umdrehend und seine Mutter mit einem kleinen Mädchen in der Kirche verschwinden zu sehen. Er ging nochmals zurück und überschritt die Pforte der Kirche, um beide vor dem Altar kniend wiederzufinden. Und er fand sich wieder als kleiner Junge, als er noch auf dem rechten Weg, den ihm seine Mutter vorgelebt hatte, sich befand. Er als Ministrant, der einem Pfarrer zur Seite stand und die Kommunion mit seiner Glocke einläutete, und er erinnerte sich an den Gesang der Männer und Frauen, die jeden Sonntag zum Gottesdienst kamen. Arme Gestalten, die die Last ihres erbärmlichen Lebens für eine Stunde der Hoffnung tauschten, der Hoffnung auf ein besseres Leben im Jenseits, das ihnen ihr Priester in einer erbaulichen Predigt versprach, und um ein Stück der Hoffnung reicher, wenn sie wieder die Kirche verlassen hatten, um sich nachher noch auszutauschen und die Nöte, die sie gerade bedrückten. Jetzt erst wurde ihm die Kahlheit der Kirche bewusst, nachdem es ihm als Kind nie aufgefallen war. Hatte er doch in seinem vorherigen Leben nichts anderes gesehen. Aber in was für prächtige Wohnungen war er eingedrungen, um besonders Wertvolles zu stehlen! Was für Kirchen hatte er gesehen, die zur Ehre und zum Lob ihres Gottes errichtet wurden. Und die Menschen, die zu ihrem Gott gingen, um ihn dort anzubeten und ihm zu huldigen, ihn gleich ihrem Leben zu gestalten. Aus Marmor schlugen sie ihn, samt seiner Dornenkrone, und ein ebensolches Marmorkreuz mit goldenen Nägeln geschlagen, auf seiner rechten Seite die geöffnete Wunde, mit von Elend leidend erfülltem Gesicht, mit vorn überhängenden Haaren und gebrochenen Lidern, einem halboffenen Mund, der soeben sein Leben aushauchte, um zu sagen, es ist vollbracht. Dieser Herrgott hier war von Händen aus dem Holz geschält worden, von einem Deliranten, der kaum die Proportionen eines Körpers beherrschte, geschweige denn diesem Gesicht etwas Göttliches hineinzuschneiden wusste, trotzdem war er einer der ihren, gab ihnen Trost in manch verzweifelter Stunde, denn es war das Symbol von Gottes Sohne der gekreuzigt war, den man auf Holzbrettern ans Kreuz geschlagen hatte. Von nun an hatte er eine Aufgabe zu erfüllen. Das kleine Mädchen war sicher eines seiner Geschwister. Wo war der Vater? Und lebten seine Geschwister überhaupt noch? Waren sie der Pest zum Opfer gefallen? Oder waren sie fortgezogen aus der Stadt? Waren sie reich geworden, indem sie ihre Mutter unterstützten, worauf das Gehabe seiner Mutter in der Kirche hinwies. Fragen über Fragen, die alle beantwortet werden sollten.

Der Alte, der tags zuvor wiederum von seiner besagten allmondlichen Reise zurückgekehrt war, um jedes Mal von seinen gehorteten Antiquitäten ein paar Stücke mitzubringen, wie die Kerzenleuchter, die schon in der Kirche ihrer wahren Verwendung und Sühne heischend und des Tages eines der ihren nun Gott zur Ehre wohl noch jahrhundertelang Kerzen, die man Gott zur Ehre auf ihnen der Sühne entsprechen würde zu tragen. Die Müdigkeit steckte ihm noch in den Knochen. Ra würde wohl erst heute wieder zurückkehren, und das mit müdem Schoße. Es war wie immer. Am ersten Tag ihrer Rückkehr war sie nicht nur müde von der Reise, sondern wie beschrieben. Aber dann hatte sie ihren alten Elan wiedergefunden, es schien sogar, dass sie das Beschriebene beflügeln würde, so sie dem Bürgermeister entgegentrat, der nun wahrscheinlich aufgrund seiner moorigen Geliebten Wachs in ihren Händen wurde und wirklich alles tat, was sie von ihm einforderte. Und diese war nicht unbescheiden mit ihren Forderungen. Obwohl sie der Geldgeber, brauchte es doch die Zustimmung der Stadträte, derer sie sich jedoch zu bedienen wusste. Aber diese riesigen Goldbestände wurden weniger, schrumpften und schrumpften, obwohl noch ein beachtliches Reservat vorhanden. Hatte Ra ein Einverständnis mit dem Alten und Friedrich, doch noch ganze Häuserzeilen, die verfallen oder leer standen, wieder niederreißen und neue Häuser darauf erbauen zu lassen, Schulen und auch Krankenhäuser zu richten, von den Waisenhäusern gar nicht zu sprechen. Aber der Fleiß der Moorbewohner machte das möglich. Und auch die Armen der Stadt, die genug verdienten, um ihre Familien erhalten zu können, welche wiederum die Kaufkraft stärkten, somit neue Steuereinnahmen für die Stadt einschossen, sodass sich die Stadt bald von Steuereinnahmen erhalten konnte. Man bekehrte sich zum christlichen Glauben mit seinem liebenden Gott, den sie in Anbetracht ihres schrecklichen, kindertötenden Moorgottes freudig annahmen.

Es war der Tag der Kirchenweihe, weithin erklang die Glocke im Armenviertel der Stadt, es war die Glocke, die jahrhundertelang zur Messe rief, die Toten auf ihrem letzten Weg begleitete, die Morgenstunde, die Mittag- und die Abendstunde mit ihrem Geläut verkündete und von verzweifelten Händen gezogen, wenn der rote Hahn von einem Dach zum anderen sprang, warnend die Menschen aus den Häusern trieb und nun zur Einweihung durch den Bischof lud. Der Bischof, dessen Sitz in der großen Kirche der Stadt, kam mit seiner Kutsche angefahren, bereits in voller Montur. Er trug bereits die Mitra auf seinem Kopf. Als er aus der Kutsche stieg, empfangen von einer unübersehbaren Menge von Gläubigen, auch solchen, die weniger Gott zugetan, aber deren Neugier sie hergetrieben hatte, waren doch viele von den anderen Stadtteilen gekommen, blieb doch die Sage von einem reichen Gönner, der diese alte, verfallene Kirche viel, viel schöner entstehen ließ, als diese je gewesen sein sollte. Der Bischof, begleitet von seinen Adjutanten, wurde am Kirchentor bereits von dem alten Priester in Demut erwartet, um ihm den Ring an seiner Rechten zu küssen und an des Bischofs Seite die Kirche zu betreten. Als der Bischof die Empore unterschritt, blieb er beim Anblick der geballten Kunst stehen, um diese Schönheit erstmalig auf sich wirken zu lassen und so nachhaltig überwältigt sich dieser geballten Kraft künstlerischen Schaffens nun zu erfreuen. Nun pfiffen und drängten die Orgelpfeifen zur Ehre Gottes von einem ebensolchen Künstler, der sie erbaut, von einem Virtuosen bespielt, mit überirdischen Tönen die Kirche füllend, während der Bischof, ein Mann von opulenter Gestalt, anfing in Latein die Messe zu lesen und die Gläubigen antworten zu lassen. Obwohl diese Sprache den Kirchenbesuchern fremd und kaum einer wusste, was die lateinische Befragung und die Antwort, die sie gaben, eigentlich bedeuten sollten. Nur „mea culpa", das wussten sie, eingebläut von ihrem Priester, wo sie sich schuldig bekannten. Der Organist ließ seine Hände über die Tasten jubilieren, zog zwischendurch dieses und jenes Register, der Mann, der die Orgel trat, schwitzte im Takt der Musik. Nun predigte der Bischof, der eine ebensolche Stimme sein Eigen nannte, wie seine ganze Gestalt es ausdrückte. Und er predigte und predigte länger, als er es je getan hatte. Dabei ließ er seinen Blick über diese nirwanisch ausgestattete Kirche schweifen, sodass er manchmal den Faden verlor, wenn er sein Auge Bild für Bild erforschend über die Freskenmalereien wandern ließ, um sich in einer Begebenheit der biblischen Geschichte zu verfangen, sich davon losreißen musste, um endlich seine Predigt zu beenden. Er predigte über die vor dem Fall gerettete Kirche, die vor Jahrhunderten seine und die vorfahrende Bevölkerung zur Ehre Gottes erbaut hätten, und der Zahn der Zeit schwer an ihr genagt und sie langsam zerstörend dem Verfall preisgegeben wurde, denn arm waren die Gläubigen dieses Stadtteiles, und dass ein vom Himmel geschickter Mann dies bewirkt hatte, dass sie heute in einer wiedererstandenen Kirche diese Messe lasen und sie wieder Gott dem Herrn zurückgegeben werden konnte und jener sich in diesem für ihn neu errichteten Tempel, trotz seiner Pracht, heimisch fühlen würde, dessen Leib in Form der Monstranz dort aufgenommen wäre, und das einzige Licht vermöge ihm und all den Gläubigen zu leuchten. Die Kirche war vollgerammelt mit betenden Menschen, wobei sie einander bald zu erdrücken schienen. Endlich war die heilige Messe zu Ende, und die Menschen quollen aus der Kirche, um weitere einzulassen. Jeder wollte dieses Wunderwerk mit eigenen Augen gesehen haben, um es in die Stadt zu tragen und die Kunde von der wunderschönen Kirche zu verbreiten.

Der Alte, der gar nicht so alt, wie man ihm dies zuschrieb, sondern von der Räson eines ausschweifenden Lebens geprägt und gezeichnet und auch ein durch mühsames Leben gebügeltes Gesicht vor sich hertrug, der gute, aber auch schlimme Tage hinter sich gebracht hatte, war nunmehr bei den guten angekommen. Er konnte von der Höhe seines Stadtturms aus bequem nach allen Richtungen die Stadt überblicken, sah wie hohe Häuser erwuchsen, die sich in ihrer Höhe den Kirchenschiffen näherten, sodass nurmehr die Türme der Kirchen sich über sie erhoben, er sah die Staubwolken aufsteigen, wenn man die kleinen Häuser abriss, und wie die neuen Häuser für die übrigen erwuchsen, mit neuen, roten Ziegeln auf ihren Dächern, die in der Abendsonne glänzten, aber diese Häuser waren punktuell in dem Armenviertel der Stadt angesiedelt und die alten, ebenerdigen oder einstöckigen, verfallenen Häuser fielen der Spitzhacke zum Opfer, um mit seinem Golde wieder, aber hoch an Stockwerken, neu errichtet zu werden, sodass viele Familien untergebracht werden konnten. So konnte er auch den Sonnenaufgang, kaum dass die ersten Strahlen den Turm der großen Kirche erfassten, schon bald darauf gewahr werden und die Sonne brach blinzelnd über der Heide hervor. Nun sinnierte er vor sich hin, über Ra, die nicht wusste, dass er der Mann war, der sie jedes Mal zu zerteilen schien, über die neuen Moorbewohner, über das Unglück, das über seine Familie durch seine Flucht hereingebrochen war, die man lebenden Leibes ins Moor versenkt hatte. Er fühlte sich alt, nicht an Jahren, sondern müde vom Leben. Was hatte er nicht schon alles erlebt und gesehen mit seiner Flucht aus dem Moor vor dreißig Jahren? Und er gedachte des Freibauern, der all sein Hab und Gut ihm vermacht hatte, an den fürchterlichen Brand, an das Verbrennen der Menschen und des Viehs und wie man den Missetäter auf den Baum gehängt hatte und so all die Knechte und

Mägde die Ruine verlassen mussten, um in die Stadt zu gehen, um sich weiter durchs Leben zu schlagen. Auch Friedrich, den er als Knecht dort, fast könnte man von einem Gut sprechen, untergebracht hatte.

Nach jahrelanger Freundschaft, im Ganoventum vereint, ging jeder seine eigenen Wege. Jetzt einten sich wieder getrennte Wege, nachdem er ihn in einem Zirkus vorgefunden und der Alte ihn mitgenommen hatte.

Während sich die Stadt immerzu erneuerte und neue Häuser aus dem Boden schossen, während man die alten Bauten wegriss, fuhren Ra und der Alte immer wieder in die ferne Stadt, um sich dort zu vereinigen. Aber des Mondes Kraft war nicht mehr in der Lage, den dahinschwächelnden, zwar noch immer riesigen, aber ansonsten traurig vor sich hin Hängenden mit neuer Kraft zu füllen und ersteifen zu lassen. So kam es, dass er es ein letztes Mal mit Hilfe des Mondes schaffte, Ra noch zu einer Reihe auch noch von ihr erhoffter Orgasmen zu verhelfen, aber sie war weniger wund und schon am nächsten Morgen in der Lage, die Kutsche zu besteigen, um in die Stadt zurückzufahren. Und so trafen sie sich am Abend bei der Herberge, wo beide zu übernachten gedachten. Der Alte und auch Ra waren überrascht, obwohl beide wohl aus verschiedensten Gründen. Ra wusste nicht, wie der Alte hierher kam und der Alte war bekümmert, dass sie nicht noch einen Tag wundbehaftet im Bett verbringen musste, um seine nachlassende Potenz trauernd. So kam es, dass beide, der Alte und Ra, gleichzeitig mit ihrer Kutsche in die Stadt einfuhren. So saßen sie am Abend vor dem offenen Kamin, den der Alte von seinem Diener beheizen ließ und dessen flackernde Flammen einmal dieses und einmal jenes Gesicht im tanzenden Lichte erhellen und erblassen ließ. „Was hast du in der Herberge gemacht?" Nach einer Weile er darauf: „Und was hast du in der Herberge gemacht?" Keiner gab Antwort auf die Frage des anderen. Der Alte wusste es, Ra noch nicht. Aber sie wusste, sie würde es bald erfahren. Und als sie es erdachte, saß sie mit gesenktem Kopfe da. Wie Frauen doch verschieden sein können, dachte sie. Saß sie jedoch einem Mann gegenüber, der ihr so viel an Lust, wenn auch schmerzhaft, gebracht, aber drei anderen den Tod, von denen sie wusste. Ob es wohl noch weitere Opfer in seinem Leben gegeben hatte? Das wollte sie auch nicht wissen. Jedenfalls saß ein Frauenmörder ihr gegenüber, der aufgrund seiner anatomischen Beschaffenheit die Frauen zu Tod gebracht hatte. Und sie dachte daran, dass sie bei der Geburt Jeremias' die Hölle durchlitten, trug sie ihn doch noch drei Monate länger in ihrem Schoß geborgen, und dass sie dadurch erst aufnahmebereit für dieses Stück animalischer Natur wurde. Still saßen sie sich gegenüber, während die Flammen auf ihren Gesichtern erschienen und wieder verschwanden. Zwischendurch stand der Alte auf, um Holz auf das Feuer zu legen, um so dessen Leuchten und dessen Wärme zu erhalten. Denn langsam näherte sich der Spätherbst und der Wind trieb abendliche Kühle durch die Straßen der Stadt. Nachdem sie sein Geheimnis erkannt hatte, wusste sie auch, dass sie das letzte Mal in diese andere Stadt fahren würden und er das gleiche dachte. So saßen sie sinnend und wortlos vor dem Kamin, denn es war alles gesagt, was gesagt werden sollte.

Und er dachte und dachte und Ra organisierte und organisierte Schulen, Arbeitsplätze für die ihren und fasste die Uralten in einem Haus zusammen, wo sie gehegt und gepflegt und verpflegt wurden. Tag und Nacht war sie unterwegs, um in Sorge für ihre restlichen Stadtbewohner zu überzeugen, dass die Menschen von Gott geschickt wurden, um die Stadt weitererhalten zu können. Doch unaufhörlich wuchs der Mond heran, sich seiner Völle nähernd, und drei Tage vorher fuhr Ra wieder in einer gemieteten Kutsche samt Kutscher und Pferden zum Stadttor hinaus. Zwei Tage davor fuhr der Alte wiederum selbst in seiner Kutsche zum Stadttor hinaus, ihr hinterher. Sie nun im Gewissen, wer ihr Lover war, der Alte sich dazu erbot, ihr hinterherzufahren, um die Mondsüchtige, so wie sie es war, zu befrieden und selbst die größte Lust menschlichen Sexes zu erleben. Sie war einfach gefahren, ohne die Ausrede der Suche nach ihrem Sohn und Barbara zu gebrauchen. Der Richter jedoch, wie man den Bürgermeister zur damaligen Zeit benannt hatte,

hatte neben seiner Frau auch drei seiner sechs Kinder verloren, bis die Rettung, und die hieß Barbara, mit ihre Kräutermedizin hier eintraf und mit ihr waren die zerlumpten Moorgestalten in die Stadt gekommen und mit ihr das wunderschöne Mädchen, die ihrer Schönheit doch nicht gewahr und in welche er sich unsterblich verliebt hatte, sie mit Kleidung seiner verstorbenen Frau versehend und sie schlussendlich zu seiner Frau zu machen gedachte. Manche Bedenken der Stadtbewohner, die sich jetzt umgeben von fremdartigen Menschen wähnten, noch dazu von solchen, welche die Seuche in die Stadt gebracht hatten, und die dementsprechend reserviert den Neuankömmlingen entgegenstanden, wischte der Bürgermeister mit der Feststellung hinweg: „Woher kam die Pest das letzte Mal?" Und jetzt hätte man sie endgültig besiegt dank des Kräuterweibleins Medizin. Als er noch nachsetzte: „Sei froh, dass man dich nicht verbrennen musste, also freue dich deines neuen Lebens." Und mit dem letzten Satz nahm er einen vormals aufklärenden Wind aus den Segel, dass zumindest dieser Nörgler anfing, über die Worte seines Bürgermeisters nachzudenken, um schließlich und endlich mit dem Standpunkt des Bürgermeisters eins zu werden. Sollte es ein letztes Aufflackern der Pest noch in irgendeiner fernen Stadt gegeben haben, wurde dieses mit dem Pestkraut im Keim erstickt und die Pest sollte fortan als besiegt gelten.

Friedrich sah, dass seine Mutter, und das war sie zweifellos, mit dem kleinen Mädchen sich unterhielt, nicht laut. Denn die Alte zischelte vor sich hin in Richtung eines scheinbar sich verweigernden Mädchens, auf welche Art und Weise, und er sah nur, dass seine Mutter die Hand erhob und auf den Altar deutete. Das Mädchen jedoch stand trotzig auf, um ihrer Großmutter doch noch zu folgen und ihrem Willen nachzugeben. So stieg sie die paar Stufen zum Altar hinauf, um den Dukaten auf den Altartisch zu legen, um wieder die paar Stufen herunterzusteigen und sie mit vorwurfsvollem Blicke anzuschauen. Es war ja nicht so, dass sie so ein Goldstück schon einmal in ihren Händen gehabt hätte. Aber instinktiv spürte sie, dass diese goldglänzende Münze etwas Besonderes war und man dafür sich viel kaufen konnte. Nun erhob sich die Greisin mühsam von ihrem Geknie, wobei ihr der Stock und das kleine Mädchen behilflich waren, um mit zittrigen Beinen aufzustehen. Friedrich jedoch drehte sich rasch um, um die Kirche zu verlassen. Er hatte sie tagelang beobachtet hatte, wie sie von der Hand des kleinen Mädchens in die Kirche geführt wurde. Nachdem sie wiederum die Kirche nach einem Gebet verlassen hatte, ging er ihnen, von dem kleinen Mädchen unbemerkt, hinter, ihnen bis in die Stube zu folgen. Das kleine Mädchen bemerkte ihn erst, als sie die Haustüre schließen wollte und er plötzlich dazwischenstand, um erschrocken zu sagen: „Ah, du bist es!" „Ja, ich bin's." Der Großmutter des Mädchens und Friedrichs Mutter klang die Stimme trotz ihrer geminderten Hörkraft vertraut in ihren Ohren. War das nicht Friedrich, ihr verlorener Sohn, von dem sie nach dem Tode des Priesters nie mehr etwas gehört hatte? „Bist du es Friedrich?" „Ja, Mutter", er darauf und stellte sich vor sie. Doch ihre Augen waren zu schwach, dass sie nach ihm griff um seine ausgeprägte Nase, die auch die ihre war, zu ertasten. Und so ihn an die Brust zu drücken, um ihm zu sagen: „Wo warst du so lange geblieben?" Er darauf: „Ach, Mutter. Das ist eine lange Geschichte." Und es würde eine lange Geschichte werden, die er ihr aber nicht erzählen konnte, sondern nur seinem hölzernen Herrgott nach und nach zu erzählen wusste.

Der Alte nun all seiner Energie beraubt und trotzdem willens, den Rest seines Lebens in dieser Stadt zu verbringen und seine noch vorhandene Energie, die jedoch nicht mehr sexueller Natur war, in sozialem Engagement auszuleben. So wurde er mit Leidenschaft Lehrer, nachdem ihn Ra vorher fast gezwungen hatte, um den neuen Mitbürgern Sprachunterricht zu geben. Besonders den bereits der Schule Entwachsenen, um sich um deren Angelegenheiten zu kümmern. Seien es Wohnraum oder arbeitstechnische Präferenzen gewesen. Er war nicht nur der größte Wohltäter dieser Stadt geworden, sondern die Menschen kamen zu ihm, sollte sie wo der Schuh drücken. Und Liebe von ihm sie nicht nur erwarteten, sondern auch bekamen.

Er wurde eine Institution, zusammen mit Ra, die noch mit ihrer ungebrochenen Energie von frühmorgens bis spätabends auf den Beinen, um den Schulbau, den Bau des Waisenhauses, des Krankenhauses und den Ausbau der Straßen und der Kanalisation voranzutreiben. Er, der Hüter des auch von Ra eingebrachten Vermögens, das zum Großteil von ihm ihr zugedacht war, es mit weiser Hand zu verwalten. Eines Tages jedoch hatte die Stadt genug an Steuereinnahmen, um all den Erfordernissen ihrer Bürger gerecht zu werden, und so konnte der Abfluss seines Goldschatzes gestoppt werden. So fuhren eines Tages der Alte und Friedrich mit ihrer Kutsche die Stadt hinaus in Richtung der dem Alten gehörenden Brandruine, man möchte fast sagen: beide guter Laune. Wusste doch Friedrich seine Familie gut versorgt und auch Ra würde sich in der Hoffnung auf Jeremias' Rückkehr als Dankbarkeit für Barbaras Aufzucht ergeben. Sie betrachtete Barbara, die, wie sie wusste, die Moorbewohner und mehr als die halbe Stadt von der Pest errettet hatte und die ihren Sohn aufgezogen hatte, als selbstlose Frau. Zwischendurch ging sie immer wieder zu einer Wahrsagerin, die auch in den Sternen lesen konnte und ihr jedes Mal bestätigte, dass es ihm gutgehen wird. Was heißt gut? Er sei bereits zur hohen Ehre aufgestiegen. Jedes Mal wusste sie, war jene noch immer und er schon Monde lang mit dem Aufbau seines Gutshofes beschäftigt, wie sie glaubte. Barbara wurde in einer für sie fremden Stadt bereits als Heilige verehrt, hatte doch ein Stadtbewohner die Pest aus einer anderen Stadt mitgebracht und sie war bei ihnen ausgebrochen. Sie konnte jedoch dank ihres Krautes die Seuche, als sie sich ausbreitete, derart eindämmen, dass nicht einmal ein Einziger an dieser Seuche sterben musste.

Und der Bürgermeister wieselte von Haus zu Haus, mit ihm einige der übrigen Ratsherren und deren Schreiber, um die noch übrigen Bürger zu registrieren, und siehe, es waren mehr, als er gedacht hatte. Doch viele der Reichen waren, als die Seuche ausbrach, auf ihr Land geflohen, weit weg von der Stadt, und sie waren vom schnellen Ende der Seuche überrascht um kehrten nur nach und nach zurück, um ihre Häuser wieder in Besitz zu nehmen, sodass manche ehemalige Moorbewohner das ihnen bereits zugewiesene Haus wieder räumen mussten, um wahrscheinlich in das ihnen zugewiesene Bestandswaisenhaus umgesiedelt zu werden. Manche der Reichen, die mit ihren Kutschen und den Pferden zurückkehrten, waren schockiert über das dunkle Volk, das nun die Stadt beherrschte. Aber sie kamen bald darauf, dass es ein williges und demütiges Volk war und dass sie, wie die Reichen es sich ausmalten, willens waren, ihnen zu dienen. So musste zwar noch mancher Moorbewohner seine Wohnung oder sein Haus verlassen, aber im Großen und Ganzen pendelte sich überraschend schnell das Leben in der Stadt wieder ein. Neuankömmlinge lernten bei einem Schuster, wie man Schuhe macht, auf Holzleisten gespannt, das Leder bezogen, bei Schneidern, die das Massaker überlebt hatten, Kleider herzustellen, bei den Webern mit Webstühlen zu hantieren und sie waren geschickte Menschen, wie ihre Lehrer feststellen konnten. Ein Hutmacher, so er überlebt hatte, brachte ihnen bei, wie man Hüte formt. Sie wurden in Maurer-, Tischler- und andere Handwerksberufe integriert. So wurde ein die Seuche Überlebender zum Lehrherrn eines ganzen Dutzend von Lehrlingen. Die Bauern kamen wieder, unterstützt von den Migranten, die ihr Fleisch und die Eier in die Stadt brachten, um sie zu versorgen. Doch die ehemaligen Moorbewohner hatten Geld, da sie mit den Häusern und Wohnungen auch deren Bestand übernahmen und in so mancher Schatulle Geld fanden. Doch sie wussten mit dem Geld, von dem sie zwar gehört, das sie aber noch nie gesehen, geschweige denn in Händen gehalten hatten, nichts anzufangen. So brachten sie diese runden, gelb glänzenden Münzen, die so aussahen, als wenn der Vollmond über dem Moore stand oder der Neumond silbern am Himmel hing, zum Bürgermeister, welcher sie im großen Rathaussaal in einer riesigen Truhe hortete, um alles, was die Bauern lieferten, zu bezahlen. Jene Flüchtlinge jedoch gingen sparsam mit den für sie gratis ausgegebenen Lebensmitteln um, sodass die Bauern ihnen geradezu die Lebensmittel aufdrängen mussten. Das meiste, was es hier gab, kannten sie nicht und sie waren gewohnt zu sparen in allen Dingen, was ihr tägliches Leben betraf. Die Reichen jedoch wurden, dank der verstorbenen Verwandten, immer reicher, gehörte ihnen doch jetzt nicht nur ein, sondern mehrere Häuser gleichzeitig, um von den Eingezogenen Miete zu verlangen. Nur wie könnten diese, da sie nicht einmal Geld kannten, nun von ihren Arbeitgebern und Lehrern entlohnt wurden, diese auch bezahlen?

Friedrich hatte sich nach einem opulenten Frühstück, das er in seinem Zimmer eingenommen hatte, wieder zurückgezogen in seine Kammer, im städtischen Turm, wo er es sich auf seinem Bett gemütlich machte, um mit seinem aus der alten Kirche mitgenommenen Christus sich auszutauschen. Von Austauschen jedoch konnte wahrlich keine Rede sein. Es war sein Jesus Christus, den er in seiner Kindheit oft besucht und auch angebetet hatte und dem er schon damals seine Sorgen anvertraut und um deren Abhilfe er erbeten hatte, aber er wusste nicht, dass dieser nur aus Gips nachgeformt und dunkelbraun mit Farbe bestrichen und durch die Jahrhunderte in Patina verfallen wie Holz aussah. Denn diesem hässlichen, aus dunklem Holz geschnitzten Herrgott, der schon Jahrhunderte lang in dieser Armenkirche gehangen hatte, waren das Leid und die Not der Bevölkerung offenbar und ihm wurden die Bittgebete der Gläubigen zugetragen. Er brauchte nur durch seine gebrochenen Augen auf sie herabzusehen, so er nur Not und Elend seiner Besucher zu sehen bekam. Er war einer der ihren geworden, wie er ein Teil der dem Verfall preisgegebenen Kirche war. So schlief er friedvoll unter der Obhut seines Gottes ein wenig vor sich hin. Er fühlte sich bewacht, den er schon so lange kannte mit seinem sonderbaren Aussehen, welche Bitten hatte er ihm schon vorgetragen, wenn die Familie nichts zu essen hatte, Vater das Verdiente noch dazu versoff und die Kinder hungernd zu Bett gehen mussten und sie sich zu viert ein Bett zu teilen hatten.

Es war eine grausame Zeit, fand er nachträglich, jetzt, wo er seine Familie versorgt und sich als Krösus wähnen konnte. Er schielte ein wenig nach dem Corpus, um zu denken, was haben wir zwei schon gesehen. Doch der Herr verzog keine Miene. Er blieb stumm wie immer, wenn er ihm seine Lebensgeschichte beichtete, oft stundenlang und bis ins kleinste Detail sie erzählte. So übersah er, der ehemals Friedrich getauft wurde, wie die Stube immer mehr der Düsternis verfiel. So lag er entspannt auf seinem Bett. Am Himmel wogten die Blitze auf einem gewittrigen Firmament, Donnergrollen durchschlug die Luft mit elementarer Gewalt, ein Inferno der zuckenden Blitze schlug sich in den Raum, durch den Druck des Sturms die Bleiglasfenster aufbrechend und den Raum in eine Hölle zu verwandeln, von Sturm und Regen überwältigt. Friedrich der vorher auf dem Bette vor sich hin schlummerte und das draußen tobende Gewitter von innen geborgen mit Wohlgefallen beobachtete, war sich des Infernos nicht bewusst. Als es in das Zimmer brach mit einem riesigen Knall, ihn an das Bett fesselte, um ihm ohnmächtig zurückzulassen, wurde er sich eines von überirdischer Schönheit leuchtenden Lichtes gewahr, was ihn veranlasste seinen Gott zu fragen, ob er bereits im Himmel wäre.

Jener Gott jedoch, der sich gerade seiner Hässlichkeit entblößte, indem er die letzten Brocken von gipsernen Teilen, von denen er umhüllt, abzustoßen, die einen wunderschönen Herrgott preisgaben, geschnitzt und bemalt von einem der größten Künstler des damaligen Jahrhunderts. Knut sah noch den Korpus seines Gottes sich der Klumpfüße entledigen, indem er diese scheinbar von sich schleuderte. Von dem roh gezimmerten Kreuz jedoch große Brocken quadratisch abfielen, um ein Kreuz, mit Blattgold belegt, freizugeben, auf das er mit goldenen Nägeln an Händen und Füßen genagelt, eine goldene Dornenkrone auf seinem Haupte tragend. Scheinbar war ihm der Gips, mit dem man ihn eingehüllt hatte, in die Nase gekommen, denn er nießte einmal ausgiebig. „Wohl bekomm's", Friedrich darauf. „Danke", sagte der metasophierende Gott darauf. Das schien Friedrich jedoch zur weiteren Kommunikation mit ihm aufzufordern und veranlasste ihn zu fragen: „Wie viele Jahrhunderte hast du dich hinter der Gipsumhüllung versteckt?"

„Es war in der Türkenzeit, als dieses Volk meinen Vater von den Juden gestohlen hatte, um ihn für sich zu vereinnahmen und mich, seinen Sohn, zu einem weiteren Propheten zu degradieren." „Aber du bist doch der alleinige Sohn Gottes", darauf Friedrich. „Das weiß doch die ganze Christenheit", sagte der Korpus, „aber dir muss ich danken für die schöne Kirche, die du für mich gemacht hast, wunderschön muss ich dir sagen, so ich auch dorthin zurückkehren werde." „Du willst mich verlassen, wo ich dir doch mein ganzes Leben anvertraut habe?" „Das alles wusste ich doch schon, schon vor deiner Beichte." „Und wieso, wenn du das alles weißt, warum müssen wir deinen Priestern das nochmals beichten, wenn du schon alles weißt?" Die Frage schien dem Gottessohn nicht zu gefallen, denn er antwortete darauf: „Kleiner Friedrich, du sollst dir darüber nicht den Kopf zerbrechen, ich werde sie alle richten, die Guten und die Bösen. Aber jetzt, nach der jahrhundertelangen Gipshülle, möchte ich, bevor ich in meine Kirche zurückkehre, noch gebadet werden." „Gebadet?" „Gebadet." Knut, besser dessen Geist, der seinen Körper derzeit verlassen hatte, stand verständnislos seinem Gott gegenüber. „Und wer sollte das machen?" „Na du. Du bist doch die mir am nächsten stehende Person." „Mit was?" „Nun, mit dem Wasser in der Wanne." „In der Wanne." Jetzt erst wurde Friedrich eine bereits bereitstehende Wanne gewahr, die gefüllt mit dampfendem Wasser, um ihren Schöpfer in sich aufzunehmen.

So nahm Friedrich den, der trotz des vielen Goldes, mit dem er behangen, viel an Gewicht mit der zentimeterdicken Gipshülle, in die er eingehüllt war, verloren hatte. „Pass aber auf, dass meine Nase nicht allzu lange unter Wasser bleibt, ich bin doch derzeit in menschliche Form eingepresst, sodass ich ertrinken könnte." Knut nahm den wunderschönen Corpus von der verschmauchten Wand. „Du musst mir aber auch meine Haare besonders waschen, und die Ohren nicht vergessen." „Nein, nein ich werde die Waschung zu deiner Zufriedenheit ausführen." Er legte ihn vorsichtig in die Wanne, deren Ränder sich ausweiteten, um auch das Kreuz mit den darauf genagelten Händen und ihn somit als ganzes Stück aufzunehmen.

Auch eine weiche Bürste lag bereit, um ihn von dem Gipsstaub zu befreien. Als er mit dem Waschzeug ihm unter die Achselhöhle fuhr, fing er auf einmal an zu lachen „Es kitzelt mich", sagte der auf dem Kreuz verstorbene Christus und legte seine Zähne frei, um „Das tut gut" nachzusetzen. Seine bereits dem Tod geopferten Gebeine wurden weich und lebensbejahend, so auch die restliche Gipsmakulation sich in dem weichen Wasser auflöste, sodass dieser Herrgott mit seiner Schnitzkunst, Malerei und Vergoldung einen noch über die Erde wandelnden Menschen in seiner Frische bezeugte. „Ich könnte mich auch selbst auf den Weg machen", sagte der Gottessohn, „aber du weißt, ich bin auf dem Weg zu meiner Kreuzigung das dritte Mal gefallen, so mir auch ein Mann aus dem Volke behilflich war, als ich unter dem Kreuz zusammenbrach. Und so könntest du mich mitsamt meinem Kreuz vielleicht zur Kirche tragen, du bist doch ein kräftiger Mann." Daraufhin ließ Friedrich seine Muskeln spielen, um Gott sehen zu lassen, wie recht dieser hatte. Er hob ihn mit leichter Hand aus dem Wasser, hängte ihn wieder auf den Haken an der Wand und trocknete ihn mit einem ebenfalls bereitgestellten Tuch sorgfältig ab. Das Gold an seinem Körper, so auch sein Lendentuch, das aus purem Gold gewebt, leuchtete in der himmlischen Aura des göttlichen Lichts. Friedrich war so glücklich wie nie in seinem Leben, so er sich dessen bewusst war.

Er kniete vor ihm nieder, um ihm betend seine Liebe zu ihm zu gestehen. Gott der Herr in seinem güldenen Gewand sagte nur: „Steh auf, du warst einmal ein großer Sünder, doch deine Sünden habe ich dir vergeben, denn du hast mich, als ich noch hässlich, zu deinem Freund erwählt, mit meinem Bauerngesicht, mit meiner vierfingrigen Hand, meinen Klumpfüßen, die die Nägel verdeckten, die man durch meine Füße geschlagen hat, meiner Nase, die den Nüstern eines Pferdes ähnelte, und meinen großkalibrigen Zähnen, die mir über die unteren Lippen hingen." „Genug, genug davon", Friedrich darauf. „Ich werde dein Kreuz und dich dazu zur Kirche tragen, nicht wie Simon nur dein Kreuz." Der Raum war noch immer von einem außerirdischen Licht gefüllt, Friedrich nahm ihn samt Kreuz vom Haken, ihn zu schultern, um nach der Kirche zu gehen. Das orkanartige Gewitter war vorübergezogen. Und der gewaschene Christus sagte noch während des Gehens:

„Ich habe meinen Vater gebeten, mich so weit von der Anziehungskraft der Erde zu befreien wie damals, als ich trockenen Fußes den See Genezareth beschreiten konnte, es ist für ihn doch nur eine Kleinigkeit, ein von ihm vor Milliarden von Jahren geschaffenes Gesetz für mich aufzuheben. Und so konnte ich damals auch in den Himmel zu ihm aufsteigen und auch meine Mutter."

Es regnete noch immer. Aber der Regen machte sie nicht nass, es war, als würde jeder Regentropfen ihnen ausweichen. Weder der Gott, den er auf seinen Schultern trug, noch er, der in ein weißes Büßergewand gehüllt war, wurden nass, noch seine Haare. So erreichte er trockenen Fußes die Kirche, der Weg vor ihm trocknete, als das geöffnete Kirchentor ihn empfing, sodass er leicht über den regennassen Boden dahinzuschweben schien und keinerlei Mensch seinen Weg kreuzte. Das Kirchentor stand zweiflügelig offen, als er eine von vielen Kerzen beleuchtete Kirche betrat und leise Orgelmusik ihn empfing. Vom riesigen Altarbild, wo Christus mit erhobenen Händen sich auf den Weg machte, die Erde zu verlassen und dem Himmel zuzustreben und von oben herab von Engeln erwartet zu werden, lösten sich zwei der noch klein gemalten Engel, wurden immer größer, um mit flatternden Flügeln im Kirchengewölbe zu verharren, bis Friedrich den neugeborenen Gott auf die Stufen des Altars legte, sie fassten beidseitig an den Querbalken an und ließen über dem Altar ihn schweben. Friedrich schaute zu dem Corpus, der frei und von keiner Schnur und keinem Haken in der Schwebe gehalten wurde, und sagte: „Oh Gott, wie ich dich liebe." Und plötzlich fand er sich in der alten, verwahrlosten Kirche als kleiner Junge wieder, wo der hässliche Herrgott seinen Mund öffnete, um zu sagen: „Ach, Friedrich, was bist du doch für ein guter Bub." Und Friedrich fing an zu weinen mit gesenktem Haupte, zerlumpt und schuhlos lag er seinem Gott aus Kinderzeiten zu Füssen. „Steh auf, Friedrich", sagte der Gott seiner Kindheit, „ich werde dich begleiten." Und der nun erwachsene und gealterte Friedrich erhob sich, um gleichsam schwebend zu seinem Bett zu gelangen. Das verlassene Zimmer war noch immer, wie Friedrich erkannte, so mystisch beleuchtet, so er wieder in seinen verlassenen Körper kroch, sich seiner selbst und seines in der Jugend und Kindheit Angebeteten auf der Wand gegenüber gewahr zu werden. Doch dessen Hässlichkeit war verschwunden, so ein gütiger Herrgott, obwohl gleichen Maßes und gleichwohl noch erkennbar als der Einstige, der in seinem Inneren den wundervollen Herrgott verborgen, aber gleichsam sie eins waren. „Ach Friedrich", sagte nun die Hülle des wundersamen geschnitzten Inneren. „So haben wir beide gleichzeitig die Welt verlassen, dich hat der Blitz erschlagen und auch mich, aber ich habe mich hinterlassen in Form meines von mir Beschützten. Du hast einen Körper hinterlassen, der verfaulen und ein Stückchen Erde wird, aber deine Seele wird warten auf die Auferstehung, bis ich euch alle auferstehen lasse am Tage des Jüngsten Gerichtes, aber du wirst an meiner rechten Seite stehen."

Und die Seele Friedrichs entfloh der Erde und der hässliche Herrgott, in dem Gott gewohnt hatte und der nur aus Gips bestand, löste sich in seine Bestandteile, floh aus dem offenen Fenster und wurde vom Wind vertragen, der die Erde trocknete, und er legte seinen Samen in die Erde, wohin er auch verweht worden war, um ihr neues Leben einzuhauchen.

Der Alte und Ra, da gerade der Mond wieder heranwuchs, waren mit einer Kutsche zur besagten Stadt unterwegs, zum ersten Mal beide wissend, wer ihr Partner der Vereinigung. Als es Abend wurde, fuhren sie die Schenke an, um hier zu nächtigen, beide mit steifen Gliedern von der Kutsche steigend. Der Alte ließ die Pferde versorgen. Von der Abfahrt bis jetzt hatte es keiner der Mühe wert gefunden, den anderen auch nur anzureden. So war jeder in seinen Gedanken versunken, vor sich hin dösend den langen Weg zu befahren. Sie aßen nur wenig, scheinbar drückte ihnen das morgen zu Erwartende auf den Magen. Am Morgen, nach einem Kaffee, bestiegen beide wortlos die Kutsche, die ihnen der Pferdeknecht zurechtgeschirrt hatte und wohl auch gefüttert haben mochte. So fuhren sie ihrer Stadt, der Stadt ihrer animalischen Liebe entgegen. Wortlos.

Der Alte hielt die Kutsche an in dem Beherbergungsbetrieb, wo er immer abgestiegen war. Sie entfernte sich mit ihrem Koffer in ihr nahegelegenes Zimmer. Da öffnete sie erstmals den Mund, um zu sagen: „An der gewohnten Stelle", um mit ihrem Koffer in der Gasse zu verschwinden. Der Alte konnte nur nicken, was sie zur Kenntnis nahm, wobei ein mitleidiges Lächeln, von ihren Lippen geformt, auf ihrem Gesicht erschien.

Sie, bis es Nacht würde, noch etwas auszuruhen gedachte. Als der Mond sich über den Fluss erhob, die Bäume unter sich lassend, enthoben seine Strahlen die Lampen ihres kärglichen Lichtes, des Flusses Wellen jedoch ihren Schein aufzufangen und ihr Licht auf den kleinen Wellen reiten zu lassen. Sie saß bereits auf der Bank, ihn erwartend, so er mit langsamen, schleichenden Schritten den Torbogen durchschritt und er den Kies unter seinen Füßen knirschend vor sich herschob. Ra erschauerte. War das überhaupt der Alte? Hatte er immer so einen hochgestellten Mantelkragen, der mit der riesigen Hutkrempe eins wurde und vorne nur die Augen freiließ? Die schwarzen ersehenden Augen sich nicht erkennen ließen. Sie stand unsicher auf. War das der Mann, der die drei Prostituierten zu Tode brachte, ähnlich dem Alten? Sie stand da, unfähig was zu sagen oder zu tun. Er trat auf sie zu, um ihre Hand zu nehmen und zu sagen: „Gehen wir."

Sie flog ihm an den Hals, um zu sagen: „Danke, danke", öffnete seinen Mantelkragen, um ihn auf seinen Hals zu küssen, so sie seinen Mund fand, um sich darauf und darin festzusaugen. Sie hatte ihn an seiner Stimme erkannt. Sie legte ihren Kopf an seine Brust, fing an zu weinen. Er jedoch hob ihr Gesicht zu sich und sagte „Wir machen es jetzt." Und sie gingen Hand in Hand zu ihrem gemieteten Zimmer, sie zündete an der hinteren Ecke eine Kerze an. Er hatte sich bereits ausgezogen, wie er seine Kleidungsstücke auf einen erkennbaren Stuhl abgelegt hatte, so sie das gleiche tat und zwei nackte Menschen sich gegenüberstanden, die in ihrer Liebe in sich versunken, zärtlich sich umarmten, um ein Spiel menschlicher Liebe zu eröffnen.

Sie, die ihm entgegenbebte, er, der ihr entgegenbebte, bis sie in innigster Vereinigung zusammenfanden. Sie schlief an seiner Brust dem Morgen entgegen, mit glücklichen Augen, eine liebende Frau mit einem liebenden Mann, einen Orgasmus zu erfahren, der sie in den siebenten Himmel erhob, und sie von einer Höhe der Lust in weitere verschwamm, bis sie letztendlich in einem Urschrei der Vereinigung glücklich verschlummerte.

Ein Pferdewagen befuhr das holprige Granitpflaster, von den eisenbeschlagenen Rädern des Fuhrwerks hallend, dem Schnauben der Pferde und der Stimme des Kutschers, der hoch auf dem Wagen saß, zwischen seinen Händen die Zügel, um die Pferde auf der richtigen Spur zu halten. Die schlafende Ra, die auf der behaarten Brust ihres Geliebten lag, von sonderbaren Träumen umfangen, war eben an der Seite des Alten hoch oben auf einer schwarzen Kutsche sitzend durch das Stadttor gefahren, von vier Rappen gezogen. Der Alte ganz in schwarz gekleidet, mit einem Zylinder auf seinem Kopfe, schwarz behandschuhte Hände, die die Zügel zwischen den Fingern gleiten ließen, sie selbst schwarz behutet, wo ein ebenso schwarzer Schleier über ihr Gesicht gefallen, und sie einen schwarzen Kittel tragend, der in Streifen gelegt ihre Beine umschloss. Ihre Brüste in schwarzes Leder eingezwängt, fortführend in der Hände Beschuhung.

Die Männer der Stadt, alle in Schwarz gekleidet, hatten bei ihrer Einfahrt ihre Hüte vom Kopfe genommen, um stumm dazustehen. Ra erwachte durch den lauten Pferdewagen, der an ihrem Fenster vorbeigefahren war. Als sie den Kopf erhob, streichelte der Alte zärtlich über ihren Kopf, um zu sagen: „Schlaf weiter, es ist so unwirklich schön." Sie legte ihren Kopf wieder an seine Brust, um zu sagen: „Es muss etwas Fürchterliches passiert sein. Ich hatte einen Traum vom Tod, in unserer Stadt." Er beruhigte sie, indem er weiter über ihre Haare strich, sie jedoch durch den bösen Traum unruhig zu ihm aufsehend, ihm einen Kuss zu geben, um aufzustehen, in dem Wasserbecken sich lose zu waschen, hatte doch die Vermieterin alle Tage frisches Wasser nachzufüllen, ob es gebraucht wurde oder nicht, und das alte auszutauschen. Sie begann sich anzuziehen, nervös und hektisch. „Ich habe das Ganze durch die Augen meiner Karten-auflegerin gesehen, besser, durch die Glaskugel hat sie mir das geoffenbart." Nun bequemte sich daraufhin der Alte, aus dem Bett zu steigen, sich ebenfalls zu waschen, denn es waren zwei Behälter bereitgestellt, war sie doch eine Nobelhure.

Sie verließen bereits das Haus, wo der Mond kurz über dem Horizont stand, so er jedoch bereits sich einfand, um auf der anderen Erdhälfte zu verschwinden. Sie hatte sich in ihn ein-gehängt und fest an ihn gedrückt sagte sie: „Liebst du mich?" Und er blieb stehen, um sie an sich zu ziehen, sie auf den Mund zu küssen und zu sagen: „Mehr als die ganze Welt." Bei der Her-berge leuchtete bereits eine Kerze oder Öllampen aus mehre-ren Fenstern. In den Ställen brannten schon die Kerzen, in La-ternen gefangen. Der Stallknecht versorgte bereits die Pferde, was man an ihrem Schnauben vernehmen konnte, dass sie ge-füttert wurden.

Die Gaststube war bereits von mehreren Petroleumlampen in Licht getaucht und die Küchenhilfe trug bereits ein Tablett mit Frühstückaccessoires zu einem Tisch, wo bereits ein zur Abreise angezogenes Paar, das es scheinbar sehr eilig hatte, auf das Frühstück gewartet hatte. Ra hatte es eilig, der Alte nicht sonderlich, wusste er doch aufgrund seiner Lebenserfahrung, dass das alles nur Lug und Betrug. Wie im Orakel von Delphi, wo die Priester um viel Geld von den sie Fragenden so sie hö-heren Standes und bereits ausspioniert wurden, sodass man wusste, was sie erhören wollten. Das hatte der Alte einmal bei einem Ganoven gehört, der sich so einer treffsicheren Aussage bediente und seine Spitzel hatte, welche seine Stammkunden ausspionierten. Ra verschlang hektisch das ihnen angebotene Frühstück, während der Alte auf sein Zimmer ging, um seinen Koffer zu holen, die Rechnung des mittlerweile erschienenen Herbergenbesitzers zu zahlen, einschließlich einem Sack Hafer und zwei Kannen Wasser, um mit ihr und ihren Köfferchen zur Kutsche zu gehen, die von dem Pferdeknecht bereits zur Abfahrt vorgefahren war. Der Knecht von ihm wiederum ein fürstliches Trinkgeld bekam, hatte er doch noch einen Sack von Hafer und zwei verschlossene Kannen mit Wasser in die Kutsche gestellt. So stieg er gleich auf den Kutschbock, half ihr hinauf und beide fuhren der aufgehenden Sonne entgegen. Sie kuschelte sich an ihm, um ihr Gesicht in seinen Ärmel zu vergraben, mit der anderen Hand sie ihn umschlungen hielt. Sie überholten mit ihren zügig dahinlaufenden Pferden manch vollbeladenes Bauerngespann, das von Kühen oder einem Pferd gezogen auf dem Weg zum Markt in der nahen Stadt war. Die Stadt ergab sich alsbald ihren Blicken, war sie doch wie die ihre mit einer Stadtmauer umsäumt und mit einigen Kirchtürmen über sich erhoben. Sie umfuhren die Stadt, wo ein Teil der Straße in das große Stadttor sich verflüchtigte. Sie fuhren und fuhren, die Pferde noch ungestüm dahintrabend, und entgegenkommende Fuhrwerke, die mit landwirtschaftlichen Produkten beladen, ebendiesem Stadttor zustrebten.

So fuhren sie bis mittags, um bei einer kleinen Herberge Rast zu machen, die Pferde zu füttern und sie zu tränken, um sie bereit zu machen für den nächsten halben Tag. Hier bekamen nur die Menschen was zu essen, aber nicht die Tiere, so dass sie nur mit einer Kleinigkeit ihren Hunger zum Stillen brachten, um gleich wieder weiterzufahren, nachdem sie ihre Pferde gefüttert und getränkt hatten, und dazu noch eine Horde von ordinär sprechenden und rülpsenden Fuhrwerkern hinter sich zu lassen, die in der Kneipe manch Erfahrung unter sich austauschend, um ihre Pferde mit dem mitgelieferten Hafer wieder aufzufüttern und beim Wasser der Herberge sich kostenlos zu bedienen, das sie einen Brunnen entnehmen konnten.

Nun stand die Sonne hoch am Himmel, weiße Wolken erhoben sich in größerer Formation am Horizont, um sich langsam der Schwärze zu ergeben, und bald spannte sich ein riesiges Wolkengebirge über den Himmel, eine graue Wolkenwand hinter sich herziehend, von fernem Donnergrollen begleitet. Sie fuhren an einem Wald vorbei, wo eine Forststraße von der ihren abbog und sie veranlasste in dem Wald Zuflucht zu finden, um unter den riesigen Laub- und Nadelbäumen mit ihren Pferden Schutz zu suchen und Unterstand zu finden. Er band sie an einen starken Baum an, legte ihnen wollene Decken über den Rücken und Hals, setzte ihnen lederne Kopfschützer auf den Kopf, wobei auch die Augen verdeckt waren, bereits in der Kutsche sitzenden den Hagel zu erwarten, der einer grauen, näher rückenden Wolkenwand nachfolgte, die Türe zu schließen. Und das scheffelweise vom Himmel stürzende Wasser wurde jedoch von dem dichten Blätterwerk verteilt und der Rest von dem dürstenden Boden aufgesaugt. Einige Blitze, mit fernem Donnergrollen verbunden, die kaum die Baumkronen durchbrechen konnten, so löste sich das Gewitter so schnell auf, wie es begonnen hatte. Aber dann kam der Hagel, der taubengroße Eier aus seinen eisbewachsenen Wolken fallen ließ, die jedoch von der Dichte der riesengroßen Tannen nur schwach ihrer Geschwindigkeit beraubt auf Kutschen und Pferde fielen. So sie doch in ihrem Geschirr stampften und mit den Vorderbeinen hoch aufstiegen. Aber auch dieses Intermezzo war rasch vorbei, sodass ihr Besitzer aus der Kutsche stieg, Ra noch vorher einen Kuss gebend, und ihr auftrug, noch ihren Platz zu behalten. Er ging aus der Flucht zwischen den riesenhaften Bäumen mit ihren mächtigen Ästen zu dem Forstweg zurück, um eine Lücke im Himmelsgewölbe zu erspähen. Dort jedoch fiel die Sonne durch des Weges freies Geäst, so entband er die Pferde ihrer an den Baum sie fesselnden Stricke, nahm ihnen die Decken, die eine gewisse Dicke aufwiesen, und die Lederklappen vom Kopfe. „Allzu viel hat euch der Hagel nicht antun können", um sie am Kopfe zu streicheln und ihnen jedem einen Kuss auf die Nüstern zu geben. „Ra", rief er, „Ra", und hob beide Arme in die Höhe, um seine Freude über das Nachlassen des Unwetters ihr zu bezeugen. Er öffnete die Türe der Kutsche, um sie in seine Arme fallen zu lassen und sie mit wilden Küssen zu bedecken. Sie klammerte sich wie eine Ertrinkende an ihn, es war das Glück persönlich, das sie erstmals erleben durfte.

Er hob sie daraufhin wieder in die Kabine zurück, um lachend die Türe zu schließen und ihr noch vorher in das Ohr zu flüstern: „Ich liebe dich." Daraufhin nahm er den Halfter der Pferde in die Hand, um sie mit der Kutsche durch die eng stehenden Baumriesen zu bugsieren, um auf dem Forstweg, so sie zugleich des Weges zu ziehen gewillt, sie anzuhalten, „Brr" zu sagen, die Kutschentür zu öffnen, um sie mit offenen Armen zu empfangen, aber sie sogleich auf den Kutschbock setzend und darauf nachsteigend. „Gut, dass wir ein Dach über dem Kopf haben." So konnte der Sitz nicht übermäßig nass werden. In der einen Hand die Zügel, mit der anderen er sie umschlungen hielt. Sie kuschelte sich an ihn, um die Pferde, die gerade wieder in die Landstraße einbogen, mit „Hü" zu veranlassen, die verlorene Zeit wieder einzuholen. Weiß lag die Straße vor ihnen. Sie fuhren einer von dem Regen und dem Hagel gereinigten Luft entgegen. Noch war es weit bis zur nächsten Herberge, der Kutscher, der sie zu ihrem dem Tode nahen Sohn gebracht hatte, war die ganze Strecke in einem durchgefahren, so die geschundenen Pferde bei Ankunft im Moore erschöpft und hungrig und durstig auf dem harten Heideboden zu stehen kamen.

So fuhren sie, eine glückliche Ra an ihren Geliebten gelehnt, eine weite Strecke in das ebene Land hinein, Bauernland, wohin man sah, die Straße schnurgerade dahinziehend und ein Ende dieser noch nicht absehbar. Nach langem, langem Fahren jedoch am Horizont ein Gehöft auftauchte, das mit Rauchfängen bespickt, die hoch über die Giebel ragten, die Herberge, wo sie mit dem Alten und seinem Knecht, der sich jedoch als sein Geschäftspartner erwies, eingekehrt war oder besser in der Kutsche die Nacht verbracht hatte, die Kutscherkabine voll mit Gold gefüllt, so sie dieses bewachen mussten, alle drei. Langsam, nach Laune der Pferde, ob sie gerade vor sich hin zockelten und manchmal in Trab verfielen, wenn es ihnen gerade einfiel. Der Alte ließ sie gewähren. Er saß umarmt von seiner Ra, die er umarmt hielt, wie ein Felsen in der Brandung auf dem Kutschbock und Ras Mund ein immerfort glückliches Lächeln umspielte. Manchmal zu ihm aufschauend mit seinem ebenmäßigen Profil, das er seinen Moorvorfahren verdankte, um ihn außer seiner Schönheit noch wegen seiner Intelligenz zu bewundern. Denn hätte er nicht die Hagelwolken erkannt und somit die Pferde und womöglich auch die Kutsche von den großen Hagelkörnern errettet, indem er sie unter die dichtesten und größten Bäumen gebracht, die ein ordentliches Astgeflecht mit abfedernden Ästen über sich aufgebaut hatten. Die Stärke der herabfallenden Hagelkörner konnte sie nach Verlassen der schützenden Bäume bereits auf dem Forstweg ersehen. So fuhren zwei innig Verliebte der Herberge entgegen. Mittlerweile hatte sie sogar ihren Albtraum vergessen. Vor Glück war sie in eine andere Welt eingetaucht, was alles Negative sie vergessen ließ. Langsam erwuchs die Herberge in voller Größe vor ihren Augen, was die Pferde veranlasste an Geschwindigkeit zuzulegen, waren ihnen doch Futter, Wasser und ein Stall in dieser Herberge bereits einmal zugestanden worden. Sie fuhren auf Geheiß ihres Kutschers in den großen Hof ein, der umrahmt von Unterständen und Ställen, in der Mitte jedoch ein Brunnen mit einer Wasserpumpe stand. Einem herbeigeeilten Stallknecht wurden die Zügel überlassen und aufgetragen, die Koffer nach ihrem Zimmer zu bringen. Er hob sie vom Kutschbock, um ihr zärtlich in die Augen zu schauen, sie mit einem Kuss zu begrüßen und ihre Hand zu nehmen, um mit ihr in die Gaststube der Herberge zu gehen.

Der Wirt eilte sogleich herbei, um dem Goldesel von einem Gast zu Diensten zu sein. „Ein Zimmer", verlangte der Alte. „Sofort, eines unserer Schönsten", der Wirt daraufhin. „Und wir wünschen zu baden." „Vielleicht könnten Sie vorher noch was essen", meinte der Wirt, „bis wir die Bäder gerichtet haben." „Gut", gab sich der Alte damit zufrieden. Sie nahmen an einem Tisch Platz, so die anderen auch kaum besetzt, da erst später Nachmittag war und die Strahlen der Sonne anfingen lange Schatten zu werfen. So saßen sie sich gegenüber, einander tief in die Augen schauend, das Essen hatten sie vergessen. Nun brachte der Wirt persönlich das von ihnen vorher Bestellte, auch den Krug Wein dazu, den besten, den er in seinem Keller hatte, sich darauf gleich wieder zurückzuziehen und die zwei wieder alleine zu lassen.

Nach einer Weile fingen die zwei zu essen und zu trinken an, ließen sich jedoch nicht aus den Augen. Nach einer langen

Weile kam der Wirt, um ihnen mitzuteilen, dass die Bäder gerichtet seien in der Badestube. So sie das noch nicht Verzehrte, auch das nicht Getrunkene stehen ließen und sich aufmachten, in die Badestube zu gehen, deren Weg sie bereits kannten. Aber nun gingen sie zusammen. Für jeden war ein mit einem Leintuch ausgelegter Bottich bereit, das Wasser darin war heiß, ein Kübel mit kaltem Wasser stand daneben. Sie verschlossen mit einem Riegel die Tür, der an ihr angebracht war, zogen sich gegenseitig aus und er hob sie nackt in den Zuber und bestieg nachher den seinen, nicht ohne sie vorher an allen Stellen ihres noch wunderschönen Körpers zu küssen. Beide in dem hölzernen Bade lächelten sich an, tauchten unter das Wasser, um sich mit einem Naturschwamm, der einstens in den Meeren gelebt hatte, zu rubbeln, nachdem sie den Schwamm mit Seife eingerieben hatten. Das hatte einige Zeit sie von ihren Blicken getrennt. Und alsbald stieg der Alte aus dem Zuber, so er sich mit einem großen Tuch abrieb, nachher Ra aus dem Zuber hob, sie abtrocknend, sie an sich pressend, um ein leichtes Prickeln an seinem Anhängsel zu verspüren. Beide zogen ihre neue mitgebrachte Wäsche an. Ra, der es ähnlich erging, sagte: „Hol den Schlüssel zu unserem Zimmer." Und der Alte sich sofort aufmachte, um der Forderung Genüge zu tun. Sie öffneten die Zimmertür, um eintretend den Schlüssel umzudrehen, sie sich auf ihn zu werfen, ihm das Gewand vom Leibe zu reißen und er das gleiche mit ihr zu machen. Fast, dass sie das Bett verfehlt hätten.

So er langsam zu seinem Übermaß erwuchs, er in sie eindrang und sie zu seufzen begann. Und jedes Mal, so er ein Stück in sie hineinwuchs, sie jedes Mal eines Orgasmus nach dem anderen sich erfreuen konnte. Bis er sich in sie ergoss und sie mit einem lauten Schrei, den sie zu unterdrücken versuchte, das Ende einer Kettenreaktion erlebte und sie ineinander verschlungen verschliefen. Bis der leicht reduzierte Vollmond seine Strahlen durch das Fenster warf, um zwei die Wollust Empfangende zu beleuchten.

Sie schliefen einem Morgen entgegen, der die pittoresken Träume Ras Wirklichkeit werden ließen. Als sie das Tor ihrer

Stadt durchfuhren, waren auf dem Marktplatz keinerlei Menschen zu sehen, nur ein paar Ratten taten sich an den zurückgelassenen Resten der Früchte der Bauernverkäufer gütlich, ansonsten lag große Stille auf der ganzen Stadt, nur das Knirschen der Kutschenräder und das Geklapper der Pferde wurde als Schall von den hohen Mauern zurückgeworfen. „Was ist hier los?", sagte er, während er die Pferde anhielt. Eine unwirkliche Stille lag über der Stadt, nur das Geflatter von ein paar Tauben unterbrach die auf der Stadt lastende Ruhe. Langsam stieg er vom Kutschbock, um umhersehend ein Zeichen wahrzunehmen, um das obskure Verhalten einer ganzen Stadt zu erkunden. Plötzlich schlug die Glocke des Kirchturms die dritte Stunde des Tages. Auf die Sekunde genau erwachte das Leben, Fenster wurden von Häusern, die nahe am Marktplatz standen, geöffnet, ein Hund wurde durch eine Haustüre in die Freiheit entlassen, es war, als würde eine murmelnde Stadt eben vom Schlafe erwachen, sodass aus dem Murmeln einer Stadt eine vor sich leise hin dämmernde wurde, jedoch zurückhaltend in Tönen und Sprache, als würde sie noch durch dumpfe Laute dahinvegetieren. Der Alte spürte, dass etwas Fürchterliches geschehen sein musste, und dachte an Ras Traum, den er jedoch verworfen hatte. Bis zwei in schwarzen Uniformen vorübergingen, einen Helm auf dem Kopf mit Hellebarden in der Hand, und es waren Moorbewohner, die er in seiner und ihrer Sprache fragte: „Ist was passiert?" Der Angesprochene, der den Alten erkannte, sagte nur: „Friedrich, unser großer Förderer, ist gestorben." Dabei rannen ihm die Tränen beidseitig über die Wangen. Dem Alten hatte es die Sprache verschlagen, so er nur stumm zu seiner Ra emporschaute, welche kaum hörbar sagte: „Ich habe es gewusst, dass etwas Fürchterliches geschehen würde." „Und an was oder warum ist er gestorben?" „Der Blitz soll ihn erschlagen haben", dieser darauf antwortete. „Der Blitz?" Und dem Alten dämmerte der Tag vor dem Heute, wie es geblitzt und gedonnert und taubeneiergroße Hagelkörner es vom Himmel regnete. Und die beiden mit Hellebarden Bewaffneten fragte er: „Und warum seid ihr in diesem Aufzug?" „Es ist eine alte Tradition der Stadt, wenn eines der Häupter stirbt, so wir den Tod von weiteren abhalten sollen.“

„Und warum ist es in der Stadt so ruhig?“, fragte der Alte.

„Der Bürgermeister hat eine Trauerstunde angeordnet für die ganze Stadt.“ Der Alte, der sich der Tränen für seinen Freund nicht erwehren konnte, wandte sich von den zweien ab, die Stellung links und rechts des Stadttores einnahmen, um sich starr und ohne Regung zu zeigen, wie ihnen aufgetragen war.

Er stieg auf den Kutschbock, wo Ra ihn traurigen Blickes empfing, nahm die Zügel in die Hand und sagte „Hü“ zu den Pferden, welche sich nach dieser Aufforderung in Bewegung setzten, um die große Straße Richtung des Stadtturms einzufahren und alsbald von dem Kutscher beordert stehen zu bleiben. Der sprang vom Kutschbock, zog an einer der in verschiedenen Stockwerken angebrachten Glocken, um dem Diener aufzutragen das Haustor zu öffnen, dessen eine Seite ins Parterre und die andere in den Keller führte. Der Diener schaute von einem offenen Fenster herunter, wer wohl der Glöckner sein mochte, und schrie sogleich: „Mein Herr, ich komme sofort!“, wo er auch alsbald durch das geöffnete zweiflügelige Tor erschien, um beide Flügel nach innen zu öffnen.

Der Alte, der bereits wieder den Kutschbock bestiegen hatte, fuhr durch das geöffnete Tor nach rechts, wo die Abstellplätze für die Kutsche und gleichsam die Ställe waren. Der Diener, welcher das Tor wieder hinter der Droschke verschlossen hatte, übernahm nun die Kutsche mit den Pferden. Der Alte hob Ra von ihrem Sitz zu sich herunter, um ihr zuzuflüstern: „Dein Traum ist Wahrheit geworden, aber wir haben noch uns“, während er sie fest mit seinen Armen umschloss. Zu dem Diener, der zugleich Stallknecht war, zu sagen: „Bringe die zwei Koffer in meine Gemächer“, um Ra hinter sich herzuziehen und die Rundtreppe, die zum sechsten Stockwerk führte, hinaufzusteigen. Hatte man diesen Koloss von quadratisch angelegtem Turm, der schon Jahrhunderte alt, ehemals die Stadtmauer, um ein Vielfaches erhöht, um in kriegerischen Zeiten weit in die Ebene sehen zu können.

Als der Diener keuchend mit den zwei Koffern oben ankam und anklopfend sich ankündigte, wurde er vom Hausherrn mit einem „Komm nur herein" begrüßt. Er bot dem Diener einen Stuhl an, auf dass sich dieser etwas zu erholen vermöge. Als der zum Sitzen kam, brachte ihm der Alte ein Stamperl von irgendeinem durchsichtig gefärbten Schnaps, den er vor ihm einschenkte und sich gleich dazu, sodass die Männer gleichzeitig das hochprozentige Getränk ihrer Gurgel anvertrauten. „Ah", sagte der eine. „Ah", sagte der andere. „Und nun erzähle alles, was du weißt von meinem verstorbenen Freund." Der Diener schleckte sich noch den letzten Tropfen von den Lippen und begann zu erzählen, was jedoch herzlich wenig war. Er sprach von dem fürchterlichen Unwetter, das über die Stadt hereinbrach, sozusagen aus heiterem Himmel sich der Himmel verfinsterte, ein Orkan durch die Straßen raste und Blitze in unzähliger Zahl aus dem Himmel fuhren. Aber das Ganze dauerte nicht allzu lange an, sodass sich die Wolken weiter in die Heide verschoben, wo sie eine weiße Winterlandschaft hinterließen, so viel an Hagel luden sie ab, und das mitten im Sommer. Hier stockte er, was den Alten veranlasste, ihm und sich selbst noch einen Klaren einzuschenken, um das Stamperl dem vor ihm Sitzenden in die Hand zu drücken, was jener dankend annahm, um es sofort zu verdrücken.

Noch bevor der Alte sein Glas an den Mund führen konnte, hatte hastig der Diener sich seinen einverleibt. Sagte „Ah", um das leere Glas mit fahriger Hand wieder auf den Tisch zurückzustellen, um stockend und sich fangend fortzufahren: „Wie ich hier auf diesem Stockwerk", hier räusperte er sich einmal ausgiebig, „hier zusammenräumte", er sah sich um, „und ich, als das Unwetter hereinbrach, in das oberste Stockwerk in dem Ausblicksturm lief, um das Unwetter näher zu sehen. So sah ich zuerst eine Wand, die über die Heide sich fortschob, ein weißes Leintuch hinterlassend, und dann sah ich und roch sofort das Feuer, das aus dem Fenster von Herrn Friedrich loderte. Ich rannte sofort wieder herunter, riss die unversperrte Tür auf und sah nichts als lauter Rauch und Flammen. So mich die

Flammen zurücktrieben, ich die Tür hinter mir zuschlug, wieder hinaufrannte, um die Feuerglocke zu schlagen. Wie besessen ich den Klöppel schlug, um die Stadt, die noch unter dem Schock stand, zu warnen, den das Unwetter hinterließ. Das Wasser, das gurgelnd durch die schmalen Straßen floss, in die Häuser eindrang. Nachdem ich bereits die Feuerwehr durch mein hektisches Geläute – der Ton der Glocke ist unüberhörbar, durch seinen dumpfen Ton, der sich über die Stadt legt – herangerufen, konnte ich Männer erkennen, die auf unseren Turm zuliefen. Ich stellte das Geläute ein, rannte wieder zum Zimmer zurück und riss die Tür auf. Keinerlei Feuer oder Rauch empfing mich, das Zimmer leer. Ich dachte, der Herr Friedrich hätte das Zimmer beziehungsweise das Haus bereits vor dem Unwetter verlassen, und seinen hässlichen Herrgott, den er von der alten Armenkirche hatte, wohl mitgenommen. Aber es brannte wohl noch in einigen Stadtteilen, sodass ich wiederum weiterläutete, um auf die ausgebrochenen Feuer weiter aufmerksam zu machen." „Und wieso ist Friedrich vom Blitz erschlagen worden?" der Alte. „Das weiß ich nicht, das weiß ich wirklich nicht, jedenfalls war das Bett halbverbrannt und der Herrgott fehlte." „Das ist alles, was du weißt?" „Bei Gott, das ist alles, was ich weiß" „Das ist alles, was du weißt", wiederholte der Alte. „Trinken wir darauf noch ein Gläschen?", fragte der Alte seinen Diener. Jener jedoch war in seiner Mimik sehr wohl der Zustimmung nahe. So nahm der Alte wiederum die Flasche vom Tisch, um ihre beiden nun leergetrunkenen Gläser wieder aufzufüllen und „Prost" zu sagen. Der Diener, der des Alten Vertrauter seit der Affäre mit seiner Erblasserin war und der die Machenschaften seines ehemaligen Dienstherrn verurteilte, aber mangels anderer Arbeit und Unterkunftsmöglichkeiten sich daran gewöhnte musste, dazu den Fettklotz von einer Tochter auszuhalten mit all ihren Launen. So hatte er in ihm einen Dienstherrn bekommen, den er vergötterte. So kameradschaftlich er ihn behandelte. „Warst du nicht beunruhigt, meinen Freund Friedrich nicht im Bett vorzufinden?" „Natürlich. Nur, das Gerücht geht in der Stadt, dass der Herr Friedrich im Totenkleide mit einem wunderschönen

Herrgott auf seinen Schultern seine Kirche betrat, was mehrere betende Besucher bezeugen konnten, die Orgel anfing zu spielen, er das Kreuz auf die Stufen des Altars legte und die aufgemalten Engel des Altarbildes sich von der Wand lösten, um das Kreuz im Kirchengewölbe aufzuhängen, aber ohne Nägel oder Haken, sondern das Kreuz vor dem Altar in der Höhe des gemalten, jedoch himmelfahrenden Christus schweben zu lassen. Und er auch heute noch in der Kirche schwebt." „Er schwebt?", unsicher der Alte. „Ja, er schwebt und der Herr Friedrich liegt aufgebahrt unter diesem wunderschönen schwebenden Gottessohn. Er liegt in einem weißen Büßergewand in der Bahre, die mit weißem wollenem Tuche ausgelegt, und die Leute sind bis vor einer Stunde an ihm vorüberzogen, um ihm zu huldigen, denn alle wissen, was er für diese Stadt getan hat."

„Was heißt bis vor einer Stunde?" „Nun, der Bürgermeister sagte, dass man eine Stunde vor seinem Begräbnis in Stille an ihn denken sollte, und das sollten sie in Stille in ihren Häusern tun. Und jetzt begeben sich alle Leute zu dieser einstigen Armenkirche, um drinnen oder draußen der Zeremonie beizuwohnen, um ihn nachher zum Friedhof zu begleiten." „Gehen wir. Wir werden uns vorher umziehen", sagte der Alte zu den zweien und zum Diener: „Sperr das Tor zu." Und sie gingen zur Kirche, wohin schon viele Menschen unterwegs, manch Humpelnder ihnen den Weg versperrend, und der Diener sie freundlich bat, seine Herrschaften vorbeizulassen, und sich das wie ein Lauffeuer die eilenden Scharen entlang verbreitete, sodass eine Menschenschlange ehrerbietend sich öffnete, um die zwei mit ihrem Diener, der die Vorhut der beiden bildete, die Hüte lüftend oder die Mädchen knicksend die Straße säumend, voranzulassen. Sie alle wussten um diese drei Philanthropen, dessen einem sie gerade die letzte Ehre gaben. So, als der Alte und Ra die Kirche betraten, die bereits vollgerammelt von all den trauernden Menschen, bildete sich jedoch sofort eine Gasse, um den beiden den Weg zur Bahre freizugeben. Der Alte nahm seinen Hut vom Kopfe und Ra, die bereits den Duktus des Kreuzschlagens angenommen, schlug dasselbe auf ihrer Stirn und Brust.

Sie betrachteten lange den in ein Büßergewand eingehüllten Friedrich. Der Alte, dessen Augen lange auf dem Gesicht seines Freundes ruhten, konnte die Tränen nicht unterdrücken, so er sie mit dem Finger wegwischte, jedoch sich seinerseits nicht dafür zu schämen. Der alte Priester, der neu eingekleidet, sein Totengewand mit Goldborten übersät, jedoch armselig an der Seite seines Bischofs stehend, der eine Gestalt von würdevoller Ausstrahlung mit der Mitra auf seinem Haupte und den neben ihm stehenden alten Priester noch um Kopfes Länge überragte. Ob dieser himmlische Christus, von menschlichen Künstlerhänden geformt, der über ihnen schwebte, nicht näher diesem kleinen Priester verhaftet als diesem protzigen, von Arroganz behafteten christlichen Würdenträger, welcher der Macht weltlicher Gepflogenheit verbunden, mit seinem goldenen Bischofsstab seine Überlegenheit über die Gläubigen darzustellen?

Der Bischof wollte nun seine Rede beginnen und machte eine Handbewegung, um den Orgelspieler mit seiner Musik zu unterbrechen. Sie erstarb und man erhörte, was ein Bischof den Gläubigen zu sagen hatte. Es war vieles und wenig zugleich. Außerdem hatte er keine Zeit, eine Predigt vorzubereiten. So erhob er den Bibelsatz von Christus „Was ihr dem Geringsten meiner Brüder getan habt, das habt ihr mir getan" zum Leitsatz seiner Predigt. So war es ein Leichtes, das Gutmenschentum, das dieser Verstorbene in sich trug, zu loben, und Gott habe ihn, nachdem er noch diesen herrlichen Christus, der wohl in einer größeren Kirche viel mehr Menschen ihn anbetungswürdig machen würde, seiner kleinen, aber religiösen Gemeinde geschenkt hatte, daraufhin zu sich genommen. „Gottes Wege sind unerforschlich", nach einer Gedankenpause nachsetzend. Und er sagte noch, dass durch die große Tragödie, die diese Stadt durch die Pest erlitten hatte, sich auch viele Menschen der Nähe Gottes bewusst wurden, ein Wink Gottes und so viele gute Menschen sich erkannten, um den anderen mit Rat und Tat zur Seite zu stehen, wie unser Bürgermeister, den Alten bei seinem Namen nennend und Ra, Jeremias und Barbara in seiner Rede sich einfanden und so viele, deren Namen man nicht einmal weiß, weil sie bei ihrer opferbereiten Hilfe selbst ein Opfer der Epidemie wurden. Die Gläubigen in der Kirche und die noch nahe genug am Kirchentor Stehenden, um die Predigt zu erhören, weinten über das vergangene Leid, das über die Stadt hereingebrochen war und unzähligen Mitmenschen den Tod gebracht hatte. Nun hatte der Bischofsstabtragende seine Rede beendet und gab ein Zeichen dem Organisten, er könne fortfahren mit seinem Requiem. Zwei Männer in Frackuniformen mit einem Zylinder auf dem Kopf näherten sich mit dem Sargdeckel, um ihn daraufzusetzen, ein dritter mit Nägeln und zwei Hämmer in den Händen reichten ihnen daraufhin Hammer und Nägel und sie langsam den Sarg damit zu schließen. Während der Schließung stand der Bischof mit erhobenen Händen, in der einen den Stab, die andere geöffnet, wie Christus am Kreuz seine Hände für die Nägel geöffnet hatte, mit denen er ans Kreuz geschlagen wurde. Danach wurde noch ein schwarzes Tuch mit einem silbern eingewebten Kreuz darüber geschlagen.

Der Alte stand starr und Ra weinte bei der Benagelung. Eine Tragbahre wurde gebracht, die Bahre daraufgestellt und von vier Männern auf ihre Schultern gehoben und sie begannen gleichen Schrittes den Sarg durch das Kirchentor zu tragen. Die wartenden Menschen machten den Weg frei, indem sie eine breite Gasse bildeten, sich an die Häuser drückten. Ein Ministrant mit einem großen schwarzen Kreuz, auf dem eine kleine schwarze Fahne flatterte, wartete bereits am Kirchentor, um den Weg für die Sargträger zu öffnen. Hinter dem Sarg gingen der Bischof und sein kleiner Mitbruder, der hinter dem Bischof her zockelte. Der Bischof in seiner Fülle behäbig dem Sarg folgend, um den rechts und links Stehenden mit gütig lächelnden Augen zu bezeugen, dass er einer der ihren sei. Der Alte und Ra schlossen sich dem Bischof und dem nachfolgenden Bürgermeister an, der ihm und Ra zu dem Verlust kondolierte. Den schwebenden Christus jedoch hatte er vergessen. So nicht Ra, die während des Kondukts den herrlichen Christus betrachtete, der sogar nicht zu den armen Leuten passte, und wie der Bischof sagte, dass er in einer großen Kirche viele seiner Gläubigen noch anbetungswürdiger machen würde, durch seine Schönheit, durch sein leidvolles Leiden zur Schau gestellt, durch sein goldenes Lendentuch, seine goldenen Nägel an Händen und Füßen und letztendlich durch seine goldene Dornenkrone, die leuchtend seinen Kopf umspannte.

So sie auch Gold auf sich trugen, zwar nicht solches, das man Christus zugedacht hatte, aber sie trugen es in Form von Ringen, Ketten und Armbändern, auf dem Kopf goldene Reifen und Ohrringe aus demselben Metall, sodass sie sich mit ihm identifizieren konnten, denn er war einer von ihnen.

Während sich der Leichenzug in Bewegung setzte, die Menschen sich langsam zu einem Zug formten und die Kirchenglocken der ganzen Stadt zu läuten begannen, die Kleinkinder auf den Armen ihrer Mütter, beim Vorbeiziehen des hunderte Meter langen Geleitzuges mit gehfähigen Menschen und manche auf den Stock gestützt. Sie alle wollten dem Herrn Friedrich, wie er huldvoll genannt wurde, das letzte Geleit geben. Was hatte dieser doch außer der Kirche noch so viel Gutes der Stadt getan. Schulen gebaut und für alte Kranke gesorgt wie seine zwei Mitphilanthropen, die ein einziges und zwar gutes Herz zu besitzen schienen. Und nun war eins tot. Wie man hörte vom Blitz erschlagen im Stadtturm, wo er sich immer zurückgezogen, um scheinbar mit dem grobgeschnitzten Herrgotte sich auszutauschen. Das hatte einmal der Diener irgendjemandem erzählt.

Langsam ergoss sich der Leichenzug in den Friedhof, zwischen all den pompösen Grabsteinen sich auflösend, so der Friedhof innerhalb seiner Mauern keine Teilnehmer des Begräbnisses mehr aufnehmen konnte und ein Teil noch vor dem Friedhofstor zum Stehen kam. Für die Aufnahme der Leiche von Friedrich gab es wie man vermeinte eine tief ausgehobene Grabstelle, was aufgrund der ausgeworfenen Erde erkennbar war, denn riesige Hügel von roter Erde umsäumten das Grab. Den Sarg wurde auf zwei Querbalken gestellt, von zwei Seilen unterspannt, um von den vier Sargträgern auf Befehl in die Tiefe gelassen zu werden. Der Bischof nickte in alle Himmelsrichtungen seinen Gläubigern zu, denn aus den ehemaligen Moorbewohnern waren ebenfalls getaufte Christen geworden, denen man die Bi-

bel nahegebracht und die man in der christlichen Glaubenslehre unterrichtet hatte. So nahm er von seinem Mitbruder den
Weihwasserkessel, den dieser, obwohl nur halb gefüllt, den kilometerlangen Weg bis hierher mitgeschleppt, um ihn zuerst
wasserwerfend und in Kreuzform den Sarg zu besprengen, um
danach diese Art der Segnung auch dem Volk zu vergönnen.
Dieses jedoch sich schnell entleerende Gefäß verhinderte wegen Wasserlosigkeit die anhaltende Segnung durch den Bischof.

Die Moorimigranten, welche sich an den mit Prunk erbauten
Grüfte nicht sattsehen konnten, vergaßen so den Bischof mit
seinem Wasserwerfer, in ihrer Anziehungskraft der marmornen
Säulen gewahr, die die ihnen aufgesetzten Giebel zu tragen hatten. Sie wunderten sich über die Pracht der Grabstätten, wurden
doch ihre Toten im Moor versenkt. Die Alten wie die Jungen.

Der Bischof gab den leeren Kessel mit seinem Wasserspeier mit
der kugelförmigen Ausbuchtung am Ende, wo sich die Wasserlöcher befanden, seinem alten Priester zurück und schlug ein
Kreuz, um laut in die Gegend zu rufen: „Aus Staub bist du geboren und zu Staub kehrst du zurück", um noch den Gesängen
des Chors der Hauptkirche zu lauschen, der ein mittelalterliches Begräbnislied zum Besten gab. Nachdem er nickend nach
allen Seiten sich verabschiedet hatte, beschritt er den Weg zu
der vor dem Friedhofstor wartenden Bischofskutsche, die ihn
in sein bischöfliches Palais zurückbringen sollte.

Ra und der Alte, nachdem der Bürgermeister ein Stück der
aufgeworfenen Erde in dem mittlerweile während des Liedes hinabgelassenen Sarg auf den Grund der Grube zu stehen kam,
ebenfalls ein Stück der aufgeworfenen Erde, um sie dem Sarg
nachzuwerfen. Der Alte lüftete den Hut, während Ra ein Kreuzzeichen mit der Hand nachwarf. Sie verließen die Grabstätte,
vor ihnen öffnete sich der Haufen der Menschen, um ihnen den
Weg freizumachen, diesen von ihnen Verehrten.

Das Läuten der Glocken war mittlerweile verstummt, da der
Diener, der mittlerweile in seine Arbeitsstätte zurückgekehrt
war, der aus seiner Höhe den Friedhof einsehen konnte, das Geläute seiner überall hörenden Glocke einstellte, als der Bischof

den Gottesacker verließ. Der Diener schien sie schon erwartet zu haben, denn beim ersten Läuten öffnete sich bereits die Haustür. Er wiederum verschloss nach ihrem Eintreten die Tür hinter ihnen. Er hatte bereits einen Korb von Brennholz bereitgestellt, um nach ihnen samt Korb nach oben in des Alten Gemächer aufzusteigen. Der Alte und Ra hatten sich in dem Herrnzimmer, so es die Bezeichnung schon hunderte Jahre in und auf sich trug, auf die gepolsterte Bank fallen lassen, sie auf ihm zu liegen kam und beider sich der Schlaf bemächtigte, sie sich seiner Kraft ergaben, um einzuschlafen. Der Diener beheizte inzwischen den offenen Kamin, wobei die Glut der Flammen alsbald eine heimelige Atmosphäre verströmte, und erhellte mit den brennenden Kerzen den Raum gegen die bereits einfallende Dunkelheit. Da das Feuer bereits herabgebrannt und zwar noch glosende Scheite vor sich hin glühten, legte der Diener noch eine ordentliche Stückzahl nach, um so den Eindruck einer friedvollen Umgebung und Geborgenheit zu schaffen. Als sie beide spät in der Nacht vom Schlafe erwachten, fanden sie sich noch in der Bekleidung, die sie beim Begräbnis getragen hatten, um sich lächelnd anzuschauen, sich gegenseitig das Gewand mit Akribie auszuziehen und sich in des Alten Schlafzimmer zu begeben, um innig verschlungen weiterzuschlafen. So waren sie in Liebe aneinandergekettet, um bis an ihr Lebensende zusammenzubleiben.

Der Alte fuhr mit seiner Kutsche, auf dem Kutschbock sitzend, an ihn angeschmiegt seine Ra neben sich, oft zu seinem Gutshof, um nach dem Rechten zu sehen. Dort hatte er Rudolf, einen der ältesten Knechte, der schon in diesen Hof hineingeboren wurde, zu seinem Stellvertreter gemacht. Dieser alte Knecht, zu dem er ein freundschaftliches Verhältnis aufgebaut und mit dem er per Du verkehrte, wusste alles über die Landwirtschaft, so er schon Vertrauter des verstorbenen Freibauern war. Dazu noch intelligent und gutherzig gegenüber seinen an und für sich Gleichgestellten. So lief alles wie am Schnürchen, zumal der Alte auch jedes Mal die nicht mehr arbeitsfähigen Knechte und Mägde aufsuchte, sie nach ihren Leiden zu fragen, mit ihnen ein paar freundliche Worte zu sprechen. So waren ihre gichtigen Finger noch dazu geeignet, für den Hof gebrauchsfähige Körbe, eben wie sie am Hof gebraucht wurden, zu flechten. Waren es Weideruten oder Stroh, sie waren Künstler, hatten sie doch schon als Jungknechte im Winter, wenn der Schnee oft meterdick die Äcker und Wälder bedeckte, in der warmen Stube sich dieser Arbeit gewidmet, um nachher kartenspielend den Abend bei einer Öllampe zu verbringen. Es waren dankbare Menschen, all diese alten Knechte und Mägde. Die jungen, die alten Mägde, die hinter dem Spinnrad saßen und die Wolle der Schafe zu Garn versponnen, dankbar dem Gutsherrn, dass er ihre Eltern so gut und menschlich versorgte, und so befleißigten sie sich besonders bei ihrer Arbeit. Dieser alte Knecht, des verstorbenen Altbauern rechte Hand, bemerkte einmal zu dem Alten im Gespräch, dass es gut wäre, wenn er einen Jüngeren an seiner Seite hätte.

Daraufhin ging der Alte ein paarmal die Stube, in der das Gespräch stattfand, auf und ab, um vor seinem von ihm dazu gemachten Hauptknecht stehen zu bleiben und zu sagen: „Ich werde dir einen der Besten, Ehrlichsten zur Seite stellen, der dich entlasten wird. So du nurmehr die Aufsichtspflicht. Du wirst hier nur Chef sein. Du wirst ihn lehren, wie man mit den Holzhändlern verhandelt, mit Viehhändlern, die, wie ich hörte, durchwegs durchtriebene Abzocker wären usw. Du bist ein kluger Mann, deinen Salär verdopple ich ab heute." „Nein, das will ich nicht", sagte der Knecht darauf. „Mein Vater und meine Mutter sind doch im Ausnahmestüberl und es geht ihnen gut, sehr gut sogar. Nur, wirst du wohl ein Zimmer haben für ihn und seine Frau und sein kleines Kind? Dann habe ich eine Familie", sagte der alte Knecht lachend. „Schick sie nur, ich werde schon dafür sorgen."

Und als Ra bei einer überlebenden Kartenaufschlägerin wiederum vorbeischaute, wo ihr diese in den Karten las, dass ihr Sohn mit seiner Frau und einem kleinen Kind und mit ihrer Großmutter auf dem Weg nach Hause wäre, in einer Kutsche, als die Kartenlegerin „Großmutter" sagte, zog sich ihr das Herz zusammen. Sie warf ihr einen Goldtaler auf den Tisch, um fluchtartig die Stube zu verlassen. Sie verbot sich, dem Alten etwas davon zu sagen, bis eines Tages ein Riesenauflauf auf dem Marktplatz mit laut schreienden Menschen sich ihren Augen darbot und inmitten Jeremias mit Ra an seiner Seite auf dem Kutschbock sitzend und Barbara, deren Konterfei durch das Glas der Kutschentür erkennbar, dem Jubelschrei der Masse sich zu ergeben. Zu Gott erhobene Hände konnte sie ausmachen und eine schreiende, tobende Masse, die die Pferde aufscheuchte, sodass sie mit ihren Vorderhufen in die Luft stiegen und die Jubelnden zu zertreten drohten, bis ein paar Männer die Pferde am Halfter nahmen und durch kräftige Hände gebändigt sie am Geschirr hielten.

Doch des Jubels war kein Ende, sie schrien: „Unsere Engel, unsere Engel!" „Die uns von der Pest errettet, vom Tode", die anderen schrien, sodass sogar der Alte, der in dem Zimmer Friedrichs sich befand, es hörte. So erinnerte der Alte sich gerade des schönen Christus in seiner Schwebe, die ihm allerdings nicht einmal aufgefallen war, als das Chaosgeschrei bis in das oberste Stockwerk des Turms drang, um ihn zu veranlassen, nach dem Grund des Geschreis zu forschen. Er hatte von seinem höchsten angesiedelten Fenster den Marktplatz gut im Auge, so er den Grund der schreienden Masse gut zu erkennen glaubte.

Die Kutsche mit Jeremias als Kutscher, eine alte Frau, die gerade aus der Kutsche stieg, von den entgegengereckten Händen willkommen geheißen zu werden, manche sogar knieend sie empfingen. Eine andere Frau auf dem Kutschbock, mit einem Kleinkind in ihren Armen, mit langen blonden Haaren, die, wie er zu ersehen glaubte, von einem einfachen einfarbigen Kleid umschlossen, einem schreienden Kind gerade ihre Brust bot. Ra mochte sich gerade beim Bürgermeister oder in ihren sozialen Netzwerken herumtreiben, so brüllte er in das Stiegenhaus mit der lautesten Stimme, deren er mächtig, den Namen seines Dieners, der jedoch hatte bereits das Haustor geöffnet, um die brüllende Meute auseinandertreibend zu der Kutsche vorzudringen, das alte Weiblein in die Kutsche zu heben und die Tür zu verschließen.

Viele der Anwesenden hatten ihn als Diener des Alten erkannt, sodass sie zurückwichen, als er auf den Kutschbock sprang, Jeremias die Zügel aus seinen Händen nahm und „Hü" sagte. Die Pferde zogen an, die Leute verscheuchend, sodass sie alsbald in leichten Trab verfallen konnten, jedoch liefen noch viele der Menschen hinterher, mit Blumen in ihren Händen, und schrien: „Unsere Barbara ist wieder da, unser Engel Barbara ist wieder da."

Der Diener und nunmehrige Kutscher bog von der Zufahrtstraße recht scharf in die Hauseinfahrt ein, sprang nach deren Querung vom Sitz, um das Tor wieder zu verschließen, während blumenhaltende von der Pest Gerettete die Blumen während der Schließung des Tores noch ihm übergeben wollten. Langsam lotste er die Pferde zur rechten Auffahrt, um sie dort zum Stehen zu bringen. „Willkommen in unserer Stadt", sagte er, spitzbübisch lachend, während er die Tür der Kutsche öffnete, um Barbara mit ihrem geringen Gewicht von dieser zu heben. Barbara, ihr Gesicht von einem glücklichen Lächeln umspielt, sagte: „Danke, danke." Er jedoch: „Barbara, du musst nicht danken. Hast du nicht gesehen, wie viele Menschen dir dankbar sind? Sie alle dir ihr Leben verdanken. Kein Wunder also", und er schüttelte weiter lächelnd den Kopf, während Jeremias den Kutschbock verließ und dabei, nachdem er Ra mit seinem und ihrem Kind von der Kutsche geholfen, die Pferde anfing abzuschirren. „Mutter", sagte Jeremias, er nannte sie Mutter, sodass all die ehemaligen Bewohner vermeinten, dass er tatsächlich Barbaras Sohn sei, „Mutter, hast du das gesehen? Und Engel haben sie dich genannt, und die vielen Blumen, mit denen sie gekommen waren."
Er schien ebenso glücklich wie Barbara zu sein. Auch Ra, seine Frau. Sie hatten, als sie die Welt von der Pest befreiten, ein kleines Dorf, wo sie bereits aufgetreten war, rechtzeitig vor dieser schrecklichen Krankheit errettet, als bei Ra sich die ersten Anzeichen ihrer Schwangerschaft einstellten und Jeremias und Ra den örtlichen Priester baten, sie zu trauen. Es wurde ein großes Fest, die Bewohner des Dorfes hatten ihr Letztes aufgebracht, um dankbaren Herzens dieses Fest zu feiern. Und die Kutsche

samt den Pferden war das Geschenk eines reichen Gutsbesitzers, als sie den Gutshof, wo schon einige gestorben waren, von dieser Geisel befreiten. Und er überreichte ihnen noch eine Schatulle mit lauter Goldmünzen, hatte doch seine ganze Familie überlebt. Sie hatten vielen Dank erlebt, die drei, auf ihrer fast einjährigen Reise. Mittlerweile hatte der Alte den Lärm direkt vor seinem Haustor trotz seines im sechsten Stock liegenden Zimmers mitbekommen und war die Stufen heruntergeeilt, um die Crew der Kutsche willkommen zu heißen. Er presste Barbara an sich, gab ihr einen Kuss auf die Stirn und meinte: „Du bist die größte, nicht nur, dass du die halbe Welt errettet, hast du auch mein Volk vor seinem Untergang bewahrt." Er ließ von ihr ab und sagte zu den zu seinem Volke gehörenden, nun auf drei angewachsenen Vertretern: „Ich freue mich, dass ihr drei den Mördern entkommen seid, und ich werde euch helfen, soviel in meiner Macht steht." Und er hatte schon den Freibauern, den Halbadeligen im Sinn, so er dessen Hof an Jeremias vererben wollte. Und so kam es auch.

Eines Tages, nachdem die ganze Mischpoche im Stadtturm ihre jeweiligen Wohnungen bezogen, sagte er zu seinem vertrauten Diener: „Fahr mit Jeremias zum Gutshof hinaus, der alte Verwalter soll Jeremias ihn unter den schönsten Darstellungen auch der sozialen Linie so darstellen, dass er mit Feuer und Flamme den Hof übernehmen wird." So kam es, dass der Diener mit des Alten Kutsche und seinen Pferden sich eines Tages auf die Reise machte und der von dem Alten in schönsten Farben geschilderte Gutshof eine Absage durch Jeremias schon ausschloss. Barbara, die einmal ihr Keuschlerhaus besuchte, fasste den Gedanken, sich wieder dorthin in ihre Einfachheit zurückzuziehen, was ihr jedoch Jeremias, der auch durch seine Intelligenz ihr überlegen, ihr ausreden konnte. Und es kam, wie es kommen musste: Jeremias war derart begeistert vom Hof mit seinen Arbeiten, dass er, hätte er seine Frau und sein Kind bei sich gehabt, gar nicht mehr in die Stadt zurückgewollt hätte. Auch Barbara machte Jeremias das Übersiedeln in den Gutshof schmackhaft, wo sie sich der Kräuterpflege widmen konnte und sogar ein Buch über all die ihr bekannten Heidepflanzen zeichnete und schrieb, besonders über das Pestkraut, das sie in einem riesigen Garten züchtete, um es mit einer Anleitung zur Anwendung gegen die Pest in verseuchte Länder zu exportierten, sozusagen kostenlos. Manchmal fuhr sie in der Kutsche mit Jeremias und der mittlerweile auf drei Kinder angewachsenen Familie, die sie mit Oma benannten und sie so zur glücklichsten Oma der Welt machten, in die Stadt.

Aus der Kirche, die ehemals eine Kirche der Armen, wurde jetzt eine Wallfahrtskirche, die aufgrund ihrer herrlichen Renovierung und des schwebenden Christus in ihr tausende Gläubige anzog, welche das Wunder nicht erklären konnten. Friedrich wurde vom Heiligen Stuhl seliggesprochen und in der Kirche unter dem schwebenden Christus wurde ihm eine Gruft gebaut, wo er wie der Gottessohn von den Massen der Gläubigen, die von weither kamen, auch angelobt und angefleht wurde, ihnen in ihrer Not Beistand zu leisten. In das Moor, das baumlos in die riesige Heide überging, verirrte sich in besonders trockenen Zeiten hie und da ein Mensch, um keinerlei Anzeichen zu bemerken, was sich in diesem versunkenen Moore einstens ereignet hatte. Es ist ein apokalyptische Szene, diese einstige Moorlandschaft, die zu der großen Wasserfläche wurde, da sich das brennende Moor unter die Insel geschoben hatte, deren irdene Oberfläche gebrannt, um einzustürzen, und verkohlte Baumstämme kreuz und quer aus der Wasserfläche ragten. Aber wenn das Wasser sehr niedrig wie in jenen Zeiten, wo noch der Moorgott über seine Untertanen herrschte, konnte es sein, dass der verbrannte und knochenmumifizierte Moorgott auf seinem Pferd aus dem Wasser wiederauftauchte und, wenn der Vollmond über den Moorsee sein Licht verstrahlte, ein Bild aus jenen fernen Tagen erscheinen ließ, die grauenvollen Erinnerungen an das Dorf im Moor und dessen Einwohner, die jahrhundertelang dem Moorgott geopfert wurden und deren Leichen bis auf den Grund des Moores hinabgesunken waren. Und die Stadt vergaß nicht, auch nach Jahrhunderten, die zwei Pestepidemien, hatten sie doch als Erinnerung an die Retterin des ersten Ausbruchs ein Denkmal in Bronze gegossen für die Frau, welche die Stadt und das Moordorf von der Pest befreit hatte.

Nach ein paar Jahrzehnten, als Barbara, das Kräuterweiberl, schon lange gestorben war, entsann man sich ihrer Verdienste und man schlug aus Stein eine Gestalt von ihr, wie sie mit einem riesigen Tuch auf dem Kopf, gefüllt mit Kräutern in der einen Hand einen Kessel, in der anderen eine Kanne tragend, gehenden Schrittes, sie auf einem Sockel stehend, anders als die Pestsäulen der Motivsäulen, um der Heiligen Dreifaltigkeit zu danken in allen Landesteilen Europas aufgestellt hatten, als die Epidemie verging. So standen in dieser Stadt gleich zwei für die Wohltäter geschaffene Denkmäler auf dem Platz vor dem Rathaus.

Ein altes Weiblein mit einem Kopftuch, wie es damals die Bäuerinnen trugen, mit engem Wamse und weitem Kittel und einer Butte auf dem Rücken, wo sie das Pestkraut, das sie in der Heide fand, um mit dessen Sud die Beulen zu bestreichen und auch davon zu trinken zu geben, um diese tödliche Krankheit auszurotten. Und wenn ein Kind seine Mutter fragte, was das für eine Frau gewesen wäre, die übergroß vor dem Rathaus stand, dann erzählte sie deren Geschichte, was das Kind, sollte es einmal groß sein, den eigenen Kindern von der wundervollen Frau weitergeben würde. So wurde sie nie vergessen und am Tage der heiligen Barbara wurden in allen Kirchen Messen gelesen und ihrer gedacht.

So der Schreiber dieser Zeilen auch ihrer gedenkt, um dieser wundervollen Frau ein literarisches Denkmal zu setzen. Denn diese Frau hat es verdient, wie andere große Menschen, die für das Wohl ihrer Mitmenschen ebenfalls Großes geleistet haben, aber in der gesamten Menschheit dafür auch Dank und Anerkennung fanden, um nie vergessen zu werden.

Der Autor

Willibald Rothen wurde 1938 im südburgenländi-
schen Bocksdorf geboren. Seine fränkischen Vor-
fahren zählten zu den Patrizierfamilien des bereits
1391 zur Marktgemeinde erhobenen Ortes.
Seit 1604 lebten sie als „Freie" im ehemaligen
Deutschwestungarn, das von ungarischen Magna-
ten beherrscht wurde.
Er trauert nicht verblichenem Ruhme nach, trotzdem ließ er einige Anekdoten und Legenden aus
dieser Zeit in seinen Romanen, Theaterstücken
und Satiren einfließen, die er zeit seines Lebens
geschrieben hat, welche vielfach einen sozialkriti-
schen Hintergrund haben und deren Ansätze er in
seiner 40-jährigen Selbstständigkeit als Maler und
Restaurator, aber auch als Beobachter massen-
haft in seinem Umfeld vorfand. Derzeit lebt er im
Burgenland.

novum VERLAG FÜR NEUAUTOREN

Der Verlag

*Wer aufhört
besser zu werden,
hat aufgehört
gut zu sein!*

Basierend auf diesem Motto ist es dem novum Verlag
ein Anliegen, neue Manuskripte aufzuspüren, zu ver-
öffentlichen und deren Autoren langfristig zu fördern.
Mittlerweile gilt der 1997 gegründete und mehrfach
prämierte Verlag als Spezialist für Neuautoren in
Deutschland, Österreich und der Schweiz.

**Für jedes neue Manuskript wird innerhalb we-
niger Wochen eine kostenfreie, unverbindliche
Lektorats-Prüfung erstellt.**

Weitere Informationen zum Verlag und
seinen Büchern finden Sie im Internet unter:

w w w . n o v u m v e r l a g . c o m

Bewerten
Sie dieses **Buch**
auf unserer
Homepage!

Willibald Rothen

Pannonische Dorfgeschichten aus alter und neuer Zeit

ISBN 978-3-99131-559-9
206 Seiten

Von sensiblen Naturbetrachtungen bis zu deftigen Anekdoten: Das Repertoire von Willibald Rothen ist groß. Seine „Dorfge-schichten" wissen den Leser nicht nur aufs Beste zu unterhalten, sondern spiegeln auch die große Lebenserfahrung und -klugheit des Autors.

Willibald Rothen

Wahr ist alles, was nicht erlogen

ISBN 978-3-99131-382-3
268 Seiten

Die Wahrheit schreibt der Autor … die Wahrheit über Liebe, Hoffnung, Trauer … wie das Leben so spielt – für jeden von uns. Einmal humorvoll, dann wieder nachdenklich werden Episoden des täglichen Lebens erzählt. Lesen Sie von der Wahrheit des Lebens!

novum ☕ VERLAG FÜR NEUAUTOREN

Willibald Rothen

Themen, die das Leben schreibt

ISBN 978-3-99131-380-9
230 Seiten

Reime, Gedichte und Aphorismen, die Humor, Witz und
Charme versprühen. Mit viel Wortwitz und Ironie bringt Rothen
alltägliche Themen der Gesellschaft und Politik auf den Punkt.
Ein herzhaftes Lachen wird Ihnen mit dem ein oder anderen
Kleinod entlockt werden.

Willibald Rothen

Die Toten, die man nicht sterben ließ

ISBN 978-3-99131-256-7
558 Seiten

Zweiter Weltkrieg, Nachkriegszeit und jede Menge Verwick-
lungen und Verirrungen, Sigmund Freud, ein Graf, und vieles
andere wird mit diesem Roman dem geneigten Leser geboten.
Wer kurzweilige und turbulente Geschichten mag, liegt mit
diesem Buch richtig!

Willibald Rothen

Das Experiment

ISBN 978-3-85022-921-0
140 Seiten

Die Bewohner eines Zigeunerghettos werden in ein KZ-Son-
derlager deportiert, damit an und mit ihnen Versuche durch-
geführt werden, die zur Unterwerfung und Unterjochung von
sogenannten „Untervölkern" dienen sollten, um sie letztendlich
als Soldaten, als willenlose Söldner, gegen den Feind einzuset-
zen. Dieses zutiefst pessimistisch geschriebene Buch zeigt die
dunkelsten Seiten der Menschheit.

Willibald Rothen

Der Senator

ISBN 978-3-85022-363-8
148 Seiten

Die Rahmenhandlung beschreibt das Leben eines Senators in Amerika, der an einer Krankheit leidet, die mit dem Verlust des Kurzzeitgedächtnisses einhergeht. Je weiter die Krankheit fortschreitet, desto öfter entschwindet er in seine Vergangenheit, in seine Kindheit im Burgenland, bis er als alter Mann dorthin zurückkehrt …